O papel social do historiador
Da cátedra ao tribunal

Coleção
HISTÓRIA & HISTORIOGRAFIA

Coordenação
Eliana de Freitas Dutra

Olivier Dumoulin

O papel social do historiador
Da cátedra ao tribunal

TRADUÇÃO
Fernando Scheibe

autêntica

Copyright © 2003 Éditions Albin Michel
Copyright © 2017 Autêntica Editora

Título original: *Le Rôle social de l'historien de la chaire au prétoire*

Todos os direitos reservados pela Autêntica Editora. Nenhuma parte desta publicação poderá ser reproduzida, seja por meios mecânicos, eletrônicos, seja via cópia xerográfica, sem a autorização prévia da Editora.

COORDENADORA DA COLEÇÃO HISTÓRIA E HISTORIOGRAFIA
Eliana de Freitas Dutra

EDITORA RESPONSÁVEL
Rejane Dias

EDITORA ASSISTENTE
Cecília Martins

TRADUÇÃO DO PREFÁCIO
Fernando Scheibe

REVISÃO DA TRADUÇÃO
Vera Chacham

REVISÃO
Lívia Martins

PROJETO GRÁFICO
Diogo Droschi

CAPA
Alberto Bittencourt
(Sobre foto de Sanchai Khudpin/shutterstock)

DIAGRAMAÇÃO
Waldênia Alvarenga

Dados Internacionais de Catalogação na Publicação (CIP)
(Câmara Brasileira do Livro, SP, Brasil)

Dumoulin, Oliver
    O papel social do historiador : da cátedra ao tribunal / Oliver Dumoulin ; tradução Fernando Scheibe. -- 1. ed. -- Belo Horizonte : Autêntica Editora, 2017. -- (Coleção História & Historiografia)

    Título original: Le Rôle social de l'historien de la chaire au prétoire

    ISBN 978-85-8217-682-5

    1. Historiografia - Aspectos políticos - França 2. Historiadores - França I. Título II. Série.

17-00877   CDD-907.2

Índices para catálogo sistemático:
1. Historiografia 907.2

GRUPO AUTÊNTICA

Belo Horizonte
Rua Carlos Turner, 420
Silveira . 31140-520
Belo Horizonte . MG
Tel.: (55 31) 3465 4500

Rio de Janeiro
Rua Debret, 23, sala 401
Centro . 20030-080
Rio de Janeiro . RJ
Tel.: (55 21) 3179 1975

São Paulo
Av. Paulista, 2.073,
Conjunto Nacional, Horsa I
23º andar . Conj. 2301 .
Cerqueira César . 01311-940
São Paulo . SP
Tel.: (55 11) 3034 4468

www.grupoautentica.com.br

Para a Ninon.
Em memória de Jean-Claude e Lisette.

Agradecimentos

Eles vão em primeiro lugar para Hélène Monsacré e Delphine Ayral, por terem assumido esta empreitada e pela tenacidade que manifestaram diante de um autor meio adormecido, a fim de ajudá-lo a levar a bom termo este trabalho.

Vão também para Richard Figuier, que foi o primeiro a pôr fé neste projeto, e para os historiadores que aceitaram responder minhas perguntas nos primeiros momentos da investigação: François Bédarida, André Burguière, Sonia Combe, Claudio Ingerflom, Annie Lacroix-Riz, Emmanuel Le Roy Ladurie, Gérard Noiriel, Joanna Pomian, Antoine Prost, Madeleine Rebérioux, René Rémond, Jean-Pierre Rioux, Henry Rousso e Félix Torres. Eles foram consultados, durante o inverno de 1996-1997, por seu papel eminente na profissão, sua participação em *expertises* históricas, por terem prestado depoimentos em processos, intervindo em algumas das polêmicas aqui descritas ou por suas atividades como consultores. A natureza dos indícios procurados (a justificação pública) me levou, a maior parte do tempo, a utilizar essas entrevistas para elaborar hipóteses e não como fonte oral.

Estendem-se ainda aos diversos colegas que foram me trazendo recortes de jornal recolhidos em suas leituras cotidianas e que foram essenciais aqui. Penso especialmente em Francis Python e em seus colegas da Universidade de Friburgo, onde dei aula por um semestre.

Finalmente, agradeço a minha esposa, Ninon, por seu apoio confiante e sua paciência na revisão do texto.

Sumário

Introdução 11

    Uma pista 11

        A justificação e a operação historiográfica 17

I. Hoje: a encomenda e a *expertise*, em nome do interesse geral, em nome dos interesses particulares

1. Invenção do historiador *expert* 25

    Legitimidade do *expert* 30

    O deslocamento do terreno da ciência 33

    Deslocamento do terreno da ciência fora da França 51

2. O historiador a serviço do privado: o precedente norte-americano.
O viés judicial nos Estados Unidos 59

    O historiador nos tribunais canadenses 67

    Uma intervenção justificada aos olhos dos historiadores 76

    Os meios da ação historiadora: a *public history* 85

3. A recepção francesa. O estatuto inencontrável
de uma história aplicada 101

    A responsabilidade e sua sanção 116

    O historiador diante da justiça:
a responsabilidade posta em prática 122

II. O erudito e o professor 1860-1920

1. Como Gabriel Monod fazia os mortos falarem:
os modelos de referência do papel social do cientista 141

    Em busca do ideal 141

      O rosto do historiador 147

2. A confusão dos papéis 153

    O uso social da verdade científica:
o caso Dreyfus e o historiador 153

    O historiador como professor de nação 166

3. O cientista como ator do combate nacional: os historiadores e a
Primeira Guerra Mundial, a arma do arquivo 177

"Uma história serva" 177

As trincheiras da ciência 183

Os direitos históricos e o Comitê de Estudos 188

A *expertise* na Conferência de Paz 193

III. O triunfo do cientista impotente e as vias alternativas 1920-1970

1. O descrédito das missões anteriores 205

A sobrevida dos papéis ultrapassados 205

"A história no mundo em ruínas", o historiador desarmado ... 208

Crise da história: que papel social para o historiador? 219

2. As alternativas 225

A profissionalização da pesquisa como saída 225

Um modelo: os geógrafos na cidade 233

O historiador e o homem de ação segundo
Lucien Febvre e os *Annales* nascentes 236

A testemunha e o juiz 253

3. O engajamento ou a ciência: 1939-1968 263

Uma contestação da posição do historiador? 263

O maqui das revistas 266

O duplo sentido das controvérsias científicas 273

Diante da Alemanha 275

Vichy e seu horizonte ideológico 277

A Cruzada Albigense 285

Uma historiografia militante depois de 1945? 290

Conclusão: De volta para o futuro, o historiador pesquisador, mediador, passador ou *expert*? 297

O desengajamento e o triunfo da arte pela arte 297

O homem por baixo do historiador 302

O "historiador taumaturgo" 310

INTRODUÇÃO

Uma pista

Na manhã do dia 2 de abril de 1998, o júri popular de Bordeaux dá seu veredicto; o pior foi evitado, a sentença não foi pronunciada no dia 1º de abril e Maurice Papon não é considerado irresponsável. Desse "último" ricochete do drama de Vichy, tudo parece dito. Os comentadores muitas vezes precederam a sentença para analisar no calor da hora[1] um processo que manteve a imprensa na expectativa, paralisada e obrigada a lhe consagrar uma meia página, ou uma página inteira, dia após dia, apesar da monotonia e mesmo, em certas circunstâncias, da mediocridade dos debates. Diante desse tribunal, que as partes civis e a defesa designaram como tribunal da História, testemunhas de um tipo peculiar, *experts* de uma espécie singular foram citados a comparecer: os historiadores. Estranhas testemunhas, em verdade. Por não conhecerem o acusado, não podem ser consideradas como testemunhas de moralidade;[2] por não terem como atestar um contato efetivo com a realidade sensível dos fatos e dos atos incriminados, também não podem ser designadas como testemunhas materiais. Nenhuma memória visual, nenhuma memória auditiva poderia aqui ajudá-las a esclarecer os jurados. Do que são testemunhas essas testemunhas que só conhecem os rastros indiretos da experiência? E com que direito seriam *experts* esses *experts* a que nenhuma lista de *experts* históricos adjuntos aos tribunais confere essa qualidade? Sua capacidade

---

[1] ROUSSO, Henry. *La Hantise du passé* [A obsessão pelo passado]. Paris: Textuel, 1998.

[2] THOMAS, Yan. La vérité, le temps, le juge et l'historien [A verdade, o tempo, o juiz e o historiador]. *Le Débat*, n. 102, nov./dez. 1998, p. 29.

de aconselhar o presidente do júri, em matérias que escapam à competência jurídica deste, ainda não foi demonstrada. Finalmente, esses *experts* examinam tudo, exceto o dossiê de que não podem ter conhecimento, salvo aqueles que estiveram envolvidos no processo de instrução.[3] Esses *experts*, que não são *experts*, testemunham, portanto, aquilo de que não foram testemunhas.

E, no entanto, nos primeiros dias de novembro, segundo o advogado de Papon, Jean-Marc Varraut, o processo assumiu a forma de um colóquio de historiadores. Todas as variedades da tribo foram convidadas a se expressar: os grandes especialistas estrangeiros, louvados e criticados por essa mesma razão, o figurão recentemente entronizado como especialista do período por suas *expertise*s na matéria, especialistas reconhecidos cujos trabalhos formam os estudantes, um estreante armado com sua tese, o historiador local e, finalmente, o historiador acadêmico: René Rémond, Robert Paxton, Philippe Burrin, Michel Berges, Jean-Pierre Azéma, Henri Amouroux, Marc-Olivier Baruch... na desordem, o leitor reconhecerá os seus. E, não fosse por sua recusa, os depoimentos de Henry Rousso, Maurice Rajsfus e Denis Peschanski teriam vindo engrossar ainda mais o caldo desse colóquio, que só chegou a termo com os depoimentos de historiadores intimamente ligados à queixa inicial, Michel Berges e Maurice Delarue, ex-delegado de polícia que se tornou historiador, coautor da única *expertise* histórica em curso de instrução (1985), mais tarde invalidada pela decisão de anulação do Supremo Tribunal. Nesse momento do processo, a importância de depoimentos de historiadores explica que desenhos, fotos e caricaturas coloquem em plena luz os homens que costumam viver à sombra dos arquivos: na primeira página do jornal *Le Monde*, os retratos de Jean-Pierre Azéma, Philippe Burrin ou de Robert Paxton se tornam, pelo tempo de uma audiência, tão midiáticos quanto o de René Rémond ao final dos debates eleitorais do canal France 2.

---

[3] ROUSSO (1998, p. 103): "Encarregados de informar os jurados a respeito de acontecimentos que estes não conheciam, os historiadores estavam na verdade na mesma situação que seus 'alunos' de um só dia: não apenas a maior parte deles não tinha vivido naquela época como também, assim como os jurados, eles eram os únicos a não conhecer o dossiê, já que este só é acessível aos magistrados, aos advogados, às partes civis e ao acusado".

Por fim, esse fórum de historiadores, que toca na questão da natureza de um processo que tem a história como material, se vê duplicado na imprensa de opinião por aqueles cuja ausência em Bordeaux permite que se expressem com toda liberdade: Michaël Marrus, Denis Peschanski, Eberhard Jaëckel. Mas, consultando os diários e semanários, logo percebemos um mal-estar relacionado à ambiguidade de um estatuto incerto. As recusas de testemunhar falam por si mesmas; Henry Rousso escreve ao presidente do tribunal: "Não condeno o processo, mas adoto a mesma atitude que adotei quando certas partes civis do processo Touvier me pediram para testemunhar. Aquilo que se espera dos historiadores – preencher as lacunas devidas ao fato de que os jurados não viveram aquela época, restituindo um contexto – é a meu ver uma responsabilidade esmagadora".[4] Sua carta e depois um livro lhe permitem recusar a aplicação de seus trabalhos a um indivíduo singular, a sujeição de sua pesquisa às regras do questionamento jurídico e, por fim, a deformação e a utilização abusiva de suas conclusões num contexto que não é o do mundo da pesquisa.[5] Mas se trata de uma evasão, de um simples fechamento covarde no calor confortável das bibliotecas e dos arquivos?

É claro, muitos são aqueles que não podem jurar que testemunharão "sem ódio",[6] mas essa desculpa ainda não foi invocada. Na realidade, o espaço dado aos historiadores instaura um duplo debate. No quadro do processo, essa onipresença inicial dos historiadores remete à necessidade de remediar o *deficit* de experiência do júri que não viveu o período concernido. Os conhecimentos por vestígios dos historiadores supririam então a falta de compreensão daquele que não viveu os fatos: "O historiador é uma testemunha. A evidência o

---

[4] WEILL, Nicolas. Le dilemme des historiens cités à comparaître [O dilema dos historiadores convocados a comparecer]. *Le Monde*, 16 out. 1997, p. 8, citação da carta endereçada por Henry Rousso ao presidente do tribunal.

[5] "Deux historiens refusent de témoigner" [Dois historiadores se recusam a testemunhar], *Libération*, 15 out. 1997. Os argumentos são desenvolvidos no livro já citado *La Hantise du passé*.

[6] VIDAL-NAQUET, Pierre. Ce qui accable Papon [O que incrimina Papon], entrevista realizada por Josette Alia, *Le Nouvel Observateur*, 23-29 out. 1997, p. 57. Maurice Rajsfus, "Il y a quelque indécence à faire témoigner un fils de déporté" [Há certa indecência em fazer testemunhar um filho de deportado], ver o artigo de Nicolas Weill no *Le Monde*, 16 out. 1997.

dizia, a justiça o repete."[7] A afirmação simétrica implica que os contemporâneos, por natureza, estariam dotados de compreensão: viver basta para compreender; axioma que dá o que pensar – lembremos por exemplo do retorno dos emigrados em 1815.

Os advogados de Paul Touvier e de Maurice Papon insistiram muito nesse aspecto, e muitas vezes com argumentos semelhantes aos de Henry Rousso sobre a ausência de qualificação dos historiadores como testemunhas. O debate desenha uma outra topografia; implica uma reflexão dos historiadores sobre o papel que a sociedade lhes atribui e, em última instância, obriga-os a definirem eles próprios o sentido de suas intervenções, a natureza da tarefa que cumprem, o papel social que justifica que a sociedade sustente uma atividade de aparência tão inútil.

Antes do processo Papon, os processos de Klaus Barbie e de Paul Touvier e a instrução do caso de René Bousquet já tinham desenhado os contornos dessa nova interrogação do historiador sobre o sentido de sua missão. Por certo, a tribo concernida reúne apenas uma parte mínima da vasta corporação dos historiadores: os historiadores da contemporaneidade, especialistas em Vichy e/ou na Segunda Guerra Mundial. Mas as questões suscitadas encontram eco para além do domínio destes. Pois esses processos, nascidos da lei sobre a imprescritibilidade dos crimes contra a humanidade, não colocam apenas o historiador em cena, como testemunha ou como *expert*, eles também geram outras formas de intervenção. No caso do processo Papon, o "livro azul", resultado da *expertise* anulada em 1987, e, decerto ainda mais, a *expertise* feita fora do quadro judicial – mas amplamente considerada durante o processo – oferecem ilustrações espetaculares do fenômeno.

No momento em que a instrução ia pela primeira vez consultar o grande júri sobre o caso de Paul Touvier, o cardeal Decourtray anuncia publicamente, em 29 de junho de 1989, que uma comissão de historiadores foi constituída com a função de lançar toda luz possível, com a devida independência, sobre a ajuda concedida pela Igreja da França a Paul Touvier durante os anos em que este viveu fora da lei. Essa comissão, de que participam François Bédarida, Bernard Comte,

---

[7] CHALANDON, Sorj. L'Histoire pour témoin [A História por testemunha]. *Libération*, 5 nov. 1997, p. 15.

Jean-Pierre Azéma e Yves Durand, é presidida por René Rémond. Suas conclusões são apresentadas em 1992 sob o título *Paul Touvier e a Igreja: relatório da comissão histórica instituída pelo cardeal Decourtray*.[8] Dessa experiência de história sob encomenda de uma instituição e com fins práticos, já que se trata de identificar o grau de responsabilidade da Igreja nas manobras que esconderam Paul Touvier da justiça de seu país, os participantes da comissão tiram conclusões que lançam uma luz diferente sobre a significação da atividade e da produção do historiador.

François Bédarida, na véspera da publicação, sublinha o caráter excepcional da empreitada: "O cardeal Decourtray se lançou num empreendimento sem precedentes". A aventura é, segundo ele, uma experiência de laboratório para os historiadores.[9] Bédarida desvela o triplo desafio – científico, cívico e religioso – da investigação e, sobretudo, revela uma verdadeira transformação da missão do historiador ao final do artigo. Se o método é qualificado de clássico, se o trabalho coletivo surge como inovador, a raridade está em outro aspecto: "Numa época gulosa de *expertises*, de auditorias, o trabalho do historiador se impõe no domínio reservado ao contabilista, ao psicólogo, ao jurista",[10] a todos esses saberes que conjugam uma face acadêmica e uma face profissional, uma teoria e uma prática. E François Bédarida retoma a fórmula de Étienne Borne no jornal *La Croix*, de 24 de janeiro de 1992: o historiador cria um novo espaço entre o público e o privado, inaugurando uma nova forma de arbitragem e de informação pelo saber. Assim, a comissão de *expert*s em história transporia esse fosso essencial entre a ciência e a ação que levava Max Weber a expulsar a política dos anfiteatros e das salas de aula, esses lugares onde é fácil demais demonstrar sua coragem partidária a oponentes condenados ao silêncio.[11] A clivagem é aqui superada, já que o teatro da ação se torna simultaneamente o do saber.

---

[8] *Paul Touvier et l'Église: Rapport de la commission historique instituée par le cardinal Decourtray*. Paris: Fayard, 1992.

[9] BÉDARIDA, François. L'affaire Touvier et l'Église: spectroscopie d'un historien [O caso Touvier e a Igreja: espectroscopia de um historiador]. *Le Débat*, n. 70, maio/out. 1992, p. 209-221.

[10] Bédarida (1992).

[11] WEBER, Max. La vocation du savant. In: *Le savant et la politique*. Paris: Plon, 1959, p. 97 [Edição brasileira: A ciência como vocação. In: *Ciência e política: duas vocações*. Tradução de Leonidas

Quanto ao caso Touvier, ele enraíza ainda mais uma visão renovada da missão do historiador, de um historiador que se torna testemunha na justiça em razão de sua *expertise* histórica. De fato, quando do processo, o presidente do tribunal pede a René Rémond para esclarecer os jurados, enquanto a acusação cita François Bédarida como testemunha *expert* para descrever o sentido do engajamento da Milícia. Mas a entrada triunfal do historiador como *expert* no tribunal é contestada; o defensor de Paul Touvier invoca a ausência de valor das provas históricas diante de um tribunal.[12] Sem tirar ainda qualquer conclusão sobre o caso Touvier, aponto que ele empurra numa direção já tomada os dois historiadores citados acima. Cobertos de honras, tendo ocupado por muito tempo postos-chave da profissão de historiador, René Rémond e François Bédarida, através de artigos e prefácios, desenvolvem um discurso sobre a responsabilidade do historiador, sobre sua função social, sobre sua atitude diante de uma demanda social que, muitas vezes em busca da identidade, solicita o historiador em detrimento da dimensão universal de sua procura pela verdade. Essa reflexão acaba por atribuir um papel considerável ao historiador e a sua obra. Esses escritos ressoam como apologias *pro domo* da atividade do historiador no seio do corpo social, às quais faria eco uma sobrevalorização social do direito do historiador a manejar o gládio de uma justiça retrospectiva. No jornal *Libération*, Dominique Kalifa lança como uma evidência: "A repressão da Comuna, a justiça de Vichy ou da guerra da Argélia tiraram proveito sobretudo do peso crescente das questões de memória e das funções de juiz atribuídas ao historiador."[13] Mas esse efeito da demanda social resulta também das pretensões dos historiadores segundo Gérard Noiriel:

Hegenberg e Octany Silveira da Mota. Campinas: Cultrix, 2011]. "É de fato cômodo demais demonstrar corajosamente suas convicções num lugar onde os assistentes, e talvez os oponentes, estão condenados ao silêncio."

[12] Notas de audiência de Anne Brunel – a quem agradeço –, que estava cobrindo o processo para a emissora de rádio France-Culture.

[13] KALIFA, Dominique. Le juge et l'historien [O juiz e o historiador]. *Libération*, quinta-feira, 27 dez. 2001, p. 17. Resenha do livro de Jean-Claude Farcy, *L'Histoire de la justice française de la Révolution à nos jours* [A história da justiça francesa da Revolução aos nossos dias]. Paris: PUF, 2001.

A ideia de que um historiador é antes de tudo um *expert* ou um juiz tende a se difundir. Aliás, uma parte dos historiadores do tempo presente se esforça para confirmar essa imagem. [...] Essa deriva, que não se restringe à França, provoca um sentimento de mal-estar, compartilhado por um grande número de historiadores do tempo presente, mal-estar que torna urgente a abertura de um debate sobre a "função social do historiador".[14]

Embora não concorde com as apreciações de Gérard Noiriel, minha pergunta é a mesma que a dele: a justificação da atividade do historiador estaria num momento de virada?

A justificação e a operação historiográfica

Esse desvio inicial ilustra a relação primordial que o historiador, como todo ator social, mantém com a legitimação de sua atividade, com sua justificativa para fazer parte do corpo social. *Maître à penser*, boca da verdade, desmitificador, conselheiro dos príncipes, formador da juventude, educador, defensor da pátria... pouco importam as funções evocadas, todas remetem a uma utilidade e, apesar das aparências, a ideia da arte pela arte, do simples prazer de pesquisar, raramente é evocada. Mesmo quando descreve os momentos de êxtase do cientista, inteiramente agarrado à sua descoberta como Vênus à sua presa, Max Weber não conclui que esta seja a finalidade social da atividade: "Se estamos enquanto cientistas à altura de nossa tarefa, podemos então obrigar o indivíduo a se dar conta do sentido último de seus próprios atos, ou ao menos ajudá-lo a tanto."[15] Para compreender as transformações da escrita da história hoje, parto então da hipótese de que ela mantém uma relação obscura, mas comprovada, com aquilo que os historiadores raramente evocam ao termo de sua atividade científica: a razão de ser social de sua atividade. Sob as denominações de "tarefa do historiador", "missão do historiador", "função social do historiador", "papel social do historiador", "responsabilidade do historiador" reside a ideia de que este cumpre uma função preciosa, específica e incomparável, que não

---

[14] NOIRIEL, Gérard. *Les Origines républicaines de Vichy* [As origens republicanas de Vichy]. Paris: Hachette, 1999, p. 10.

[15] Weber (1959, p. 100).

distingue nem o pesquisador nem o professor. É claro que a fórmula que escolhi se inspira num texto célebre de Lyautey[16] que, entre as três autoridades invocadas para justificar a noção de "dever social", cita, ao lado de Eugène Melchior de Vogüé e Albert de Mun, o historiador emblemático da época: Ernest Lavisse. Nesse texto, o futuro marechal esboça um quadro edificante das aptidões do oficial:

> Se existe um quadro, na acepção militar do termo, capaz por natureza de exercer uma ação mais ampla que os outros e ser o primeiro a se compenetrar da necessidade e da urgência do dever social [...], é o corpo dos 20.000 oficiais franceses [...], ele é, portanto, um maravilhoso agente de ação social. [...] Sua solicitude faz dele um justiceiro, confere-lhe o papel de árbitro ideal. Ele tem valor de exemplo, pacifica as relações de classe pelo laço que estabeleceu com as camadas inferiores, disciplina os espíritos.

O tateio de Lyautey, que evoca sucessivamente o dever social e a ação social para terminar nos papéis, como nos "jogos de papéis", esclarece tanto quanto perturba.

Portanto, o título deste livro deve tudo a Lyautey; obrigado, marechal! Contudo, esse título não brilha por sua originalidade; depois do artigo do militar, ao menos dois outros livros submeteram à crítica a interação do cientista com seu entorno social evocando seu papel neste: já em 1940 o do sociólogo polonês Florian Znaniecki,[17] e, no início dos anos 1970, o de Joseph Ben-David.[18]

Esses ilustres precedentes, assim como uma leitura atenta de Lyautey e uma reflexão semântica inicial, mostram de que maneira a questão colocada se distingue de uma investigação sobre a missão, a função ou as responsabilidades do historiador – de que não levantei

---

[16] "Du rôle social de l'officier, dans le service militaire universel" [Sobre o papel social do oficial no serviço militar universal], extraído de *La Revue des Deux Mondes*, 15 mar. 1891, reed., Paris, Librairie académique Perrin, 1894. O artigo teve uma influência duradoura que o prestígio ulterior de Lyautey certamente contribuiu para estender.

[17] ZNANIECKI, Florian. *The Social Role of the Man of Knowledge* [O papel social do intelectual]. Nova York: Columbia University Press, 1940.

[18] BEN-DAVID, Joseph. *The Scientist's Role in Society: a Comparative Study*. Chicago: Chicago University Press, 1984, XXVI (reed. 1971). [Edição brasileira: *O papel do cientista na sociedade: um estudo comparativo*. Tradução de Dante Moreira Leite. São Paulo: Pioneira, 1974].

uma bibliografia exaustiva. A dimensão transcendente da missão não tinha lugar no sistema de referências deste livro; a função implica a restrição de um lugar determinado num sistema simbólico ou científico; e o debate, hoje recorrente, sobre as responsabilidades do historiador acaba descambando para uma compreensão moral ou ética do trabalho do historiador. Em contrapartida, o papel é escolhido no seio do teatro social; pode-se mudar, pode-se variar sua interpretação – um mesmo ator assume às vezes diversos papéis. Sem jogar por mais tempo com as facilidades do termo, o fato é que ele traz a lume a plasticidade da questão. Trata-se de uma atribuição reversível, cambiante, subordinada às contingências da história, objeto de história.

Mesmo as reflexões mais aprofundadas tratam a definição do historiador como uma categoria fixa, sem realmente pôr em causa o papel que o historiador atribui a si mesmo como ator social.[19] Paul Ricœur escreve: "A história tem a seu cargo os mortos de outrora de que somos os herdeiros. Toda a operação histórica pode ser tomada por um ato de sepultura";[20] por mais legítima que seja essa descrição fundamental e intrínseca da atividade histórica, não pretendo mais que captar os avatares, as máscaras que os historiadores vestiram para interpretar a função essencial e invariável que o filósofo lhes atribui. O papel do historiador, do *social scientist*, do estudioso, varia mesmo que seus procedimentos e as formas de sua arte possam permanecer idênticos. E esse papel por vezes fugaz engendra seus efeitos próprios, a ponto de modificar as bases epistemológicas e deontológicas da empreitada historiadora. O presente livro se baseia nessa hipótese de trabalho.

Para ficar no domínio da historiografia francesa, a onipresença de uma questão que afugentava Charles Seignobos se impõe. Ao final de suas *Doze lições sobre a história*, Antoine Prost consagra um capítulo inteiro a uma "função social ambígua" e designa a missão do historiador: superar o desafio da sentimental febre comemorativa

---

[19] MOONEY-MALVIN, Patricia. Professional Historians and the Challenge of Redefinition [Historiadores profissionais e o desafio da redefinição]. In: GARDNER, James B.; LAPAGLIA, Peter S. (Ed.). *Public History: Essays fom the Field* [História pública: ensaios do campo]. Malabar, Flórida: Krieger Publishing Company, 1999, p. 5-22.

[20] RICŒUR, Paul. *La Mémoire, l'histoire, l'oubli*. Paris: Le Seuil, 2000, p. 648-649. [Edição brasileira: *A história, a memória, o esquecimento*. Tradução de Alain François. Campinas: Ed. Unicamp, 2000].

e transformá-la em tentativa racional de explicação para preparar o amanhã.[21] Gérard Noiriel, por sua vez, ao descrever a crise da história, faz do questionamento da função social do historiador o ponto onde concepções antagônicas da história se enfrentam; a "função social" se inscreve explicitamente no índice analítico do livro. Para ele, distinguir o historiador do jornalista é distinguir suas funções sociais; esclarecer os lugares de investimento dos historiadores da contemporaneidade equivale a avaliar suas respostas à demanda social.[22] Todo o trabalho de Gérard Noiriel legitima a história como atividade de saber apoiada sobre uma tradição e portadora de uma utilidade específica. Sua releitura atenta de *Apologia da história* demonstra a que ponto Marc Bloch associa constantemente a justificação pelo reconhecimento do grupo dos pares e a justificação do trabalho pelo público (ensino), já que a história, no final das contas, deve permitir viver melhor. Como declarava Georges Duby: "Nosso papel é levar nossos contemporâneos a verem as coisas de maneira mais distanciada, ou seja, liberá-los de uma parte de sua própria angústia, tirá-los da aflição em que se encontram".[23] Num registro diferente, um número inteiro da revista *Diogène* sobre a responsabilidade social do historiador se abre com um artigo de François Bédarida sobre o assunto.[24] E um dos balanços mais bem informados e mais sintéticos sobre a historiografia francesa dos dois últimos séculos se fecha com uma sequência que se tornou clássica. Abocanhada pelo momento memorial da sociedade francesa, a historiografia estaria sendo solicitada por uma demanda social crescente relacionada com a busca da identidade. Sacudida por essa solicitação, a profissão estaria perdendo o senso dos limites entre o campo dos estudos e o da disputa política. A contaminação dos campos midiáticos e políticos seria o sinal dessas dúvidas sobre a função ou o papel social do historiador. A descrição

---

[21] PROST, Antoine. *Douze leçons sur l'histoire*. Paris: Le Seuil, 1996, p. 305-306 [Edição brasileira: *Doze lições sobre a história*. Tradução de Guilherme João de Freitas Teixeira. Belo Horizonte: Autêntica, 2009].

[22] NOIRIEL, Gérard. *Sur la "crise" de l'histoire* [Sobre a "crise" da história]. Paris: Belin, 1996.

[23] CATINCHI, Philipe-Jean. Georges Duby, l'histoire et le style [Georges Duby, a história e o estilo]. *Le Monde*, 7 jul. 1995.

[24] BÉDARIDA, François. Praxis historienne et responsabilité [Práxis historiadora e responsabilidade]. *Diogène*, n. 168 (*La Responsabilité sociale de l'historien*), out./dez. 1994.

de Christian Delacroix estabelece legitimamente a ligação entre essas hipotecas que agem sobre a justificação do papel social do historiador.[25] A posição cética de Paul Veyne, para quem a imparcialidade do historiador só se realiza com a condição de "já não se propor fim algum exceto o de saber por saber"[26] parece única hoje.

Essa justificação através de um papel, e a responsabilidade que decorre dele, não comporta apenas servidões, também implica prerrogativas; quando Henry Rousso invalida de antemão as abordagens dos não historiadores no que diz respeito a Vichy, ele o faz em nome do ofício, da ética e da responsabilidade do historiador na difusão dos saberes e dos conhecimentos e de sua avaliação científica.[27] O papel social do historiador parece justificar uma atividade *a priori* inútil, gratuita, que nada se distinguiria daquela do antiquário, do colecionador de curiosidades, se não lhe fosse reconhecida uma função. O papel é indissociável da vontade de justificação na ordem da cidade cívica, embora não deixe de ser discutido na ordem da cidade do saber. A tensão está no coração do tema abordado.

Este livro pretende, portanto, apreender e reunir os sintomas convergentes que trazem à luz a estreita relação existente entre a justificação e a produção dos historiadores. Basta nascerem "Os encontros da história em Blois", no outono de 1998, e a questão do papel do historiador se impõe para justificar a empreitada. No quadro da investigação, pouco importam os arcanos dessa criação, a sede de prestígio de Jack Lang, seu gosto sincero pela história e, finalmente, a concorrência com o festival dos geógrafos em Saint-Dié; verifica-se que uma das questões primordiais colocadas ao conselheiro científico permanente dos encontros, o historiador da antiguidade Maurice Sartre, reconduz à questão: "A criação do festival de história proporcionará aos historiadores a oportunidade de afirmar para o grande

---

[25] DELACROIX, Christian; DOSSE, François; GARCIA, Patrick. *Les Courants historiques en France* [As correntes históricas na França]. Paris: Armand Colin, 2000.

[26] VEYNE, Paul. *Comment on écrit l'histoire. Essai d'épistémologie.* Paris: Le Seuil (1. ed. 1971), 1978, p. 51 [Edição brasileira: *Como se escreve a história: Foucault revoluciona a história.* Tradução de Alda Baltar e Maria Auxiliadora Kneipp. Brasília: Ed. UnB, 1982], citação retomada também por Noiriel (1996).

[27] CONAN, Éric; ROUSSO, Henry. *Vichy, un passé qui ne passe pas* [Vichy, um passado que não passa]. Paris: Fayard, 1994.

público seu papel na sociedade atual?".[28] A resposta de Maurice Sartre remete às ambivalências da questão; hesita entre a denúncia dos perigos da história oficial e a celebração da história como preparação para os confrontos regulados da palavra democrática.

"Não há ditadura onde a história seja livre. Ao contrário, nos Estados democráticos, a pesquisa histórica suscita debate e controvérsia e participa a seu modo do debate democrático."[29] E, meio a esmo, o processo Papon, a polêmica sobre o *Livro negro do comunismo* ou a comemoração do centenário do caso Dreyfus se impõem como exemplos. O historiador parece aqui reduzido ao papel de antídoto aos maus usos da história ou ao de pedagogo das regras da cidade. A especificidade de seu papel social se apaga totalmente quando se trata de presidir ao batismo de uma empreitada que celebra as virtudes e o valor da história para o público. O alerta final de Maurice Sartre atesta uma consciência aguda do eco social crescente dos historiadores e de uma verdadeira desconfiança quanto a suas consequências: "Uma república dos historiadores seria tão perigosa quanto uma república dos juízes. O festival pode assim se tornar a oportunidade de refletir sobre o lugar da história em nossas sociedades modernas. Mesmo que muitas vezes seja desagradável, é preciso de vez em quando se olhar no espelho".[30] O medo das responsabilidades inerentes ao sucesso do discurso dos historiadores é justificado?

---

[28] *Les Rendez-vous de l'histoire*, n. 1, 16-18 out. 1998, publicação do Centre européen de promotion de l'histoire.

[29] *Les Rendez-vous de l'histoire*, n. 1, 16-18 out. 1998.

[30] *Les Rendez-vous de l'histoire*, n. 1, 16-18 out. 1998.

I
Hoje: a encomenda e a *expertise*, em nome do interesse geral, em nome dos interesses particulares

1.

Invenção do historiador *expert*

Enfim, a dialética passado/presente faz do historiador um participante privilegiado do espaço social. Na medida em que a história do tempo presente que ele produz é mais do que outras uma transcrição em resposta a uma necessidade, ele testemunha, na sociedade onde está situado, de uma visão do devir, no ponto articulação do passado e do presente, e, por isso, projeta uma visão do mundo. Daí uma pesada responsabilidade na formação da consciência histórica de seus contemporâneos. Pois a demanda de história que nos assalta coloca mais do que nunca a questão: para que servem os historiadores? [...] É assim que se desenvolveu hoje em dia uma corrente que tende a reconhecer aos historiadores do tempo presente um estatuto e uma função de *experts*, como se pôde constatar no caso Touvier, já que, pela primeira vez, vimos historiadores serem chamados para a barra de um tribunal a fim de darem mostras de sua *expertise*. Se é verdade que com uma maneira dessas de fazer história, senão à margem, ao menos em pleno vento, os riscos corridos são consideráveis, a situação exige que se pratique com discernimento a dialética – quase se poderia dizer a ascese – cara a Norbert Elias, a saber, o duplo processo engajamento/distanciamento. A esse preço, a função social engendra uma nova identidade historiadora, na qual podemos ver ao mesmo tempo o efeito da mudança de paradigma e o fruto da reconquista do par passado/presente.[31]

---

[31] BÉDARIDA, François. La dialectique passé/présent et la pratique historienne [A dialética passado/presente e a prática historiadora]. In: BÉDARIDA, François (Dir.). *L'Histoire et le métier*

A descrição do fenômeno feita por François Bédarida sugere diversas questões. Em primeiro lugar, esse fenômeno está se multiplicando ou será que a experiência Touvier permanece um caso singular nas práticas historiadoras? Diversos tipos de solicitações de *expertise* histórica atestam a banalização desse novo exercício do ofício de historiador.

Os rastros indiretos demonstram isso com maior eficácia que as proclamações dos interessados. Jornalista no *Libération*, Sorj Chalandon tem coberto continuamente os casos judiciais de crimes contra a humanidade, do processo de Klaus Barbie ao de Maurice Papon. Numa dezena de anos, o olhar do jornalista sobre o testemunho do historiador evoluiu como um barômetro da justificação social e corporativa desse novo papel assumido por ele. Em 1987, o texto do jornalista repercute a emoção que emana dessa narrativa em várias vozes, o desfile das testemunhas mortificadas em seus corpos; então vem o riso: "Depois de quatro semanas ofegantes, o riso tinha entrado, sem ser convidado, na sala de debates. Uma verdadeira risada. A manifestação de uma coisa cômica." Essa risada, essa queda no ridículo vem com as "testemunhas de interesse geral" – terminologia que causa perplexidade hoje! E é Chalandon que sublinha o risco dessas testemunhas que não são testemunhas:

> Hoje, pela primeira vez na França, somos confrontados com um crime de um tipo particular. Contra a humanidade. E é por isso que homens e mulheres sem relação nem com os fatos nem com aquele que os cometeu vêm depor diante dessa corte. Estão ali para definir o quadro geral, o ambiente em que os crimes de que Barbie é acusado foram cometidos. Mas os riscos que esse tipo de testemunha representa são perceptíveis. Das histórias, passamos à História. Do sofrimento, passamos às palavras.

E vem então o retrato cruel do homem notável que foi Léon Poliakov:

> Léon Poliakov lê um papelzinho. "O senhor não pode ler. Apenas usar notas", indica o presidente à testemunha. "Mas

---

d'historien en France 1945-1995 [A história e o ofício de historiador na França 1945-1995]. Paris: MSH, 1995, p. 75-85.

há citações de Michelet, de Hitler, de Himmler", responde o homenzinho sorrindo. O tom está dado. "Os alemães" começa a testemunha, "viam-se como superiores. No tempo das invasões, em todos os tronos europeus se encontravam pessoas de cepa germânica [...]. Carlos Magno falava alemão. "Estou sendo claro?", pergunta o diretor honorário do CNRS. Risos na sala. Aula no ensino médio com prova oral no dia seguinte. "Conclua logo, o senhor está saindo do assunto", avisa o presidente Cerdini.[32]

Sete anos depois, no auge do processo Touvier, depois dos depoimentos de René Rémond e de François Bédarida, Robert Paxton, que derrubou as visões conciliadoras de Vichy,[33] depõe no tribunal; tudo mudou: "A sala é estudiosa, séria, ao contrário de certo público que costuma frequentar os tribunais. As pessoas não simplesmente escutam, prestam verdadeira atenção. Para além do processo que segue seu curso, é a História que está sendo dita".[34] Então vem o ataque de Trémolet de Villers, o advogado de defesa de Touvier, que recusa a qualidade de testemunhas aos historiadores e, diante do sereno norte-americano, reduz o trabalho desses a mera opinião. "É a História que fala", sete anos antes a História não passava de palavras diante da verdade das histórias singulares; o historiador era ridículo; agora se tornou sereno, firme, quando não irônico diante das agressões da defesa. Por certo, entre Léon Poliakov desfiando suas citações e a atitude altaneira de um Robert Paxton, podemos ver apenas a opinião de um dia, mas se trata de uma curva que se delineia sob a pena do cronista. Do erudito zombado à autoridade detentora da verdade, o deslocamento do olhar sobre os historiadores encontra um eco na maneira como os historiadores se apoderam de lugares e de modos de *expertise* inusitados até então. Quando Serge Klarsfeld (*Le Monde*) revela a presença na Secretaria de Estado dos Ex-Combatentes de um arquivo judeu que, ao que tudo

---

[32] CHALANDON, Sorj; NIVELLE, Pascale. Les Témoins dits d'intérêt général [As testemunhas ditas de interesse geral] (9 jun. 1987). In: *Crimes contre l'humanité, Barbie, Touvier, Bousquet, Papon* [Crimes contra a humanidade, Barbie, Touvier, Bousquet, Papon]. Paris: Plon, 1998, p. 96.

[33] PAXTON, Robert. *La France de Vichy* [A França de Vichy], trad. fr. Paris: Le Seuil, 1972.

[34] Chalandon e Nivelle (1988, p. 187-188): "Mon adjoint m'a dit: il faut désigner sept juifs" [Meu adjunto me disse: é preciso designar sete judeus], crônica de segunda-feira, 28 mar. 1994.

indica, deve ser o famigerado arquivo Tulard da chefia de polícia de Paris, ferramenta essencial da perseguição racial, Jack Lang convoca uma comissão para estatuir sobre sua devolução. É certo que René Rémond é indicado por Jack Lang como presidente do Conselho Superior dos Arquivos e que a carta de missão situa o problema "em relação à legislação aplicável e aos problemas técnicos".[35] Mas, ao passo que a natureza do problema colocado poderia ter limitado a comissão a juristas e arquivistas, a comissão "Rémond" se organiza segundo um modelo completamente diferente. Se a presença de Jean Kahn, então presidente do Conselho Representativo das Instituições Judaicas da França (CRIF), serve de álibi a uma decisão eventual-mente desaprovada por alguns dos filhos das vítimas, se as presenças sucessivas de Chantal Bonazzi e Paule-René Bazin coincidem com a dimensão técnica da questão,[36] os dois historiadores associados não têm autoridade específica para tratar do problema da conservação dos arquivos, tampouco qualidades jurídicas para tratar da aplicação da legislação sobre os arquivos. Ora, a resposta de René Rémond logo descamba para a competência científica e a autoridade moral; essa deriva, que tende a fazer dos historiadores os *experts* de um direito em nome da ciência, remete ao caso Touvier, e René Rémond apresenta como uma evidência o fato de que, tanto quanto sua qualidade de presidente do Conselho Superior dos Arquivos, foi a maneira como conduziu o relatório Touvier que inspirou a escolha de Jack Lang e, por dedução, o recurso à sua corporação em vias de constituição de *expertise*. O destino ulterior da comissão, que vai transformar a investigação sobre a devolução do arquivo numa investigação sobre a verdadeira natureza do arquivo justifica *a posteriori* a escolha dos *experts*: a comissão se tornou uma comissão de historiadores e de história.

A missão da comissão que Jack Lang convocou sobre as condu-tas negacionistas frequentes na Universidade de Lyon III denota as mesmas derivas. Em certo sentido, a questão colocada não tem nada de especificamente histórico; trata-se simplesmente de um problema

---

[35] RÉMOND, René. *"Le Fichier juif", rapport de la commission présidée par René Rémond au Premier ministre* ["O arquivo judeu", relatório da comissão presidida por René Rémond ao primei-ro-ministro]. Paris: Fayard, 1996, anexos.

[36] Elas se sucederam na chefia da seção contemporânea dos Arquivos Nacionais.

clássico sobre a atitude a adotar quando a liberdade e os privilégios acadêmicos vêm a violar as regras democráticas definidas no quadro da República Francesa. Nesse caso, os historiadores não estão mais bem situados que outra pessoa qualquer para julgar. E, no entanto, quatro dos seis membros dessa comissão chamada a "lançar luz sobre o racismo e o negacionismo que puderam encontrar expressão no seio da Universidade de Lyon III"[37] são historiadores,[38] e a presidência cabe ao diretor do Instituto de História do Tempo Presente, Henry Rousso. A tradução da *expertise* necessária em termos de competência histórica me parece decorrer desse mesmo sucesso do discurso historiador e do prestígio recente de seus praticantes nos campos de exercício que estavam fora do alcance da corporação há nem bem trinta anos. Além disso, ela implica o reconhecimento da legitimidade desse papel pelos historiadores que os desempenham. Pois o princípio que quer que o professor universitário seja juiz de seus pares não implicava um recurso necessário aos historiadores, já que os acusados tinham se apoderado de uma matéria histórica sem pertencer à profissão.

A esse segundo exemplo de solicitação pública se acrescenta um caso de solicitação privada em que, de novo, o jurista e a via judicial cedem lugar à história e aos historiadores. Revoltados com a descrição feita por Thierry Wolton[39] de Pierre Cot como um agente soviético, os descendentes do ministro da Aviação da Frente Popular preferem solicitar uma investigação a uma comissão de historiadores a processar o autor por difamação.[40] Preferem, portanto, estatuir sobre o fundo a

---

[37] *Le Monde*, 12 fev. 2002, p. 13; ver também: BERTRAND, Olivier. Le négationnisme en cours d' examen à Lyon-III [O negacionismo está sendo examinado em Lyon-III], Libération, 11 fev. 2002, p. 20.

[38] Além de Henry Rousso, especialista na França durante a Ocupação, a comissão compreende uma caução estrangeira: o historiador suíço Philippe Burin, um jovem pesquisador do CNRS, especialista na história do negacionismo, Florent Brayard, uma historiadora especialista na memória da Primeira Guerra Mundial, Annette Becker, um especialista na história do discurso racial, Pierre André Taguieff e um sociólogo especialista em universidades.

[39] WOLTON, Thierry. *Le Grand Recrutement* [O grande recrutamento]. Paris: Grasset, 1993.

[40] BERSTEIN, Serge; FRANK, Robert; JANSEN, Sabine; WERTH, Nicolas. *Rapport de la commission d'historiens constituée pour examiner la nature des relations de Pierre Cot avec les autorités soviétiques* [Relatório da comissão de historiadores constituída para examinar a natureza das relações de Pierre Cot com as autoridades soviéticas]. Paris: B&Cie, 1995. "Essas asserções levaram os filhos de Pierre Cot a desejar saber mais, já que a obra de Thierry Wolton, destinada ao grande público, não continha as precisões indispensáveis para sustentar com todo o

estatuir sobre a forma; já que a difamação estabelece apenas a ausência de provas reconhecíveis pela instância judicial, eles escolhem o tribunal da história, formado pelos historiadores, em vez do tribunal dos homens, administrado pelos juízes. Mas, diferentemente dos júris de honra que estatuíam ainda sobre os casos de Resistência no início dos anos 1980,[41] recorrem à história legitimada pela Universidade. Se a origem da solicitação, um interesse privado, difere da do caso Touvier (uma instituição) ou do arquivo judaico (o Estado), no fundo o recurso é idêntico. À *expertise* administrativa, judiciária, à confrontação direta das testemunhas, é preferida a *expertise* histórica. A cada vez as modalidades materiais da investigação escapam ao leitor enquanto abundam as precisões sobre as motivações das escolhas.

A segunda questão que a descrição de François Bédarida coloca é saber se o caso francês é excepcional. Basta a evocação da *public history* norte-americana desde meados dos anos 1970 para demonstrar o contrário. No caso dos Estados Unidos, além da solicitação privada de autoesclarecimento, há o recurso judicial à lista de argumentos dos historiadores. Contudo, podemos nos perguntar se a significação da *expertise* é da mesma natureza. Pois, nos três casos franceses, o *expert* se pronuncia sem contrapartida autorizada, ali onde os adversários norte-americanos se encontram de maneira característica no quadro da retórica aristotélica: o quadro deliberativo em que elementos de controvérsia são resolvidos pela decisão final.[42]

Legitimidade do *expert*

A atividade de *expertise* só aparece aqui como prolongamento da atividade científica. A análise da comissão Cot ilustra muito bem essa confusão entre a competência científica e a competência do *expert*; Serge Berstein – professor do Instituto de Estudos Políticos (IEP)

---

rigor necessário as afirmações que ele faz. A pedido deles, foi constituída uma comissão de historiadores profissionais cuja composição foi guiada pelos trabalhos científicos conduzidos por cada um deles nos domínios abordados pelo livro de Thierry Wolton" (p. 2-3).

[41] Ver mais adiante a passagem de um fenômeno ao outro com os casos Marcel Paul e Papon.

[42] RICŒUR, Paul. Histoire et rhétorique [História e retórica]. *Diogène*, n. 168, out./dez. 1994, p. 9-26.

de Paris —[43] está presente por ser autor de uma tese sobre o Partido Radical; Robert Frank – ex-diretor do Instituto de História do Tempo Presente (IHTP) do Centro Nacional da Pesquisa Científica (CNRS), professor na universidade de Paris I Sorbonne –, de uma tese sobre o rearmamento francês na época da Frente Popular; Sabine Jansen, também professora, por estar preparando uma tese sobre Pierre Cot; e Nicolas Werth, professor e pesquisador do CNRS, enquanto especialista na URSS e nas novas fontes moscovitas que estavam na origem do caso. A mesma lógica de identificação dos campos da autoridade científica e da *expertise* preside à escolha dos membros das outras comissões. A conclusão a que leva essa lógica das escolhas é a de que a organização do campo científico determina a da *expertise*; a figura do *expert* em história se confunde com a do especialista, do autor de uma tese ou de trabalhos. "A segunda decisão visava à colocação em prática da primeira: a consulta de um fundo de arquivos requer certa familiaridade com esse tipo de fontes assim como um conhecimento profundo do período concernido." Daí a ideia do cardeal de confiar o exame dos arquivos a historiadores cuja competência seria a garantia da seriedade do processo e cuja "reputação científica asseguraria a objetividade".[44] Para compor o grupo de *expert*s, René Rémond se reconhece perfeitamente nessa lógica, que ele reivindica ao longo de toda sua apresentação do grupo de trabalho. E, tomando incessantemente certa distância em relação à solicitação inicial, obstina-se em demonstrar que sua compreensão de historiador vale mais que a do solicitante. Ali onde o comum dos mortais procura unicamente a materialidade dos fatos revelados pela abertura de arquivos inéditos, o historiador de ofício decide se interrogar sobre as razões de agir secretas e ocultas dos homens.[45] Essa atitude consiste em desacreditar o senso comum, em afirmar a verdade do ofício diante da inexperiência dos "amadores"; ela revela a ingenuidade que consiste em acreditar que dos arquivos

---

[43] Os títulos e posições mencionados aqui são os indicados no relatório.

[44] RÉMOND, René *et al. Paul Touvier et l'Église: Rapport de la commission historique instituée par le cardinal Decourtray.* Paris: Fayard, 1992, p. 13.

[45] Rémond *et al.* (1992, p. 27).

surgiria outra coisa além das respostas às perguntas já formuladas. Voltamos a encontrar essa vontade de reconduzir a prática da *expertise* às condições normais de exercício do ofício de historiador no caso de Pierre Cot. A perspectiva histórica é oposta aí à atitude parcial do advogado. Depois de uma evocação das regras do método, não muito distante dos princípios metódicos da *Introdução aos estudos históricos*, redigida em 1898,[46] vem a condenação do trabalho de Thierry Wolton por desobediência ao método: dos quatro princípios metodológicos elencados inicialmente, ele negligencia dois: a consideração do contexto e a confrontação com outras fontes.[47] A *expertise* em termos de método consiste, portanto, em se comportar exatamente como no campo das controvérsias científicas, mas num lugar de ação essencialmente diferente e com apostas de natureza completamente diversa.

O paradoxo contemporâneo se impõe. O historiador cumpriria um papel social novo cuja legitimidade se funda na aptidão a permanecer fiel aos princípios de ação do cientista. Continuar sendo o que se é para cumprir um novo papel.

Para ser *expert*, o historiador faz abstração da situação de controvérsia e da própria arbitragem que se espera dele. A postura adotada não é a única possível. Mas René Rémond se mantém nela enquanto o entrevistador se esforça para fazê-lo dizer que a mudança de postura provavelmente muda a natureza do trabalho.[48] Mais consciente da ambiguidade dessa situação, François Bédarida a apresenta como necessária: "Diante das expectativas da sociedade e da atenção do público, eis o historiador intimado a desfazer a confusão e fornecer um fio condutor, na maior parte dos casos aliando sua função crítica

---

[46] LANGLOIS, Charles-Victor; SEIGNOBOS, Charles. *Introduction aux études historiques*. Paris: Hachette, 1898, reed. Kimé, 1992 [Edição brasileira: *Introdução aos estudos históricos*. Tradução de Laerte de Almeida Morais. São Paulo: Renascença, 1946].

[47] Berstein, Frank, Jansen e Werth (1995, p. 68): "Como compreender a partir daí as alegações contidas no livro de Thierry Wolton? Afastada qualquer ideia de malevolência ou de busca do sensacional a qualquer custo, a explicação nos parece residir em dois erros de método devidos à ignorância das regras da crítica histórica:
– atribuição de crédito a fontes duvidosas;
– uma leitura de documentos que não leva em conta o contexto histórico".

[48] Num trabalho marcado pelo cuidado de só recorrer às provas "públicas", abro uma exceção referindo-me a essa entrevista exploratória que René Rémond me concedeu em 1996.

com uma função cívica e uma função ética. Mesmo se não se trata de modo algum, através desse apelo à *expertise* científica, de erigir o historiador em áugure oficial da cidade, deve-se sublinhar que essa tomada da palavra em resposta aos questionamentos do momento, com a condição de se exercer na observância estrita das regras do ofício, é perfeitamente legítima e propicia à história sua espessura significante".[49]

No decorrer do processo Touvier, Trémolet de Villers não deixou de explorar a falha, recusando o depoimento de François Bédarida, impróprio ao lugar onde foi proferido. Por não ter sido previsto, o ataque teve uma força perturbadora. Contudo, a lógica inversa triunfa nos escritos dos porta-vozes autorizados da história contemporânea à francesa; quanto mais o historiador trabalha para se tornar reconhecido no meio acadêmico, o que é sempre aceitável no quadro da arte pela arte, mais sua prática de *expert* será requisitada. Quanto mais ele finge acreditar que realizar *expertise*s, ou testemunhar, não é mais que estudar num novo lugar de expressão, mais sua arte parece acima da confusão da batalha e, por via de consequência, útil. Quanto mais contribui para o desencantamento do mundo através do esfriamento das paixões ligadas a seu objeto, mais ele estará em situação de influir sobre as práticas, os julgamentos, as decisões. Esse impasse do papel do árbitro no ápice de sua influência quando tem as mãos limpas, ao menos em aparência, já conhecera uma antecipação no discurso dos historiadores metódicos.

O deslocamento do terreno da ciência

Alguns historiadores, cuja prosa satisfaz esse uso social de sua arte, figurariam portanto como *experts*. Enquanto os *especialistas* não faziam mais que trocar enunciados inofensivos, lidos e julgados tão somente por seus pares, não é difícil compreender que o eco das lutas científicas não tenha superado o horizonte de revistas com uma tiragem máxima de quatro mil exemplares. Quando a posição dominante, no território confinado da academia, legitima a superioridade no campo

[49] Bédarida (1995, p. 3).

da *expertise* jurídica ou memorial, a publicidade dos debates ganha todo seu sentido e reforça por sua vez o crescimento da *expertise* histórica. Pois os anátemas não excluem mais apenas do campo acadêmico, implicam a perda de um reconhecimento social mais amplo, o do "público" que dá crédito à *expertise*. É por isso que formulo a hipótese da existência de uma relação entre a ascensão da *expertise* histórica e a irrupção de certo tipo de rixas historiográficas na ordem "mundana". A novidade não reside na fascinação pelos dramas de Vichy, mas na convocação dos profissionais da história como árbitros. Alguns casos desenvolvidos aqui ilustram esse efeito de publicidade ou, antes, a maneira como a *expertise* e a publicidade das rixas historiográficas profissionais estão relacionadas.

Esse recurso coletivo e repetido ao tribunal da história mistura os processos e os falsos processos. Os historiadores *"experts"* confundiriam "o ofício de historiador com o de policial ou de procurador".[50] E as controvérsias acadêmicas seriam suplantadas pelas vãs polêmicas midiáticas. Nessa confusão, que Gérard Noiriel[51] denuncia ao mesmo tempo que participa dela, já que escolhe às vezes o *Le Monde* para refundar a história acadêmica, os debates historiográficos instauram júris populares históricos em praça pública.

Sem pretender à exaustividade, a publicação de *Les Aveux des archives* [As confissões dos arquivos], de Karel Bartosek, as controvérsias sobre a censura a que teria sido submetida Annie Lacroix-Riz,[52] os debates tumultuosos suscitados pela mesa-redonda entre os *historiadores* e os Aubrac e o esboço de polêmicas públicas, entravado por ameaças judiciais, a propósito do prefácio de Stéphane Courtois ao *Livro negro do comunismo* encheram as colunas de vários grandes jornais com uma prosa que mesclava o quase judicial, a opinião e os argumentos da *ciência*.

---

[50] NOIRIEL, Gérard; CHARTIER, Roger. Pour refonder l'histoire comme discipline critique [Para refundar a história como disciplina crítica]. *Le Monde*, 13 mar. 1998, p. VI-VII.

[51] Noiriel (1996, p. 26-46).

[52] MAZAURIC, Claude. Des travaux dérangeants [Trabalhos perturbadores]. In: Courrier des lecteurs, *L'Humanité*, 15 out. 1996. Os primeiros ecos figuram no *L'Humanité* de 8-9 outubro, depois no *Le Monde* de 11 de outubro, com ressonâncias internacionais (*Times*, 9 de outubro de 1996; *Observer*, 13 de outubro de 1996; *Tagische Zeitung*, 12-13 de outubro de 1996).

Quer se trate do processo *post-mortem* intentado por Karel Bartosek a Artur London[53] ou das questões suscitadas pelo livro de Gérard Chauvy sobre Raymond Aubrac,[54] as consequências são semelhantes: uma parte da corporação dos historiadores se entredilacera e pretende resolver, numa coluna ou duas, divergências de interpretação que grossos artigos eruditos têm dificuldade em resolver no registro acadêmico. Esse demônio não se apossa apenas da história: os debates econômicos e sociológicos a precederam nesse terreno. A questão seria antes a de compreender a irrupção da polêmica historiográfica na mídia. Não há dúvida de que existe uma demanda da parte da imprensa: a mesa-redonda foi concebida por Laurent Joffrin para o jornal *Libération*; Annette Lévy-Willard suscita a página consagrada pelo mesmo jornal ao caso do Zyklon B francês. Tomando o lugar dos órgãos profissionais, ela intervém: "Pedimos portanto a Robert Paxton [...] que analisasse o texto de Annie Lacroix-Riz. Assim como a Hervé Joly, pesquisador do CNRS, que trabalhou sobre os mesmos arquivos que a historiadora sem chegar às mesmas conclusões".[55] A controvérsia acadêmica é instituída aqui sob encomenda no espaço público. Esse crescente uso abusivo, ou a responsabilidade cada vez maior da prosa dos historiadores científicos, tem por corolário uma interrogação tácita, ou explícita, sobre o papel social do historiador e seus efeitos sobre a profissão histórica.

Como na Alemanha, com a rixa dos historiadores, as apostas políticas contemporâneas explicam a atração exercida sobre a imprensa, e a mídia em geral, por combates frequentemente obscuros cuja exacerbação atesta, talvez, a extrema proximidade dos protagonistas. Associados num curto lapso de tempo, os dois episódios citados, Bartosek e Aubrac, inscrevem-se numa conjuntura memorial análoga. A abertura dos arquivos no Leste oferece a possibilidade de uma

---

[53] BARTOSEK, Karel. *Les Aveux des Archives, Prague-Paris, 1948-1968* [As confissões dos arquivos, Praga-Paris, 1948-1968]. Paris: Le Seuil, 1996.

[54] CHAUVY, Gérard. *Aubrac, Lyon 1943*. Paris: Albin Michel, 1997.

[55] LÉVY-WILLARD, Annette. Zyklon B: la France n'a pas fourni les camps. Le groupe Ugine a bien fabriqué l'insecticide, mais il n'approvisionnait pas les S.S." [Zyklon B: a França não aprovisionou os campos. O grupo Ugine de fato fabricou o inseticida, mas não o forneceu aos S.S.]. *Libération*, 18 mar. 1997, p. 13.

gigantesca revisão da história "oficial",[56] logo transformada numa série de processos pessoais quando a justiça esbarra no falecimento dos protagonistas; paralelamente, a persistência de *um passado que não passa* mantém no centro dos debates a história da Segunda Guerra Mundial na França. A propósito da Resistência, a lenda dourada teria obstaculizado o trabalho de verdade, condição necessária para uma verdadeira memória da guerra.[57]

Lidos na escala dos debates nacionais, repensados como o último episódio da luta contra os totalitarismos ou uma ofensiva contra o antifascismo,[58] esses debates sucessivos estão relacionados aos olhos dos protagonistas. Alexandre Adler ilustra isso de modo lírico:

> Se o que se quer é a paralisia do sentimento moral, a atrofia da vontade coletiva, a guerra impiedosa dos indivíduos, o abandono dos fracos e o pogrom tranquilo, enquanto a extrema-direita ronda em nossas cidades, é preciso homens e mulheres curvados, dobrados, já conformados com o pior. É preciso portanto, no fim dos fins, que todos acreditem que Jean Moulin era um espião,[59] Raymond Aubrac um cúmplice do estalinismo, e *A confissão* de Artur London uma simples pilhéria de tecnocratas...[60]

Pretendo substituir essa lógica do complô político, que alguns denunciam com persistência, por outra grade de leitura: uma perspectiva comum aos campos presentes, a que os leva invocar tão somente sua qualidade de historiadores. Para tanto, é preciso tapar os

---

[56] Não endosso de modo algum essa denominação que designa o estado do consenso da disciplina num momento determinado e que se torna "história oficial" quando se revela caduca. A menos que chamemos "oficial" tudo o que é dominante!

[57] ROUSSO, Henry. *Le Syndrôme de Vichy* [A síndrome de Vichy]. Paris: Le Seuil, 1990.

[58] Para sermos completos, essa conjuntura historiográfica inclui ainda, antes, o livro de François Furet, *Le Passé d'une illusion* [O passado de uma ilusão]. Paris: Fayard, 1996; e, depois, a obra dirigida por Stéphane Courtois, *Le Livre noir du communisme* [O livro negro do comunismo]. Paris: Fayard, 1997.

[59] Alusão a Wolton (1993).

[60] ADLER, Alexandre. L'histoire à l'estomac [A história no estômago]. *Le Monde*, 15 nov. 1996, p. 17. No mesmo registro, sempre a propósito de Bartosek, ver o texto: MARCOU, Lily. ...Ou contre? [...Ou contra?]. *Le Monde*, 24-25 nov. 1996: "Triste época esta em que vivemos, em que a pesquisa histórica avança a cacetadas devidas à necessidade perversa de 'denunciar' aqueles a quem a humanidade deve sobretudo – ao menos por enquanto – o fim do fascismo".

ouvidos, ignorar de propósito os relatos que ambos fazem sobre os arcanos das negociações editoriais, as pressões escandalosas exercidas sobre fulano ou ciclano,[61] já que a história secreta das publicações pertence de pleno direito a esse tipo de polêmica. A propósito do caso Bartosek, Jacques Amalric evoca as negociações entre a família London, a editora Seuil e Karel Bartosek. Henry Rousso evoca as lutas de influência e a chantagem emocional: "Praticamente todos os historiadores próximos da família Aubrac convidados para a mesa-redonda ficaram calados durante o encontro; então por que declarar depois, sob pressão, que este tinha sido um escândalo?".[62] Mas essas considerações e as confidências de um protagonista nos fecham na lógica do certo ou errado quando nosso esforço é o de compreender o sentido do fenômeno. Só conta aqui o que foi publicamente pronunciado e devidamente assinado a rosto descoberto, sem medo da ingenuidade aparente da escolha.

O caso London, que se tornou o caso Bartosek, ocupa as colunas da imprensa diária nacional[63] de 6 de novembro de 1996 até o fim do ano; no coração da polêmica figuram as revelações que o autor extrai de sua consulta aos arquivos tchecos: a filiação secreta de Raymond

---

[61] ROUSSO, Henry. *La Hantise du passé* [A obsessão pelo passado]. Paris: Textuel, 1998, p. 133.

[62] Rousso (1998, p. 133).

[63] AMALRIC, Jacques. L'Aveu de London, c'était du roman [A confissão de London era mera ficção], *Libération*, 6 nov. 1996; WEILL, Nicolas. Le nouveau "Coup de Prague" [O novo "golpe de Praga"], *Le Monde*, 8 nov. 1996; DAIX, Pierre. Pour la mémoire d' Artur London [Pela memória de Artur London], *Le Monde*, 8 nov. 1996; LONDON-DAIX, Françoise; Michel e Gérard LONDON. Notre père, Artur London [Nosso pai, Artur London], *Libération*, 13 nov. 1996; AMALRIC, Jacques. L'affaire de "l'Aveu" [O caso da "confissão"], *Libération*, 13 nov. 1996; ADLER, Alexandre. L'histoire à l'estomac [A história no estômago], *Le Monde*, 15 nov. 1996; PESCHANSKI, Denis. De l'art de faire avouer les archives [Da arte de fazer os arquivos confessarem], *Libération*, 13 nov. 1996; BÉDARIDA, François. Qui est Karel Bartosek? [Quem é Karel Bartosek], *Le Monde*, 17-18 nov. 1996; LAZAR, Marc. La chair humaine de l'histoire [A carne humana da história], *Le Monde*, 21 nov. 1996; AZÉMA, Jean-Pierre; BECKER, Jean-Jacques; BÉDARIDA, François; BERSTEIN, Serge; BROUE, Pierre; BUTTON, Philippe; COURTOIS, Stéphane; DOMENACH, Jean-Luc; GREMION, Pierre; HINCKER, François; KENDE, Pierre; LAZAR, Marc; LEVILLAIN, Philippe; MILZA, Pierre; ROUSSO, Henry; SIRINELLI, Jean-François; WERTH, Nicolas; WIEVIORKA, Annette; WINOCK, Michel. Pour Karel Bartosek [A favor de Karel Bartosek], *Le Monde*, 24-25 nov. 1996; MARCOU, Lily. ...Ou contre? Le Monde, 24-25 nov. 1996; BECKER, Jacques. La vengeance du communisme [A vingança do comunismo], *Le Monde*, 28 nov. 1996; COMBE, Sonia. L'usage des archives [O uso dos arquivos], *Le Monde*, 17 dez. 1996; BARTOSEK, Karel. Écrans de fumée autour de l'"affaire" Artur London [Cortinas de fumaça ao redor do "caso" Artur London], *Libération*, 24 dez. 1996.

Aubrac ao PCF, o caráter fabricado da *Confissão* de Artur London, sua manipulação pelo PCF, o uso do Partido Comunista Francês pelo Partido Comunista Tcheco... O interesse desse verdadeiro folhetim, com seus quinze textos, deriva de diversos gêneros. Confronto político camuflado sob a aparência de ciência, por certo, o que mais impressiona é sua dimensão passional, pois boa parte dos atores envolvidos mantém uma relação íntima com essa história que ainda sangra. As reações de Lise London e de seus filhos pertencem a esse registro, assim como as de Pierre Daix que, embora seja hoje um historiador, permanece em primeiro lugar o ex-diretor das *Lettres françaises*, ex-companheiro de armas, o irmão de deportação para Mauthausen, aquele para quem o autor da *Confissão* sempre se chamará Gérard.[64]

Para Karel Bartosek, que se apresenta tanto como vítima quanto como historiador, Artur London permanece o instrumento de um regime que o oprimiu. Para os vinte e cinco historiadores envolvidos dá-se muitas vezes o mesmo. O passado comunista, uma família judia resistente e velha frequentadora das brigadas internacionais, a fuga da Hungria em 1956... sem entrar nos detalhes pessoais, raros são os signatários para quem as tomadas de posição se resumem ao simples cruzamento de uma opinião política e de uma convicção científica; para a maior parte, o que está em jogo é uma questão existencial, um caso de família. E, no entanto, o debate oculta essa dimensão a não ser, às vezes, para defender Karel Bartosek ou Artur London; os historiadores transformam obstinadamente o debate público em campo científico fechado. É com curiosidade que nos pegamos imaginando que os leitores do *Le Monde*, mais de um milhão de pessoas, descobriram, no dia 23 de novembro de 1996, uma petição cujo objetivo exclusivo era a defesa e a ilustração das qualidades profissionais de um historiador:

> Algumas críticas feitas ao livro de nosso colega Karel Barto-sek, *Les Aveux des archives*, nos levam a intervir publicamente e a evocar os princípios que fundam nossa atividade profissional

---

[64] Pseudônimo de Artur London na Resistência, sob o qual ele continua a agir no contexto da resistência interna do campo de Mauthausen. Como filho de um resistente recrutado por Pierre Daix e ex-membro do Partido Comunista, atesto que meu pai só chamava Artur London por esse pseudônimo.

[...] em função dessas considerações, os signatários querem sublinhar que o livro de Karel Bartosek, *Les Aveux des archives*, é uma obra muito importante que traz uma verdadeira contribuição ao conhecimento histórico.[65]

Na verdade, assim que o debate escapou aos autores de resenhas e aos próximos, entre os quais conto Pierre Daix, a disputa foi transposta para o terreno da ciência. Alexandre Adler, em seu artigo *L'Histoire à l'estomac*, retoma então o título de um panfleto célebre de Julien Gracq e denuncia, misturando tudo, os erros de método que teriam levado Karel Bartosek a se enganar sobre o sentido de uma missiva de Jacques Duclos a Klement Gottwald, então número 1 do Partido Comunista Tcheco, e a estigmatizar a "cumplicidade" objetiva de Jean-Paul Sartre "ali onde um historiador mais comedido verá o rastro de uma discussão animada e difícil entre o filósofo e Laurent Casanova". Embora o objetivo do ataque virulento de Alexandre Adler seja político, parece-lhe essencial desacreditar as pretensões científicas do autor e da escola histórica a que está ligado. Assim, não causa surpresa descobrir a resposta, tão agressiva quanto o ataque, de Marc Lazar, que, nas páginas do *Le Monde*, celebra a cientificidade reconhecida da revista *Communisme*, já que é dela que se trata, para melhor revelar as imprecisões metodológicas de um adversário que não praticaria mais as regras do ofício de historiador desde "1978".

Sem me meter nos bastidores desse combate feroz, aponto em Marc Lazar o recurso aos ícones da profissão, no lugar dos heróis e santos da boa causa evocados por Alexandre Adler. Ali onde este invoca os espíritos de Jean Moulin, Raymond Aubrac e Artur London, Marc Lazar cita as grandes figuras das ciências humanas, Max Weber e, sobretudo, Marc Bloch, duas vezes. Marc Bloch, resposta ideal já que emblema da luta contra o fascismo e portador do discurso histórico verídico diante das desilusões da derrota em 1940. Essas duas retóricas tentam, cada uma a seu modo, articular o historiador como cientista e como cidadão. E enquanto fazem isso, os dois protagonistas aproveitam para expor sua visão da função da história e do papel social do historiador; para Marc Lazar, participar do *desencantamento do mundo*, mostrar as cartas, revelar

---

[65] Azéma *et al.* (1996).

as mistificações e enganações é parte integrante da missão do historiador. Implícito para Alexandre Adler, o dever de participar do combate cívico parece inevitável. Antes mesmo que o debate assuma uma feição definitivamente profissional, fica claro que a arte e a maneira de escrever a história se tornam, ao mesmo tempo, o álibi e o verdadeiro tema desse debate, em que a partir de então só intervêm historiadores de ofício. O manifesto "A favor de Karel Bartosek", de 24-25 de novembro, marca o ponto culminante desse movimento que destituiu as testemunhas e os próximos e confinou o combate ao círculo dos historiadores. A defesa corporativa de Karel Bartosek se apresenta como a defesa daqueles que fizeram do tempo presente um objeto de história graças às regras do ofício de historiador que Karel Bartosek respeitou. Num segundo momento, o manifesto refuta a argumentação desenvolvida por Alexandre Adler e, sobretudo, por Denis Peschanski, quanto ao imperialismo dos arquivos. Especialista na história do comunismo francês e da Segunda Guerra Mundial, Peschanski ataca as ilusões de Bartosek: os arquivos, segundo ele, seriam uma mina de informações brutas quando fora do sistema de interpretação que os informa; além disso, a natureza da fonte, os órgãos centrais dos partidos comunistas deturpariam a informação por negligenciarem "a inscrição do fenômeno comunista em tal ou qual sociedade". A resposta dos dezenove autores do manifesto o desafia nesse terreno; depois de uma *captatio benevolentiae*, que os leva a reconhecer que os arquivos não são uma panaceia e só ganham sentido "em função das perguntas que o pesquisador se faz", respondem que negligenciá-los seria fazer a cama do negacionismo. Esse argumento volta à tona na última réplica de Karel Bartosek; essencialmente endereçada a Denis Peschanski (de corporativo o debate se tornou o pomo da discórdia de uma instituição: o IHTP), ela volta contra o emissor o argumento do imperialismo dos arquivos: "A propósito das fontes, abstenho-me de comentar as alegações de Denis Peschanski sobre o 'imperialismo das fontes', discurso surpreendente da parte do editor de um livro sobre as câmaras de gás, já que retoma os argumentos dos detratores negacionistas do seu próprio livro".[66]

---

[66] Bartosek (1996).

Por fim, a conclusão da petição reconduz ao centro do combate: a história tem por dever desmitificar, e é nisso que os trabalhos históricos trazem sua contribuição para o debate cívico e constituem uma necessidade. Revelar o que estava oculto, desvelar os traidores mascarados, indicar as enganações, esse seria o papel social do historiador.

Embora o tempo logo apague mesmo o que foi manchete em todos os jornais, a mesa-redonda,[67] organizada pelo *Libération* em maio de 1997, entre o casal Aubrac e certo número de historiadores profissionais, especialistas na Resistência, provavelmente deixou cicatrizes mais profundas no pequeno mundo dos historiadores. Se Henry Rousso parece ter todo o direito de recusar a identidade, sugerida por um jornalista, entre o debate com os Aubrac e o processo Papon,[68] resta que todos os historiadores surgem como "tomados pela metáfora do tribunal". Assim, as circunstâncias da referida mesa-redonda oferecem um exemplo privilegiado da imbricação entre a midiatização, a pesquisa e a justiça, um caso exemplar do uso abusivo do trabalho dos historiadores. Na primavera de 1997, o livro de Gérard Chauvy,[69] alimentado pelo "testamento" de Klaus Barbie, dá crédito ao rumor segundo o qual Raymond e Lucie Aubrac teriam traído e provocado o caso de Caluire, e portanto a prisão de Jean Moulin. A mesa-redonda de maio de 1997, com uma publicação, em julho, no período de baixa da imprensa jornalística, reunia atores de expectativas e intenções diferentes, quando não contraditórias. O posfácio a esse debate cheio de amargura, que Serge July se obriga a escrever, oferece uma boa imagem da expectativa original da redação; no momento em que uma corporação se dilacera, Serge July, como se estivesse em outro planeta, conclui falando da "bela lição de história" que seu jornal teria mediado e organizado. A reação de um coletivo de historiadores no

---

[67] Les Aubrac et les historiens [Os Aubrac e os historiadores]. *Libération*, 9 jul. 1997, p. XXIV, minutas do debate ocorrido na sede do jornal *Libération* no dia 17 de maio. Participantes: Lucie e Raymond Aubrac, Daniel Cordier, François Bédarida, Jean-Pierre Azéma, Henry Rousso, Laurent Douzou, Dominique Veillon, Jean-Pierre Vernant e Maurice Agulhon.

[68] Rousso (1998, p. 92-93). Na ocasião, Henry Rousso alude a Nicolas Weill, que teria lhe perguntado, "por ordem da redação", por que ele tinha se recusado a depor em Bordeaux já que tinha participado da mesa-redonda de maio de 1997.

[69] CHAUVY, Gérard. *Aubrac, Lyon 1943*. Paris: Albin Michel, 1997.

Libération demonstra o quanto essa irrupção do historiador na cena pública recoloca em causa seu papel social.

O viés é aqui indireto: a "lição de história" de 17 de maio de 1997 tentava combater as insinuações do livro de Gérard Chauvy graças à palavra científica. Suas modalidades, desejadas por Lucie e Raymond Aubrac, demonstram um deslize da prova testemunhal à prova científica que o falecimento progressivo das testemunhas não basta para justificar. O apelo aos "cientistas" se inscreve numa réplica de conjunto que deve culminar com o processo lançado contra Gérard Chauvy por difamação. A antiga lógica dos júris de honra sobrevive em parte com a presença de Daniel Cordier, ex-secretário de Jean Moulin, embora ele tente se apresentar unicamente como historiador da Resistência,[70] e de Jean-Pierre Vernant, que está ali como companheiro de armas e não como professor honorário do Collège de France. Ambos são companheiros da Liberação. Mas François Bédarida, membro da equipe parisiense do movimento Témoignage Chrétien [Testemunho Cristão] (1943-1944), também presente na mesa-redonda, não tem relações neutras com os acontecimentos, assim como alguns dos historiadores de carteirinha que, por serem mais jovens, não deixam de ter engajamentos e uma história familiar.

Ao contrário do que tinha acontecido na polêmica sobre o livro de Bartosek, cada um dos participantes começa por se situar como indivíduo e por descrever suas relações anteriores com as duas testemunhas.[71] De fato, nesse dia 17 de maio, os historiadores se explicam sobre a presença deles como pessoas, recusando-se a representar uma "corporação" ou uma "comunidade".[72] Mas, logo, logo, a existência e a consciência tomam duas rotas diferentes, e as certezas de uns e de outros parecem se inscrever numa verdade sem relação com a experiência

---

[70] No livro que consagrou a Jean Moulin, Daniel Cordier se quer e faz por onde ser bem mais o historiador de seu ex-patrão que uma testemunha sobrevivente (*L'Inconnu du Panthéon* [O desconhecido do Panthéon]. Paris, J.-Cl. Lattès, 1989, 2 v.).

[71] VEILLON, Dominique. Les Aubrac et les historiens [Os Aubrac e os historiadores], 1997, p. V; bem como Laurent Douzou e Maurice Agulhon, na p. VI.

[72] Henry Rousso em "Les Aubrac et les historiens": "Estou aqui a pedido do *Libération* e do senhor, Raymond Aubrac. Estou aqui a título individual. De fato, não considero que os historiadores reunidos ao redor dessa mesa falem em nome de uma 'comunidade' ou 'corporação' qualquer" (p. IV); ou Laurent Douzou: "Estou aqui de muito bom grado, a título individual, evidentemente" (p. VI).

passada. Nesse ritmo, é claro que o exercício do ofício de historiador e seus critérios de validade vão se tornar uma das questões centrais do debate. Assim, François Bédarida, depois de um desvio retórico sobre sua presença como pessoa, esquece sua própria história; é só em sua reação *a posteriori*, no dia 10 de julho de 1997, que ele finalmente recorda o adolescente engajado no Témoignage Chrétien no fim da guerra, que talvez seja a chave de sua recusa em heroicizar os resistentes próximos do PCF. Além disso, depois da introdução de praxe, ele recorre imediatamente a uma proclamação coletiva relativa à imagem da Resistência: "Somos todos responsáveis por ela – nós, historiadores, em primeiro lugar, porque é nossa responsabilidade moral para com o patrimônio nacional".[73] Num papel misto de testemunha, companheiro e historiador, Daniel Cordier sucumbe à mesma tentação, instituir os historiadores como corpo responsável pela leitura verdadeira do passado: "Como a justiça não está habilitada a estabelecer a verdade histórica [...], considero preferível para os meus dois camaradas que os litígios do passado sejam examinados por historiadores, os únicos habilitados a buscar a verdade por sua formação e competência, e cujas conclusões são, a meus olhos, as únicas válidas para a posteridade".[74] Finalmente, Jean-Pierre Vernant e Maurice Agulhon, presentes apesar de suas especialidades respectivas, não deixam de perceber os outros historiadores como hostis: "Vim a esta reunião a pedido de Raymond Aubrac: a título puramente individual. Pensei que o mesmo se desse com todos que estão aqui. Ora, pareceu-me que *os historiadores* formavam, diante do casal Aubrac, um corpo cuja missão consistia, na cabeça deles, em fazer a esses dois resistentes, em nome da história, as perguntas que lhes pareciam problemáticas".[75] Assim, não é de surpreender que o texto coletivo de 25 de julho de 1997[76] sublinhe

---

[73] François Bédarida em "Les Aubrac et les historiens", p. IV.

[74] Daniel Cordier em "Les Aubrac et les historiens", p. VII.

[75] Jean-Pierre Vernant em "Les Aubrac et les historiens", p. VII.

[76] Claire Andrieu, Universidade Paris-1; Christian Bougeard, Universidade da Bretanha Ocidental; Laurent Douzou, Universidade Lyon-II; Robert Frank, Universidade Paris-1; Jean-Marie Guillon, Universidade de Provence; Pierre Laborie, Universidade de Toulouse-II; François Marcot, Universidade de Franco-Condado; Robert Mencherini, Universidade de Avinhão; Denis Peschanski, Instituto de História do Tempo Presente, CNRS, Paris; Jacqueline Sainclivier, Universidade Rennes-II; Serge Wolikow, Universidade da Borgonha, "Déplorable

logo de entrada que se trata de um debate interno a uma profissão, entre *colegas*, em que o que está em jogo é a "maneira de escrever a história". Nada de angelismo, a rede de signatários bate com tudo na solidariedade daqueles acusados de terem se equivocado: François Bédarida, Henry Rousso e Jean-Pierre Azéma. O epicentro do abalo sísmico é o Instituto de História do Tempo Presente, já que seu diretor em exercício e seu primeiro diretor são visados por um texto assinado também por Robert Frank, que dirigira a instituição alguns anos antes. A esses confrontos de redes ou de pessoas se superpõem as afinidades políticas, presumidas ou supostas, de uns e de outros, e suas relações tácitas ou explícitas com o comunismo. As reticências de François Bédarida, ex-participante do movimento Témoignage Chrétien, diante da heroicização de uma Resistência próxima do PCF já foram evocadas. Mas, em minha perspectiva, o que confere sentido a esse episódio decorre da lista de argumentos exposta.

Laurent Douzou, um dos signatários, já acentua esse ponto em sua primeira reação,[77] quando fala "do que situa Gérard Chauvy fora da comunidade dos historiadores sacramentados". Evocando a adesão a regras precisas e teorizadas há mais de um século (todo historiador reconhece aí a sombra de Gabriel Monod, de Charles-Victor Langlois e de Charles Seignobos), ele aperta o nó: o pertencimento à comunidade se funda na aceitação desse corpo de regras. O debate recoloca em causa, portanto, o que faz com que um historiador se reconheça como tal e reconheça os outros como historiadores. Ora, o texto de 25 de julho denuncia a mesa-redonda precisamente por ter infringido as regras canônicas do ofício. Alguns dos participantes teriam cometido faltas éticas, assediando as testemunhas e as submetendo a uma estratégia da suspeita injustificável nos planos da deontologia e da metodologia. Aqui, o descrédito metodológico se associa à publicidade de circunstâncias, que projetam no fórum as hipóteses que convêm ao segredo do gabinete do pesquisador, pelo menos até que

---

leçon d'histoire. La réaction d'un collectif d'historiens au supplément publié le 9 juillet dans *Libération*: 'Les Aubrac et les historiens: le débat'" [Deplorável lição de história. A reação de um coletivo de historiadores ao suplemento publicado em 9 de julho no *Libération*: 'Os Aubrac e os historiadores: o debate"], *Libération*, 25 jul. 1997, p. 4.

[77] DOUZOU, Laurent. Les documents ne sont pas des électrons libres [Os documentos não são elétrons livres]. *Libération*, 12-13 jul. 1997, p. 27.

ele tenha cruzado as diferentes fontes e as submetido a uma dúvida metódica. Esses elementos são indispensáveis porque o historiador está em busca da verdade e visa a "torcer o pescoço de muitos mitos e lendas". Mas essa busca não se confunde com a da informação para a imprensa, do criminoso para a polícia, do culpado para a justiça: "Jornalismo, justiça, polícia e história não têm a mesma relação com o tempo, nem a mesma relação com os fatos, nem os mesmos métodos de análise. A mistura dos gêneros causa confusão e impede que se cumpra adequadamente cada uma das funções de que a sociedade precisa". O parágrafo final do texto retoma outra intervenção do dia 17 de julho no *Le Monde*; as duas autoras, uma historiadora, signatária do texto de 25 de julho, e uma jurista já deploravam o risco de "confundir as exigências científicas, os procedimentos judiciais e as necessidades midiáticas. A maquinaria construída assim abole a separação das funções e mistura as regras testadas de cada profissão para reter apenas algumas de maneira aleatória e instável".[78]

Chegamos ao seguinte balanço: o historiador tem uma função implícita. É difícil se contentar com a busca científica da verdade, pois resta então por estabelecer por que a sociedade precisa disso. E, no entanto, a reiteração da preocupação com a função e com o papel do historiador justifica a atividade; as autoras insistem: "Diante das contradições eventuais da testemunha, o papel do historiador não é o de expressar sua satisfação, mas o de se interrogar sobre elas e sobre o sentido delas". O historiador opõe sua atividade à do juiz e à do policial e à lógica da culpa que ambos empregam; o historiador teria por papel reencontrar o sentido das condutas, dos atos, das palavras. Essa segunda concepção, subjacente, ultrapassa o horizonte estritamente positivista a que parecia se restringir o texto, mas não chega a estabelecer a necessidade dessa função.

Para justificar sua atitude, François Bédarida opõe a memória da Resistência ao dever da verdade, fardo do historiador. Às custas de uma reviravolta dialética, esse dever da verdade desmitificadora seria a própria condição de uma "política da memória". O retorno de

---

[78] ANDRIEU, Claire; DE BELLESCIZE, Diane. Les Aubrac, jouets de l'histoire à l'estomac [Os Aubrac, joguetes da história no estômago]. *Le Monde*, 17 jul. 1997.

Henry Rousso sobre esse episódio, que suscitava o segundo conflito agudo no seio de seu laboratório, confirma essa análise. Para ele, a novidade absoluta do caso reside nessa publicidade dos debates entre historiadores, publicidade que engendra uma nova postura ou mesmo uma modificação da ação do historiador no corpo social, mas ele se recusa a qualquer reação corporativa a um assunto que pertence à ordem da moral pessoal.

Ao final desses dois casos que abalaram o microcosmo dos historiadores, a repetição dos mesmos termos pelos protagonistas sugere a inanidade das declarações de intenção. Por trás das palavras "ciência", "verdade", "responsabilidade", "função" se esconderiam os tropos de uma retórica destinada a fazer triunfar a causa do momento. Descobrir Henry Rousso e François Bédarida na posição de depreciadores da pose corporativista a propósito dos Aubrac, quando seis meses antes recorriam a essa sem pudores para defender Karel Bartosek, só causa surpresa se ignoramos que Denis Peschanski faz o mesmo périplo em sentido inverso. Para superar a ironia, o ceticismo desenganado, temos que separar os fios desse emaranhado, aceitar que as justificações revelam, mais que uma manipulação, a expressão de uma verdade.

Para todos os atores desses psicodramas historiográficos, a História e os Historiadores existem como entidade. A história existiria em primeiro lugar como um corpo de regras críticas, batizado "método". Parece até que estamos relendo os artigos dos protagonistas do caso Dreyfus. A favor de Bartosek ou de London, partidários dos Aubrac ou da desmitificação, todos unidos reivindicam o respeito pelo método: "Mas há regras a respeitar, que são a condição da verdade, essa verdade para a qual trabalhamos. Na realidade, são simplesmente as regras do método crítico: regras rigorosas e bem testadas".[79] E Laurent Douzou retoma o mesmo refrão: "O conhecimento da história só progredirá ao preço de um labor obstinado, paciente e autenticamente respeitador das regras mais elementares da prática e da ética historiadoras".[80] O coletivo de historiadores se expressa em uníssono: "No processo da pesquisa histórica estamos evidentemente de acordo para dizer que

[79] François Bédarida em "Les Aubrac et les historiens", p. IV.
[80] Douzou (1997).

ser historiador exige praticar a dúvida metódica".[81] E Antoine Prost, para denunciar os equívocos dos historiadores diante dos Aubrac, interroga-se sobre o "que eles fizeram da 'simples aplicação do método histórico em todo seu rigor'".[82] Os "pró-Bartosek", de que podemos dizer que pertencem ao outro lado, também fazem eco: "Por isso, afirmamos que não há tabus desde que se respeitem as regras do ofício de historiador, o que Karel Bartosek fez".[83]

A propósito dos mitos e dos tabus, a homologia dos enunciados proferidos se afirma quando se trata de denunciar o reverso da história, os crimes contra a ciência, e a retórica parece a mesma de ambos os lados. "Não existem tabus", vimos isso na petição profissional publicada no *Le Monde*, e o coletivo de historiadores proclama sua vontade de torcer o pescoço dos "mitos" e das "lendas"; a honra da profissão é recusar qualquer mitologia. François Bédarida evoca "o combate tenaz e ingrato travado pelo historiador contra as deformações e as mitificações", fazendo-se ainda mais explícito em seus enunciados preliminares na mesa-redonda: "Minha segunda observação é de ordem metodológica. Em história não há tabu, nada que seja intocável. Mas há regras a respeitar que são as condições da verdade".[84] E Antoine Prost é obrigado a concordar: "O historiador deve examinar todas as hipóteses e não há tabu para ele, concordo".[85]

Quando Jean-Pierre Vernant se surpreende diante da hostilidade dos historiadores para com os Aubrac, quando Maurice Agulhon se desvincula de seu ser de historiador para se proclamar advogado, ambos consideram os historiadores como uma comunidade. Os atores estão compenetrados da constatação de Thomas Kuhn,[86] arrependido por ter precedido o estudo das comunidades de estudiosos pela pesquisa sobre

---

[81] Andrieu *et al.* (1997 p. 4).

[82] PROST, Antoine. Les historiens et les Aubrac: une question de trop [Os historiadores e os Aubrac: uma questão em demasia]. *Le Monde*, 12 jul. 1997.

[83] Azéma *et al.* (1996).

[84] François Bédarida em "Les Aubrac et les historiens".

[85] Antoine Prost em "Les historiens et les Aubrac".

[86] KUHN, Thomas. *La Structure des révolutions scientifiques*. Paris: Flammarion, 1970, Posfácio à segunda edição. [Edição brasileira: A estrutura das revoluções científicas. 12. ed. Tradução de Beatriz Vianna Boeira e Nelson Boeira. São Paulo: Perspectiva, 2013.]

os paradigmas, cujo valor permanece nulo e inexistente sem o consenso do grupo. Nada de ciência, portanto, sem comunidade científica, é o que afirma Laurent Douzou quando estabelece que Gérard Chauvy saiu do jogo ao violar as regras que constituem o bem dos historiadores como comunidade. *A posteriori*, Henry Rousso fala como historiador e já não como indivíduo, historiador contra outros historiadores que falam "sob pressão". E François Bédarida, que evocava sua própria presença como a de uma pessoa, relata, também *a posteriori*, "o combate ingrato e tenaz travado pelos historiadores contra as deformações e as mitificações".[87] Redescobrindo por sua vez a existência dessa informal mas bem real comunidade, Jean-Pierre Azéma responde ao coletivo contestatário: "O que aconteceu a Raymond Aubrac depois que Barbie o manteve preso de julho a outubro de 1943 continua e continuará a interpelar os historiadores".[88] O argumento permanece o mesmo desde que, em 1994, François Bédarida respondeu aos ataques de Trémolet de Villers durante o processo Touvier:

> Não estamos aqui para propor de improviso interpretações mais ou menos fantasiosas; o que afirmamos é o fruto de um trabalho de elaboração a partir de documentos, com métodos testados como o método crítico. O trabalho dos historiadores é ele próprio submetido ao controle de outros historiadores, não só franceses como também pertencentes à comunidade científica internacional. Por conseguinte, não posso aceitar que digam que a história é uma disciplina em que se poderia demonstrar qualquer coisa. É por isso que meu depoimento encontrará o assentimento geral do mundo dos historiadores.[89]

E as denegações recíprocas constituem verdadeiras confissões para o analista lúcido: os signatários de "A favor de Karel Bartosek"

---

[87] François Bédarida em "Les Aubrac et les historiens", p. IV.

[88] KLARSFELD, Serge. Affaire Aubrac: Serge Klarsfeld répond à Jean-Pierre Azéma [Caso Aubrac: Serge Klarsfeld responde a Jean-Pierre Azéma]. *Libération*, 1 set. 1997, citação do artigo de Jean-Pierre Azéma no Libération de 28 jul. 1997..

[89] BÉDARIDA, François. L'histoire entre science et mémoire. *Sciences humaines*, n. 59, mar. 1996, p. 10-13, citação p. 10. De acordo com as notas de audiência de Anne Brunel, que estava cobrindo o processo para a Radio-France, a ordem dos argumentos de François Bédarida no tribunal não foi exatamente essa, mas foi mesmo mais ou menos isso o que ele disse.

outorgam a este um atestado profissional de valor, e os críticos da mesa-redonda respondem: "Não temos nenhuma lição para dar. Longe de pretender nos arrogar o poder de Dizer a História, desejamos explicar por que não nos reconhecemos numa certa maneira de escrevê-la".[90] Em outros termos: isso é história, isso não. O procedimento não é novo e Lucien Febvre já fazia uso dele para destruir o alvo de suas críticas: um livro de história só é digno de ser recebido se a qualidade de historiador puder ser atribuída a seu autor, sem o que ele fica fora do debate. Longe de perceber a explosão da comunidade dos cientistas, convém ver aí o reconhecimento explícito do pertencimento a um território comum onde só há lugar para uma única posição dominante. A contrapelo da visão conciliadora e comedidamente racionalista de Gérard Noiriel, leio nesses excessos de linguagem, em sua expressão paroxística, nos argumentos *ad hominem*, a forma derivada e caricatural do que faz a lógica dos grupos humanos; os que combatem por um mesmo domínio têm muito mais em comum do que os interlocutores descreditados. Quem se dá ao trabalho de responder longamente a Henri Amouroux entre os protagonistas? Quando o inimigo exterior ameaça o serviço de ordem da disciplina, todos em coro o colocam no ostracismo, quer ele se chame Thierry Wolton[91] ou Gérard Chauvy, para em seguida voltar ao único combate digno desse nome, o dos homens de mesma categoria; os plebeus não têm vez. Nenhuma ironia aqui, apenas a expressão dos problemas suscitados pelos limites do discurso científico.

Em outras palavras, como interpretar essa contradança que faz dos colegas de ontem os inimigos de hoje, dos companheiros de laboratório de anteontem os adversários do momento com quem se trocam acusações de uma similitude perturbadora? "Indo contra os defensores da hipercrítica, Marrou, quarenta anos atrás, denunciava a ilusão que consiste em acreditar que o fato existiria em estado bruto nos documentos, à maneira de uma peça solta de

---

[90] "Déplorable leçon d'histoire ...", *Libération*, 25 jul. 1997.

[91] Stéphane Courtois se afasta do bando, já que concede vários méritos a Thierry Wolton. Mas a lógica é respeitada, uma vez que Courtois pretende agir como cientista contra os preconceitos de sua própria comunidade científica.

um estoque, quando na realidade a iniciativa cabe não ao arquivo e sim à pergunta formulada pelo historiador";[92] ecoando isso, Denis Peschanski escreve, um ano e meio mais tarde, que é preciso desconfiar do neopositivismo segundo o qual "haveria fatos brutos, unidades mínimas de verdade, que os documentos, com a condição de termos acesso a eles, revelariam, e que permitiriam adiar o momento da interpretação".[93]

E reencontramos tintim por tintim a peroração final de François Bédarida sobre a responsabilidade social do historiador, sobre a interação entre sua missão cívica e sua missão científica, na reação coletiva à publicação da mesa-redonda. As palavras querem dizer alguma coisa ou estaríamos diante de um novo caso da liberdade de circulação das farinhas, a propósito do qual Régine Robin demonstrou, em sua época, como as mesmas palavras empregadas pelos parlamentares ou por Turgot mudavam radicalmente de sentido (a Liberdade ou as Liberdades). Sem se multiplicar ao infinito, abundam os exemplos dessa projeção num teatro público dos debates sobre os arcanos do ofício. No outono de 1994, quando o livro de Pierre Péan sobre François Mitterrand[94] recoloca em plena luz alguns textos pouco estudados, Claire Andrieu publica nas colunas do *Le Monde* um verdadeiro comentário de texto histórico, daqueles que os professores "sonham" poder ler. Mais do que esse comentário que qualifica de "pétainista duro" o futuro resistente, a crítica desse texto corrobora as conclusões que apresentei até aqui. No dia 19 de setembro de 1994, Denis Peschanski publica uma resposta e aproveita a oportunidade para uma verdadeira lição de método. Claire Andrieu, exposta ao olhar de mais de um milhão de leitores potenciais, descobre as precauções elementares do ofício de historiador que deveria ter satisfeito: não citar a partir de extratos publicados por outra pessoa, interrogar-se sobre o tipo de documento, "desconfiar da clausura do texto, levando em conta o cotexto e o contexto, evitar uma leitura

---

[92] BÉDARIDA, François. La conscience française entre mémoire et savoir [A consciência francesa entre memória e saber]. *Le Monde*, 19 jan. 1995, p. 19.

[93] PESCHANSKI, Denis. De l'art de faire avouer les archives [Da arte de fazer os arquivos confessarem], *Libération*, 13 nov. 1996.

[94] PÉAN, Pierre. *Une jeunesse française. François Mitterrand (1934-1947)* [Uma juventude francesa. François Mitterrand (1934-1947)]. Paris: Fayard, 1994.

teleológica"...[95] A intervenção de Peschanski se deixa ler como uma ilustração suplementar da confusão dos gêneros, da incapacidade de discernir os verdadeiros lugares de elaboração da ciência: "A história tende a se tornar um campo de batalha onde evoluem historiadores pertencentes a círculos muito diferentes".[96] De novo, inverto a leitura desse fenômeno. Os discursos do método que opõem historiadores acadêmicos entre si se tornam objetos lícitos para os suportes de edição, vale dizer que, se a comunidade científica treme nas bases, se ela se torna alvo de ataques, se ela se entrega a miseráveis polêmicas em detrimento das doutas controvérsias, para retomar a oposição de Gérard Noiriel, ela se torna ao mesmo tempo um objeto de estudo entregue ao conjunto do leitorado.

Da *expertise* judicial à *expertise* social, para culminar na publicidade dos debates de especialistas, a tendência dos franceses é acreditar na incomparável originalidade da relação desse país com sua história. As formas assumidas são singulares. Contudo, os usos sociais da história e a publicidade do que era sua vida fora dos olhares "mundanos" ou "seculares" se manifestam como um traço comum das sociedades desenvolvidas quando estas se confrontam hoje com seu passado recente. Na Alemanha, o caso do museu de Berlim, a rixa dos historiadores em 1987, depois as polêmicas sobre o livro de Daniel Goldhagen demonstram fartamente que a França não tem a exclusividade do deslocamento do debate científico para a cena pública. Aliás, sob suas formas mercantis ou privadas, o deslizamento da especialidade à *expertise* de uma prática não nasceu na França.

Deslocamento do terreno da ciência fora da França

Os debates suscitados pelas ações na justiça movidas pelos sobreviventes do holocausto ou pelas famílias das vítimas iluminam essas funções renovadas. Voltamos a encontrar aí a imbricação da justiça e da ação dos historiadores; à atividade do conselho jurídico, em apoio

---

[95] ANDRIEU, Claire. Questions d'une historienne [Perguntas de uma historiadora]. *Le Monde*, 15 set. 1994, p. 2; PESCHANSKI, Denis. Questions d'un historien à une historienne [Perguntas de um historiador a uma historiadora]. *Le Monde*, 19 set. 1994, p. 6.

[96] NOIRIEL, Gérard. *Sur la "crise" de l'histoire*. Paris: Belin, 1996, p. 42.

aos autores da denúncia ou em defesa dos bancos suíços, acrescenta-se uma segunda postura, a do *expert,* cujo rigor científico é garantido por sua suposta exterioridade e que sai assim do quadro acadêmico. Esses desenvolvimentos restituem ao fenômeno francês sua verdadeira dimensão. Ele não é único: investigando-o a propósito do "passado que não passa", descobrimos que ele se estende à Suíça, à Suécia e a Portugal, todos eles países neutros durante a Segunda Guerra, e mesmo aos Estados Unidos, que protegiam seus interesses futuros na Guerra Fria. A comissão Mattéoli sobre o destino dos bens judeus tem diversas irmãs.

No caso helvético, pode-se alegar o fato de que o processo remonta ao início dos anos 1960, marcados por uma série de ataques que, a partir de fontes de arquivos estrangeiros, permitiram contestar a imagem tranquilizadora e confortável de uma "Suíça acima de qualquer suspeita". Em 1962, diante do mal-estar suscitado por diversas revelações oriundas dos arquivos dos antigos beligerantes, o Conselho Federal tinha encarregado o historiador Edgar Bonjour[97] de lançar toda a luz possível sobre "o conjunto da política da Suíça durante a Segunda Guerra Mundial". Os três volumes desse famigerado "'relatório Bonjour', publicados alguns anos mais tarde, constituíram uma virada na pesquisa histórica na Suíça [...]. Mas esse avanço esbarrou em três obstáculos: a impossibilidade de ter acesso a certas fontes privadas, a falta de apoio logístico, a pouca audiência encontrada na opinião pública".[98] Desde então, os trabalhos científicos conduzidos na Suíça, muitas vezes graças ao Fundo Nacional (equivalente do CNRS francês), permanecem desconhecidos do grande público, sem nunca encontrar a repercussão de livros cujo cheiro de escândalo, apesar da qualidade dos documentos, não permitia mais que pregar aos convertidos. Diante da necessidade de reparação aos sobreviventes, a Confederação Helvética por certo transpusera uma primeira etapa com as desculpas oficiais apresen-

---

[97] BONJOUR, Edgar. *Geschichte des schweizerischen Neutralität, 1939-1945* [História da neutralidade suíça, 1939-1945]. Bâle-Stuttgart: Helbing und Lichtenhahn, cf. vol. IV-VIII.

[98] PYTHON, Francis. Condamnée à la vérité, l'histoire fait face aux ambiguïtés de la mémoire [Condenada à verdade, a história enfrenta as ambiguidades da memória]. *La Liberté*, 15-16 mar. 1997.

tadas por Kaspar Villiger, por ocasião dos cinquenta anos do fim da guerra, pela "indesculpável aberração" que fora o carimbo "J" impresso nos passaportes dos judeus refugiados durante a Segunda Guerra Mundial; mas a questão dos bens sem herdeiros, embora periodicamente suscitada, tinha ficado de molho.[99] Quando, em seguimento às pressões de diversas organizações judaicas, a questão volta ao primeiro plano, a Suíça se contenta em nomear um mediador (*Ombudsman*) que brilha por sua sábia lentidão. A partir de 1996, a situação se torna conflituosa entre os maiores bancos suíços e o Congresso Judaico Mundial; finalmente, sob o controle da Associação Suíça de Bancos e do Congresso Judaico Mundial, o acordo de maio de 1996 cria uma comissão em dois blocos cuja direção é confiada ao ex-presidente do Federal Reserve Bank, Paul Volcker. Essa comissão parece escapar da nova lógica da *expertise* histórica, já que atribui a tarefa de conduzir a investigação a três sociedades de auditoria de renome mundial: Arthur Andersen, KPMG Peat Marwick e Pricewaterhouse.[100]

Entretanto, do lado dos autores da denúncia, as equipes de advogados logo se apoiam em conselhos históricos. As duas equipes rivais recorrem à *expertise* dos historiadores; no caso da queixa instruída por iniciativa do senador republicano de Nova Iorque, D'Amato, o apoio que recebe do Centro Simon Wiesenthal implica quase automaticamente esse tipo de aporte, mas o mesmo acontece com o recrutamento dos quatro escritórios de advocacia que trabalham para o Dr. Fagan, representante da Sra. Gisella Weisshaus.[101]

---

[99] 1952, primeiro debate parlamentar para exigir uma investigação sobre os bens deixados na Suíça pelas vítimas do nazismo; 1959, nova moção idêntica do Conselho Nacional; 20 de dezembro de 1962, sob a pressão do CJM, novo decreto federal.

[100] *Le Nouveau Quotidien*, 20 nov. 1996.

[101] WIDMANN, Anne-Frédérique. Première audience au tribunal fédéral de Brooklyn contre les banques suisses [Primeira audiência no Tribunal Federal do Brooklyn contra os bancos suíços]. *Le Nouveau Quotidien*, 30 out. 1996. Duas queixas paralelas suscitam processos por "enriquecimento injusto e infrações aos direitos do homem". A primeira é feita por Gisela Weisshaus, sobrevivente de Auschwitz, que exige 20 bilhões de dólares em nome de todas as vítimas. Seu advogado, o Dr. Fagan, trabalharia com quatro escritórios de advocacia no seio de uma equipe incluindo professores e historiadores. A queixa, apoiada pelo senador D'Amato e pelo Centro Simon Wiesenthal, ataca os três grandes bancos suíços e a Associação Suíça dos Bancos por conspiração. A queixa é feita em nome de quatro pessoas e de todos os sobreviventes. As conclusões, expostas em mais de cem páginas bem documentadas concluem pela

No outono de 1996, a situação da Suíça se degrada e as pressões internacionais aumentam cada vez mais.[102] A imprensa helvética ressuscita o acordo de 1946 (25 de junho de 1946, acordo entre Berna e Varsóvia sobre "a indenização dos interesses suíços na Polônia"), que transferia ao Estado polonês os bens sem herdeiros de cidadãos poloneses, judeus na maioria, que dormiam nos cofres dos bancos. Para além da comoção suscitada pela redescoberta desse acordo, protótipo dos entendimentos do mesmo gênero com os outros países do futuro bloco soviético, a reação do governo toca no ponto nevrálgico de nossa questão: o recurso aos historiadores se institui então como aparato. A fim de saber se fundos de vítimas do nazismo foram utilizados para indenizar os suíços expropriados pelos países do ex-bloco do Leste, o conselheiro federal encarregado da direção das relações exteriores, Flavio Cotti, logo toma a decisão pessoal de contratar dois historiadores: Peter Hug (Berna) dirige um programa de pesquisa do Fundo Nacional, e Marc Perrenoud (Neuchâtel) trabalha há uma década na publicação dos documentos diplomáticos suíços. "Ambos jovens e competentes, eles terão acesso a todos os documentos dos arquivos federais, inclusive aqueles ainda sujeitos a sigilo",[103] esclarece Flavio Cotti na coletiva de imprensa que concede então.

O recurso, dilatório ou sincero, ao trabalho de historiadores se torna o último bastião de uma diplomacia suíça que fracassa em todas as suas tentativas de comunicação, prejudicadas pelas declarações de certos responsáveis como o ex-presidente da Confederação, Jean-Pascal Delamuraz, que, em 31 de dezembro de 1997, numa entrevista aos jornais *24 heures* e *La Tribune de Genève,* evocava a chantagem e os pedidos de resgate que as organizações judaicas faziam ao governo suíço. Já no início de dezembro, a criação de uma comissão de historiadores de grande reputação tinha se configurado para as autoridades

---

existência de lavagem de dinheiro nazista, aceitação de dinheiro pilhado, proveito tirado do trabalho forçado e, finalmente, dissimulação e recusa de restituição do dinheiro assim furtado.

[102] *Journal de Genève*, 30 out. 1996. Le Congrès juif attaque le médiateur des banques. II n' a pas restitué un centime, dit le vice-président du CJM, Kalman Sultanik [O Congresso Judaico ataca o mediador dos bancos. Ele não restituiu um centavo, diz Kalman Sultanik, vice-presidente do CJM].

[103] "Déclaration de Flavio Cotti", *Le Nouveau Quotidien*, 30 out. 1996, p. 1.

helvéticas como uma resposta necessária. Até mesmo a escolha do presidente dessa comissão acarreta polêmicas, já que o historiador que devia assumir o cargo, o professor Urs Altermatt, de Friburgo, é criticado por ter subestimado o antissemitismo dos católicos suíços antes da guerra.[104] No fim das contas, um historiador das Idades Média e Moderna, aluno de Braudel, Jean-François Bergier, professor no Polytechnicum de Zurique, torna-se o paradoxal presidente dessa comissão,[105] cuja composição, apesar das precauções tomadas, suscita críticas imediatas da parte do Congresso Judaico Mundial. A partir desse momento, o recurso aos historiadores figura como prova de boa-fé para o governo e para os políticos helvéticos.

Assim, a solicitação de um fundo de compensação, prévia às conclusões sobre o montante das contas sem herdeiros, coloca no centro dos debates as provas históricas e o trabalho dos historiadores. Para alguns, essa iniciativa "acalmaria os espíritos e permitiria aos historiadores trabalharem serenamente. [...] Os conhecimentos históricos atuais – por exemplo, os 30.000 judeus recusados, os carimbos J impressos nos passaportes ou o dinheiro transferido para a Polônia – bastam para justificar a abertura desse fundo". Do lado dos que se opunham a esse fundo de indenização antecipada, a visão dos historiadores como *dei ex machina*, inventores de um passado mais verdadeiro, permanece a mesma: "Eu preferiria o desbloqueio de um crédito para reforçar a equipe de historiadores com várias dezenas de pesquisadores a fim de acelerar a publicação dos resultados", declara o vice-presidente da Federação Suíça de Comunidades Israelitas, Alfred Donath.[106] O historiador, sua ciência da verdade e seu método se tornam assim os árbitros capazes de conferir uma nova virgindade à Suíça.

A declaração oficial do Conselho Federal, que tenta acalmar a tempestade desencadeada pelas declarações de Jean-Pascal Delamuraz

---

[104] A questão é tão quente que num primeiro momento um comunicado chega ao ponto de acusá-lo de antissemitismo, acusação corrigida uma semana depois no *Le Nouveau Quotidien*, 24 dez. 1996, p. 8.

[105] Essa escolha decorre em boa parte das excelentes relações pessoais existentes entre Flavio Cotti e Jean-François Bergier.

[106] BODER, Willy. Comment le Conseil fédéral s'est empêtré dans la crise des fonds juifs [Como o Conselho Federal se atrapalhou na crise dos fundos judaicos]. *Le Nouveau Quotidien*, 7 jan. 1997, p. 3.

e pela recusa de criar um fundo de socorro às vítimas do holocausto corrobora as primeiras intuições. Decidido a esclarecer a "atitude da Suíça antes, durante e depois da Segunda Guerra Mundial", o Conselho Federal declara estar abrindo "um amplo processo cuja meta é buscar a verdade". Essa busca pela verdade se coloca sob o signo da objetividade demonstrada pela "instituição de uma comissão de *experts* presidida pelo professor Bergier e composta de especialistas de renome internacional".[107] E é assim que se efetua a transferência do debate judicial para a "busca da verdade histórica"; do pesado segredo dos bancos à contestação da identidade e da respeitabilidade suíças, o debate judiciário, contabilístico e técnico se fez histórico e ético, e os historiadores tornaram-se seus *experts* ali onde banqueiros e contadores poderiam ter resolvido a questão se bastasse procurar os titulares das contas sem herdeiros.

Logo, logo, os historiadores tomam consciência de que a missão que lhes foi entregue modifica *de facto* o papel deles por mais que protestem contra isso. Jean-François Bergier é o primeiro a constatar essa mudança. Ele evoca a pressão da mídia e dos políticos, ávidos – uma vez na vida – pelos resultados da pesquisa e que esperam "respostas que as leis da ciência nos impedem de fornecer imediatamente". Depois alude à pressão internacional e à dos historiadores "que se sentem despojados de seu direito à liberdade de pesquisa porque nós temos meios e poderes que eles não costumam ter". No caso, o acesso aos arquivos ainda embargados e até mesmo a quebra do sigilo bancário. Se acrescentamos que o orçamento consagrado a essa comissão equivale à totalidade dos créditos do Fundo Nacional para a História Contemporânea na Suíça, compreende-se melhor como a solicitação pública perturba os arcanos do ofício. Mas Jean-François Bergier vai ainda mais longe, atravessa o Rubicão e aceita o título de conselheiro do príncipe: "Se você entende por isso conselheiro do soberano, isto é, do povo, então aceito".[108] Nem policial nem juiz, Jean-François Bergier se vale antecipadamente de conclusões que na realidade

---

[107] "Déclaration du Conseil fédéral" de 7 de janeiro de 1997, *Le Nouveau Quotidien*, 8 jan. 1997, p. 6.

[108] GUMY, Serge. Jean-François Bergier, président de la commission sur la Deuxième Guerre [Jean-François Bergier, presidente da comissão sobre a Segunda Guerra]. *La Liberté*, 15-16 mar. 1997.

estão fadadas a desapontar seu público. E a recepção destas relança o fenômeno: tão logo publicados, os primeiros relatórios da comissão suscitam polêmicas com os envolvidos e suas famílias, mas também com especialistas que os contestam.

Os mitos têm seu valor, com a condição de serem aceitos como tais. Mas para o futuro de um país, sua unidade e sua coesão, é uma sorte estar de acordo sobre o que foi nossa história. Apesar dessa petição de princípios, os historiadores, colocados no centro da arena, reféns de uma reabilitação da Suíça eterna, tornam-se historiadores nacionais apesar de suas próprias reticências. Os jovens doutores da universidade, privados de postos universitários, não podem ficar insensíveis aos contratos de três anos que surgem sob a égide da comissão dos nove. A exemplo da oferta de emprego do Departamento Federal das Relações Exteriores publicada na imprensa suíça no outono (ver mais abaixo), proliferam perspectivas profissionais de um novo tipo, para pesquisas num contexto diferente do universitário.

Assim, os historiadores tentam se defender diante da atração irresistível do papel público. Francis Python, da Universidade de Friburgo, insiste: "Confiar aos historiadores a missão de salvar o país ou, mais prosaicamente, de acalmar a virulência das pressões externas e apaziguar a crise de confiança interna, é equivocar-se sobre seu papel".[109] E o historiador insiste no caráter frustrante dos resultados da ciência histórica, sempre foscos, acinzentados, sujeitos a revisão, milhas distante dos discursos de certeza que as ideologias esperam e do caráter categórico da justiça.

Essa questão reaparece no momento em que a morte natural está levando os últimos sobreviventes do genocídio; talvez não seja mera coincidência se alguns dos sobreviventes exigem o que lhes é devido como que para impedir a morte de sepultá-los para sempre, enquanto outros, ou os mesmos, oferecem aos pesquisadores da Fundação Spielberg memórias que muitas vezes recusaram a seus próximos. Os historiadores, por sua intervenção no coração desse processo de anamnese de última hora, que mistura o dinheiro e a morte, são devolvidos com tudo à natureza de seu papel.

---

[109] Python (1997, p. 7).

A publicidade dos debates, o recurso ao peso do discurso historiador e o questionamento da responsabilidade do historiador parecem descrever o território de um papel renovado ou novo para o historiador. O terreno de exploração privilegiado que a América do Norte oferece vai nos permitir entender isso melhor.[110]

Departamento Federal das Relações Exteriores[110]

Para a Task Force encarregada dos pertences das vítimas do nazismo, o Departamento Federal das Relações Exteriores (DFAE) em Berna procura um(a)

Jovem pesquisador(a)

que tenha de preferência concluído estudos completos de História numa universidade suíça, tendo por pontos fortes a Segunda Guerra Mundial e o período do imediato pós-guerra.

A atividade consistirá em:

– desenvolver os relatórios com a futura comissão encarregada de pesquisas;

– manter relações com os Arquivos Federais e com os historiadores especializados;

– estabelecer relações com outros departamentos;

– seguir de maneira sistemática a evolução dos dossiês do ponto de vista histórico;

– assegurar a correspondência com o público.

Para realizar essa tarefa exigente, a candidata ou candidato deve dar mostras de uma grande rapidez de reflexão, de uma capacidade de assumir uma sobrecarga de trabalho, de um talento de organização e de aptidão para trabalhar de maneira independente e prática, e, ao mesmo tempo, colaborar no seio de uma equipe.

---

[110] Anúncio publicado na imprensa suíça, *Le Nouveau Quotidien*, 20 nov. 1996.

2.
O historiador a serviço do privado:
o precedente norte-americano.
O viés judicial nos Estados Unidos

Uma parte desses debates é gerada pelo recurso aos historiadores como *experts*, recurso que parece ainda marginal na Europa. O desvio pela América do Norte vai esclarecer essa questão: a *expertise* histórica de fato tem hoje um grande espaço por lá.

Nos Estados Unidos, a intervenção dos historiadores nas cortes judiciais não tem a novidade que se atribui a ela na Europa. Peter Novick[111] lembra que, já em 1954, o decreto *Brown versus Board of Education*,[112] primeira etapa da dessegregação pelo viés escolar, apoia-se numa equipe de historiadores célebres[113] que trabalham nos bastidores. A Suprema Corte recorre às competências deles para saber se a décima quarta emenda à Constituição implicava mesmo a abolição da segregação na cabeça daqueles que a tinham concebido. Apesar da sensibilidade do meio judiciário[114] a essa irrupção de Clio nos bastidores

---

[111] NOVICK, Peter. *That Noble Dream: the "Objectivity Question" and the American Historical Profession* [Aquele nobre sonho: a "questão da objetividade" e a profissão histórica norte-americana]. Nova York: Cambridge University Press, 1988.

[112] *Brown versus Board of Education of Topeka*, 347 US 483 (1954). Essa célebre sentença derruba a sentença Plessy contra Fergusson, que tinha legitimado o princípio "separados mas iguais" como fundamento da segregação em 1898.

[113] John Hope Franklin, C. Van Woodward e Alfred H. Kelly.

[114] SANDERS, Joseph *et al.* The relevance of "irrelevant" testimony: why lawyers use Social Science experts in school Desegregation cases [A relevância do testemunho "irrelevante": por que os advogados usam *experts* em ciências sociais nos casos de dessegregação escolar]. *Law and Society Review*, n. 16, 1981-1982, p. 402-428; H. KELLY, Alfred. Clio and the Court: an

do tribunal, a História permaneceu muito tempo atrás das outras ciências humanas, só tendo se afirmado a partir do fim dos anos 1970.

Nos casos canadenses, tanto quanto nos casos estadunidenses, as particularidades judiciais e constitucionais dos dois Estados geraram verdadeiras necessidades em ciências humanas e, especialmente, em História. Em primeiro lugar, e sobretudo, o ressurgimento dos debates sobre os direitos das minorias autóctones provocou um reexame judicial da situação destas.[115] Os problemas de discriminação e o respeito aos direitos das minorias constituem, portanto, o primeiro terreno sobre o qual intervém essa competência que, pouco a pouco, as leis de proteção das comunidades ameríndias e as leis de proteção do meio ambiente vão ampliar.

Assim, ao longo dos anos 1970, o historiador Morgan J. Kousser se vê regularmente convidado a trazer suas luzes para servir a causa de vítimas da segregação que exigem reparação. Em seu primeiro testemunho, ele devia contar a história do racismo na Carolina do Sul num processo relativo a uma disposição específica do estado do Alabama. Depois, a sentença da Suprema Corte no caso *Bolden versus L Mobile* provocou sua intervenção, já que a corte exigia a prova de uma intenção discriminatória cinquenta anos antes quando da escolha do escrutínio majoritário em detrimento do proporcional. Na evocação a seguir de sua atividade como *expert witness*, Kousser limita o papel do historiador a uma espécie de atividade pedagógica num novo contexto: "Os historiadores poderiam ser úteis para pintar um quadro geral da história do racismo a fim, ao menos, de educar os juízes ou de relembrá-los dos fatos sociais que, de outro modo, eles teriam preferido esquecer".[116] Limitada a esse papel, a intervenção recorda a justificação dada na França às intervenções de historiadores.

Em situações análogas, a intervenção dos historiadores vai além dos casos de discriminação racial e abrange outras questões sociais e

Illicit Love Affair [Clio e a Corte: um caso amoroso ilícito]. *Supreme Court Review*, 1965, p. 119-158. Artigos citados por Novick (1988).

[115] O caso australiano não será abordado aqui. Ele pode dar ensejo ao mesmo desenvolvimento que ocorreu na América do Norte.

[116] KOUSSER, J. Morgan. Are expert witnesses whores? Reflections on objectivity in scholarship and expert witnessing [As testemunhas *experts* são putas? Reflexões sobre a objetividade em testemunhos de estudiosos e *experts*]. *The Public Historian*, v. 6, n. 1, inverno de 1984.

políticas, já que as condições judiciais norte-americanas autorizam o questionamento da constitucionalidade das leis locais diante da Suprema Corte de cada estado a título individual ou coletivo. O caso relatado por Charles Bolton descreve sua experiência como historiador *expert* em 1981.[117] Tudo começa com a aprovação do Ato 590 do estado do Arkansas que torna obrigatório um tratamento igual para o criacionismo e para o evolucionismo nas aulas de ciências naturais (março de 1981). A American Civil Liberties Union (ACLU) move uma ação para anular esse ato alegando inconstitucionalidade. Em setembro de 1981, Charles Bolton, jovem historiador universitário, é contatado para testemunhar que o estado do Arkansas manifestou um apoio histórico à religião em geral e aos preceitos fundamentalistas em particular. O advogado encarregado do caso pretende estabelecer, através de provas históricas, a ligação entre o ato e pontos de vista religiosos, o que a decisão do estado do Arkansas tentava dissimular evocando a *creation-science* e a *evolution-science* como dois corpos de teorias científicas. Depois de mencionar seu receio de exercer o papel de *expert* num campo que não conhecia bem – seus trabalhos versavam sobre a Igreja da Inglaterra no velho Sul colonial e sobre a história social do Arkansas –, o historiador aceita a tarefa por simpatia pela causa. Segundo seu próprio relato, ele se compromete a investigar sobre o assunto e a testemunhar caso suas conclusões convenham ao advogado. Suas pesquisas demonstram o apoio permanente do Arkansas às posições fundamentalistas desde os anos 1920. De maneira significativa, a sequência da demonstração se apoia no recurso a um conceito histórico forjado para a ocasião, o conceito de *southern Protestantism*, que designa o fechamento sulista na religião como um dos últimos bastiões da cultura sulista depois de 1865. No fim, a empreitada desanda, pois o advogado decide, por razões táticas, não usar o testemunho do historiador. Mas Bolton, apesar da dificuldade que teve para aceitar uma função auxiliar, acostumado que estava a "reinar como um czar em sua sala de aula", expressa sua satisfação por ter desempenhado um papel na solução de uma controvérsia

---

[117] BOLTON, Charles. The Historian as Expert Witness: Creationism in Arkansas [O historiador como testemunha *expert*: criacionismo no Arkansas]. *The Public Historian*, v. 4, n. 3, verão de 1982, p. 59-67. A narrativa a seguir se inspira diretamente no que Bolton conta nesse artigo.

importante. A valoração merece atenção: para Charles Bolton, escrever uma história prescritiva é, portanto, legítimo.

Em matéria de discriminação os exemplos abundam; um dos casos mais célebres é o do processo movido em 1979 contra a empresa Sears, Roebuck and Company por discriminação sexista. Acusada de não oferecer condições iguais às mulheres nas comissões recebidas por vendas e de pagar salários diferenciados aos empregados homens e mulheres, a empresa de venda por correspondência invoca, para se justificar, o menor investimento das mulheres nessa forma feroz de competição, e cita como *expert witness* a historiadora Rosalind Rosenberg, que depõe argumentando que as pesquisas demonstram a existência de uma cultura específica das mulheres, com valores e um sistema de representação diferentes daqueles dos homens.[118] Para a *expert*, "a maioria esmagadora dos trabalhos da ciência moderna em história das mulheres dá crédito à visão segundo a qual as disparidades da composição sexual de uma força de trabalho são compatíveis com uma ausência de discriminação da parte do empregador [...]; nada a propósito de nossa história, e nada nos melhores trabalhos recentes sobre as mulheres em nossa história poderia levar a pensar de outra forma". Diante dela, a Equal Employment Opportunity Commission apelou a outra historiadora, Alice Kessler-Harris.[119]

Esses exemplos permanecem excepcionais diante do recurso cada vez maior a arqueólogos, antropólogos e historiadores suscitados por dois grandes conjuntos de textos legislativos dos anos 1980 em diante.

Em primeiro lugar, a proteção do meio ambiente criou condições para uma articulação estreita entre o estudo do passado e as responsabilidades civis. De acordo com dois textos legislativos, Compensation and Liability Act (CERCLA)[120] e Superfund Amendment Act and Reauthorization Act (SARA), os serviços, empresas ou proprietários

---

[118] Novick (1998, p. 503); ele remete a MILKMAN, Ruth. Women's history and the Sears case [História das mulheres e o caso Sears]. *Feminist Studies*, n. 12, 1986; para os testemunhos dos experts ver *Signs*, n. 11, verão de 1986, p. 751-759. A EEOC teve sua causa indeferida por uma decisão judicial de 3 de fevereiro de 1986.

[119] KESSLER-HARRIS, Alice. EEOC V Sears: A personal account [EEOC X Sears: um acerto de contas pessoal]. *Radical History Review*, n. 35, 1986.

[120] Comprehensive Environmental Response, Compensation and Liability Act [Ato de resposta ambiental abrangente, compensação e responsabilidade], 42 USA Code, Section 9601-9675.

particulares devem procurar eventuais depósitos tóxicos em suas propriedades e os responsáveis pelos ditos depósitos para poderem receber os fundos necessários para a reabilitação das mesmas. Essa busca pelas responsabilidades é praticada sem limites no tempo. Frequentemente ela assume a forma de uma história das empresas que se sucederam no local com a análise de suas estruturas. Na perspectiva de eventuais processos, o recurso a historiadores *experts* se impõe; trata-se de uma das principais atividades mencionadas pelos escritórios de consultoria em história nos Estados Unidos.[121]

A título de exemplo, o caso descrito por Rothman lança uma boa luz sobre as competências exigidas dos historiadores para decidir esse tipo de debate. Trata-se da ação movida por um *holding* hoteleiro contra a companhia Kansas Gas and Electric. Para o historiador *expert* contratado pelos autores da denúncia, o primeiro desafio é demonstrar que a KGE realmente produziu e distribuiu o gás artificial cuja produção engendrava subprodutos tóxicos. Nesse caso, a recuperação do local, com um custo de 500.000 dólares, incumbe ao responsável inicial, de acordo com a cláusula PRP do CERCLA. O combate entre *experts* coloca na arena dois historiadores, Rothman e H. Craig Miner, do mesmo departamento universitário. No ponto de partida encontra-se de fato um local de fabricação de gás a partir de carvão na origem da poluição. A questão é saber se a Kansas Gas and Electric tinha continuado a distribuir gás artificial depois da introdução, em 1907, do gás natural.

O historiador pago pela defesa se apoia na imprensa para estabelecer, apesar de suas contradições, a interrupção da distribuição de gás artificial. A testemunha de acusação, mais jovem, historiador do meio ambiente formado na atmosfera de suspeita pós-Watergate, procura fontes mais fiáveis aos seus olhos. O mais velho, acostumado a escrever uma história dos casos fundada em fontes de imprensa, aceita estas, ao passo que o historiador do meio ambiente sublinha a ausência de documentação da empresa sobre o fim da produção e distribuição, e encontra diversos documentos que comprovam a existência de uma fase de transição.

---

[121] Ver o item "Os meios da ação historiadora: a public history" (p. 85).

O debate assume uma feição diferente a respeito da questão da continuidade, questão essencial, pois a demonstração de uma mudança de ator econômico isentaria a KGE de responsabilidade, embora a distribuição de gás artificial por volta de 1910 estivesse demonstrada. Aqui, o confronto dos dois *experts* diz respeito à realidade da mudança na condução das operações quando da fusão e separação de sociedades. Por trás das aparências financeiras, o historiador se dedica a estabelecer o caráter real ou ilusório da mudança dos atores econômicos.

A evolução do destino dos ameríndios constitui a segunda via ampliada pela legislação. Antes da votação de leis particulares, o simples reconhecimento dos tratados anteriores com os índios[122] favoreceu o surgimento de casos em que a administração das benfeitorias colocava em questão os direitos dos grupos indígenas e suscitava uma investigação sobre o estado histórico dos direitos ou das relações entre os índios e as autoridades. Uma das queixas prestadas pelos índios navajos *(Navajo Nation and Watchman et alii versus State of Mexico)* oferece um exemplo perfeito disso. A questão começa com uma decisão do Departamento de Saúde e Serviços Humanos do Novo México. No quadro desse programa de atendimento médico em domicílio, o atendimento aos navajos se tornou a maior despesa. Quando a administração reduziu em 40% o orçamento do projeto, os navajos atacaram o Novo México por ter prejudicado ilegalmente os índios desassistidos. Como essa atitude discriminatória podia provir de preconceitos contra os índios, o advogado decidiu recorrer a um historiador para esclarecer as relações anteriores dos navajos com as outras comunidades do estado. Assim, foi posto em evidência que a aterrorizante reputação guerreira dos navajos os tinha estigmatizado. A demonstração não tinha nada de novo, o defensor precisava apenas de um historiador capaz de expressar isso em termos adequados para sustentar um ponto de vista jurídico. No fim, não havendo verdadeiros especialistas disponíveis, ele apelou a um jovem historiador (H. K. Rothman) que se interessava mais pela história da política federal no Oeste. O adversário, partindo de uma

---

[122] Essa derrogação ao direito comum consentida aos índios é recordada ao termo da lei sobre a devolução dos achados feitos nos túmulos indígenas (*NAGPRA*, ver mais adiante), *NAGPRA, Public Law*, 101-601, seção 12.

O HISTORIADOR A SERVIÇO DO PRIVADO: O PRECEDENTE NORTE-AMERICANO.

jurisprudência que imputava a discriminação a indivíduos precisos, supunha que os navajos teriam de provar os preconceitos do secretário de estado e dos outros envolvidos na decisão, daí sua recusa em procurar um historiador para combater os queixosos num terreno que considerava infundado. O caso chegou em setembro de 1990 à US District Court de Albuquerque: as provas exibidas permitiram ao advogado concluir que a decisão não era fruto do acaso, mas o reflexo de uma conduta permanente e discriminatória das autoridades do Novo México. O advogado de defesa tentou descreditar o testemunho do *expert* historiador através das seguintes perguntas: você é diplomado em psicologia? Conhece pessoalmente os acusados e suas atitudes em relação aos *native americans*? Depois de obter respostas negativas, o advogado se virou para o juiz e solicitou que recusasse aquele testemunho impertinente. Mas o juiz resolveu aceitar e, no final das contas, esse depoimento sem contrapartida desempenhou um papel decisivo na sentença a favor dos navajos. A inexperiência do advogado de defesa na leitura dos resumos dos historiadores pode explicar seu erro de avaliação.[123] Seja como for, esse exemplo ilustra a um só tempo a evidência para alguns do recurso a historiadores *expert*s e a surpresa relativa que essa prática ainda suscita, mesmo nos Estados Unidos.

A seu modo, o episódio descrito pelo jornal *Libération*[124] em março de 2001 também ilumina o contexto judicial em que se solicita a *expertise* dos historiadores. Desde o início do século XVIII, escravos negros foragidos tinham encontrado refúgio entre os índios seminoles da Flórida, então súditos do rei da Espanha. Quando a Flórida se tornou norte-americana, seus descendentes tomaram parte nos conflitos e posteriormente nos tratados entre a nação seminole e os Estados Unidos. No final da Segunda Guerra Seminole, em 1840, os estelusti (*black Seminoles*) foram deportados com seus irmãos índios para o Oklahoma, formando dois dos catorze "bandos" seminoles. A divisão do dinheiro federal destinado a indenizar em 1990 os índios seminoles por suas perdas territoriais na Flórida (um fundo social de 51,6 milhões

---

[123] Esse relato e sua análise foram extraídos de ROTHMAN, Hal K. Historian v. Historian: Interpreting the past in the courtroom [Historiador *vs.* historiador: interpretando o passado no tribunal]. *The Public Historian*, v. 15, n. 2, primavera de 1993, p. 39-53.

[124] RICHÉ, Pascal. Mauvais sang [Sangue ruim]. *Libération*, 15 mar. 2001, p. 11-12.

de dólares) viria a provocar uma verdadeira cisão da nação seminole: o Escritório de Assuntos Indígenas restringia o benefício desse fundo aos portadores de uma carteira atestando uma certa taxa de sangue índio. Ora, por meio de um referendo feito em 1º de julho de 2000, os seminoles decidiram que a comprovação de um oitavo de sangue índio seria necessária para fazer parte da tribo e constar entre os beneficiários do fundo social. Imediatamente, dois advogados voluntários moveram uma ação contra o Escritório de Assuntos Indígenas. Para embasar sua ação, eles se voltaram "naturalmente" para historiadores. Os advogados e seus conselheiros assim descrevem suas expectativas em relação à *expertise* histórica[125]: os historiadores são *expert witnesses*, ou seja, pessoas cujo conhecimento sobre um assunto supera o dos indivíduos comuns e que, por isso, podem ajudar uma corte ou um júri a compreender aquilo em que são *experts*. No caso, o escritório de advogados espera que os historiadores tragam fatos à luz graças a seu conhecimento da literatura e das fontes, sua compreensão do contexto e sua experiência na apresentação coerente dos fatos. Os advogados pretendem que os historiadores respondam às seguintes perguntas: Qual era a estrutura social dos índios seminoles na Flórida em 1823? Como os negros viviam na Flórida em 1823? Como os índios e os negros viviam juntos em 1823? Quem possuía a terra? Quem lutou para proteger sua terra?

A imagem que os historiadores têm de sua ação e de sua justificação ainda não aparece, mas está claro que o papel proposto não se limita ao puro estabelecimento da verdade. Trata-se, nada mais nada menos, de estabelecer direitos definindo critérios de pertencimento e, portanto, de identidade de um grupo. Aqui, os advogados esperam que os historiadores determinem a identificação dos atores, a fim de agir sobre a devolução de um maná financeiro. Pela primeira vez topamos com um exemplo de *expertise* instituinte que prescreve mais do que descreve.[126]

---

[125] Mark Goldey, e-mail de 29 de março ao autor. Mark Goldey, advogado de um escritório nova-iorquino, foi solicitado como conselheiro por Jonathan e William Velie, os iniciadores do combate pelos "Black Seminoles".

[126] CASTEL, Robert. L'expert mandaté et l'expert instituant [O expert mandatário e o expert instituinte]. In: *Situation d'expertise et socialisation des savoirs* [Situação de *expertise* e socialização dos saberes], Saint-Étienne, Cresal, UA CNRS, n. 899, p. 81-92.

A essas fontes de conflito se somaram os efeitos das leis específicas de proteção ao patrimônio cultural ameríndio: o *Native American Graves Protection and Repatriation Act* (NAGPRA), de 16 de novembro de 1990, cujos últimos textos regulamentares entraram em vigor em 3 de janeiro de 1996. Esse texto, que estabelece o caráter inalienável de todos os objetos, restos, cultuais ou não, encontrados nos túmulos indígenas, regulamenta as descobertas por vir e estabelece as regras de restituição dos bens que se encontram com particulares, museus ou instituições científicas. A aplicação do *NAGPRA* se torna imediatamente uma fonte crescente de litígios levados à justiça, já que a prova da origem, do valor e da significação cultural ou cultural dos objetos cria um verdadeiro filão para a *expertise* judicial dos etnólogos, arqueólogos e historiadores.

O historiador nos tribunais canadenses

Até o início dos anos 1980, esse fenômeno não tem equivalente[127] no Canadá. Depois tudo muda: "De alguns anos para cá, os tribunais desempenham um papel crucial nos processos de reivindicação autóctone no Canadá. Cada vez mais, os ameríndios e os inuits, mas também os governos – federais ou provinciais – solicitam aos tribunais que determinem o alcance exato dos direitos autóctones...".[128] De fato, no Canadá, o fenômeno se amplia após o repatriamento unilateral da Constituição Canadense em 17 de abril de 1982. Quando Pierre Eliott Trudeau, instruído por seu fracasso de 1969, prepara a nova Constituição em 1981, ele não suprime mais os benefícios da lei sobre os índios em nome de uma igualdade efetiva. Três artigos da lei constitucional de 1982 conferem, portanto, importantes proteções aos direitos dos autóctones. O Artigo 35 prevê que "os direitos existentes, ancestrais ou oriundos de tratados, dos povos autóctones do Canadá são reconhecidos e confirmados". Quando os diversos estados canadenses regulamentam as modalidades de colocação em prática

---

[127] BOURGEOIS, Donald J. The role of the historian in litigation process [O papel do historiador em processos litigiosos]. Toronto, *Canadian Historical Review*, v. 67, n. 2, jun. 1986, p. 195-205.

[128] BEAULIEU, Alain. Les pièges de la judiciarisation de l'histoire [As armadilhas da judicialização da história]. *Revue d'histoire de l'Amérique française*, v. 53, n. 4, outono de 1999.

do Artigo 35, este, associado à aplicação da Carta Canadense dos Direitos e Liberdades, tem efeitos judiciais explosivos.[129] Uma outra partida é jogada então diante dos tribunais, na qual os historiadores vão se tornar atores essenciais.

Algumas semanas depois do registro da lei constitucional surge o primeiro caso: o caso Sioui. Em 29 de maio de 1982, o agente Claude Noël, da Reserva de Laurentides, descobre, fora dos locais previstos para isso, duas tendas e uma fogueira ao redor das quais estão reunidos vários adultos e crianças. Acusados, os quatro irmãos Sioui respondem que estão ali para "ensinar a seus filhos os costumes indígenas". Condenados na "corte de sessão da paz", em 9 de junho de 1982, eles apelam e perdem em 6 de setembro de 1985. Embora a Corte Superior do Quebec indefira seu recurso, ela reconhece que seu procedimento estaria fundado, amparado na lei sobre os índios e na Carta Canadense dos Direitos e Liberdades, se fosse demonstrada a existência de um tratado.

Ora, em 18 de maio de 1984, o historiador – e réu – Georges Sioui tinha mencionado na corte um novo documento do qual só pôde apresentar uma fotocópia. Seus ancestrais, os hurões de Lorette, ao se renderem ao general James Murray, em 5 de setembro de 1760 em Longueuil, três dias antes da rendição de Montreal, tinham obtido direitos e garantias: "Pelos presentes, certificamos que o chefe da tribo dos hurões tendo vindo a mim para se submeter em nome de sua nação à coroa britânica e fazer a paz [...] eles não deverão ser molestados nem detidos por oficiais ou soldados ingleses durante sua volta ao acampamento de Lorette; aceitos nas mesmas condições que os canadenses, ser-lhes-á permitido exercer livremente sua religião, seus costumes e a liberdade de comerciar com os ingleses".[130] Este é o texto da versão apresentada diante do tribunal, que se revelou ligeiramente diferente da que foi encontrada depois nos Arquivos do Canadá. Embora a sentença de 1985 indique que Murray não tinha nem a intenção nem o poder de fazer um tratado, a corte de apelo

---

[129] VAUGEOIS, Denis. *La Fin des alliances Franco-indiennes. Enquête sur um sauf-conduit de 1760 devenu un traité en 1990* [O fim das alianças franco-indígenas. Investigação sobre um salvo-conduto de 1760 transformado num tratado em 1990], Montréal, Boréal Septentrion, 1995.

[130] Vaugeois (1995, p. 210).

do Quebec estatui em favor dos Sioui, julgando que o documento constitui de fato um tratado. O estado do Quebec recorre na Suprema Corte do Canadá, onde a sentença do juiz Antonio Lamer estipula, no dia 24 de maio de 1990, que o documento é efetivamente um tratado, no sentido do Artigo 88 da lei sobre os índios, e decide definitivamente em favor dos irmãos Sioui.

Essa longa disputa deve toda sua importância à brecha que abriu em favor do reconhecimento sistemático dos direitos *ancestrais* próprios aos índios; ela tem grande peso aqui porque uma questão histórica serve de pivô a uma questão de direito. Os juízes acabam de inventar um tratado inexistente para os historiadores, e estes ficam talvez expostos aos raios fulminadores da lei se persistirem em apresentá-lo como um simples salvo-conduto, como escreve com ironia Denis Vaugeois no título de seu livro: *O fim das alianças franco-indígenas: investigação sobre um salvo-conduto de 1760 transformado num tratado em 1990*.[131] Pois essa judicialização do passado pela Suprema Corte fixa a interpretação – quando esta é favorável aos índios – em dogma histórico intangível.

A situação canadense ilustraria o perigo de uma história oficial ou de uma história escrita pelos juízes, repetidas vezes detratada na França a propósito da Lei Gayssot ou da sentença Sternhell-Jouvenel.[132] De fato, no caso Sioui, o juiz Lamer constrói a "prova extrínseca" que o autoriza a considerar o tratado de Murray como tal a partir de sua própria investigação documental e de sua interpretação pessoal da literatura sobre o assunto. Mas rapidamente o discurso dos historiadores vai se impor como a referência central sobre os direitos ancestrais.

Enquanto isso, multiplicam-se os casos de arbitragem histórica para os quais o recurso aos *experts* historiadores se torna a norma, quando não o elemento obrigatório de uma alegação convincente.[133] O caso Sioui serve de matriz a um empreendimento sistemático de afirmação dos direitos dos índios e o sentido do tratado de Murray dá lugar dessa vez a trabalhos encomendados a historiadores *experts*.

---

[131] Vaugeois (1995).

[132] Ver adiante, p. 123-126.

[133] Entre os primeiros, *Ontario v. Bear Island Foundation*, RCS 1991, 15 de agosto de 1991, consultado na internet em <www.lexum.umontreal.ca>, como todas as outras sentenças da Suprema Corte do Canadá citadas mais adiante.

Assim, a caminhonete da Sra. Élizabeth Vincent, "membro do bando dos hurões de Lorette", é detida, em 28 de agosto de 1988, por contrabando de tabaco no território de uma reserva situada no limite de dois estados canadenses (Ontário e Quebec) e de um estado norte-americano. Os debates versam então sobre a extensão e sentido dos tratados de Murray e de Jay (entre os Estados Unidos e os hurões em 1794). A Sra. Vincent cita como testemunha o professor Denys Delage,[134] que se dedica a demonstrar que o tratado de Murray devia permitir aos hurões de Lorette comerciar livremente com os ingleses, sem taxas nem entraves. As testemunhas *expert*s da "coroa ontariana", D. Peter MacLeod, professor de História na Universidade de Ottawa, e Donald E. Graves, historiador do Ministério da Defesa do Canadá, concluem ambos, por vias diferentes, que o documento Murray não confere nenhum direito de escapar das taxas alfandegárias; o primeiro considera que os hurões têm os mesmos direitos que os demais canadenses, e o outro se apoia na transcrição do tratado feita em 1910 para demonstrar que a liberdade de comércio prevista neste se referia apenas às guarnições inglesas e não justifica em caso algum uma isenção das taxas de entrada no território canadense.

Quando Georges Sioui comparece novamente diante da corte por ter se recusado a cobrar taxas no contexto de uma atividade comercial, invoca para se justificar o direito de exercer livremente os costumes, direito garantido pelo tratado Murray. Nessa ocasião, a sentença lavrada pela juíza France Thibault atesta a transformação quase completa da Corte Superior do Quebec em campo fechado historiográfico. Denys Delage assim conclui sua *expertise* em defesa de Georges Sioui:

> Era concebível em 1760 exigir a índios que fossem agentes de cobrança para os brancos? A resposta é evidentemente NÃO... Acrescentarei que isso é incompatível com o texto do general Murray, que reconhece autonomia política aos hurões de Lorette já que negocia com eles. Isso é igualmente contrário à

---

[134] Professor de Sociologia e de História na Universidade Laval (Quebec), conhecido por seus diversos trabalhos sobre os ameríndios e suas relações com os europeus; sua *expertise* coincide com suas simpatias pela causa da acusada; atesta isso o fato de ele ter sido o orientador da tese de um dos quatro acusados do caso Sioui, o historiador Georges Sioui.

letra do tratado que confere aos hurões de Lorette a liberdade de comércio e o livre exercício de seus costumes. Os hurões nunca foram cobradores para os franceses. Isso era incompatível em 1760 com a representação que faziam de si mesmos. Isso também teria sido inimaginável do ponto de vista do poder colonial fosse ele francês ou inglês.[135]

Por solicitação do procurador-geral, o doutor em História da Universidade Laval, Alain Beaulieu, escreve uma monografia para demonstrar que os hurões de Lorette não formavam um encrave soberano no interior da colônia francesa, nem vieram a formar um quando a autoridade inglesa se instalou. Apoiando-se, por outro lado, na versão de 1910 do tratado, negligenciada pela Suprema Corte, ele sublinha que a liberdade de comércio instituída em nada derroga dos direitos atribuídos em geral aos canadenses, o que, portanto, não exonera os hurões das obrigações ulteriormente aplicáveis ao conjunto dos súditos da Coroa no Canadá. As conclusões da juíza Thibault se inscrevem como uma espécie de arbitragem historiográfica:

> O tribunal privilegia o relatório do *expert* do procurador-geral "que esboçou um quadro particularizado da nação Hurões de Loretteville" e deduz que, apesar do tratamento particularizado dos hurões sob certos aspectos, "o contexto histórico não permite concluir que os ingleses e os hurões tenham podido compreender quando da assinatura do tratado de Murray que seriam subtraídos da aplicação das leis inglesas".[136]

Recentemente, a sentença da Suprema Corte do Canadá de 24 de maio de 2001, no caso que opunha o Ministério da Receita Nacional a Michael Mitchell, recorda os casos, já evocados, da Sra. Vincent e de Georges Sioui, e o papel decisivo do discurso historiador. Em 1988, transpondo a fronteira canadense trazendo mercadorias dos Estados Unidos, o queixoso, um mohawk, recusou-se a pagar as taxas alfandegárias invocando os direitos ancestrais e os tratados que

---

[135] DELAGE, Denys. Les Hurons de Lorette dans leur contexte historique en 1760 [Os hurões de Lorette em seu contexto histórico em 1760], publicado em VAUGEOIS, Denis (Dir.). *Les Hurons de Lorette*. Sillery, Quebec: Septentrion, 1996, p. 97-131, cit. p. 127-128.

[136] Vaugeois (1995, p. 191).

garantiam o livre comércio a seus ancestrais. Em primeira instância, o juiz McKeown, apoiando-se na testemunha *expert* historiadora citada pelo acusado (Dr. Venables), tinha concluído pela existência dos direitos ancestrais e, por via de consequência, pela absolvição de Michael Mitchell. O reexame do caso pela Suprema Corte amplia o alcance do discurso dos historiadores profissionais. Estes se cercam de precauções que parecem lhes ser ditadas pelas regras mais clássicas do método histórico:

> As reivindicações dos direitos ancestrais suscitam dificuldades de provas intrínsecas. Todavia, não devemos tornar ilusórios os direitos protegidos pelo 35(1) impondo um fardo de provas impossíveis. As regras de prova devem, portanto, ser aplicadas com flexibilidade, de uma maneira adaptada às dificuldades inerentes às reivindicações autóctones. Como os solicitantes devem estabelecer as características de suas sociedades antes do contato com os Europeus na ausência de documentos escritos, os relatos orais podem fornecer uma prova, que não pode ser obtida de outro modo, das práticas ancestrais e dos pontos de vista autóctones. Os relatos orais são admissíveis como prova quando se mostram ao mesmo tempo úteis e razoáveis, sempre sob a reserva do poder discricionário que o juiz de primeira instância tem de excluí-los. Para determinar a utilidade e a fiabilidade dos relatos orais os juízes devem se abster de fazer suposições fáceis fundadas nas tradições eurocêntricas de coleta e de transmissão dos fatos históricos.

Finalmente, o juiz recorda os testemunhos do historiador e do arqueólogo: "O testemunho do intimado, confirmado pela prova arqueológica e histórica era útil, e o juiz de primeira instância não errou ao concluir que aquele testemunho era credível e fiável".[137]

Para compreender a repercussão que essas sentenças tiveram, especialmente no Quebec, é preciso lembrar que, depois do fracasso das negociações do Lago Meech em 1987, as relações entre os índios e as autoridades quebequenses se degradaram até chegar a um estado

---

[137] Ministério da Receita Nacional contra Michael Mitchell (também conhecido como Kanentakeron), Mitchell contra Ministério da Receita Nacional, 2001 CSC 33, 24 de maio de 2001.

crítico com o tiroteio de Oka, em 1990, durante o qual um policial foi morto. Nesse contexto extremamente agitado das lutas ameríndias e inuits dos anos 1985-1995, a lista das reivindicações e das defesas apresentadas pelas tribos e bandos indígenas compreende algumas outras sentenças, cujos considerandos também sublinham, fora do Canadá francófono, a importância dos testemunhos e trabalhos de historiadores produzidos especialmente para esses debates judiciais.

Entre as sentenças recentes, a do juiz Lamer no caso que opunha Donald John Marshall Junior ao procurador-geral de Nova Brunswick, à West Nova Fishermen's Coalition, ao Native Council of Nova Scotia e à Union of New Brunswick merece atenção porque nele as relações entre juízes, história e historiadores são analisadas com acuidade.[138]

No dia 17 de setembro de 1999, o juiz Binnie, que sustenta a opinião majoritária da Suprema Corte expressa pelo juiz Antonio Lamer, recorda as circunstâncias do litígio: "Numa manhã de agosto (1993), seis anos atrás, o apelante e um amigo, ambos índios mi'kmaq, foram pescar enguias com sua pequena lancha nas águas costeiras de Pomquet Harbour, no condado de Antigonish na Nova Escócia. Pegaram 210Kg, que venderam por 78,10 dólares canadenses, atividade pela qual o apelante foi detido e acusado". A única questão em litígio no processo era a de saber se o acusado possuía um direito, oriundo dos tratados concluídos em 1760 e 1761, que o autorizava a pegar e vender peixe sem ter que se submeter à regulamentação. Na ocasião, o documento com que o juiz da corte provincial da Nova Escócia se preocupava acima de tudo, em sua condenação inicial, era o tratado de paz e de amizade assinado pelo governador Charles Lawrence, em 10 de março de 1760, com o chefe índio Paul Laurent da tribo de La Have em Halifax.

Confirmando a decisão da justiça, a corte de apelo concluía que a cláusula relativa ao comércio não conferia nenhum direito aos mi'kmaqs. O primeiro motivo da Suprema Corte para derrubar essa sentença está ligado à nova sensibilidade dos juízes canadenses quanto à natureza das provas. Segundo sua própria jurisprudência, o juiz Lamer recorda a legitimidade das provas extrínsecas, extraídas do contexto histórico

[138] Donald John Marshall Jr. contra Sua Majestade a Rainha, R.c. Marshall (1999), 3 RCS 451.

e cultural, para fazer os tratados dizerem o que está apenas implícito neles. Uma sensibilidade nova à natureza das culturas indígenas impele também a levar em consideração "problemas de prova que os povos autóctones enfrentam...".[139] As cláusulas orais dos tratados valem assim tanto quanto as escritas. Por conseguinte, a opinião majoritária e o ponto de vista dissidente dos juízes Gonthier e MacLachlin fazem do exame do dossiê histórico o coração do debate. Para o juiz Binnie, "as únicas questões litigiosas incidiam sobre o dossiê histórico [...]". Em ressonância com isso, os juízes dissidentes afirmam que "cada tratado deve ser examinado à luz de seu contexto histórico e cultural particular. [...] No segundo momento, o sentido ou os sentidos depreendidos do texto do direito oriundo de tratado devem ser examinados sobre a tela de fundo histórica e cultural do tratado. É possível que o exame do contexto histórico traga à luz ambiguidades latentes ou outras interpretações que a primeira leitura não teria identificado".[140]

Mas os materiais históricos e o testemunho do *expert* fazem mais do que contar: a crítica atenta do depoimento do único *expert* historiador citado pelo ministério público quando do processo inicial, Stephen Patterson, professor de História na Universidade de Nova Brunswick, torna-se o centro do debate:

> Esse testemunho situa em seu contexto a cláusula relativa ao comércio e responde à questão de saber se o tratado conferia mais do que o simples direito de trazer caça e peixe às casas de troca [...] o Dr. Stephen Patterson consagrou vários dias de testemunhos a examinar detalhadamente os documentos históricos. Embora tenha de modo geral corroborado a abordagem estrita preconizada pela Coroa quanto à interpretação geral dos tratados e que eu rejeitei fundado em pontos de direito, ele fez certo número de concessões importantes à defesa numa exposição refletida e longa que vale reproduzir aqui na íntegra...[141]

Ao termo da demonstração, o juiz Binnie estabelece que a testemunha *expert* historiadora admitiu de maneira implícita, e depois

---

[139] Vaugeois (1995).

[140] Vaugeois (1995).

[141] Vaugeois (1995).

explícita, que os britânicos conheciam o modo de vida dos mi'kmaqs e lhes concediam um direito de pescar e de caçar, garantindo-lhes o direito de existir como povo. Essa conclusão autoriza o juiz a refutar a primeira decisão da justiça que deturpou as declarações do *expert*, limitando a uma "permissão" o "direito" dos mi'kmaqs ao passo que o *expert* realmente estabeleceu um direito fundamentado em documentos históricos.

Através de sucessivos deslizamentos, a letra dos tratados se apagou diante dos comentários históricos; o depoimento do *expert* historiador se torna então o momento crucial. Esse papel decisivo conferido pelo juiz aos historiadores profissionais se reflete nas precauções que o juiz Binnie toma para fundamentar sua utilização da história. Longe de permanecer indiferente às críticas que a profissão histórica faz aos magistrados, o juiz Binnie dá conta da literatura profissional dos historiadores:

> Os tribunais foram objeto de certas críticas por parte dos historiadores profissionais[142] que lhes censuram uma tendência ocasional a montar uma história do tipo "recortar-colar"... O direito atribui à interpretação dos acontecimentos históricos um caráter definitivo quando, segundo o historiador profissional, isso não é possível. Evidentemente, a realidade é que os tribunais têm de lidar com litígios cuja resolução exige que eles tirem conclusões a partir de certos fatos históricos. As partes desses litígios não podem esperar que se estabeleça um consenso estável entre os pesquisadores. O processo judiciário deve fazer seu melhor. No presente caso, contudo, existia um grau de acordo inabitual entre todos os historiadores profissionais que testemunharam a propósito das expectativas subjacentes dos participantes relativamente às obrigações oriundas do tratado concebido pela Coroa com os mi'kmaqs.

A argumentação do juiz Binnie o leva a passar para os historiadores a responsabilidade da leitura dos dossiês históricos, já que o consenso dos *expert*s o autoriza a intervir legitimamente na matéria histórica.

---

[142] Certamente o juiz Binnie se refere particularmente aos ataques incisivos publicados por Nelson-Martin Dawson e Éric Tremblay, "Quand l'Histoire manipule la justice" [Quando a história manipula a justiça], *Le Devoir*, 29-30 maio 1999.

O historiador deixa de ser um elo acessório do debate para se tornar sua força motriz, seu pivô. E os considerandos da Suprema Corte no caso Adams confirmam esse ponto de vista. O caso remonta a 7 de maio de 1982; nos charcos do sudoeste do Lago Saint-François, Georges Weldon Adams pesca sem a licença necessária. A chave do caso reside na prova do direito ancestral da tribo do queixoso, os mohawks, de pescar para se alimentar nas águas do lago, em conformidade com o Parágrafo 35(1) da lei constitucional de 1982. A decisão da Suprema Corte se apoia diretamente nos testemunhos fornecidos pelos historiadores:

> Duas testemunhas *expert*s depuseram no processo. O Sr. Bruce Trigger para o apelante e o Sr. Reynald Parent para o intimado. Embora os testemunhos desses dois *expert*s se contradigam sob certos aspectos, eles constituem, no entanto, um fundamento suficiente para permitir à corte examinar e confirmar a conclusão do juiz do processo de que os mohawks têm de fato o direito de pescar no Lago Saint-François para se alimentarem.[143]

Assim, os juízes se apoiam cada vez mais na *expertise* dos historiadores; a simples lição de história se transforma em peça-chave de uma decisão da justiça. Esse papel preponderante é endossado, assumido, reivindicado pelos historiadores estadunidenses?

Uma intervenção justificada aos olhos dos historiadores

No Canadá, o surgimento de um novo papel não se explica apenas pela judicialização geral das relações sociais, nem pela existência da categoria jurídica dos crimes imprescritíveis, nem pelo desaparecimento das testemunhas. Assim como nos Estados Unidos, as afirmações identitárias permitiram brandir no plano civil o tema da reparação. Mas se esses elementos permitem compreender a extensão do mercado da *expertise* historiadora diante dos tribunais, não esclarecem suas consequências para o ofício do historiador. Essa atividade diante

---

[143] Georges Weldon Adams contra Sua Majestade a Rainha e o procurador-geral do Canadá, R.c. Adams (1996), 3 RCS 101.

dos tribunais é percebida como legítima e idêntica à pesquisa, como diferente e legítima, como diferente e ilegítima?

As posições já divergem quanto aos efeitos da solicitação remunerada e às consequências do contexto e do quadro impostos aos historiadores. A questão da remuneração remete a uma clivagem fundamental na constituição das profissões norte-americanas e, paralelamente, das ciências humanas no contexto universitário: *advocacy* ou *objectivity*.[144] A opção dos historiadores norte-americanos pelo sonho da objetividade lhes propiciou a sensação de praticar a ciência histórica no modelo alemão do século XIX. Essa busca pela objetividade, tendo por único fiador o olhar dos pares e por único lugar de exercício os cursos e a escrita de livros, parece atingir seu auge nos anos 1950-1960. A proliferação dos cargos universitários depois da Segunda Guerra Mundial e a insularidade que decorria de um público exterior restrito deram aos historiadores o luxo enganoso de ignorar os centros de interesse histórico do público e a produção fora das universidades.

Nos anos 1950, já nem sequer há unanimidade entre os historiadores quanto à necessidade de ensinar História no ensino básico. Oscar Handlin sugere em 1961 que não se perderia nada retirando totalmente a matéria das *high schools*, onde bastaria ensinar os "fatos". Sellers chega então a se perguntar se seria preciso contar com a American Legion para ensinar História nos colégios.[145] E as tentativas de conquista de um vasto mercado de leituras históricas, atestadas pelo sucesso da revista *American Heritage*, se fazem sem os historiadores, que se contentam com o mercado universitário, ampliado pelos livros de bolso,[146] para satisfazer sua procura por leitores.[147]

---

[144] Esse quadro de análise é retomado pela maior parte dos autores norte-americanos que escrevem sobre esse tema, a começar por Novick (1988).

[145] Novick (1988, p. 368-372); SELLERS, Charles G. Is History on the Way Out of the Schools and Do Historians Care [Será que a história está saindo das escolas e será que os historiadores se importam com isso?]. *Social Education*, n. 33, maio 1969, p. 509- 516, citação p. 514.

[146] O GI Bill em seguimento à Segunda Guerra Mundial propiciou um crescimento rápido do público estudantil nos Estados Unidos dos anos 1940.

[147] Novick (1988, p. 372-373); ROZENWZEIG, Roy. Marketing the past: American Heritage and Popular history in the United States [Mercantilizando o passado: American Heritage e história popular nos Estados Unidos]. In: PORTER BENSON, Susan; BRIER, Stephen; ROZENWZEIG, Roy (Ed.). *Presenting the Past: Essays on History and the Public* [Apresentando

Para terminar, a corporação não assume nenhuma responsabilidade quanto à informação divulgada a milhões de americanos nos *nation's historic sites*, num momento em que o *boom* do turismo multiplica a oportunidade dessas visitas. No entreguerras, Charles Beard e Carl Becker defenderam a ideia de que a história possuía uma finalidade social,[148] ao passo que a maioria da profissão durante os "trinta gloriosos" (1945-1975) partilha a fórmula de Thomas Cochran endereçada a Richard Hofstadter: "*The public be damned*" [O público que se dane].[149]

Por conseguinte, a crise dos anos 1970 foi interpretada como uma crise interna, ligada às concessões feitas no mundo universitário, à fragmentação dos objetos de pesquisa... Ao sair de uma fase como essa de indiferença à sociedade, a irrupção do historiador como *expert* no tribunal transforma profundamente sua imagem. O debate sobre a objetividade do historiador testemunha *expert* é, portanto, candente se lembramos que, tanto no Canadá quanto nos Estados Unidos, esses *expert*s a serviço de uma causa são pagos. As respostas consideradas oscilam da denegação dos efeitos da remuneração e da encomenda à autoflagelação. O historiador canadense Donald J. Bourgeois argumenta que o ensino de História é remunerado e que ser pago para testemunhar não vai contra a deontologia dos historiadores.[150] A diferença seria, portanto, imperceptível entre o ensino ministrado a estudantes da primeira fase e o testemunho feito num tribunal pago por uma das partes. Se o historiador canadense recusa assim a ideia de um historiador mercenário (*hired gun*), seu colega estadunidense Morgan J. Kousser propõe outro tipo de resposta. A seus olhos, os documentos produzidos diante das instâncias judiciais rivalizam em rigor com as demonstrações acadêmicas das teses, artigos ou comunicações. Essa fusão entre o conhecimento para uso da justiça e o conhecimento voltado para a

---

o passado: ensaios sobre a história e o público]. Philadelphia: Temple University Press, 1986, p. 21-49.

[148] BECKER, Carl. Every man His own historian [Cada homem seu próprio historiador]. *American Historical Review*, t. 37, jan. 1932, p. 221-236.

[149] Sigo aqui MOONEY-MALVIN, Patrícia. Professional Historians and the Challenge of Redefinition [Historiadores profissionais e o desafio da redefinição]. In: GARDNER, James B.; LAPAGLIA, Peter S. (Ed.). *Public History. Essays from the Field*. Malabar, Flórida: Krieger Publishing Company, 1999, p. 5-22.

[150] Bourgeois (1986, p. 204-205).

comunidade científica, Kousser a coloca em prática, já que seu último livro se apoia diretamente sobre seu trabalho e sua experiência como testemunha *expert*.[151] Para desmontar a acusação de prostituição intelectual ou de mercenarismo, ele tenta demonstrar que os procedimentos de estabelecimento da verdade no contexto da controvérsia jurídica são tão válidos quanto as regras da objetividade científica:

> O mundo ideal do advogado é, quanto a isso, semelhante ao de Adam Smith: quando cada advogado busca simultaneamente maximizar as chances do seu ou da sua própria cliente [...] uma Mão invisível guia o processo na direção de uma máxima produção de verdade.[152]

Os historiadores a serviço dos advogados trazem sua contribuição para essa empreitada em que o estabelecimento de cada verdade particular conduz ao estabelecimento da verdade geral! *"Testifying and scholarling are about equally objective pursuits"* ("testemunhar e estudar são empreendimentos quase igualmente objetivos"), ele conclui em tom provocativo.

A habilidade retórica da resposta não elimina, entretanto, a descoberta de um papel social renovado, ainda que a contradição de-ontológica seja esvaziada. Donald J. Bourgeois e Morgan J. Kousser minimizam o objetivo da testemunha *expert* a serviço de uma causa e evocam tão somente a ideia dos fatos e das análises num contexto diferente, mas às vezes acabam se contradizendo; na participação do processo judiciário, depois de ter estabelecido *"what happened, when and why it happened"* ("o que aconteceu, quando e por que aconteceu"), o historiador tem a satisfação de ter sido um ator social respeitável: "O historiador não é, contudo, uma prostituta que vende seus encantos intelectuais, mas alguém que participa das resoluções de conflito na sociedade canadense".[153]

---

[151] KOUSSER, Morgan J. *Colorblind Injustice: Minority Voting Rights and the Undoing of the Second Reconstruction* [Injustiça não racista: direitos de voto da minoria e o colapso da segunda reconstrução]. Chapel Hill: University of North Carolina Press, 1999.

[152] *"The lawyer ideal world is, in this respect, rather like Adam Smith's: when every lawyer seeks simultaneously to maximise the chances of his or her own client [...] an invisible Hand guides the process towards the maximum production of truth."* (KOUSSER, 1984, p. 5-19).

[153] Bourgeois (1986, p. 204-205).

O PAPEL SOCIAL DO HISTORIADOR: DA CÁTEDRA AO TRIBUNAL

Nada mudaria, portanto, na ética do historiador, em sua deontologia, na natureza das produções e, no entanto, da retórica se deslizaria para a eficácia pragmática do apoio à tomada de decisões. Alain Beaulieu aponta com lucidez o encargo do historiador investido de um papel central: "Na maior parte dos casos, a história é chamada ao 'banco das testemunhas' seja para fundar historicamente direitos em questão, seja, pelo contrário, para negá-los ou limitar seu alcance".[154]

Os argumentos de Henry Rousso encontraram precursores para questionar a intervenção dos historiadores, a validade de seus trabalhos e, no fim das contas, a nova natureza de seu papel social. O raciocínio de Alain Beaulieu – que, no entanto, participou de vários processos – está baseado nesse tipo de argumentos. A ausência de controle dos diagnósticos estabelecidos pelo historiador constitui o primeiro obstáculo. O contexto do debate condiciona a reflexão histórica. Na lógica jurídica anglo-saxônica, os direitos ancestrais decorrem de uma ocupação imemorial e contínua dos territórios. Essa concepção imprime sua marca nos pesquisadores, tendo por efeito encorajar uma visão estática da história do povoamento canadense, já que a comprovação da menor migração equivale a uma perda dos direitos sobre o território em questão. Finalmente, por sua contribuição para a autoridade da coisa julgada, os historiadores participam de um processo de congelamento da interpretação.

Os efeitos da situação técnica em que o historiador se vê implicado são estabelecidos com grande precisão num artigo de 1986 escrito em resposta a Donald J. Bourgeois; os dois autores se conhecem durante as audiências (seis dias) de um caso julgado pela Suprema Corte do Canadá. Kidney é *historian expert witness* de uma das partes, Dickinson é jurista e pesquisador universitário, voltado para as questões escolares e para a aplicação da *charter law*. O caso que serve de suporte para a análise dos dois demonstra que, para além dos direitos dos primeiros povos, a totalidade da Carta dos Direitos e Liberdades incluída na nova Constituição favorece a eclosão de processos de longo alcance histórico.[155]

---

[154] Beaulieu (1999).

[155] O caso dizia respeito à extensão do estatuto de fundação às escolas católicas (*An act to men the Education Act [Bill 30]*, 1985). As questões históricas estiveram no coração dos debates; ambas as partes recorreram a "testemunhas *experts*" que ofereceram à Suprema Corte o que o *Globe*

Os autores demonstram inicialmente a variedade das situações nas quais os historiadores se veem implicados dependendo da natureza da jurisdição: produção de monografias sem comparecimento diante da corte, simples depoimento oral ou exame arguido de seu testemunho – a primeira situação sendo a mais próxima do contexto habitual da atividade histórica, ao passo que a última leva o historiador para fora de suas fronteiras.

Essencial durante os procedimentos de apelo, o historiador fica à mercê dos conselhos dos dois campos, não podendo apresentar ele próprio suas conclusões, amiúde tão esotéricas quanto o jargão jurídico do advogado.[156] O abandono dos códigos e dos usos da profissão e a comunicação com um público de leigos mudam tudo. E o que decerto é mais importante: uma vez começado o processo, não existe nenhuma possibilidade de acrescentar novas provas, o que pode surpreender os que estão acostumados com a disputa científica em que novos elementos sempre podem intervir ao longo do debate. Outros aspectos das regras que presidem a esses processos desorientam o historiador. Eles retomam a ideia de que a determinação da "verdade" é secundária na missão que o tribunal atribui a si mesmo, já que ele busca em primeiro lugar "estabelecer soluções pacíficas para os conflitos entre duas ou mais partes"; no final o que há são perdedores e ganhadores. Em história, nenhuma instância tem esse poder de fechar assim o debate. Isso parece inclusive repugnante e ridículo para os historiadores. Na esfera judicial, o juiz proclama uma sentença que decide uma matéria histórica de maneira categórica segundo cânones que são os do direito e da história. Em caso de insuficiência de provas ou de indecisão, o historiador pode suspender o julgamento, o que o juiz não pode fazer, ainda que tenha de apoiar sua decisão em hipóteses ou convenções (no caso

---

and Mail descreveu com muita pertinência como "duas histórias do mesmo acontecimento" (4 fev. 1987, A4): *"Both separate and public school boards commissionned historical research in support of their claims"* [Ambas as partes, a da escola separada e a da pública comissionaram pesquisas históricas para sustentar suas reivindicações] (Ao todo, mais de mil páginas de análises e de documentos foram produzidas ao longo do processo gerado pelas ações relativas ao *Bill 30*).

[156] DICKINSON, G. M.; KIDNEY, R. D. History and Advocacy: some reflections on the historian's role in Litigation [História e advocacia: algumas reflexões sobre o papel do historiador em litígios]. *Canadian Historical Review*, v. 68, n. 4, dez. 1987, p. 576-585.

de acidentes coletivos, supõe-se que o membro mais velho de uma família foi o primeiro a morrer).

Outros elementos surpreendem o historiador no desdobramento do processo. O homem de lei não deve fornecer argumentos para a parte adversa; O *Manual de conduta profissional da sociedade jurídica do Alto Canadá* lembra que, nos procedimentos de queixas, a função do homem de lei como advogado é abertamente e necessariamente parcial. Por conseguinte, um advogado não é obrigado a "ajudar um adversário ou mencionar elementos desfavoráveis a seu cliente".[157] O advogado tem o direito, e até mesmo o dever, de aconselhar a omissão, de fazer o historiador calar suas dúvidas ou incertezas. Essa tendência à omissão pode ser ainda mais forte quando as conclusões são recolocadas sob a forma de *affidavit* (declaração juramentada). Chega-se assim a um reducionismo caricatural pela delimitação excessiva do contexto, com o risco de transformar um argumento histórico complexo numa embaraçante e grosseira paródia.[158]

Contudo, a tendência ao comprometimento em relação às exigências dos historiadores não parte apenas dos advogados e juízes. O historiador se engaja por partilhar os interesses, os valores do cliente a quem presta seus serviços. O fato de se implicar na disputa pode ter o mesmo efeito durante o processo: dissimular provas, deturpar um argumento, ceder à tentação da autocensura à conselho do advogado, entrar na lógica judicial.

A essas reservas acrescentam-se outras. No momento em que o historiador estiver tentando fazer prevalecer sua argumentação diante do consultor oponente, seu advogado poderá simplesmente aproveitar a diversidade das apreciações históricas para demonstrar que não é nesse terreno que o caso deve ser decidido. Espera-se confidencialidade durante os debates no interesse dos clientes, o que não é exatamente compatível com as regras do mundo universitário. Pior, se aceitamos a analogia entre a *expertise* e o saber transmitido numa aula, deduz-se que o historiador deve se censurar em sala de aula? Ou violar o imperativo de circunspecção que o processo impõe a ele? O simples fato de

---

[157] *The Profissional Conduct Handbook of the Law Society of Upper Canada*, p. 25-28, citação p. 581 do artigo de G. M. Dickinson e R. D. Kidney.

[158] *The Profissional Conduct Handbook of the Law Society of Upper Canada*, p. 25-28, citação p. 582.

participar desse tipo de processos pode vir a minar sua credibilidade junto aos estudantes.

Finalmente, a gestão do tempo do *expert* submetido ao calendário judicial exerce uma pressão que torna caducos os velhos imperativos positivistas da exaustividade documental. Embora as resenhas assassinas abundem nas revistas científicas norte-americanas, com frequência menos consensuais que as francesas, ainda que Gérard Noiriel possa ter escrito sobre a ferocidade dos conflitos internos à corporação,[159] a violência dessas não se compara ao vigor dos ataques *ad hominem* a que o historiador se vê exposto em caso de interrogatório pelo representante da parte adversa ou de debates entre *expert*s. Quanto à duração dos processos – às vezes passam-se 15 anos entre a primeira decisão judicial e a sentença da Suprema Corte do Canadá –, ela pode deixar o historiador numa situação embaraçosa, já que muitas vezes seus pontos de vista evoluem num sentido que pode vir a contrariar sua posição inicial e os interesses de seu cliente. Em certo sentido, o conjunto dessas reservas sobre a compatibilidade do trabalho do historiador com as condições em que presta serviços à justiça já se evidencia, em meados dos anos 1980, no célebre caso que abalou o círculo das historiadoras americanas, o "Sears case"[160] já evocado. Alguns dos grandes nomes da historiografia feminista se recusaram a testemunhar pois tinham consciência de que sua defesa de uma diferença feminina historicamente construída se tornaria diante da corte um argumento de justificação da diferença de tratamento da empresa de Chicago para com as mulheres.

O dilema essencial permanece: a ética profissional dos juristas e a dos historiadores apresentam conflitos evidentes. Um jurista que expõe sucessivamente os argumentos favoráveis e desfavoráveis a sua causa contraria as finalidades da defesa, já o historiador que se submete às regras da defesa infringe as finalidades e procedimentos que conferem legitimidade a seu ofício e arruína seu reconhecimento no fórum profissional. Pensando bem, os dois papéis aparentemente

---

[159] Noiriel (1996, p. 42-43).

[160] Milkman (1986, p. 375-400) e HALL, J. D. Women's history goes to trial [A história das mulheres vai a julgamento]. *Signs*, v. 11, n. 4, 1986, p. 751-779; cf. p. 62.

semelhantes dos historiadores norte-americanos e franceses ocorrem em condições inteiramente diferentes, e os historiadores desenvolvem julgamentos singularmente divergentes de cada lado do Atlântico a propósito dos *expert*s diante dos tribunais.

Do lado norte-americano, a testemunha permanece, contra tudo e contra todos, a testemunha da parte que a cita; em consequência disso, ela aceita não evocar os elementos desfavoráveis à causa que a solicitou. Para admitir essa situação, contestada, como vimos, mas amplamente praticada, é preciso ter admitido alguns postulados fundamentais sobre a desconstrução da história. Escrever história equivale a fabricar uma narrativa provida de sentido, cujo estatuto não implica nenhuma superioridade em relação às narrativas concorrentes. Na esteira de Hayden White, Michel de Certeau ou Michel Foucault, esse ponto de vista encontra justificações no campo epistemológico. As particularidades dos modos de lidar com as testemunhas que não podem, sob pena de cometer uma falta, trazer elementos contrários a sua causa explicam que na América do Norte o historiador já quase não se refugie atrás da autoridade da ciência, enquanto os *expert*s franceses ainda a evocam como seu grande meio de justificação. Os advogados de Touvier e de Papon ainda puderam evocar as dissensões entre especialistas para recusar os aportes das provas históricas, ao passo que os juízes canadenses veem nisso precisamente a prova da cientificidade dos *expert*s.

À luz das proposições de Carlo Ginzburg, surge um paradoxo. O historiador italiano começa por evocar os efeitos perniciosos de uma historiografia escrita nos moldes da argumentação judicial:

> Do fim do século XIX às primeiras décadas do XX, a historiografia, sobretudo a historiografia política – e particularmente a historiografia da Revolução Francesa – assumiu um acentuado aspecto judicial... Alphonse Aulard... assim como Albert Mathiez, seu adversário na universidade, preferiam vestir sucessivamente os trajes de procurador da República ou de advogado da defesa para provar, fundando-se em "dossiês" circunstanciados, as responsabilidades de Robespierre ou a corrupção de Danton. Essa tradição de requisitórios ao mesmo tempo políticos e morais, seguidos de condenações ou absolvições, prosseguiu por muito tempo: *Um júri para a Revolução*, escrito

por um dos mais célebres historiadores atuais da época revolucionária, Jacques Godechot, foi publicado em 1974.

Essa tradição foi desbancada pela tradição dos *Annales* e "devemos", escreve Ginzburg, "nos regozijar com sua perda de prestígio, que ocorreu em consonância com a rarefação da figura do historiador convencido de ser o intérprete das razões superiores do Estado". Mas, ato contínuo, ele avalia a perda que os desenvolvimentos ulteriores da *linguistic turn* suscitaram com a morte da prova, já que o juiz e o historiador se fundam no mesmo elemento, o "uso da prova". Do outro lado do Atlântico, a pluralidade dos discursos se conjuga por vezes com os usos judiciais da história, enquanto Carlo Ginzburg acredita ler aí a morte de uma articulação entre a história e a arena judicial. O que equivale a dizer que as consequências da intervenção judicial do historiador e suas premissas epistemológicas, longe de ser um terreno de entendimento, constituem um verdadeiro *casus belli* que divide a corporação histórica.[161]

Mas a alternativa reduzida aqui aos efeitos do papel do *expert* historiador remunerado no tribunal encontra outras figuras que lhe são associadas na América do Norte sob a categoria de *public history.* Por trás da figura singular da *expert witness* se esconde de fato uma série de papéis bem distintos daquele do professor-pesquisador.

Os meios da ação historiadora: a *public history*

O espaço ocupado hoje pelos depoimentos dos historiadores testemunhas *expert*s nos tribunais norte-americanos constitui apenas um exemplo singular de uma configuração muito mais ampla, batizada naquelas bandas de *public history*. Sob essa denominação se esconde uma empreitada global de deslocamento do papel social do historiador: arquivistas, gestores de arquivos, consultores ou historiadores contratados, documentaristas, editores, produtores de filmes e mídias, *historic preservationnist, cultural ressource manager, interpreters and museum educators,* bibliotecários e bibliógrafos, conservadores de museus, historiadores do oral, *policy advisors*, assim se desfiam as funções públicas

---

[161] GINZBURG, Carlo. *Le Juge et l'Historien, considérations en marge du procès Sofri* [O juiz e o historiador, considerações à margem do processo Sofri]. Lagrasse: Verdier, 1997 (ed. original 1991), citação p. 19-21.

dos historiadores no último livro publicado sobre o estado da questão nos Estados Unidos.[162] Nomes exóticos em sua língua de origem e ofícios dos mais clássicos se sucedem sob a mesma rubrica.

Apesar das aparências, "a *public history* e a história aplicada não são o produto da crise de empregos; são uma maneira de apreender a utilidade da história em relação à sociedade contemporânea".[163] Ao longo dos anos 1970 emergiram, portanto, nos Estados Unidos, duas novas denominações concorrentes da história acadêmica reunidas sob os nomes de *applied history* e *public history*. Apesar das afirmações de seus praticantes, o observador mais sistemático da história profissional nos Estados Unidos, Peter Novick, vê na origem dessas duas novidades a crise aguda de emprego que os jovens doutores em história encontravam num mercado universitário em plena recessão. Essa explicação parece irrefutável, e a intervenção paralela de outra ciência humana, a Antropologia, tão distante das empresas quanto a História, parece derivar dos mesmos mecanismos.

Para explicar por que um especialista no comportamento dos babuínos acaba indo trabalhar em empresas automobilísticas, por que um ex-aluno de Harvard, observador dos camponeses croatas, se torna consultor de vinte e cinco empresas de biotecnologia californianas, e para responder à pergunta *"What's an anthropologist doing in my office?"* ("O que um antropólogo está fazendo no meu escritório?"), são alegadas como causas objetivas a diminuição das verbas e a redução drástica dos empregos em universidades que se fez sentir do início dos anos 1970 a meados dos anos 1980; mas a origem de um fenômeno diz muito pouco sobre o novo regime de legitimação que se instaura a partir do impulso inicial. Não responde à interrogação sobre as formas de justificação que essa nova posição no mercado de trabalho encontra em relação com a deontologia anterior do ofício de antropólogo ou de historiador. Para concluir nosso desvio antropológico, vale notar que o interdito de interferir na sociedade estudada torna-se aqui o

---

[162] O índice analítico do livro de James B. Gardner e Peter S. Lapaglia, *Public History: Essays fom the Field* [História pública: ensaios do campo]. Malabar, Flórida: Krieger Publishing Company, 1999, permite estabelecer essa lista em sua segunda parte intitulada "Varieties of Public historian" [Variedades de historiador público].

[163] TARR, Joel. Public history, state of the art [História pública, estado da arte]. *The Public Historian*, v. 2, n. l, 1979.

próprio objetivo do empreendimento: os meios de investigação e o *know-how* mudam radicalmente de finalidade. Inicialmente marginal, essa forma de antropologia já concernia a 10% dos antropólogos de acordo com a American Anthropologist Association em 1986. E o fenômeno cresce de maneira exponencial: segundo a mesma associação, de 1972 a 1985, a indústria estadunidense teria recorrido a cinco vezes mais diplomados em antropologia.[164] De quebra-galho, a solução para o problema de emprego passa a ser para alguns uma forma mais desejável, quando não mais legítima, da atividade antropológica: *"I don't want to go to New Guinea next, I want to go to IBM"* ("Não quero ir para a Nova Guiné da próxima vez, quero ir para a IBM") seria o grito de uma doutoranda da Northwestern University de Chicago. E um professor de Harvard considera seus estudos sobre as empresas do Vale do Silício tão importantes quanto seus trabalhos sobre a Malásia ou a Nova Guiné; consequência lógica: cria uma empresa de consultores em antropologia, Corporate Anthropology Group, instalada em Seattle.[165] No território das questões indígenas, os etnólogos e antropólogos surgem tanto quanto os historiadores como *experts*, ainda mais que os tribunais aceitam provas orais ou referências ao sistema cultural dos povos concernidos ao mesmo título que as provas históricas. Às vezes percebida como uma concorrência, a intervenção dos antropólogos se mistura muitas vezes com a dos historiadores.

Mas essas novas formas colocam em questão os critérios de apreciação da performance do historiador definida como um ganho de objetividade ou de cientificidade. A objetividade tinha se tornado o critério da profissionalização que assumiu formas bem diferentes daquelas das "profissões" no sentido norte-americano usual: as profissões liberais com os advogados e médicos no topo.[166] Apesar de

---

[164] ALBERT-DEBARLE, Aude. Les sciences sociales dans les grandes entreprises américaines des années 1980: une ressource pour agir sur leur environnement [As ciências sociais nas grandes empresas norte-americanas dos anos 1980: um recurso para agir sobre seu ambiente]. *Entreprises et histoire*, n. 7, 1994, p. 121-138.

[165] SIWOLOP, Sana. What's an anthropologist doing in my office? *Time Magazine*, 2 jun. 1986. Essa referência vale também para os exemplos citados mais acima.

[166] FURNER, Mary O. *Advocacy and Objectivity: a Crisis in the Professionalization of American Social Sciences, 1865-1905* [Advocacia e objetividade: uma crise na profissionalização das ciências sociais norte-americanas]. Lexington: Ky, 1975.

suas diferenças, todas as formas de *public history* colocam em questão os critérios da objetividade e a própria ideia de profissão histórica.

> A *public history* é um vasto campo que engloba várias profissões, compreendendo, mas não se limitando a, os ofícios dos museus, os arquivistas, conservadores, consultores em história e gerenciadores dos recursos culturais. Essas profissões têm em comum uma base fundada nas aptidões históricas tradicionais, a prática da narrativa e da explicação histórica fora da arena universitária tradicional.[167]

Assim, o trabalho do jovem conservador de um museu do patrimônio local, o papel do historiador a serviço de um escritório de advogados e o do *expert* remunerado por uma agência federal são fundidos na mesma categoria por divergirem do fechamento universitário, em que a história concebida como uma *learned discipline of scholars* só pode servir para o embelezamento do espírito. Auxiliando a consciência de si, a preservação ou a decisão, essa *public history* se inscreve na ação e não na observação, inscreve-se na encomenda explícita e participa da lógica do projeto ou da controvérsia social e não daquela da arte pela arte que prevalece na universidade.

Uma primeira via se oferece àqueles que deveríamos chamar *popular historians*; ela aposta na capacidade dos cidadãos de se tornarem seus próprios historiadores e fazerem progredir seu conhecimento de si mesmos.[168] Centenas de jovens historiadores se engajaram de fato no mundo dos museus e das sociedades de história local. Em muitos casos, trata-se de uma espécie de populismo, a história para e pelas pessoas, que reina aí, uma verdadeira colocação em prática do programa anunciado por Carl Becker: "Cada homem é seu próprio historiador".[169] Esses historiadores se percebem como *facilitators* ("facilitadores") mais do que como *expert*s imbuídos de autoridade, terapeutas da perda de

---

[167] EVANS, Jennifer. "What is public history", 8 maio 1999, disponível em: <www.publichistory.org>.

[168] GRELE, Ronald J. Whose public? Whose History? What is the goal of a public Historian [De que público? História de quem? Qual a meta de um historiador público?]. *The Public Historian*, v. 3, n. 1, inverno de 1981, p. 46-48.

[169] BECKER, Carl. Every man his own historian. *American Historical Review*, v. 37, jan. 1932, p. 221-236.

memória de grupos, intermediários entre as instâncias administrativas e as comunidades, mediadores entre os interesses divergentes dos atores que testemunharam. Esses "historiadores taumaturgos",[170] contratados para levar a cabo projetos comunitários de história coletiva se percebem como passarelas entre a história científica e o *real world*, mas se descrevem também como advogados a serviço das comunidades.

Porém, toda uma seção da *public history* é na verdade *private history* a serviço de instituições públicas ou de empresas privadas que trabalham com objetivos particulares sem relação com as metas da objetividade desinteressada. Essa *applied history* se interessa apenas de tempos em tempos em relatar as políticas passadas produzindo relatórios de uso interno para guiar as decisões futuras. Por vezes, seu trabalho é um auxiliar à tomada de posição: direito de construção, direitos históricos de tribos indígenas sobre suas terras, navegabilidade de um rio no passado. Agindo como testemunha *expert* (*EEOC versus Sears*) ou como assistente de uma equipe de juristas (*Brown versus Board of Education*), as *expert witnesses* descritas na seção precedente se vinculam a essa tribo de historiadores. Outros são simplesmente contratados por empresas para escrever a história oficial dessas. Os interlocutores podem ser tanto agências oficiais, ou órgãos estatais, quanto empresas privadas. O arquivista da cidade de Atlanta fará parte desse quadro tanto quanto o autor de uma narrativa sobre o Belle Fourche Project (Dakota do Sul) para o instituto de preservação dos recursos naturais do estado concernido. A noção de "público" significa aqui tanto estar a serviço do público quanto de um cliente determinado.

Até onde sei, a primeira encarnação pública desse papel foi evocada em 1965 pela célebre romancista Alison Lurie, que fez de um desses historiadores a serviço da indústria o herói de *The Nowhere City*.[171] Em Los Angeles, o brilhante Paul Cattleman, historiador recém-formado

---

[170] ROUSSO, Henry. Les historiens thaumaturges. *Vingtième siècle*, n. 1, jan. 1984, p. 105-121.

[171] LURIE, Alison. *La Ville de nulle part*. Paris: Poches Rivages, 1990 (ed. original 1965) [Edição brasileira: *A cidade de ninguém*. Rio de Janeiro: Paz e Terra, 1989], p. 15: "Paul se sentia quase desesperado no fim de maio quando ouviu falar desse emprego em Los Angeles. A Nutting Pesquisa e Desenvolvimento, uma das mais importantes empresas do ramo de eletrônicos do sul da Califórnia, procurava 'um diplomado em história que tenha de preferência alguns conhecimentos científicos' para redigir um histórico e uma descrição de seu funcionamento". O exemplo me foi sugerido pelo artigo de Aude Albert-Debarle citado mais acima.

em Harvard, é contratado por uma empresa californiana de eletrônica para escrever a história desta. Depois de um paciente trabalho nos arquivos, onde descobre dossiês de conflitos enterrados, ele finalmente produz um relatório! Esse trabalho é condenado à confidencialidade mais absoluta, inclusive no interior da empresa, mas o jovem e brilhante historiador recebe a garantia de se manter no emprego que passa a consistir em não fazer mais nada! A empresa se satisfaz, portanto, em "ter" um historiador ou, mais cinicamente, o emprego do jovem historiador seria uma verificação da "lei de Watson", formalizada no livro pelo documentarista da empresa, lei segundo a qual a meta da economia é gastar o máximo de dinheiro sem criar nada de útil! De acordo com Alison Lurie, portanto, o historiador pertence aqui à categoria dos signos exteriores de respeitabilidade da empresa, tendo por único fim melhorar a imagem desta. A história em particular e as ciências sociais em geral se reduziriam a esse uso instrumental e ostentatório. O romance de Alison Lurie demonstra que a atividade incipiente não goza da menor respeitabilidade entre os historiadores. Quando o infeliz herói do romance, abandonado por uma mulher que se tornou *beatnik*, deixa a Califórnia e um emprego sem perspectivas, o responsável pelas publicações da empresa de eletrônica lhe diz:

> Sempre achei que esse emprego não era para você. Afinal, do ponto de vista de um historiador, esse não é um trabalho sério. "Do ponto de vista de um historiador". Lembrando dessas palavras durante sua viagem para o Leste, Paul se sentia incomodado. Perguntava-se se, depois de todos aqueles meses passados em Los Angeles, ainda merecia o título de historiador.[172]

Hoje, toda a diferença em relação aos desgostos de Paul Cattleman reside no reconhecimento dos *public historians* como historiadores. Seus protestos diante da falta de consideração da corporação universitária não revelam apenas uma constatação de ostracismo da parte do mundo universitário; esses protestos diante do desprezo por suas pessoas e da ignorância da literatura cinzenta que produzem, quer provenham dos historiadores federais quer dos consultores de escritórios privados, atestam a convicção de que os que executam esses papéis merecem

---

[172] Lurie (1990).

tanto quanto os professores a denominação de historiadores. Mas essa proclamação da qualidade de historiador vai de par com uma redefinição de seus atributos e de seus valores.

Se os *popular* ou *community historians* infringem as normas clássicas por sua falta de reserva crítica na prática da história oral, por sua empatia, quando não sua simpatia para com aqueles a que servem, no caso do historiador privado ou aplicado essa infração é ainda mais evidente dada a necessidade de não exigir demais de seus leitores e a ausência de discussão pública dos procedimentos e resultados. Os *experts* só levam em conta o que é útil à sua ação e transformam as verossimilhanças em certezas. E um dos líderes no domínio reconhece que o *public historian* a serviço do privado (*client oriented research*) deve se preparar "*to bend the findings to the whims or the Project design that the client has in mind*"[173] ("para orientar suas descobertas de acordo com os desejos e projetos que o cliente tem na cabeça"). Para se defender, o primeiro número da revista *The Public Historian* volta o tempo todo às objeções que os universitários podem fazer: seus colaboradores sustentam que os seminários de *public history* como o de Berkeley formam historiadores assalariados (*house historians*) sem deixar de preservar a independência e a objetividade.[174] As tentativas para estabelecer códigos de deontologia atestam essa dificuldade. O código do National Council on Public History impõe que se proteja o segredo profissional a menos que se seja intimado pela justiça a violá-lo.[175]

E já vimos como Morgan J. Kousser recupera a imagem da mão invisível para substituir uma forma de estabelecimento da verdade por outra. Os *public historians* contra-atacam também: a profissão que engendra manuais chauvinistas não tem moral para criticar a história aplicada. Por mais que difiram em modo e intensidade, também existem pressões internas sobre a profissão universitária.[176] O conflito

---

[173] ROTH, Darlene. The mechanics of business history [As mecânicas da história dos negócios]. *The Public Historian*, v. 1, primavera de 1979.

[174] JOHNSON, G. Wiley. Editor's preface. *The Public Historian*, v. 1, outono de 1978.

[175] National Council on Public History, "Ethical guidelines for the Historians" [Orientações éticas para os historiadores]. *The Public Historian*, v. 8, inverno de 1986.

[176] STEARNS, L. Applied History: Policy Roles and Standards for Historians [História aplicada: papéis políticos e padrões para historiadores]. In: CALLAHAN, Daniel *et al.* (Ed.). *Applying the Humanities*. Nova York, 1985.

é sempre amenizado pelo fato de que o público dos historiadores universitários é constituído em parte pelos futuros *public historians* e de que os *public historians* defendem acima de tudo seu ganha-pão, mais do que uma posição epistemológica; nem por isso eles deixam de perceber o desprezo latente dos universitários. David F. Trask, historiador do Departamento de Estado, queixa-se de ser "tratado com ares de condescendência na profissão e até relegado a um estatuto de segunda classe" (*"treated patronalizingly in the profession and even relegated to a second class status"*); outros de serem considerados os menos talentosos dos estudantes diplomados.[177]

Entre todas as formas que a atividade dos historiadores públicos assume, a mais desorientadora para um historiador francês e seus leitores continua sendo incontestavelmente o surgimento e proliferação de escritórios de consultoria em história. Sem ter se tornado corriqueira, a atividade – e o papel que ela atribui à história – deixou de ser excepcional nos Estados Unidos. Um repertório atualizado até 1999 no site do National Council on Public History mencionava cerca de cinquenta inscritos, agrupando indiscriminadamente trabalhadores independentes, *freelance*, verdadeiras empresas e professores universitários que lecionam a *public history*. A inadequação do instrumento de medida foi em parte suprida por uma varredura sistemática dos sites com a ajuda de diversos motores de pesquisa. Feitas as contas, o número de empresas se elevava a cerca de vinte empresas, às quais caberia acrescentar diversas *one person consulting firms*, para usar a denominação de um de meus correspondentes na *web*. Mas a avaliação desses consultores individuais é delicada. Da maior – History Associates Incorporated – às menores, podemos estimar que entre duzentos e trezentos diplomados em história, aos quais poderíamos somar os arqueólogos, têm nessa atividade sua fonte de renda. O fenômeno, marginal em relação ao emprego dos historiadores universitários, iguala ou excede o total dos

---

[177] TRASK, David F. Public History in the Washington Area [História pública na área de Washington]. *The Public Historian*, v. l, outono de 1978; BRUMBERG, David. The Case for reunion: Academic Historians, public Historical agencies, and the New York historians in Residence Program [O caso para uma reunião: historiadores acadêmicos, agências históricas públicas e os historiadores de Nova Iorque em programa de residência]. *The Public Historian*, v. 4, primavera de 1982.

historiadores franceses formados em 1965, ou o conjunto dos medievalistas franceses em exercício hoje! Nessa data, o personagem de Alison Lurie já está em atividade; é preciso esperar até 1975 para passar da contratação de um historiador à constituição de sociedades independentes de consultores em história; para alguns, The History Group, criado por Darlene Roth em 1975 em Atlanta, foi o pioneiro, mas a pesquisa na internet indica que este foi precedido pelo History Research Associates em Missoula, no estado de Montana, fundado em 1974.

As práticas, as atividades e as justificações dessas empresas variam consideravelmente; algumas escolhem um domínio restrito como a história da saúde e da medicina, outras se especializam num certo tipo de pesquisas técnicas. A análise das práticas de duas das companhias mais estáveis permite iluminar esse capítulo.

A fama da History Associates Incorporated (HAI), *"The best Company in History"*[178], atravessou o Atlântico, já que um artigo do *The International Herald Tribune* de 31 de março-1º de abril de 2001 sobre o *boom* da história pública a assinala, como já o fizera em 1999 um artigo do jornal *Libération*, a propósito de sua participação nas pesquisas motivadas pelos pedidos de indenização das vítimas do genocídio nazista e de seus descendentes. Com cerca de cinquenta funcionários, entre os quais trinta e cinco historiadores, um orçamento de mais de um milhão de dólares em 1986, um escritório perto de Washington e outro na Califórnia, elencada em 1986 entre as quinhentas empresas de crescimento mais rápido, a History Associates Incorporated tem tudo de uma *success story*. Sua história, exposta numa publicação[179] que vem celebrar os vinte anos de sua fundação (2 de janeiro de 1981), merece uma digressão. Ponto de partida: a catástrofe de Three Mile Island (28 de março de 1979). Pouco tempo após o acontecimento, entre os especialistas chamados em caráter de urgência, havia historiadores. Philip Cantelon, Ph.D, foi solicitado pelo Department of Energy (DOE) por sugestão do chefe da seção de arquivos deste, Richard

---

[178] "A melhor companhia em história": *slogan* da empresa usado em todos os seus produtos.

[179] LEAVITT, Sarah A. *The Best Company in History, History Associates Incorporated 1981-2001.* Rockville Ma., 2001.

G. Hewlett. Sem cargo universitário, Philip Cantelon aceitou esse trabalho com seu amigo Williams, professor da Washington University de Saint Louis. A pequena sociedade que fundam então se instala em Germantown, sede do DOE. Os dois participam da criação do National Council on Public History e da Society for History in the Federal Government. No fim de 1980, a empresa assume sua forma definitiva. Seu primeiro diretor, Philip Cantelon, prefere contar uma anedota a falar do primeiro contrato com o DOE, que assegurou, até 1992, 40% do orçamento da empresa. Ele conta que, estando nos Arquivos Nacionais, testemunhou as reclamações de um diretor do cadastro do Texas para quem o arquivista se recusava a empreender as pesquisas que ele solicitava. Cantelon lhe ofereceu seus serviços e, aceita a proposta, viu-se confrontado pela primeira vez com a dura tarefa de preparar um contrato.

A continuação dessa história edificante é interessante na medida em que apresenta a diversificação das tarefas que a empresa sempre ilustra como históricas: pesquisa histórica e escrita de uma história oral, pesquisa histórica para litígios, gestão de recursos de informação, serviço internacional de arquivos. O primeiro filão deriva da mais clássica atividade historiadora: oferece a redação de estudos científicos, de livros para o "grande público", de publicações comemorativas..., a condução de investigações orais (National Institute of Allergy and Infectious Diseases, Public Welfare Foundation...). Todos os seus suportes tendo a virtude de valorizar as organizações contratadoras junto a seus empregados, clientes e fornecedores, quando não junto ao grande público. Embora esse serviço leve o nome de "serviço histórico", os outros não deixam de sê-lo.

O segundo serviço, desenvolvido já a partir de 1981 em torno dos casos de investigação de responsabilidades em matéria de depósitos tóxicos, assume uma importância crescente; o terceiro depende das competências dos historiadores e não dos arquivistas como corporação distinta em relação à empresa; finalmente, a última seção reflete o *boom* dos dois últimos ramos no plano internacional. A pesquisa dos bens sem herdeiros das vítimas do genocídio e os pedidos de reparação de seus descendentes constituem o essencial desse departamento da HAI descrito como sua resposta ao "crescimento mundial de serviços históricos".

Fundamentalmente, a sociedade desenvolve a ideia de uma utilidade prática da história, a começar pela escrita desta: "Nossa filosofia sempre foi de que uma história completa, objetiva e bem escrita é um trunfo precioso para qualquer organização".[180] Às vezes, as coisas são ditas mais cruamente: os fundadores queriam saber se conseguiriam vender a história como um produto comercial, escreve o vice-presidente Richard G. Hewlett, cofundador da HAI[181] – Philip Cantelon, nos tempos iniciais, afirmava sem rodeios: *"History should be put to use"*.[182] Esses historiadores não pretendiam nada menos do que mudar o campo da história e, no mesmo gesto, fazer dela uma fonte de renda.

A HAI pretende, portanto, conciliar objetividade e utilidade. A ideia de uma aporia relativa a princípios na aplicação da história é contornada com obstinação. Essa vontade de dissolver a tensão que mina a posição dos historiadores *expert*s durante os processos fica claramente explicitada quando a sociedade oferece seus serviços em matéria judicial: "History Associates identifica e interpreta as provas históricas necessárias para estabelecer os fatos em questão numa grande variedade de questões legais. Como detetives históricos, os membros da equipe de historiadores profissionais da HAI se apoiam sobre seu *know-how* e sua experiência para criar e aplicar estratégias a fim de responder às questões e aos enigmas colocados pelos advogados e seus clientes". "Detetive", "prova", esse registro lexical remete às figuras do juiz de instrução, à imagem de uma verdade una e definitiva. Paradoxalmente, a história aplicada se justifica por meio de uma epistemologia tácita idêntica à dos historiadores metódicos. Num lugar nos antípodas do empíreo universitário, em condições de exercício sem medida comum com a soberania plenária dos doutos professores do *Reich* wilhelminiano ou da Terceira República, o valor da História se afirma através de uma retórica muito parecida!

Mais adiante em sua lista de argumentos, os historiadores da HAI afirmam oferecer a seus clientes um bom conhecimento do funcionamento das instituições públicas e privadas no passado, permitindo

---

[180] History Associates Incorporated <www.historyassociates.com>.

[181] Leavitt (2001, p. 8).

[182] "A história deve servir para alguma coisa". Leavitt (2001, p. 8).

conhecer a diversidade das fontes, apresentar suas conclusões sob formas acessíveis e convincentes e, sobretudo, agir como *experts* e não como *advocates*. "Para associar fatos tirados de fontes heterogêneas e ressituá-los em seu contexto específico, nossos historiadores aplicam rigorosamente os critérios mais elevados da ciência histórica a fim de oferecer a nossos clientes a imagem mais completa possível"[183]: do contexto à exaustividade, passando pela identificação dos fatos e das fontes, vemos confirmada a intuição de que, apesar do abismo que separa o professor-pesquisador, funcionário da República, do empreendedor em serviços históricos, a epistemologia implícita é sempre a mesma. O acento que os fundadores colocam na capacidade de diagnóstico da história também corresponde curiosamente à primeira fase da profissionalização do ofício de historiador. Os jogos do poder e a autoridade do Estado, o "ídolo político", para escrever como François Simiand, constituíam o cerne do dispositivo historiográfico do fim do século XIX; aqui, a capacidade de constituir uma ferramenta de diagnóstico é destinada aos chefes de empresas, aos gerentes e aos que tomam as decisões: história e poder continuam a estar ligados, mas em lugares e sob formas diferentes. Sob a espantosa variedade dos papéis sociais se inscreveria então a imutabilidade do positivismo e do vínculo com o poder.

Os produtos oferecidos pela Historical Research Associates Incorporated, fundada em 1974 em Missoula, no estado de Montana, são bastante parecidos com os da HAI. A empresa de Missoula emprega hoje vinte e quatro pessoas, entre as quais quatro historiadores e três arqueólogos, todos com formação universitária.

Em seus inícios, History Research Associates trabalha essencialmente com a história administrativa: história das florestas e história da administração das reservas indígenas. A título de exemplo, essa história administrativa de encomenda versou sobre o trabalho do corpo de engenheiros para permitir que os salmões subissem de volta os rios por requisição do US Army Corps of Engineers. Na ocasião, tratava-se de informar os políticos no contexto de uma campanha de sensibilização a certas questões ambientais. No que concerne à

---

[183] History Associates Incorporated <www.historyassociates.com>.

administração das florestas, o balanço de quase um século de atividade nas florestas indígenas foi amplamente retomado pela administração das Águas e Florestas norte-americanas para seu projeto de plano de gestão das florestas.

No fim dos anos 1970, a empresa começa a se interessar pelo domínio da conservação histórica e, na sequência, pelos processos relacionados a suas especialidades iniciais, o uso dos recursos naturais, conflitos sobre a água, reivindicação de terras, direitos dos índios. O essencial dessas questões é próprio à legislação estadunidense, salvo os direitos dos índios, em relação aos quais, como vimos, as coisas são bastante parecidas no Canadá e na Austrália.[184] Paralelamente, a empresa desenvolve rapidamente um setor consagrado à proteção do patrimônio e a sua valorização cultural. As propostas de valorização do local onde ocorreu a batalha que culminou na derrota dos Nez Perce em 1877 dão uma boa ideia do trabalho empreendido. Os consultores chamaram a atenção em particular para o conflito de interesses que podia surgir entre a comemoração do acontecimento inicial e a "memorialização", a valorização dos estratos sucessivos, quando não concorrentes, de consagração do sítio.

História administrativa, gestão dos bens culturais e valorização, esses dois primeiros domínios cedem lugar a partir do fim dos anos 1970 a atividades ligadas mais diretamente à esfera jurídica: *Mr. Newell has been qualified and testified as a historian on land, water and Native american issues in federal court in Montana, Washington, New Mexico, Wisconsin and Minnesota*[185] ("O Sr. Newell foi qualificado para testemunhar como historiador sobre as questões relativas ao solo, à água e aos ameríndios diante das cortes federais de Montana"). Finalmente, a capacidade de avaliação dos sítios históricos permite vender a *expertise* quando dos estudos prévios a grandes trabalhos públicos: a construção de um cabo de fibra ótica de Billing (Montana) a Seattle suscitou uma encomenda de relatório do State Historic Preservation Office.

A diversidade e o ecletismo das atividades vêm acompanhados de uma completa cegueira quanto às implicações da nova situação

---

[184] E-mail de Alan Newell ao autor, 2 de abril de 1999.

[185] History Research Associates <www.hrassoc.com>.

do historiador. Muito eloquente ao expor o leque de seus métodos e tecnologias (história oral, etno-história, escavações arqueológicas, interpretação de fotos aéreas, revisão da literatura existente, trabalho nos arquivos, utilização de modelos preditivos, identificação de objetos de culturas tradicionais), a empresa não desenvolve nem um pouco as reflexões sobre as implicações de sua atuação. Sua equipe se dedica a fornecer aos clientes um *know-how* de pesquisa de valor, uma competência técnica, uma boa condução dos projetos e rigor analítico.

No final das contas, uma revisão parcial das justificações propostas pelas empresas de consultoria em história põe em evidência um paradoxo já perceptível a propósito da posição de *expert witness*. Com a insistência na cultura e na identidade das organizações que recorrem a seus serviços, as empresas de *public history* oferecem a cara de instituições abertas às incertezas da disciplina hoje, a sua vertente pós-moderna e à *linguistic turn*. Em compensação, a convicção de ter acesso à materialidade dos fatos, a certeza de deduzir uma lição operacional pelo viés de uma verdadeira objetividade reconduzem às visões mais cientificistas da disciplina. Os praticantes da *public history* não usam a estratégia de Houser para se legitimar; preferem celebrar sua empreitada como uma extensão dos usos da história, em última instância como um outro "papel social para o historiador".

Em 1992, Britt Allan Storey, então presidente do National Council on Public History, não hesita em escrever que, contra a arte pela arte, o historiador público, não contente com os papéis de arquivista, de *historic preservationist*, deve refletir sobre os usos da história que permitem delinear os contornos do futuro[186]: *"We have not focused our attention on how we can use history to build for the future, nor have we opened up the vast potential job market for historians. [...] It is the general level of usefulness of our history to our audience that is the telling issue"* ("Não focalizamos nossa atenção em como podemos usar a história para construir o futuro, nem ampliamos o vasto mercado de trabalho potencial para os historiadores. [...] É o nível global de utilidade da nossa história para nossa audiência que está realmente em jogo"). Depois recorre

---

[186] STOREY, Britt Allan. Hanging by four pine Needles, or Confession of a public historian [Pendurado em quatro agulhas de pinheiro, ou confissão de um historiador público]. *The Public Historian*, v. 14, n. 3, verão de 1992.

à história recente do Canadá e da Iugoslávia, e à situação de suas minorias linguísticas na escola, para prognosticar sobre o futuro do ensino do inglês como língua estrangeira no sistema educacional dos Estados Unidos; seu raciocínio é idêntico a respeito da desregulação aérea comparada à desregulação ferroviária. Essa lógica do precedente, do *case study*, baseia-se numa grande confiança quanto à objetividade possível do conhecimento. E conclui com a parábola do *mountain chickadee*, passarinho que caça insetos no topo dos mais altos pinheiros: o historiador tem um território limitado, uma formação semelhante à dos médicos ou dos engenheiros, mas uma remuneração inferior. Para escapar a essa triste sina, é preciso demonstrar que a história é um instrumento que permite modelar o futuro. Para além dos museus, da preservação histórica e dos arquivos, é preciso explorar ainda mais. Em outras palavras, estender as funções do historiador equivale a estabelecer melhor de que maneira suas competências podem se inserir no processo de produção.

A capacidade de fazer do futuro o porvir da história parece um *leitmotiv*. A History Associates Incorporated enfatiza que pretende fazer os administradores, homens de negócio e responsáveis pelo sistema educacional descobrirem que a história pode ser um poderoso instrumento de diagnóstico e de gestão para aqueles que tomam as grandes decisões.[187] A History International SM,[188] fundada em Phoenix em 1996, descreve a si mesma como um centro de pesquisa e de consultoria, ilustrando assim os enunciados de Carl Becker de acordo com os quais a história não prevê o futuro, mas permite prepará-lo. E isso segundo a lógica do precedente: ela deve permitir àqueles que tomam as decisões não repetir os erros e fazer escolhas apropriadas. Último exemplo: The History Factory, fundada em 1979 na Virgínia, pretende ajudar as organizações a utilizar o passado para melhor viver o presente criando um futuro mais brilhante. As organizações são assim incitadas a tirar proveito de seus "reservatórios" de história.

Antes de voltar à Europa, uma palavra sobre a justa proporção do fenômeno nos Estados Unidos e no Canadá; embora realmente significativo,

---

[187] History Associates Incorporated <www.historyassociates.com>.
[188] History International SM <www.mbgtech.com>.

ele permanece recalcado por uma parte importante da corporação. Com a consciência perfeitamente tranquila, um colega norte-americano conclui um exame crítico da produção norte-americana sobre Vichy expressando sua surpresa diante da audiência obtida pelos historiadores por ocasião do processo Papon.[189] Aos seus olhos, os historiadores norte-americanos não conseguem ter semelhante audiência por diversas razões. Em primeiro lugar, porque nos Estados Unidos não existem processos que remontem a mais de cinquenta anos – o que já demonstramos ser falso. Em seguida, o autor prossegue com o famoso lugar-comum, que tanto enche o ego dos franceses, sobre a dimensão histórica de sua consciência nacional; dimensão que os norte-americanos, restritos ao ano zero da Constituição, ignorariam. O autor parece, portanto, desconhecer completamente o envolvimento dos historiadores nor-te-americanos em matéria de consultoria e venda de *expertise*.

---

[189] GOLSAN, Richard J. Vichy aux États-Unis: perspectives populaires et savantes [Vichy nos Estados Unidos: perspectivas populares e científicas]. *Sociétés contemporaines*, n. 39, 2000, p. 117-134.

3.
A recepção francesa.
O estatuto inencontrável
de uma história aplicada

Em setembro de 1982, ocorreu em Roterdã o primeiro congresso internacional de história pública, em grande parte por iniciativa dos criadores da revista *The Public Historian*; nessa ocasião, o único representante francês foi o diretor do então recém-criado Instituto de História do Tempo Presente, François Bédarida. Nessa época, apenas algumas iniciativas isoladas atestavam uma repercussão qualquer aos fenômenos norte-americanos, em particular a decisão de Roger Fourous de criar o Centro de Arquivos Saint-Gobain, aberto em 1974, gerido por um profissional formado na École des chartes[190]. Com o anúncio de um seminário comum ao jovem Instituto de História do Tempo Presente (IHTP), à École des hautes études en sciences sociales (EHESS) e à Escola Normal Superior (ENS) durante o ano universitário 1982-1983, François Bédarida, diretor do IHTP e principal organizador do seminário, remete explicitamente ao *boom* norte-americano para justificar sua nova problemática. O programa do seminário anuncia de maneira premonitória textos de Michaël Pollak, Henry Rousso e Olivier Mongin[191] sobre a nova eficácia da história e a problemática deste livro:

---

[190] A École nationale des chartes, fundada em 1821 e focada na paleografia e na diplomática (*charte* tem aqui o sentido de documento antigo), foi por muito tempo um dos mais importantes centros de formação de historiadores na França, sobretudo medievalistas. (N.T.)

[191] POLLAK, Michaël. Historicisation des sciences sociales et sollicitation de l'histoire [Historicização das ciências sociais e solicitação da história]. *Bulletin de l'IHTP*, n. 13, set. 1983, aprofundado em POLLAK, Michaël. L'historien et ses concurrents: le tournant épistémologique des années

O *boom* recente da *public history* (ou história aplicada) nos Estados Unidos recoloca em questão muitas das bases tradicionais da disciplina histórica: seu caráter desinteressado e erudito, sua profissionalização em benefício dos historiadores universitários, sua relação com a sociedade civil, sua inserção na vida pública. Na França, a evolução da demanda social não estaria modificando profundamente a produção da história, suas condições de existência, seu modo de elaboração e seu conteúdo? O que nos leva a perguntar: para que serve o saber histórico hoje?[192]

Mas o *Bulletin de l'IHTP* pertence ainda à literatura cinzenta e o eco francês só começa a ressoar após a publicação de um artigo de Henry Rousso e Félix Torres na revista *L'Histoire*.[193] A esse artigo premonitório se segue, no verão de 1983, a criação da primeira empresa francesa de história aplicada, fundada por Félix Torres e Guillaume Malaurie, com repercussão na imprensa (*Libération,* 26 de julho de 1983; *La Croix*, 17 de agosto de 1983). Henry Rousso prolonga a discussão com um artigo de título irônico e provocador, "A história aplicada ou os historiadores taumaturgos".[194] Publicado no primeiro número de uma nova revista, *Vingtième siècle, revue d'histoire*, que se pretende explicitamente no epicentro de uma renovação da disciplina pelo deslocamento rumo ao presente, o artigo é de fato uma *première* desde as luzes lançadas pela escola dos *Annales* no início dos anos 1930.

Para começar, os autores dos diferentes artigos avaliam a transformação que o termo *public* pode sofrer ao atravessar o Atlântico: a perda

---

soixante aux années quatre-vingt [O historiador e seus concorrentes: a virada epistemológica dos anos 1960 aos anos 1980]. In: *Écrire l'histoire au temps présent* [Escrever a história no tempo presente]. Paris: IHTP-CNRS, 1993, p. 329-346; ROUSSO, Henry. L'histoire appliquée ou les historiens thaumaturges [A história aplicada ou os historiadores taumaturgos]. *Vingtième siècle*, n. 1, 1984, p. 105-121; MONGIN, Olivier. *Face au scepticisme: Les mutations du paysage intellectuel français ou l'invention de l'intellectuel démocratique* [Diante do ceticismo: as mutações da paisagem intelectual francesa ou a invenção do intelectual democrático]. Paris: La Découverte, 1994.

[192] "Séminaire méthodologique sur l'histoire du temps présent" [Seminário metodológico sobre a história do tempo presente]. *Bulletin de l'IHTP*, n. 9, set. 1992: "O seminário da EHESS-IHTP-ENS, animado por François Bédarida, terá por tema em 1982-1983 a história do tempo presente e seus usos: pesquisa fundamental e história aplicada".

[193] ROUSSO, Henry; TORRES, Félix. Quand le "business" s'intéresse à l'histoire [Quando o "business" se interessa pela história]. *L'Histoire*, n. 55, abr. 1983.

[194] Rousso (1984).

de seu sentido de *client-oriented*. Eles reconhecem que os clientes da *public history* são tanto órgãos públicos quanto escritórios de advogados e empresas industriais. No entanto, o debate logo se concentra numa forma bem particular de demanda social, a das empresas de *expertise* de um novo tipo. Depois da sociologia, da psicologia e, sobretudo, da economia, a história seria chamada à cabeceira das empresas em crise: "Por que depois da sociologia ou da psicologia a história é hoje solicitada para fins de *expertise* sobre a realidade do tempo presente? Depois dos economistas e dos futurólogos, os historiadores seriam os novos taumaturgos de nossas sociedades em crise?".

Henry Rousso admite que essa consideração pela demanda social e essa confusão entre a utilidade prática da história e suas funções sociais têm raízes bastante antigas nos Estados Unidos, como indica a criação na Escola de Direito de Harvard de uma cátedra de *business history* em 1927 ocupada por N. S. B. Gras. Rousso considera que as declarações do arquivista de Saint-Gobain (empresa modelo nesse quesito desde 1974) sobre a transformação do conhecimento em ação, perfeitamente compreensíveis nos Estados Unidos, opõem-se às concepções acadêmicas da ciência pura defendidas na França. A esse propósito, cita tanto Pierre Chaunu quanto as páginas iniciais do relatório de Maurice Godelier:

> As pesquisas em ciências sociais nunca poderão se transformar numa espécie de engenharia social capaz de produzir intervenções milagrosas nas contradições da realidade. [...] O princípio que sempre deve ser respeitado em matéria de demanda social é o de que só a comunidade científica está em condições de traduzir em objetivos de conhecimentos realidades problemáticas e que a sociedade, em todas suas componentes, solicita que ela analise.[195]

A esse ceticismo e a essa prudência, os textos de Rousso e de Torres opõem a convicção de que as novas formas de utilidade social só podem enriquecer as funções do historiador *expert*. Certamente, algumas contradições são apontadas: para se tornar historiador público, é preciso ser generalista, ao passo que a *expertise* supõe especialização. Henry Rousso aborda então a questão da perda de autonomia para em

---

[195] GODELIER, Maurice. Réponse de Maurice Godelier. *Le Débat*, n. 22, 1982, p. 23-29.

seguida abandoná-la com arte; depois de demonstrar a riqueza potencial do trabalho por objetivos, volta a questão da encomenda contra uma geração que tinha considerado a encomenda política legítima: "Nesse sentido, um estudo retrospectivo encomendado pela Saint-Gobain, por mais que caia na hagiografia, vale tanto quanto uma história do PCF escrita por um historiador comunista. Em suma, a história militante é no mínimo tão suspeita quanto a história aplicada". Conclusão lógica para um autor que, na época, estava muito próximo de Félix Torres, o fundador da primeira empresa privada de história na França. Esse dispositivo que lança sobre a pesquisa desinteressada os supostos problemas da história sob encomenda aparece já nas primícias da história aplicada *à la* francesa; em 1990, ele ainda fundamenta as defesas *pro domo* do precursor, Maurice Hamon, arquivista da Saint-Gobain:

> É claro que um discurso manipulador pode ser criado assim. É um perigo permanente. Isso remete, aliás, a um problema mais geral. Toda história é filha de seu tempo. Todos os poderes políticos, todas as mídias propagandistas tentaram manipular a história. Os manuais da Terceira República eram compostos de história aplicada destinada a desenvolver o sentimento republicano. Outro exemplo, os países novos, ao alcançarem a independência, costumam recriar uma história que nada tem de inocente.[196]

A contradição potencial entre essa posição involuntariamente pós-modernista de compatibilidade de todas as verdades e o postulado de uma aplicação operacional do saber parecem não preocupar nem um pouco os defensores desse papel do historiador.

O essencial dessa recepção permanece o acento específico posto na função de *expertise* privada como uma miragem norte-americana ao passo que as outras dimensões são ignoradas porque referidas a outras realidades francesas que são objeto de uma formação controlada pelo Estado (bibliotecário, conservador, arquivista). O outro aspecto é a distinção, retomada de Marc Bloch, entre a utilidade pragmática e a função social cognitiva.

---

[196] ISRAELEWICZ, Éric; HAMON, Maurice. "L'historien d'entreprise doit se refuser à toute démarche déterministe" plaide M. Maurice Hamon, le directeur des archives de Saint-Gobain ["O historiador de empresa deve se recusar a qualquer atitude determinista", postula Maurice Hamon, diretor dos arquivos da Saint-Gobain]. *Le Monde*, 23 mar. 1990, p. 39.

Quase vinte anos após o artigo de Henry Rousso, o *consulting* histórico à americana ainda não conseguiu criar para si um nicho econômico suficiente para suscitar o florescimento de empresas. No número especial consagrado em 1994 pela revista *Entreprises et histoire* às "ciências sociais na empresa", a questão da intervenção dos historiadores só é considerada de maneira marginal, enquanto os psicólogos, sociólogos e até antropólogos começam a concorrer com os economistas. Numa revista que, desde sua criação em 1992, buscava aproximar o mundo das empresas do mundo da história – e cujo comitê de redação conta com professores de gestão e economia, historiadores empregados em grandes empresas e representantes do patronato[197] –, a constatação é no mínimo perturbadora. Os prognósticos já citados de Michaël Pollak e Olivier Mongin não parecem ter se confirmado.

Superando a clivagem entre o público e o privado, Guy Thuillier tenta, no início dos anos 1990, elaborar uma versão francesa da *public history*: "a engenharia histórica".[198] Ele pretende abarcar sob uma mesma denominação as atividades de consultoria dos historiadores junto à administração pública e junto às empresas. Para esse fim, a multiplicação dos comitês de história nas administrações públicas ou parapúblicas é entendido como o equivalente da demanda por história nas empresas privadas. Sob esse aspecto, Thuillier procede de maneira semelhante à dos norte-americanos que integram a *federal history* e a atividade das empresas privadas de consultoria em história. Mas o que chama a atenção em sua abordagem é o confinamento à dimensão técnica desse esforço e o sumiço do papel do público, e mesmo do cliente. Decerto não é por acaso que esse artigo, que se quer profético, negligencia completamente o debate sobre os efeitos da encomenda. Ao contrário, fundando-se no fracasso da pesquisa coletiva no meio universitário, Guy Thuillier vê na história patrocinada pelos comitês ministeriais, o Comitê de História da Segurança Social, o Comitê para a História Econômica e Financeira da França fundado em 1986, o Comitê de História da Cultura criado em março de 1993... e na

---

[197] M. Hamon (Saint-Gobain), O. Lafitte (CEA), Hervé L'Huillier (Total), Marc Meaulau (Indosuez), Véronique Rostas (Applied Material).

[198] THUILLIER, Guy. À propos de l'ingénierie historique [A propósito da engenharia histórica]. *Bulletin d'histoire de l'électricité*, n. 14-15, dez. 1989/jun. 1990, p. 149-155.

história dos consultores privados uma nova chance para a disciplina, a oportunidade de realizar o sonho de Lucien Febvre em matéria de investigações coletivas: "Essas novas formas de história deverão se desenvolver nos anos 1995-2015". A mutação das formas de organização da pesquisa engendraria naturalmente "novos métodos para construir e gerir sistemas de pesquisas históricas, o que poderíamos chamar de métodos de engenharia histórica". E o esquema esboça o domínio total da encomenda sobre o esforço do historiador: esclarecer a demanda do encarregado de tomar decisões, definir as prioridades, pôr em prática técnicas particulares. O caráter organizado dessa pesquisa se oporia ao caráter vago e individualista da pesquisa universitária. O autor sublinha a existência de desafios e aportes específicos, a preservação da memória, a exploração de uma imagem cultural da marca ou da empresa:

> Assim, a engenharia histórica deverá se desenvolver de maneira notável nos próximos vinte anos. É um sistema de incitação, de análise, de ajuda, de coordenação, é sobretudo a vontade de construir um projeto prevendo suas diferentes etapas, decidindo quais serão os encadeamentos necessários. Ora, esses são justamente métodos que costumam ser relegados ao segundo plano pelos universitários, e que exigem muito talento diplomático e espírito de empresa. É um verdadeiro ofício de limites maldefinidos e cujas regras ainda não foram fixadas: mas é preciso ver que há aí uma importante cartada a ser dada.

Sem querer profetizar sobre o destino das profecias de Guy Thuillier, é preciso apontar que os entraves à difusão da história aplicada na França parecem mais fortes do que as chances de um hipotético sucesso. Enquanto os norte-americanos criam uma formação, destinada tanto aos pesquisadores independentes quanto aos futuros animadores de parques de diversão históricos, o campo da história aplicada na França se divide entre diversos ofícios muito bem definidos. Alguns deles permanecem identificados sob outras denominações que não a de história. Os ofícios ligados ao inventário, à proteção e à valorização do patrimônio pertencem de pleno direito ao domínio de *expertise* da *public history*, ao passo que na França continuam sendo um privilégio controlado pelo Estado com a Escola do

Patrimônio. Desde o século XIX, o tombamento se opera pelas vias da administração. No domínio civil, ao contrário do que acontece no penal, os historiadores franceses quase nunca são solicitados.

Contudo, no escasso filão que resta, algumas empresas conseguiram criar um mercado incipiente, arrancado aos especialistas em comunicação e aos publicitários, e provido de dimensões específicas. Segundo uma enquete do *Le Monde*, de 26 de abril de 1996, existem apenas três empresas de consultoria histórica na França nos moldes norte-americanos da história privada. Duas delas são mencionadas na mesma época por um artigo do *Le Figaro*. Public Histoire, a decana dessas empresas, fundada em 1983 e dirigida por Félix Torres, tinha em 1996 um volume de negócios de 3,5 milhões de francos, seis funcionários, sessenta contratos e vinte sete livros em seu ativo. Em 2001, no site criado por iniciativa de Félix Torres, *Histoire(s) d'entreprise(s)*, a Public Histoire ostenta 24 livros, a maior parte publicada pela editora Albin Michel. As empresas parceiras pertencem tanto ao mundo da indústria quanto ao dos serviços, abrangendo também o setor público e privado: a Biscuiterie Nantaise, o GAN, BNP Paribas, as centrais nucleares francesas da EDF, *Le Midi-Libre,* a ESCOTA (Sociedade das Autoestradas Esterel Côte d'Azur)... A Clio Média, fundada em 1988 e dirigida por Pierre Dottelonde, anuncia 2,5 milhões de francos de volume de negócios e seis funcionários em 1996. A variedade dos parceiros é semelhante à de sua concorrente Public Histoire. Por fim, a mais jovem, Nemesia, fundada em fevereiro de 1995, sai do quadro da história pública; optando deliberadamente pela memória, ela não ostenta um discurso de objetividade, mas sim de operacionalidade, já que se trata de restituir às empresas suas memórias técnicas perdidas ou em vias de se perder e a seguir de transformar esse saber informal em saber formalizado, estocável graças a ferramentas informáticas (verdadeiro programa do colóquio "Mémoires d'avenir" [Memórias do futuro]). No site da empresa, em 2001, só a memória, seus filtros, seus suportes de comunicação e sua acessibilidade subsistem; o *knowledge management* se tornou o *know-how* essencial vendido pelo escritório e por sua diretora-geral, Joanna Pomian. De seu percurso triplo, um Diploma de Estudos Aprofundados (DEA) em História Medieval com Jacques Le Goff, uma especialização em ciências e técnicas voltada para a informática e outro DEA em inteligência artificial e informática seguido de uma tese em informática (opção: inteligência artificial em tratamento da linguagem natural), a diretora da Nemesia abandonou progressivamente as competências ligadas à história. A interrogação sobre a verdade cai aqui por si mesma já que a memória se torna um patrimônio industrial adormecido que se trata de reconstituir, organizar e transmitir através dos meios mais modernos de análise e gestão e consulta de dados. Em compensação, os dois outros escritórios de auditoria em história trabalham num registro clássico do historiador, apenas com um papel distinto.

Ao redor da noção de cultura de empresa, o espaço da história pública parece abrir perspectivas interessantes. De fato, os limites do sucesso dos consultores em história não devem ocultar a repercussão que essa problemática encontra no mundo da pesquisa universitária. Os defensores de uma história pública e os universitários que se tornaram historiadores das empresas ou das organizações reivindicam ao mesmo título um novo papel desde os anos 1980. A propósito do trabalho de um historiador na Cadbury, que revelou o conflito existente entre os valores de um novo patrão, gerente tecnicista, e o legado dos valores quakers dos fundadores da empresa, Alain Beltran concluía assim: "Que papel o historiador pode desempenhar no vasto movimento que se desenha e que convém levar a sério? Talvez não seja exagero supor para ele uma posição de *expert em auditoria histórica*, para usar de um neologismo".[199] Admitindo que o exercício requer um sutil equilíbrio, o autor se aplica a demonstrar que a visão global do historiador na longa duração lhe confere uma *expertise* específica nesse domínio.

A pista rende frutos, já que o tema suscita o colóquio ocorrido em 23 de maio de 1989 no Ministério da Pesquisa e da Tecnologia, que resulta numa publicação coletiva em forma de balanço: *Cultura de empresa e história*.[200] A integração da história no conjunto da panóplia de gestão das organizações contemporâneas transparece claramente na lista das obras da mesma coleção, entre as quais encontramos estes dois volumes: *Histoire du management, informatique et organisation* [História da gestão, informática e organização] e *La Prise de décision dans les*

---

[199] BELTRAN, Alain. La culture d'entreprise : mode ou nouveau champ historique [A cultura de empresa: moda ou novo campo histórico?]. *Vingtième siècle*, n. 15, jul./set. 1987, p. 137.

[200] BELTRAN, Alain; RUFFAT, Michele (Ed.). *Culture d'entreprise et histoire* [Cultura de empresa e história]. Paris: Les Éditions d'organisation, 1991.

organisations, de l'analyse financière à l'expertise financière [A tomada de decisões nas organizações, da análise financeira à *expertise* financeira]...

Embora esse projeto não fale da perspectiva de uma mudança do modo de remuneração, a justificação social do trabalho histórico funciona no mesmo registro que os consultores privados em história.

> O conhecimento da empresa, seja pelos dirigentes, seja pelos representantes sindicais, seja pelos observadores externos, passa de agora em diante pela consideração das noções de cultura e de identidade. O fator tempo foi negligenciado com demasiada frequência. No entanto, o impacto dos fundadores, as crises sucessivas, as mudanças de ofícios e os diferentes estratos de recrutamento são indispensáveis para compreender, analisar e agir a fim de que a empresa possa adotar as medidas estratégicas necessárias à sua adaptação a um mundo cambiante. A consideração global da personalidade da empresa para responder aos desafios do presente e do futuro deve passar pelo desvio da História. É essa abordagem nova e pragmática que é proposta aqui. A confrontação de experiências diversas e a instauração de um diálogo enriquecedor entre pesquisadores universitários, chefes de empresa, sindicatos e consultores ilustram os aportes essenciais da História para entender a Cultura de empresa.[201]

Como escreve Alain Plessis, a saída do marxismo e da visão conflituosa da empresa determina a sensibilidade dos historiadores a esse tema e o caráter eventualmente operacional de seus empreendimentos. É claro que isso vem temperado pelas cláusulas de reservas habituais: o aporte do historiador só tem valor se ele pode aplicar os métodos próprios de seu ofício, se ele pode intervir em conhecimento de causa, dispondo de arquivos que não tenham sido abusivamente triados, e com toda a liberdade de seu espírito crítico.[202] Os outros autores retomam o tempo todo essas precauções iniciais.

Alain Beltran insiste nos aportes da nova situação na empresa para o questionário científico do historiador. A perspectiva histórica conduziria a

---

[201] BELTRAN; RUFFAT, 1991, contracapa.

[202] PLESSIS, Alain. "Préface". In: BELTRAN, Alain; RUFFAT, Michele (Ed.). *Culture d'entreprise et histoire*. Paris: Les Éditions d'organisation, 1991, p. 13-15.

relativizar os esquemas preconcebidos, os determinismos; teria o mérito de revelar aquilo que a consciência empreendedora frequentemente sufoca. François Caron e Hubert Bonin celebram méritos de um outro gênero:

> A cultura de empresa, quando fundada na história, integra em sua concepção a história dos conflitos, a história das tensões. Somente ela permite superar a oposição entre cultura patronal e cultura trabalhadora. O consenso só pode se encontrar na convergência dessas duas culturas. Uma cultura de empresa que fosse unicamente trabalhadora não seria um instrumento de coerência.[203]

E François Caron dá como exemplo da cultura de ofícios a maneira como a SNCF, pelo mito do serviço público, tentou superar as diferenças das diversas malhas ferroviárias, Norte, Oeste, PLM (Paris-Lyon-Méditerranée). A ênfase na vocação do historiador como genitor das culturas e, por conseguinte, das identidades, encontra um eco persistente nos êmulos franceses dos escritórios de consultoria histórica norte-americanos. Em 1996, um texto promocional da Public Histoire evoca a história regional de empresa para concluir: "A história regional de empresa compreende múltiplas dimensões e é sempre uma memória local, de uma cidade, de um departamento, de uma região, de um território econômico, de uma identidade – já que se trata de raízes".[204] Em sua descrição do trabalho da empresa para construir a museografia do espaço Jean Bru, por solicitação da empresa farmacêutica UPSA, a Public Histoire define seus objetivos: "assegurar interiormente a perenidade da cultura da casa...". Clio Média, a empresa concorrente, relata seu prestigioso contrato com a Elf Aquitaine de maneira análoga:

> Mais do que produzir uma história global, convinha dar conta de dois objetivos: por um lado, permitir ao conjunto dos funcionários partilhar uma história comum reconstituindo uma "macro-história" do grupo; por outro, permitir que os diferentes ramos do grupo se conhecessem melhor entre si através de uma história de suas funções respectivas.[205]

---

[203] CARON, François (1991, p. 38).

[204] "Racines en région" [Raízes na região]. *Mémoire vive. La lettre de l'histoire en entreprise* [Memória viva. A carta da história na empresa], n. 3, jan./fev. 1996.

[205] *La Lettre de Clio Média* [A Carta de Clio Média], n. 4, nov. 1995.

A metade do contrato visa novamente a construir ou preservar essa famigerada cultura de empresa.

Soa a hora de uma visão do papel social do historiador em que ele figura como aquele que tira do limbo uma realidade social e protege os legados de um passado em vias de esquecimento. Parece até que estamos relendo Ernest Renan celebrando a nação sob a espécie do "plebiscito de cada dia" e da "lembrança comum de nossos pais".[206] Jacques Marseille, professor universitário e historiador da economia, finge não ver aí nada de muito diferente das práticas historiadoras: "O fato de ser pago não tira a credibilidade do trabalho, ainda mais que hoje as empresas jogam o jogo da transparência. Aliás, com frequência seu trabalho é considerado sem valor se não for remunerado".[207] Reduzindo o deslocamento potencial dessa história unicamente à hipoteca pecuniária, Jacques Marseille se junta aos colegas norte-americanos que varrem com as costas das mãos a acusação de *hired gun* ("historiador mercenário"). Partilhando as mesmas funções universitárias, professor na Paris IV, François Caron desenvolve essa visão que transforma a história aplicada às empresas em simples extensão do domínio da luta historiográfica: "A história conduzida segundo métodos universitários e científicos é a única capaz de superar a contradição entre essas duas memórias, de fazer delas um produto coletivo. Ela demonstra assim sua instrumentalidade",[208] como se a instrumentalidade se opusesse aqui à "instrumentalização", ao uso abusivo.

No reino de Clio, o historiador, sempiternamente idêntico a si mesmo, não mudaria nem um pinguinho o papel preestabelecido que exerce com aplicação desde o fim do século XIX; estudioso devotado de corpo e alma à ciência, provido tão somente das armas desta e tendo por único fim obrar por sua maior glória, ele se entrega a seus trabalhos. Poderíamos acreditar na palavra dos promotores dessa corrente historiográfica se eles próprios não se traíssem. Quando François Caron conclui sua demonstração sobre o recurso exclusivo aos

---

[206] RENAN, Ernest. *Qu'est-ce qu'une nation?* Paris, 1882 [Edição brasileira: *Que é uma nação?* Tradução de Samuel Titan Jr. Revista *Plural*; Sociologia USP, São Paulo, n. 4, p. 154-175, 1. sem. 1997].

[207] Jacques Marseille citado por BAVEREL, Philippe. Les entreprises racontent leur histoire [As empresas contam suas histórias]. *Le Monde des initiatives*, 26 abr. 1996, p. III.

[208] François Caron, artigo citado em Beltran e Ruffat (1991, p. 38).

métodos científicos e acadêmicos, finge não ver as consequências da instrumentalização que reivindica. Contudo, ele confere uma eficácia social singular à reconciliação das duas culturas ligadas à empresa, a dos trabalhadores e a dos patrões. Alguns de seus colegas da universidade, como investidores de escritórios de consultoria em história, juntam-se então a ele de maneira muito mais explícita.

Hubert Bonin proclama uma ambição ainda maior,[209] que explicita as apostas de um papel em gestação para os historiadores; para além da publicidade, ele celebra a existência de uma verdadeira demanda social de história

> [...] no contexto de uma busca de comunicação interna e de motivação do pessoal. A História é então um fator de adesão, de coesão [...]; a reconstituição do passado pode assim contribuir para uma melhor compreensão do capital imaterial da firma e de sua cultura de empresa, mas também alimentar as reflexões concernentes ao futuro. Sem exagerar pretensiosamente sua influência, a História obtém assim uma utilidade social que a insere concretamente no seio das ciências do homem e da sociedade. "Da instrumentalidade salta-se para a utilidade social"; para além de suas competências específicas, o historiador alcança uma nova responsabilidade social. "Na própria redação de seu texto final, o historiador de empresa deve ser um árbitro." Engendrador de uma coletividade inconsciente de sua identidade graças a seu estatuto de *expert*-árbitro, o historiador se acha nesse papel de ator social, de mediador civil das relações sociais conflituosas.

O professor universitário anuncia aí a prosa dos consultores em história. Pierre Dottelonde declara, em 1996, em nome da Clio Média: "Enquanto ferramenta de comunicação, a história pode contribuir para federar identidades heterogêneas".[210] A frase final da entrevista desse ex-assistente de Marc Ferro (pelo menos é assim que ele se legitima) serve como uma luva aos meus propósitos: "Uma outra satisfação nos é propiciada frequentemente pela repercussão que encontramos em

---

[209] Hubert Bonin *in* Beltran e Ruffat (1991, p. 103-109, citação p. 103).

[210] Baverel (1996).

nossos interlocutores para o papel dos historiadores na sociedade. Não há como negar, é gratificante se sentir útil!".

Que esse papel de árbitro e de engendrador do consenso social e essa produção de identidade pela edificação de uma cultura comum sejam uma novidade absoluta: sem dúvida não. Que eles surjam num contexto novo com formas de legitimação distintas: sim, sem dúvida alguma. A aquiescência a essa justificação da atividade histórica vai longe o bastante para que, apesar das invocações rituais do rigor histórico e da cientificidade sempre proclamada do procedimento, os objetivos da pesquisa sejam determinados por esse papel. De maneira deliberada, os dois objetivos a que se propõe a empresa Public Histoire em seu contrato com a Elf Aquitaine deixam de lado por razões de produtividade a hipótese de uma história global. Sobre os escombros dessa ambição científica, o escritório proclama um primeiro objetivo que recorda o papel implícito que Renan propunha ao historiador em relação à nação: "fazer com que se partilhe uma história comum". A proposição trai sem pudor a dimensão voluntarista e a perspectiva teleológica da empresa, já que essa história só é comum pelo desejo dos comanditários do estudo dada a diversidade do conglomerado industrial que a Elf Aquitaine era antes de sua absorção pela Total Fina.

O anúncio desse tema, que faz do historiador mais um inventor de tesouros sociais escondidos do que um taumaturgo, surge num artigo da revista *Vingtième siècle,* intitulado "O historiador mercenário, *business history* e deontologia",[211] que tenta demonstrar que a encomenda e a posição de árbitro não são inconciliáveis. Retomando o *boom* de teses de história escritas no seio de grandes empresas, com o aval e o apoio financeiro destas (Jean Peyrelevade, P.-D.G. da companhia financeira de Suez, contratou um historiador para estudar as diversas transformações da empresa – exemplo anterior: as obras de Alain Baudant[212] e de J.-P. Daviet sobre Saint-Gobain)[213], Serge Bonin considera que uma

---

[211] BONIN, Serge. L'historien mercenaire, *business history* et déontologie [O historiador mercenário, *business history* e deontologia]. *Vingtième siècle,* n. 13, jan./mar. 1987, p. 115-118.

[212] BAUDANT, Alain. *Pont-à-Mousson (1919-1939). Stratégies industrielles d'une dynastie lorraine* [Pont-à-Mousson (1919-1939). Estratégias industriais de uma dinastia da Lorena]. Paris: Presses de la Sorbonne, 1978.

[213] DAVIET, Jean-Pierre. *Une multinationale à la française: Saint-Gobain, 1665-1789* [Uma multinacional à francesa: Saint-Gobain, 1665-1789]. Paris: Fayard, 1989.

[...] semelhante encomenda é uma aposta para o historiador. Este é remunerado durante dois anos pela empresa e ainda tem a garantia de que ela comprará boa parte dos exemplares de seu livro. Isso não faz dele um refém? Ele pode realizar seu ofício como "cientista" obedecendo às exigências de sua disciplina (objetividade, busca da verdade, conhecimento e transmissão de todos os fatos...)? As conclusões do cientista neutro não estão condenadas a se tornar argumentos a serviço de tal ou qual tese no seio dos debates internos da empresa?

Mas essa série de dúvidas sobre a nova posição do historiador tributário de seu objeto de estudo é logo equilibrada por uma série de vantagens: "O estatuto de membro assalariado da empresa foi uma arma útil, pois os interlocutores reconheciam certa igualdade na troca e uma legitimidade". Será que os historiadores franceses estimam, por comparação, que ser historiador federal nos Estados Unidos é uma garantia de distância e de lucidez em relação à política dos Estados Unidos da América? Mas Serge Bonin, confiante no seu taco, conclui que não se pode distinguir a censura da autocensura fora de certa polidez nas formulações. Superando assim as objeções mais comuns sobre essa forma de relação entre o comanditário industrial e o historiador, ele medita sobre os ganhos do procedimento; a propósito da encomenda feita pela Indosuez a Marc Mealau, Bonin afirma:

> A ebulição estratégica da empresa desde 1983 aprofundava o debate intelectual conduzido pelo historiador sobre as escolhas das décadas recentes revelando a pertinência de seu questionamento. Essa pesquisa está no ponto de confluência entre as exigências de saber e de método da história e a definição de uma "cultura de empresa", ou dos valores comuns, dos objetivos consensuais. Estes servem para superar a dispersão entre as equipes de um grande grupo e as tensões do cotidiano, para suscitar a consciência de uma "missão coletiva". A nacionalização de 1982 tinha rompido as afinidades que uniam as sociedades e os dirigentes do grupo. Essa "encomenda" histórica não estava destinada a fornecer aos atores dos anos 1980 ao mesmo tempo uma ferramenta e uma legitimação?[214]

---

[214] Bonin (1987, p. 118).

Quaisquer que sejam as ponderações que temperam essas considerações, elas tendem a legitimar o estatuto de empregado em nome do interesse científico, seja qual for o preço a pagar – até mesmo o risco da instrumentalização total no seio da empresa. Numa entrevista concedida ao *Le Monde*, Maurice Hamon, o arquivista da Saint-Gobain, personagem central dessa empresa, apresentado como o "papa da história de empresa", vai direto ao nervo da questão. Sua argumentação estabelece uma estreita correlação entre a mudança material do exercício da história e uma mutação conceitual e concreta da historiografia:

> A história aplicada tal como a praticamos não é uma mera imitação da história científica praticada nas universidades. Decerto, devemos ter a mesma metodologia, a mesma competência e o mesmo rigor. Mas não adotamos um ponto de vista acadêmico. Estudamos os fenômenos concretos, como por exemplo a tradição de inovação, o tipo de relações sociais e os estratos históricos e culturais da empresa, em suas relações com o presente. Procuramos identificar o que permanece pertinente no passado e aquilo que já não o é mais.[215]

Nessa declaração, cujos pressupostos são diversas caixas de Pandora (em que os objetos da dita história seriam mais concretos que outros? Até que ponto a suposta ignorância deles exige uma mudança de papel social para receber um reconhecimento historiográfico?), gostaria de enfatizar sobretudo a vontade de legitimação e a afirmação explícita da relação entre o papel social, os procedimentos e os objetos de saber: ou seja, exatamente o que está em jogo em minha investigação.

Nesse subcontinente historiográfico se esboçaria a ideia de uma legitimidade que não estaria mais fundada em primeiro lugar na objetividade e no amor pela verdade. Em certo sentido, prescrever um remédio social com sucesso se tornaria mais pertinente do que descrever ou interpretar com exatidão. No fim das contas, depois do historiador que ressuscita, segundo Michelet, e do historiador coveiro, segundo Michel de Certeau, viria o tempo do historiador demiurgo que pela leitura do passado fabrica futuro. "Árbitro", produtor de

---

[215] Israelewicz e Hamon (1990).

identidade cultural, utilidade social, fator de adesão e de paz social, o historiador se orna de cores extraordinárias nos escritos de universitários e de consultores. Apesar desse entusiasmo, a eficácia do movimento francês esbarra na ausência de certas demandas próprias à América do Norte: o papel das provas históricas para acertar problemas comunitários que a Constituição Francesa não resolve; o funcionamento das leis sobre a proteção do meio ambiente não dá ensejo a desenvolvimentos análogos. Finalmente, a fascinação pela abordagem através do *case study* e a ideia da descoberta por meio dos procedimentos empíricos quase não suscitam êmulos, ainda que a criação de uma universidade de verão para funcionários e chefes de empresas a partir do modelo de desenvolvimento cisterciense demonstre as aberturas possíveis. Organizada por Benoît Chauvin, diretor de pesquisas no CNRS, em setembro de 1998, a manifestação ocorreu na Escola Superior de Comércio de Lille sob o título: "Les Cisterciens: leçons d'hier pour des initiatives d'aujourd'hui?" [Os cistercienses: lições de ontem para iniciativas de hoje?]. O programa explicitava a perspectiva: "Às vésperas do terceiro milênio, os princípios fundamentais cistercienses podem suscitar algumas das iniciativas de que o mundo contemporâneo parece ter necessidade?"

A responsabilidade e sua sanção

Essas reivindicações de novos papéis implicam o desenvolvimento do sentido da responsabilidade; provido de uma eficácia social, o historiador deve responder por ela. "Vamos logo afirmando: pesquisa sobre o tempo presente, função de *expertise* e responsabilidade social do historiador vão de par." Ao dizer isso, François Bédarida proclama em alto e bom tom a função central do historiador, função ao mesmo tempo cívica, crítica e ética. Produtor da memória e destruidor das ilusões da memória, o historiador ainda é solicitado a avaliar na prática a apreciação que se faz do passado.

> Na verdade, não se trata de modo algum, através desse apelo à *expertise* científica, de erigir o historiador em áugure oficial da cidade, mas de afirmar que sua tomada da palavra, na observância estrita das regras do ofício, em resposta aos questionamentos do tempo presente, longe de desviá-lo de sua

vocação é, pelo contrário, de uma perfeita legitimidade já que restitui à história sua espessura significante.[216]

Em outras palavras, a responsabilidade própria do historiador é a de restituir os valores do humanismo, da moral e do sentido em nome de um imperativo de verdade que o respeito às regras do ofício lhe permitiria observar melhor que os outros.[217] Aqui a responsabilidade do historiador é particularmente a de detectar e combater as histórias impossíveis (isto é, o revisionismo) ou a tentação do relativismo absoluto (alusão a Hayden White, ao desconstrucionismo e aos "tropólogos" de toda espécie).[218]

> Para terminar, convém explicitar os três cânones que toda *expertise* histórica deve respeitar – sem falar nos imperativos, sempre categóricos, da deontologia profissional e das exigências da escrita, que requer uma grande legibilidade e uma atenção constante à comunicação.[219]

A ideia de que a *expertise* aumenta o peso das responsabilidades para o historiador leva René Rémond a denunciar o viés que exige que a *expertise* bata o martelo da decisão:

> Querem que eles exerçam uma magistratura. É a confusão dos papéis: os magistrados se fazem historiadores, e pedem aos historiadores que virem magistrados. Tudo isso nos convida a uma reflexão aprofundada sobre os limites de nosso poder,

---

[216] BÉDARIDA, François. Les responsabilités de l'historien "expert" [As responsabilidades do historiador "expert"]. In: BOUTIER, Jean; JULIA, Dominique (Ed.). *Passés recomposés, champs et chantiers de l'histoire* [Passados recompostos, campos e canteiros (de obra) da história]. Paris: Autrement, 1995, p. 136-144, citação p. 137.

[217] BÉDARIDA, François. Praxis historienne et responsabilité [Práxis historiadora e responsabilidade]. *Diogène*, n. 168, out./dez. 1994, p. 8.

[218] "Aliás, quando se apela a um expert, pede-se a ele outra coisa que não pronunciar-se com base em dados objetivos, únicas garantias de sua credibilidade? [...] Em suma, é preciso lembrar que a pesquisa em história não é compatível com qualquer coisa. Contra as perversas tentativas dos falsificadores, sua dimensão científica, por mais imperfeita que seja, deve ser evocada com força. De resto, não é essa a condição de validade de qualquer *expertise*?" (BÉDARIDA, 1995, p. 141-142).

[219] Bédarida (1995, nota 6, p. 143): "Como exemplo de recurso aos historiadores experts poderíamos citar também, numa atualidade ainda próxima, mas num contexto completamente diferente – o do caso Touvier que comoveu a opinião francesa –, o caso da comissão de especialistas reunida pelo cardeal Decourtray e do seu relatório cuja *démarche* aliás já evoquei, assim como o que estava em jogo ali."

sobre a relatividade das conclusões a que chegamos, sobre a exigência de verdade, sobre nossa responsabilidade social. Não podemos nos comportar como fazem com demasiada frequência os intelectuais, sem nos preocuparmos com as consequências de nossos atos. Devemos ser responsáveis na busca pela verdade objetiva sobre o tempo presente.[220]

Talvez seja essa responsabilidade do historiador que o impele a se tornar esse "historiador razoável", criticado por Sonia Combe,[221] que, à proclamação da verdade, prefere a paz social e a harmonia aparente das memórias pacificadas. A responsabilidade proclamada conferiria assim um direito de prioridade sobre o uso social da historiografia.[222] A confusão entre a responsabilidade e o privilégio do acesso à informação como contrapartida se revela, aliás, uma opinião frequentemente compartilhada por historiadores muito diferentes de René Rémond.[223] Nesse sentido, a *expertise* contribui para o privilégio profissional a que já pretendiam os historiadores universitários do início do século XX. Lá onde apenas a virgindade do método e da ciência justificava o acesso irrestrito à documentação, agora seria a responsabilidade social do historiador que o exigiria. O mecanismo de poder do *expert* daria continuidade aqui ao do professor e a eficácia da mídia reforçaria o poder da cátedra.

O tema da responsabilidade do historiador se articula com uma evidenciação sistemática da crescente demanda social por história. Demanda de historicização do imediato, demanda de evidenciação da identidade contraditória e simultânea com a percepção crítica do passado. Quer se trate de história aplicada às ações da sociedade quer da contribuição a um pensamento global do presente, a ideia de uma responsabilidade social do historiador se difunde de escritos em escritos à medida que a demanda de historicização dos debates se intensifica. Um número especial da revista de ciências humanas da Unesco sobre esse tema foi

---

[220] RÉMOND, René. Quelques questions à l'histoire du temps présent [Algumas perguntas à história do tempo presente]. In: *Écrire l'histoire du temps présent*, 1993, p. 391-404, citação p. 392.

[221] COMBE, Sonia. *Archives interdites. Les peurs françaises face à l'histoire contemporaine* [Arquivos proibidos. Os medos franceses diante da história contemporânea]. Paris: Albin Michel, 1994, p. 305-321.

[222] COMBE, Sonia. Raison et déraison en histoire contemporaine [Razão e desrazão na história contemporânea]. *Lignes*, out. 1996, p. 125-156.

[223] Madeleine Rebérioux, entrevista com o autor em 22 de novembro de 1996.

confiado a François Bédarida em 1994. Olivier Mongin, diretor da revista *Esprit*, descreve esse sucesso crescente e suas obrigações aferentes; a midiatização sistemática dos historiadores fora de seu território inicial e o recurso da mídia a suas assinaturas nas páginas culturais (Jean-Pierre Rioux, Antoine de Baecque, Roger Chartier... no *Le Monde*, Henry Rousso, Arlette Farge no *Libération*, André Burguière e Mona Ozouf no *Nouvel Observateur*) e outras (foi o caso de Annie Kriegel e de François Furet, é o caso de Jacques Julliard) denotam essa evolução. Esta é tanto mais significativa já que a qualidade de historiador é proclamada como garantia de um estatuto de verdade, de uma *expertise*.

> O historiador seduz tanto mais na medida em que encarna a sabedoria: respeitando *a priori* os fatos, apoiando-se em arquivos e se defendendo dos erros da ideologia, ele é o ator que vem responder à traição dos intelectuais, desses promotores de ideologias por excelência que são os filósofos... o historiador se apresenta como um intelectual confiável, virtuoso e rigoroso...[224]

A irrupção de querelas historiográficas que ocupam o lugar do combate da memória das testemunhas diz muito sobre a suposta capacidade da história e dos historiadores de prescrever hoje a memória certa. Assim, as altercações já analisadas que opuseram nas colunas do *Le Monde* os adversários e defensores de Karel Bartosek quando da publicação de seu livro *As confissões dos arquivos*[225] revela que a redação do jornal, os leitores e os historiadores admitem que importa aos profanos reconhecer ou negar a qualidade de historiador àquele que a ostenta com tanta frequência em sua obra. Esse combate, que opõe Alexandre Adler a Marc Lazar e François Bédarida, concentra-se no respeito ou na violação dos cânones da profissão, na postura de historiador ou em sua ausência. De maneira significativa, os arquivos ilusórios quando se tratava de Moscou se tornam essenciais num outro contexto!!! Dessa contradição dos escritos de François Bédarida não extraio nenhuma conclusão irônica, mas uma única evidência: a qualidade de historiador é dotada de uma aura legitimadora estreitamente ligada a sua justificação social.

---

[224] Mongin (1994, p. 40).

[225] BARTOSEK, Karel. *Les Aveux des Archives, Prague-Paris, 1948-1968*. Paris: Le Seuil, 1996.

Segundo Olivier Mongin, o triunfo do estilo historiador não deixa de ter seus riscos; envolvendo-se demais nas disputas do momento, a história corre o risco de se dessacralizar, de se reduzir a "um avatar possível da memória social".[226] Não haveria então mais nenhuma legitimidade em distinguir o "profissional" do "amador". Mas essa queda, causada pelo triunfo dos historiadores, não atinge tanto os observadores, que hoje leem nela antes um poderoso recurso diante do fracasso das outras ciências humanas.

Em 1986, um excelente artigo de Daniel Roche, um dos principais historiadores da modernidade na França, interpelava a comunidade dos historiadores profissionais sobre o futuro de sua disciplina com argumentos precisos agenciados com rigor. O autor demonstrava o quanto a história parecia em vias de depreciação social, não tendo "quase peso algum para a modernização do país". Por certo, ele recordava com convicção a necessidade que uma sociedade tem de se fundamentar nos tesouros de cultura veiculados pela história, na importância "das questões que os historiadores colocam e que a história coloca a todos" para fazer viver a democracia.[227] Mas, curiosamente, o ensaio se limitava a analisar em seguida a crise do recrutamento, os perigos da encomenda pelo mercado da edição, sem que em nenhum momento o problema da responsabilidade social do historiador, de seu papel, fosse colocado de algum modo porque tomado como evidência. Contudo, em 1983, Michaël Pollak já pressentia o fenômeno ainda discreto na França e bem mais pregnante nos Estados Unidos. Segundo ele, em contraponto ao pessimismo crescente dos sociólogos em face da demanda social,

> [...] no que concerne a história, novos horizontes parecem se abrir à comunidade dos historiadores aos quais se reconhecem capacidades inéditas de participação e intervenção na sociedade. Há aí uma espécie de inversão dos papéis: como se quanto mais se pronunciasse a crise no ambiente econômico e social, mais as disciplinas "modernas" como a sociologia e a ciência econômica perdessem segurança e confiança em sua capacidade operatória e mais a história ganhasse socialmente

[226] FAVRET-SAADA, Jeanne. Sale histoire [História suja]. *Gradhiva*, n. 10, 1991.

[227] ROCHE, Daniel. Les historiens aujourd'hui, remarques pour un débat [Os historiadores hoje, observações para um debate]. *Vingtième siècle*, n. 12, out./dez. 1986, p. 3-20.

em força de atração e se apresentasse como o símbolo de um refúgio ou de um recurso.[228]

Segundo a intuição inicial, a nova capacidade da história de articular identidade, sentido e intervenção pragmática sobre a crise do social lhe confere um atrativo suplementar; essa potência renovada tem por corolário a recorrência da afirmação da responsabilidade do historiador. Quase vinte anos mais tarde, Henry Rousso retoma essa constatação quase nos mesmos termos:

> Durante essa época de profundas mutações, algumas ciências sociais, especialmente a sociologia e a economia, eram particularmente solicitadas para criar modelos de desenvolvimento e de crescimento, elaborar ferramentas de previsão estatísticas e de contabilidade pública, propor grades de leitura das novas camadas sociais, como os consumidores, por exemplo. Essas disciplinas eram, mais que outras, chamadas a aconselhar o príncipe, e respondiam com maior boa vontade à demanda social. Forneciam uma *expertise* concreta e mais ou menos fiável, assim como alimentavam o imaginário dos dirigentes e seu credo numa possível apreensão científica do presente e do futuro. A partir dos anos 1970, é a vez da história, e especialmente da história do tempo presente, ser solicitada dessa maneira pelo Estado e pela demanda social: multiplicação das contratações na esfera pública ou privada para escrever a história de tal organização, de tal coletividade ou de tal comunidade; multiplicação dos comitês de história no seio dos ministérios; solicitações cada vez mais frequentes à *expertise* histórica – até o caso limite da *expertise* judicial nos casos Touvier e Papon. De vinte anos para cá, a figura do historiador assumiu um lugar importante no círculo fechado dos *expert*s de diversas naturezas, dos que falam sob os holofotes, dos que comentam com maior ou menor acerto as questões angustiantes que a atualidade produz no cotidiano, já que o passado, como vimos, está nas manchetes dos jornais.[229]

---

[228] POLLAK, Michaël. Historicisation des sciences sociales et sollicitation sociale de l'histoire [Historicização das ciências sociais e solicitação social da história]. *Bulletin de l'IHTP*, n. 13, set. 1983.

[229] ROUSSO, Henry. *La Hantise du passé* [A obsessão pelo passado]. Paris: Textuel, 1998, p. 78-79.

Diante da crise da história, a outra grade de leitura do estado da arte hoje, diante da *linguistic turn*, diante da desilusão deixada pelo quantitativismo, a história figura como refúgio, mas com consequências arriscadas. Quando os próprios historiadores transferem para a praça pública o exame crítico de suas conclusões, quando esse debate assume a forma de uma seleção do direito à palavra, o trabalho de elaboração das normas da comunidade se opera sob o olhar do público e legitima assim a intervenção dos juízes para medir a responsabilidade do historiador quando este não se erige mais em juiz de seus pares e sim da "época" como um todo.

O historiador diante da justiça: a responsabilidade posta em prática

Substituindo a competência científica pela *expertise* social, o historiador corre então o risco de submeter sua responsabilidade aos procedimentos públicos da justiça, de fazer do juiz o juiz da história, ou, antes, do historiador. Se o estilo historiador triunfa, em virtude de sua capacidade técnica de tranquilizar num período de dúvida, é lógico que os atores sociais, submetidos ao seu olhar, o tomem em consideração até o ponto de processá-lo nos tribunais. Para revogar as sentenças do tribunal da história, é preciso que um árbitro, o juiz, estabeleça que aquele não estatuiu em conformidade com seu método. Por certo, o fenômeno se inscreve no movimento global de judicialização intensificada das relações sociais. Sem recusar essa constatação, observa-se que a responsabilidade diante dos tribunais aumenta com a eficácia reconhecida às práticas profissionais; desse modo, a pressão crescente exercida, de início nos Estados Unidos, mas em seguida na Europa, sobre o corpo médico oferece um paralelo com os progressos do saber médico. O mesmo aconteceria com a história? O aumento de sua legitimidade como discurso autorizado explicaria o aumento dos recursos contra a história profissional, ou a invocação de suas regras para bater o martelo?

A priori, o direito nada diz sobre o historiador, sobre seus deveres e responsabilidades. A própria jurisprudência é escassa a esse respeito; cálculos tão precisos quanto possível, levando em conta sentenças não publicadas, apontam não mais do que cinquenta decisões ligadas a questões históricas, uma dezena das quais dizendo respeito a pessoas que reivindicavam a qualidade de historiadores.[230] No entanto, os vinte últimos anos assistiram ao aumento dos comparecimentos de historiadores diante dos tribunais, no civil ou no penal, a ponto de emergir progressivamente entre os juristas uma concepção do direito da história.

É claro, a presença dos vivos na narrativa serve de detonador a esse questionamento da responsabilidade do historiador. No final deste estudo, voltarei ao caso mais complexo, o do julgamento nos tribunais dos escritos revisionistas; a inserção desse caso no debate é, no entanto, problemática já que o essencial do ataque contra o revisionismo não consiste em contestar os trabalhos dos historiadores, mas em negar aos revisionistas a qualidade de historiadores, prova cabal de que o termo é compreendido como um selo de qualidade. Porém, nem tudo é novo nesse fenômeno de contestação do historiador diante dos tribunais. Deixemos de lado os ataques à vida privada que constituíram por muito tempo o grosso dos casos decididos pela justiça em matéria histórica. A fim de compreender as eventuais inflexões da jurisprudência nesse domínio, é preciso lembrar que, à exceção da Lei Gayssot, o quadro legal e regulamentar não mudou no que concerne à difamação, causa mais comum dos processos contra historiadores diante da justiça: a proteção da reputação e da honra dos vivos (lei de 29 de julho de 1881, Art. 29 a 36), a impossibilidade de mostrar a prova do que o historiador afirma, se isso diz respeito à vida privada ou aconteceu há mais de dez anos.[231]

A injúria constitui uma simples falta civil, uma leviandade, uma imprudência; Jean-Louis Bredin recorda o caso que opôs, em 1965, Michèle Cotta, que acabava de publicar uma monografia de ciências políticas sobre a imprensa da colaboração, a Jean Lousteau,[232] ao qual ela imputava atos de traição. A partir de então, os casos se multiplicaram ao redor do revisionista Faurisson; depois, com o episódio que opôs Bertrand de Jouvenel a Zeev Sternhell, que se julgou difamado pela descrição de suas posições políticas nos anos 1930; com o que

---

[230] LE CROM, J.-P. Juger l'histoire [Julgar a história]. *Droit et société*, 1998, n. 38, p. 33-46.

[231] BREDIN, Jean-Denis. Le droit, le juge et l'historien [O direito, o juiz e o historiador]. *Le Débat*, n. 32, 1984: lei de 29 de julho de 1881, modificada pela emenda de 6 de maio de 1944, Cass. crim., 3 maio 1966, *Gazette du Palais*, II, 1966, p. 34: "Proibição legal de mostrar a prova de fatos com mais de 23 anos mesmo quando se trata de uma 'controvérsia histórica'."

[232] Bredin (1984); cf. Paris, 3 nov. 1965, *Gazette du Palais*, I, 1966, p. 200.

opôs os defensores da memória de Marcel Paul a Laurent Wetzel, e, finalmente, com o caso Bernard Lewis, em que esse era acusado de ter recusado a qualificação de genocídio ao massacre dos armênios em 1915. O processo intentado por Lucie e Raymond Aubrac a Gérard Chauvy oferece um último exemplo marcante.

A aparente aceleração desses processos justificaria a hipótese da dignidade crescente atribuída aos escritos históricos e, por conseguinte, da responsabilidade de seus autores diante do corpo social. Esse aumento da atenção concedida ao tribunal da história decorre evidentemente da entrada do contemporâneo no orbe da história "científica", ali onde apenas ensaístas ou amadores se encontravam antes concernidos pelos processos judiciais: "É preciso recordar a evidência de que a História que vem ao juiz, sob forma de processo, é sempre história de ontem ou de hoje? O juiz, mais ainda que o Direito, só se preocupa com os contemporâneos. [...] A maior parte das ações e dos direitos prescrevem com trinta anos".[233]

A sentença de 1965 (a propósito do caso Cotta), impregnada de uma grande indulgência para com o historiador, isenta este da difamação se ele puder provar sua sinceridade, sua boa-fé e a ausência de intenção de prejudicar; o juiz acrescenta que a menção de fatos anistiados não pode ser vedada a uma obra histórica, sem o que "qualquer estudo histórico sério seria impossível".[234] Em outros termos, se o historiador está situado fora do lote comum, o corolário implícito, em nome da ciência, é o de que sua intervenção se situa fora do jogo social usual, que convém especificar para ele o uso da lei. Acima da confusão do combate, mas por conseguinte irresponsável, o historiador vive ainda no universo asséptico, mas sem eficácia, da ciência. Essa leitura da sentença, é preciso admitir, não coincide muito com a visão dominante que vê nela uma prova do respeito pelo historiador.[235]

As sentenças relativas aos casos Marcel Paul e Zeev Sternhell tendem a demonstrar o crescimento de uma responsabilidade própria do historiador em que o juiz, sem se fazer juiz da história, definiria uma

---

[233] Bredin (1984, p. 106).

[234] Bredin (1984, p. 104); cf. Paris, 3 nov. 1965, *Gazette du Palais*, I, 1966, 220.

[235] STENGERS, Jean. L'historien face à ses responsabilités [O historiador diante de suas responsabilidades]. *Cahiers de l'École des sciences philosophiques et religieuses*, n. 15, 1994, p. 15-50.

deontologia e uma metodologia da operação oponíveis aos profissionais, como acontece cada vez mais entre os médicos. No caso da queixa de Bertrand de Jouvenel contra Zeev Sternhell, o célebre ensaísta se considerava difamado por nove passagens do livro *Nem direita nem esquerda, a ideologia fascista na França*.[236] Esse texto tinha aberto uma polêmica candente entre os historiadores franceses cujo dogma ele colocava em causa: nada de verdadeira tentação fascista na França.[237] Serge Berstein dá o tom desse muro de protestos dos historiadores franceses: "Não acabaríamos mais de estabelecer o inventário dos erros de método que permitem a Zeev Sternhell chegar à contestável tese indicada mais acima".[238] E Raymond Aron considerava o livro, contra a interpretação do qual veio depor alguns meses antes de sua morte, de uma grande mediocridade histórica, recheado de anacronismos incessantes.[239]

Porém, o tribunal não recorre em seus considerandos aos julgamentos dos historiadores. Com habilidade, a sentença rejeita as acusações do queixoso a cada vez que se trata de opiniões argumentadas pelo autor. Escrever que a entrevista com Hitler feita por Bertrand de Jouvenel em 1936 constitui um verdadeiro panegírico do nazismo não constitui um fato que o juiz possa declarar difamatório, mas sim uma opinião esclarecida de historiador; ora, ao juiz não cabe nem escrever a história nem julgar a qualidade dos trabalhos do historiador. Em compensação, quando Sternhell aproxima a atitude de Jouvenel da de Jean Luchaire, condenado por atos de colaboração, quando evoca o papel "pouco claro" de Bertrand de Jouvenel junto a Otto Abetz, o historiador qualifica o comportamento do queixoso. Dessa vez, o juiz não leva mais em conta a sinceridade do historiador, como no caso Michèle Cotta, e, apesar da proibição de trazer provas para fatos ocorridos há mais de dez anos, censura o historiador por ter deduzido dos comportamentos de antes da guerra

---

[236] STERNHELL, Zeev. *Ni droite ni gauche, l'idéologie fasciste en France*. Paris: Le Seuil, 1983.

[237] *Esprit*, out./set., dez. 1983; *L'Histoire*, n. 61, nov. 1983; ARON, Raymond. *L'Express*, 4-1º fev. 1983, *Le Débat*, n. 25, maio 1983.

[238] BERSTEIN, Serge. La France des années trente allergique au fascisme, à propos du livre de Zeev Sternhell [A França dos anos 1930 alérgica ao fascismo. A propósito do livro de Zeev Sternhell]. *Vingtième siècle*, n. 2, abr. 1984, p. 83-94. Ver também a resenha do livro de Zeev Sternhell por Pierre Assouline em *L'Histoire*, jun. 1984, e WOHL, R. French facism, both right and left: reflections on the Sternhell controversy [Fascismo francês, tanto direita quanto esquerda: reflexões sobre a controvérsia Sternhell]. *Journal of Modern History*, mar. 1991.

[239] Stengers (1994).

uma atitude durante a guerra, de não ter multiplicado as entrevistas, de não ter retido as qualificações pejorativas...[240] A "boa-fé" de Zeev Sternhell não detém o juiz; este admite a amplitude da documentação, o caráter de pesquisa e não de mera polêmica do livro. Porém, em virtude da distinção entre a interpretação das ideias de Bertrand de Jouvenel e a imputação de atos e de comportamentos, estima que aí houve falha do historiador. Em primeiro lugar, "ele não pode deduzir *a posteriori* uma maneira de agir a partir de uma maneira de pensar, tal como a analisa". Essa falha que o faz perder o crédito da boa-fé do historiador é confirmada, já que ele não interrogou as testemunhas vivas sobre os atos para "verificar sua veracidade", e porque procedeu a aproximações pouco rigorosas. Jean-Denis Bredin extrai daí uma conclusão bastante sombria sobre a queda dos direitos do historiador diante da proteção da honra de cada um, sobre a proteção da tranquilidade de cada um em detrimento da clareza dos debates.

Há também outra maneira de se ler essa sentença. O juiz reconhece a qualidade específica do historiador e só o condena em virtude de critérios internos ao método histórico: confusões dos discursos e dos atos, investigação incompleta, testemunhos rejeitados *a priori*, conclusões sem verdadeira relação com o objetivo definido pelo historiador. Em outros termos: nesse caso, o juiz leva tão a sério as pretensões do historiador que o julga sob o prisma de seu respeito pelos métodos e pela deontologia, como o médico que permanece submisso antes de tudo a uma obrigação de meios. Ao triunfo do *expert* parece corresponder a responsabilidade diante de um outro tribunal que não o dos pares, enquanto a sentença de 1965 pressupunha a boa-fé de Michèle Cotta ao se entregar a uma atividade sem maiores consequências.

Essa hipótese do crescimento da intervenção judicial quanto à arte e à maneira de operar a atividade histórica também transparece em outra sentença, cuja publicação parcial, na revista *Vingtième siècle*, demonstra a que ponto o triângulo memória-justiça-história se torna central hoje.[241]

---

[240] Bredin (1984, p. 110); Tribunal de Grande Instance de Paris, 1º fev. 1984, *Revue internationale du droit d'auteur*, n. 121, 1984, p. 169.

[241] "Sur la liberté de l'historien en correctionnelle à Versailles, le 17 janvier 1985" [Sobre a liberdade do historiador em correcional em Versailles, 17 de janeiro de 1985]. *Vingtième siècle*, n. 8, out./dez. 1985, p. 117-121.

A sentença da 5º Câmara do Tribunal de Grande Instância de Versalhes julga, como caso de polícia correcional, o diretor do *Courrier des Yvelines*, Philippe Meaule, e o autor do artigo incriminado, Laurent Wetzel, professor de história; eles são processados por difamação a respeito de Marcel Paul pela Associação Francesa Buchenwald Dora e Commandos e pela Federação Nacional dos Deportados e Internos Resistentes e Patriotas pela seguinte frase:

> Deportado para Buchenwald, Marcel Paul entrou na direção interna do campo. Dispôs a partir de então da sina, ou seja, da vida e da morte de muitos camaradas de deportação. Em suas funções, teve em conta essencialmente o interesse de seu partido.

Em sua defesa, Laurent Wetzel invocou o livre direito de crítica do historiador. Contudo, para examinar sua boa-fé, o juiz estabeleceu uma distinção entre o artigo circunstancial e sem maiores pretensões de Laurent Wetzel e a redação de um livro em que a boa-fé do historiador teria suposto o desenvolvimento dos pontos de vista contrários a sua tese. Essa distinção, posta em causa pela redação da *Vingtième siècle*, implica mais uma vez que o juiz seja capaz de discernir as condições de exercício da profissão e que, apesar da confirmação da liberdade do historiador, este deve prestar contas de sua maneira de exercer a ciência. Contrapeso lógico de sua pretensão a exercer um papel: ele se torna responsável. Ao mesmo tempo, a qualidade de historiador invocada decerto lhe valeu escapar do lote comum dos jornalistas num caso semelhante.[242] Por mais que o tribunal se recuse a julgar a história, ao julgar a boa-fé julga na verdade o grau de realização do dever do historiador. Ali onde Jean-Denis Bredin vê um limite, decifro a contrapartida da autoridade crescente do olhar do historiador sobre a sociedade.

O processo movido contra Bernard Lewis confirma essa hipótese: tudo começa com uma entrevista ao jornal *Le Monde* em que ele declarava a propósito do genocídio armênio: "Você quer dizer reconhecer a versão armênia do caso. [...] Mas quando se fala em genocídio isso implica que haja uma política deliberada, uma decisão de aniquilar sistematicamente a nação armênia. Isso é bastante duvidoso.

---

[242] THÉOLLEYRE, Jean-Marc. Bonne foi [Boa-fé]. *Le Monde*, 19 jan. 1985, p. 10.

Documentos turcos comprovam uma vontade de deportação, não uma vontade de extermínio".[243] Os queixosos escolhem o tipo de processo que levou à condenação de Robert Faurisson em 1981 por negligência no trabalho de historiador. No caso em questão, as associações não podiam ter recurso ao viés da difamação de uma pessoa física, e é de fato a "responsabilidade do historiador" que os advogados do fórum das associações armênias invocam. O advogado Daniel Jacoby esclarece o debate: "Vocês não estão aqui para julgar a verdade histórica, se houve ou não genocídio. Mas para dizer se, ao sustentar sua tese, o Sr. Lewis se comportou como historiador ou como demagogo e provocador". É o peso da palavra do historiador,[244] seu poder de arbítrio que conferem toda sua importância a seu papel social e lhe dão, por via de consequência, uma responsabilidade. A petição endereçada ao *Le Monde*, dez dias depois da publicação da entrevista, sublinhava aliás os efeitos colaterais da erudição de Bernard Lewis, a propósito da laicidade em terra islâmica, sobre sua tomada de posição sumária quanto à questão armênia.[245] Nesse contexto, a qualidade de *expert* confere a responsabilidade.

Não vamos aqui esquadrinhar toda a jurisprudência a esse respeito, mas duas sentenças recentes nos permitem aprofundar essa constatação e reforçar nossa hipótese. A controvérsia dos historiadores a propósito da ação do casal Aubrac na Resistência nasceu do livro de Gérard Chauvy.[246] Este, fundamentando-se no documento conhecido como "memorial de Klaus Barbie" e numa série de documentos de arquivos que serviram para a instrução do caso pelo juiz Hamy, colocava em evidência contradições, incoerências, nos relatos de Lucie e Raymond Aubrac, e acabava insinuando, ainda que negasse tê-lo feito, que a hipótese da reconversão dos "dois heróis da Resistência" por Klaus Barbie ajustaria todas as peças de um quebra-cabeça incoerente. Para além dos círculos de historiadores do tempo presente, onde ela semeou o fermento

---

[243] "Un entretien avec Bernard Lewis" [Uma conversa com Bernard Lewis]. *Le Monde*, 16 nov. 1993, p. 2.

[244] "Arméniens, cela s'appelle un génocide" [Armênios, isso se chama um genocídio]. *Le Monde*, 27 nov. 1993, p. 2. Esse texto, assinado por trinta personalidades, entre as quais diversos historiadores – André Kaspi, Élise Marienstrass, Pierre Vidal-Naquet –, afirma que: "nada justifica [...] que um cientista da autoridade de Bernard Lewis confirme essa tese oficial".

[245] "Arméniens, cela s'appelle un génocide". *Le Monde*, 27 nov. 1993.

[246] A esse respeito, ver p. 41.

das guerras intestinas já descritas, a controvérsia se expressa diante de outro tribunal. O livro é objeto de uma queixa prestada em 14 de maio de 1997. O caso é julgado em fevereiro de 1998 diante da 17ª Câmara do Tribunal de Grande Instância de Paris, e o julgamento entregue pelo vice-presidente Jean-Yves Montfort em 2 de abril de 1998. As conclusões do juiz só nos concernem por sua lista de argumentos; como nas sentenças precedentes, o cerne do debate concerne ao reconhecimento da "boa-fé", que depende do acordo com a jurisprudência de quatro critérios: legitimidade da meta perseguida, ausência de animosidade pessoal, seriedade da investigação e fiabilidade das fontes, prudência e moderação na expressão. No caso do historiador, o juiz Montfort lhe reconhece o direito de, através de seu livre exame crítico, formular uma apreciação que implique imputações difamatórias a atores, vivos ou mortos, dos acontecimentos que estuda, sob a condição de a justificar "apresentando a prova de sua fidelidade a suas obrigações científicas".[247]

A defesa argumenta que Chauvy cumpriu as obrigações da pesquisa científica, suscitando assim questões "que são afinal as de todos os historiadores do período, como o demonstrou a mesa-redonda organizada pelo jornal *Libération* em 17 de maio de 1997". O tribunal, em contrapartida, estabelece uma lista de erros e de faltas que eliminam o argumento da boa-fé: a excessiva importância atribuída ao "memorial Klaus Barbie", a insuficiência da documentação, a falta de hierarquização das fontes, de prudência na expressão e de crítica interna das fontes e documentos alemães, e, para terminar, o não uso de testemunhos.

Cinco dessas falhas evidenciam claramente uma insuficiência na aplicação do método histórico, já que procedem tanto de uma infração à regra da busca exaustiva de documentos quanto de um tratamento negligente das fontes. A propósito do "memorial Klaus Barbie", o juiz evoca uma falta de "verdadeira crítica" da parte de um autor que desacredita um documento para fazer a seguir dessas alegações a peneira através da qual os testemunhos dos Aubrac devem passar. O juiz acrescenta a mídia ao triângulo já evocado, história-justiça-memória, já que, ao mesmo

---

[247] BELLESCIZE, Diane de. "Aubrac, Lyon 1943", un cas exemplaire de condamnation d'un ouvrage pour diffamation par reproduction et insinuation ["Aubrac, Lyon 1943", um caso exemplar de condenação de um livro por difamação por reprodução e insinuação]. *Petites affiches*, n. 85, 17 jul. 1998, p. 24-33.

título que a defesa, evoca a mesa-redonda de 17 de maio como uma forma legítima de crítica, ao contrário da de Gérard Chauvy.

Fiel discípulo dos princípios da crítica histórica enunciados por Charles-Victor Langlois e Charles Seignobos no manual de base dos estudantes de história da Terceira República,[248] o juiz demonstra que Gérard Chauvy, ao deixar de ir aos Arquivos do Reno para consultar o dossiê do caso Curtil, ignorou documentos essenciais, ou certos documentos ligados ao dossiê do juiz Hamy. Uma das infrações seguintes sublinha ainda a retomada das categorias da crítica histórica pela justiça: "uma falta de crítica interna das fontes e documentos alemães". "O texto do Sr. Gérard Chauvy sofre de maneira geral do olhar suspeitoso que o autor lança sobre os feitos e gestos do casal Aubrac, atitude desprovida de objetividade e pouco conforme ao método crítico que se impõe ao historiador."[249]

> Não cabe ao tribunal fazer história, julgar a exatidão dos trabalhos científicos ou decidir sobre as controvérsias suscitadas por estes, que são do domínio da apreciação dos eruditos e, em última instância, da opinião pública. Contudo, a missão do juiz o obriga a não abdicar em proveito do cientista (ou daquele que se diz tal) e a dizer o certo, contribuindo a seu modo para a regulação das relações sociais. O juiz não poderia assim, em nome de um imperativo superior de verdade histórica, renunciar a proteger o direito à honra e à consideração daqueles que, precipitados na tormenta da guerra, foram seus atores forçados, mas valorosos. [...] Erguidos por seus contemporâneos ao estatuto de mitos ilustres, esses homens e mulheres não se tornaram por isso meros objetos de estudos, desprovidos de sua personalidade, privados de sensibilidade, expropriados de seu próprio destino para fins de utilidade científica. [...] Por ter esquecido isso, por ter perdido de vista a responsabilidade social do historiador, e por ter faltado às regras essenciais do método histórico, o acusado Gérard Chauvy não pode receber o benefício da boa-fé.[250]

---

[248] LANGLOIS, Charles-Victor; SEIGNOBOS, Charles. *Introduction aux études historiques*. Paris: Hachette, 1898, reed. Kimé, 1992 [Edição brasileira: *Introdução aos estudos históricos*. Tradução de Laerte de Almeida Morais. São Paulo: Renascença, 1946].

[249] Bellescize (1998, p. 33).

[250] Bellescize (1998, p. 33).

Decerto, essa sentença do juiz francês traduz uma crescente tendência no Ocidente a contrabalançar o peso atribuído à verdade histórica com o direito da justiça de julgar a fidelidade da disciplina a seus próprios preceitos. Na Alemanha e na Áustria, o processo movido contra o historiador Hans Schafranek suscita a mesma análise.[251] Em 1990, esse colaborador da DÖW (Centro de Documentação da Resistência Austríaca), publica um livro sobre os antifascistas austríacos entregues à Gestapo pelo NKVD,[252] novecentas pessoas, das quais trezentas e cinquenta entregues no período do pacto germano-soviético. Um dos primeiros testemunhos a esse respeito foi o de Margaret Buber-Neumann. A esse propósito, o livro analisa as controvérsias que ocorreram depois de 1945, sobretudo na Alemanha, sobre o tema das expulsões. Por isso, e mais precisamente por ter citado certos testemunhos ligados a essas controvérsias, Schafranek se viu no centro de longos trâmites judiciais, "que poderiam ter graves repercussões para todos os pesquisadores em história contemporânea".[253] Esse processo decorria da evocação de outro processo por difamação ocorrido em Frankfurt em 1951-1952. Naquela ocasião, um dos detratores de Margaret Buber-Neumann, Carlebach, acusado de ter tido um comportamento partidário no seio do campo de Buchenwald, chegando ao ponto de designar para o bloco das experiências médicas uma detenta que ele acusava de trotskismo, defendeu-se denunciando a referida deportada como agente americana e trotskista. Tendo se tornado a seguir presidente da Associação dos ex-detentos de Buchenwald e Dora, Carlebach ataca na justiça Schafranek e seu editor por terem citado as acusações de 1951.

Nenhum dos fatos referidos por Schafranek foi contestado. Carlebach, não podendo refutar os pontos centrais do livro, ataca um ponto secundário: as afirmações das testemunhas, Cohn e Kautsky, sobre seu comportamento como chefe de bloco em Buchenwald.

---

[251] GROPPO, Bruno. Le cas Schafranek: un historien devant la justice [O caso Schafranek: um historiador diante da justiça]. *L'Homme et la Société*, n. 116, abr./jun., 1995, p. 77-90.

[252] SCHAFRANEK, Hans. *Zwischen NKVD und Gestapo. Die Auslieferung deutscher und österreichischer Antifaschisten aus der Sowjetunion an Nazideutschland 1937-1941* [Entre o NKVD e a Gestapo. A extradição de antifascistas alemães e austríacos da União Soviética para a Alemanha nazista 1937-1941]. Frankfurt: ISP, 1990.

[253] Groppo (1995, p. 80).

As decisões da justiça foram contraditórias. No penal, a sentença do juiz, lavrada em 13 de junho de 1991, isenta o réu:

> O acusado Schafranek fez citações, no contexto de um livro de história, a partir de fontes acessíveis a todos. Ele não fez nenhuma afirmação pessoal visando o queixoso Carlebach. A tarefa do historiador é precisamente restituir, apresentar e mesmo apreciar e avaliar a história contemporânea com base em declarações feitas por terceiros que são em parte atores dessa história contemporânea. Em nenhum ponto dos parágrafos em questão se constata que o acusado Schafranek se identifique com as afirmações dos contemporâneos que dizem respeito a Carlebach ou que ele pretenda fazê-las suas.[254]

Já o Tribunal de Grande Instância de Frankfurt, em agosto de 1991, resolve proibir a difusão das afirmações contidas nas passagens incriminadas com os seguintes argumentos:

> O direito legítimo de um autor de citar, no contexto de um trabalho de história, as afirmações de terceiros, sobre a veracidade das quais não dispõe de nenhuma possibilidade de prova, encontra seu limite, [...] de acordo com a opinião unânime da jurisprudência e da literatura a respeito, ali onde aquele que cita não submete a discussão as citações do terceiro e, assim, as faz suas. [...] Já que o acusado [...], por intermédio de seu livro ou das passagens incriminadas extraídas deste, prejudica a honra do queixoso sem apresentar a prova da verdade das afirmações difamatórias, a pretensão do queixoso a tornar ilegível essas passagens no livro do acusado está fundada em direito.[255]

Segundo as reações de muitos historiadores alemães, é a própria possibilidade de fazer história contemporânea que se vê assim ameaçada.[256] Schafranek recebe então o apoio de cinquenta historiadores por ocasião da 27ª Conferência Internacional dos Historiadores do Movimento Trabalhador em Linz, de 10 a 13 de setembro de 1991 e,

---

[254] Groppo (1995, p. 85).

[255] Groppo (1995, p. 85).

[256] MITTEN, Richard. lm Gericht der Geschichte [No tribunal da história]. *Österreichische Zeitschrift für Geschichtswissenschaft*, n. 1, 1992, p. 83, citado por Groppo (1995).

na sequência, um texto em seu favor conta com a assinatura de mais duzentos e vinte historiadores e jornalistas. A corporação unânime sublinha o trabalho crítico do historiador, que não se identificou aos testemunhos de Cohn e Kautsky:

> Pelo contrário, ele se limitou a citar suas declarações, sem formular a respeito dessas uma opinião pessoal. Desse modo, respeitou perfeitamente a deontologia científica e as regras do ofício de historiador, como isso foi unanimemente reconhecido na comunidade científica, a única qualificada para manifestar um julgamento a esse respeito.[257]

Ao recorrer, Schafranek se vê obrigado a lutar no terreno definido pelo Tribunal de Grande Instância de Frankfurt, já que se esforça por apresentar provas da veracidade dos testemunhos de Cohn e Kautsky. A propósito da intenção de, por razões políticas, se livrar de um companheiro de detenção designando-o para experiências médicas sobre o tifo, Schafranek consegue uma testemunha. Mas as outras passagens incriminadas devem ser retiradas e as afirmações mencionadas só podem ser retomadas sob a condição de prová-las ou de tomar explicitamente distância delas. Essa vitória de Pirro sugere a seguinte conclusão a Bruno Groppo:

> O tribunal atribuiu (ou, antes, arrogou) a si mesmo um direito – o de determinar as regras a serem observadas no trabalho do historiador – que não é de sua alçada e sim, unicamente, da competência da comunidade científica. [...] Um sério risco pesa de agora em diante sobre a pesquisa em história contemporânea. De acordo com o julgamento de Frankfurt, de fato, o historiador deverá doravante, quando cita as afirmações contidas num documento, ou se distanciar explicitamente delas ou apresentar ele próprio a prova, em sentido judicial, de que elas correspondem à verdade.[258]

Semelhante petição remete à teoria das profissões cuja capacidade de se autoavaliar constitui um critério essencial. Mas devemos ler da mesma maneira a intervenção dos tribunais alemães?

[257] Groppo (1995, p. 85).
[258] Groppo (1995, p. 90).

O autor do artigo vê aqui as consequências do império da testemunha sobre a história contemporânea e o consequente desapossamento dessa história. Esse conflito indiscutível é maravilhosamente resumido por Renaud Dulong quando recorda a lógica da testemunha que tende à manutenção do passado "ao mesmo tempo como enigma, como escândalo e como interpelação", ao passo que o historiador reduz os acontecimentos à linearidade do encadeamento entre causa e consequência, dissolvendo os segredos do passado".[259] Expondo-me ao risco de ir na contracorrente, reitero a hipótese formulada a propósito dos casos franceses: o julgamento dos historiadores se tornou uma matéria reconhecida demais para ser abandonada à poeira das bibliotecas. Como a língua de Esopo, esse reconhecimento demonstra ser a melhor e a pior das coisas. Socialmente reconhecido, o discurso do historiador entra no jogo social e se expõe às instâncias habilitadas a decidir os conflitos cujo teatro é a sociedade. A análise estabelece portanto a hipótese de um sistema de relações em que a *expertise* histórica deixa de praticar a arte pela arte e se depara, em contrapartida, com sua responsabilidade civil; a justiça adquire assim o direito de ditar a norma da comunidade dos historiadores quando esta é atacada por atores sociais.

Essa força renovada do discurso do historiador acarreta efeitos que a corporação geralmente recusa. As tomadas de posição de Madeleine Rebérioux, então vice-presidente da Ligue des droits de l'homme [Liga dos Direitos do Homem] e professora de História Contemporânea, atestam essa recusa a pagar um preço. A historiadora de Jaurès lê no julgamento das posições de Bernard Lewis quanto ao genocídio armênio tão somente um entrave à liberdade de expressão:

> É a liberdade de expressão que se vê assim posta em questão: ela que consideramos, na democracia, como um elemento fundamental do jogo político; é preciso ter cuidado para não declarar culpados, ainda que em nome de uma comunidade ferida, enunciados que procedem dessa liberdade essencial.[260]

---

[259] DULONG, Renaud. *Le Témoin oculaire, les conditions sociales de l'attestation* [A testemunha ocular, as condições sociais da atestação]. Paris: EHESS, 1998, p. 220.

[260] REBÉRIOUX, Madeleine. "Les Arméniens, le juge et l'historien" [Os armênios, o juiz e o historiador]. *L'Histoire*, n. 192, out. 1995, p. 98.

Aos seus olhos, o juiz raciocina de maneira tortuosa, de um lado proclamando a liberdade de expressão do historiador, de outro limitando-a por ter infringido as regras do ofício de historiador ao ocultar fatos contrários a sua tese: "Aluno Lewis, chapéu de burro! Em suma, o que é concedido ao historiador com uma mão é retirado dele com a outra". Para Madeleine Rebérioux, o que se anuncia aí é o perigo de uma história escrita nos tribunais sob a férula dos juízes em lugar do livre debate científico: "Discussões que não concernem apenas os problemas candentes de hoje, mas outros, muito mais antigos, reavivados pela memória e pelas lágrimas, correm o risco de ser decididas de agora em diante nos tribunais.

Recusando uma história escrita pelo direito, Madeleine Rebérioux tinha formulado, quase do mesmo jeito, seu rechaço à Lei Gayssot.[261] Aqui o debate é um pouco diferente, trata-se apenas da sanção *a posteriori*; não da norma em matéria de interpretação, mas dos efeitos da palavra historiadora no corpo social. Preservar o estatuto de uma palavra historiadora livre da responsabilidade faz dela uma simples opinião; ao passo que, como acredito ter demonstrado, a autoridade crescente do *expert* em história e o consumo social ascendente de suas "sentenças" implicam por tabela o corolário do poder e da eficácia: a responsabilidade. Mais do que contradizer o ponto de vista de Madeleine Rebérioux, creio desvelar a lógica subjacente que leva da absolvição de Michèle Cotta nos anos 1960 à condenação de Bernard Lewis. A nova força das opiniões do historiador confere a este um papel renovado, senão inédito, numa sociedade que articula cada vez mais a memória, a história e o direito. O comparecimento diante dos tribunais, por mais chocante que pareça aos defensores do enclausuramento acadêmico, é uma consequência lógica da mutação do papel do historiador.

Na prática, a situação cria um mal-estar de que a corporação toma consciência em momentos de reprodução anteriormente mantidos afastados das turbulências da vida pública, como a eleição contestada e disputada de Gilles Veinstein para o Collège de France. Por certo, houve no passado algumas eleições conturbadas para o Collège, na época muito ligadas aos conflitos entre a Igreja e o Estado.[262] Os historiadores

---

[261] REBÉRIOUX, Madeleine. "Le génocide, le juge et l'historien". *L'Histoire*, n. 138, nov. 1990, p. 92-94.

[262] Refiro-me à eleição do reverendo padre Schell.

reivindicam esse papel sem nenhum problema quando se dizem habilitados a um direito de acesso privilegiado aos arquivos, quando afirmam poder ler com um olhar mais responsável que o cidadão normal papéis que poderiam perturbar a vida do Estado ou o segredo das famílias. Com a batalha em torno dos arquivos fica clara a pretensão dos historiadores de se tornarem os intercessores privilegiados entre a publicidade do passado, digerido em história, e os segredos necessários do presente. Contudo, essa capacidade autoproclamada implica efeitos que a corporação não deseja: ela sonha com a responsabilidade na impunidade, sem contas a prestar salvo aos pares. Mas esse sonho de uma profissionalização fechada, a salvo do olhar do profano, se torna um modelo caduco. As grandes profissões sobre as quais tinha se modelado a sociologia das profissões à maneira anglo-saxônica, a medicina e as profissões jurídicas, entraram no lote comum da responsabilidade civil; mesmo a todo-poderosa Ordem Nacional dos Médicos se resigna hoje a constatar a irrupção dos processos civis em seu universo.

Nesse estágio, nossa investigação já se encontra respaldada nos elementos oferecidos pelos casos franceses e norte-americanos. Se os sintomas foram descritos de maneira pertinente, não há dúvida: ainda incipiente, uma nova figura do historiador emerge, meio sufocada sob o peso do prestígio acadêmico. E afirmo desde já que essa mutação não se limita a remunerações por serviços de um novo tipo; pressinto que a justificação desses novos papéis está implicitamente ligada a uma deontologia e a uma epistemologia renovadas da disciplina.

Busquei a origem desse movimento em diversas direções. Em certo sentido, a história é tocada *in fine* pelo grande movimento de contraponto à democracia consagrado no Ocidente pelo reinado do *expert*. Diante desse crescimento de uma demanda de história fundada na coerência e na *performance*, a outra grande via foi a convocação de historiadores a serviço da redescoberta, da restauração, quando não da invenção de uma identidade. Identidade de um grupo minoritário que defende seus bens culturais, *corporate identity* das empresas, o historiador se vê como o especialista inconteste da pesquisa em identidade perdida ou por inventar, como isso foi demonstrado.

Na França, o interesse pela "história aplicada", embora longe de ter atingido a mesma extensão que atingiu nos Estados Unidos,

A RECEPÇÃO FRANCESA. O ESTATUTO INENCONTRÁVEL DE UMA HISTÓRIA APLICADA

exerceu mesmo assim uma ação difusa, trazendo sua marca própria à reflexão sobre a função social do historiador.

> Nesse terreno do papel do historiador na sociedade, o exemplo mais recente e mais contundente é o da comissão de historiadores constituída por iniciativa do cardeal Decourtray a propósito do "caso Touvier". Iniciativa notável do arcebispo de Lyon que, para lançar luz sobre uma questão de caráter nacional, achou por bem nomear uma comissão de especialistas, aos quais abriu os arquivos eclesiásticos e à *expertise* dos quais se remeteu para esclarecer uma história confusa, de mais de meio século, por meio de um relatório tornado público. Depois de um paciente e rigoroso trabalho, conduzido cientificamente por mais de dois anos, a comissão produziu um relatório alentado que imediatamente ganhou autoridade e obteve uma audiência considerável (mais de 10 mil exemplares foram vendidos em poucas semanas). A empreitada era tão ousada quanto delicada, pois sujeita a qualquer momento a diversos incidentes de percurso. No final, o resultado, confirmando o prestígio da disciplina e a instrumentalizando, ofereceu uma excelente ilustração da harmonia que pode existir entre uma *démarche* histórica plenamente científica e a demanda social.[263]

Seja qual for o grau de denegação das contradições inerentes à coabitação dos diferentes papéis do historiador, tenho a intuição de que há mesmo uma novidade, mas de que natureza?

Durante a Segunda Guerra Mundial, Lucien Febvre parecia anunciar de maneira premonitória esse movimento:

> Pois a história não apresenta aos homens uma coleção de fatos isolados. Ela organiza esses fatos. Explica-os e, para explicá-los, transforma-os em séries a que não atribui a mesma atenção. Pois, queira ou não, é em função de suas necessidades presentes que ela coleta sistematicamente, classifica e agrupa os fatos passados. É em função da vida que ela interroga a morte

---

[263] POLLAK, Michaël. L'historien et le sociologue: le tournant épistémologique des années 1960 aux années 1980 [O historiador e o sociólogo: a virada epistemológica dos anos 1960 aos anos 1980]. In: *Écrire l'histoire du temps présent*. Paris: CNRS, 1993, p. 339-340.

[...]. Organizar o passado em função do presente: eis o que se poderia chamar a função social da história.[264]

Só falta um detalhe: a encarnação dessa ambição em figuras sociais determinadas.

A distância a percorrer é ainda maior do que se poderia imaginar quando relemos os enunciados de Charles Morazé no imediato pós-guerra: depois de constatar a atração exercida pelas novas ciências sociais sobre o mercado industrial, ele acrescenta:

> Mas a busca por tais sucessos não deve nos afastar do ponto central onde a teoria é concebida. A história não sofre as mesmas tentações de uma prática, mas o gosto do público pelas narrativas que ela inspira não contribuiu, nem entre os editores nem nos anfiteatros, para desenvolver o interesse por difíceis abstrações...[265]

Postulando a novidade do papel social atribuído ao historiador não terei privilegiado excessivamente as novidades em relação à massa da produção histórica? Não terei, ainda por cima, negligenciado os fenômenos análogos ocorridos desde a fundação da profissão? É preciso, portanto, retomar o itinerário percorrido desde o fim do século XIX, desde o momento em que se fixaram as regras de uma nova profissão: a profissão histórica.

[264] FEBVRE, Lucien. Vers une autre histoire [Rumo a uma outra história]. *Combats pour l'histoire*. Paris: A. Colin, 1953, p. 420-438 [Edição portuguesa: *Combates pela história*. Tradução de Leonor Martinho Simões e Gisela Monis. Lisboa: Editorial Presença, 1977].

[265] MORAZÉ, Charles. *La Logique de l'histoire*. Paris: Gallimard, 1967 [Edição brasileira: *A lógica da história*. São Paulo: Difel, 1970].

II
O erudito e o professor
1860-1920

1.

Como Gabriel Monod fazia os mortos falarem: os modelos de referência do papel social do cientista

Em busca do ideal

O intérprete pode privilegiar textos importantes aos olhos de seu autor ou obras de menor valor, trabalhos secundários tidos por negligenciáveis. Em matéria de pintura, esse desvio abriu caminho para a *expertise* de arte no fim do século XIX, quando o método indiciário de um Giovanni Morelli se concentrava nos detalhes anódinos ou inconscientes da obra dos mestres para discernir a verdadeira marca de suas maneiras de fazer; ele identificava assim as obras do *Quattrocento* graças a uma catalogação das faturas dos lóbulos de orelhas, das unhas... em Botticelli e em seus contemporâneos, e não nas assinaturas explícitas próprias a cada escola, como o sorriso em Leonardo da Vinci ou os olhos erguidos para o céu em Perugino.[266] Essa pista é a da desconfiança, do implícito, do inconsciente da verdade das coisas, dos seres e dos grupos no seu íntimo.

Sua fecundidade levou a uma estratégia da suspeita que suscita a desconfiança em relação às intenções, às afirmações conscientes e voluntárias e, por via de consequência, aos textos, já que lidaremos com textos, reconhecidos como importantes. Com os quarenta e sete necrológios assinados por Gabriel Monod na *Revue historique*, de 1886 a 1911,

---

[266] GINZBURG, Carlo. Traces. Racines d'un paradigme indiciaire. In: *Mythes, emblèmes, traces. Morphologie et histoire*. Paris: Flammarion, 1989 (ed. original 1986), p. 139-180 [Edição brasileira: Sinais: raízes de um paradigma indiciário. In: *Mitos, emblemas e sinais*. Tradução de Rosa Freire d'Aguiar e Eduardo Brandão. São Paulo: Companhia das Letras, 2012].

dos seus 42 anos até as vésperas de sua morte (1912), infiltro-me num espaço intervalar. Aparentemente, esses são textos secundários; não por se tratar de historiografia, de história da disciplina: a lembrança do tema abordado por Gabriel Monod na cátedra fundada para ele no Collège de France pela marquesa Arconati-Visconti bastaria para demonstrar que este é para ele um tema que rivaliza com a crítica das fontes da história merovíngia. O artigo que abre a coleção da *Revue historique* o confirma, e uma descrição estatística de sua produção o comprova: o discurso sobre a história e sobre os historiadores representa uma pedra angular da empreitada do pai da história "positivista".[267] Porém, esses textos, salvo poucas exceções, são escritos muito breves, e sua dimensão ritual, quase obrigatória, faz deles o arquétipo dos escritos automáticos que falam muito involuntariamente. Na verdade, não é nada disso: os quarenta e sete necrológios de Gabriel Monod constituem um *corpus*, em que, voluntária, consciente e deliberadamente, o autor expressa, sem rodeios, uma concepção da disciplina, da ciência, do historiador, da comunidade histórica e, finalmente, de seu lugar na sociedade.

Logo de início, a equipe da *Revue historique* tinha insistido sobre a importância dos boletins críticos, das resenhas e, por fim, da crônica para a organização da nova ferramenta profissional. Inspirada pelos exemplos alemães, e mais diretamente pelo da *Revue critique d'histoire e de littérature*, a revista de Monod e Fagniez se concebia mais como o fermento de uma nova exigência científica, como o lugar de prescrição de uma polícia do discurso,[268] como o teatro da regulação das relações entre os historiadores, do que como o lugar de publicação de artigos inéditos. Esses textos indicam a função que o grupo dos pares atribui ao defunto reconhecido como membro, num grau mais ou menos marcante, da comunidade

---

[267] RIOUX, Rémy. *Gabriel Monod. Visions de l'histoire et pratique du métier d'historien (1889-1912)* [Gabriel Monod. Visões da história e prática do ofício de historiador (1889-1912)]. Dissertação de mestrado, Universidade Paris-1, 1990, dir. Alain Corbin e Alice Gérard (20% dos trabalhos de Gabriel Monod, 30% incluídos os trabalhos sobre Michelet). A *Revue historique* representa 42% (dos títulos) da produção histórica de Gabriel Monod: "Nosso Gráfico 1 mostra também que Gabriel Monod redige cada vez mais necrológios ao longo desses anos 1890, sinal por excelência de seu poder profissional. Grande ordenador fúnebre da república historiadora, Gabriel Monod domina o tom do elogio e traça retratos de que se depreendem também os múltiplos traços do historiador ideal" (p. 159).

[268] FOUCAULT, Michel. *L'Ordre du discours*. Paris: Gallimard, 1976 [Edição brasileira: *A ordem do discurso*. Tradução de Laura Fraga de Almeida Sampaio. São Paulo: Loyola, 2013].

científica. De fato, a "polícia" do discurso disciplinar não delimita apenas os enunciados aceitáveis e as questões pertinentes, ela define o grupo dos interlocutores creditados. Esse trabalho de construção do grupo se faz pelo viés das resenhas cuja prática, da *Revue critique d'histoire et de littérature,* passando pelo *Anné sociologique* até os primeiros números dos *Annales,* demonstrou seu papel essencial.[269] No entanto, se a análise das resenhas suscitou pesquisas, a prática necrológica das revistas históricas permaneceu na sombra.[270] No caso particular dos necrológios da *Revue historique,* o papel de anúncio legal que permite conhecer o círculo dos historiadores é cumprido com uma pontualidade notável, como atesta sua frequência.

Porém, os necrológios assinados por Gabriel Monod se distinguem das notas anônimas de três a cinco linhas que ocupam uma parte apreciável do boletim ou da crônica profissional. Parte integrante do dispositivo de construção da comunidade dos historiadores, os textos de Gabriel Monod assumem explicitamente como missão construir o retrato do historiador ideal, elaborar os valores da ciência, inventar as modalidades da comunidade dos historiadores. A *Revue historique,*

	França	Alemanha	Resto	Total
1876–1880	60	18	41	119
1881–1885	115	113	124	352
1886–1890	113	110	112	335
1891–1895				295
1896–1900				275
1901–1905				180
1906–1910	40	53	76	169
1911–1915	241	18	108	367
1921–1925	52	8	30	90
1926–1930	71	6	51	128
1931–1935	51	7	49	107

Estatística dos necrológios da *Revue historique,* 1876-1935.

[269] MÜLLER, Bertrand. Critique bibliographique et construction disciplinaire: l'invention d'un savoir-faire [Crítica bibliográfica e construção disciplinar: a invenção de um *know-how*]. *Genèses,* n. 14, 1994, p. 105-124.

[270] STEIG, Margaret. *Origins and Development of Scholarly Historical Periodicals* [Origens e desenvolvimento dos periódicos históricos acadêmicos]. Atlanta, Geórgia: Alabama University Press, 1986. Embora analise as resenhas das revistas estudadas, o livro ignora os necrológios.

ao longo dos trinta e seis anos que Gabriel Monod lhe consagra, atesta essa concepção ideal do papel do historiador; através de suas resenhas e dos necrológios da revista, o pai fundador recorda, incansável, o que o historiador deve ser para cumprir sua missão. Nas mais de cento e vinte páginas desses quarenta e sete necrológios, de exemplos em contraexemplos, ele estabelece o retrato do historiador majestoso, aquele que justifica a confiança de uma sociedade. Das celebridades aos obscuros do ofício, passando pelos rivais da *Revue des questions historiques*, Monod distribui elogios e reservas a partir de sua balança de pesar historiadores. Tudo começa dez anos após a fundação da *Revue historique*. Monod tem então 42 anos e é diretor de estudos na 4ª Seção da École pratique des hautes études [Escola Prática de Altos Estudos] (EPHE) e mestre de conferências na Escola Normal Superior (ENS) para a qual Fustel de Coulanges o chamou em 1880. Durante estes anos que veem desaparecer Ernest Renan, Hippolyte Taine e Numa Denys Fustel de Coulanges, Monod parece exercer uma autoridade total, partilhada unicamente com seu *alter ego* Ernest Lavisse, sobre o mundo da história na França, e logo uma "realeza científica" como ele próprio escreveu a respeito de Georg Waitz.

Fato excepcional, é com Georg Waitz que começa a série de necrológios, com um estrangeiro pois, um alemão, o mestre dos estudos medievais em Göttingen, depois em Berlim, o continuador da obra de Pertz na direção das *Monumenta Germaniae Historica*. A seguir, Monod deixará sempre aos cuidados de Reuss, seu colaborador alsaciano, as crônicas de além Reno,[271] mas o primeiro necrológio fixa o modelo do historiador em majestade, aquele junto a quem se ia "receber o batismo científico", aquele a quem Monod queria se assemelhar, o padrão com que se medirão todos os mortos por vir:

> [Waitz] deixa atrás de si todo um povo de trabalhadores que ele penetrou com seu espírito, com seu respeito pelo passado, com seu amor pela verdade, e que continuam sua obra como desejava que fosse continuada, com total independência, mas

---

[271] Com exceção do necrológio do jornalista, advogado e político Bamberger, que deixa adivinhar laços de amizade constituídos desde a primeira estadia de Monod na Alemanha.

com um profundo reconhecimento por aquele que permanecerá sempre para eles: *o Mestre.*[272]

Gabriel Monod se identifica com essa figura superior; a seus olhos, Georg Waitz encarna ao mesmo tempo as virtudes morais, as qualidades científicas e a sociabilidade científica sonhada. Por certo, Monod celebra os cursos do grande medievalista, suas qualidades de crítico, sua ciência da edição e até sua "capacidade de abarcar de uma só vez vastos períodos e ver as grandes linhas da história... apesar de seus escrúpulos de crítico, sentimos sempre que ele pertence a essa época de pujança e de fecundidade intelectual que produziu os Niebuhr, os Grimm, os Ranke e os Mommsen". Porém, o mais marcante permanece aquilo pelo que os próprios alunos de Monod gostavam de celebrá-lo, seu valor moral:

> Dava para sentir que Waitz colocava toda sua alma em seu ensino familiar e direto, que via ali uma obra moral ao mesmo tempo que uma obra intelectual a realizar, que queria formar homens ao mesmo tempo que cientistas, e que dava o melhor de si mesmo.

Honestidade, desprendimento, sacrifício de si aos interesses da ciência, a saber, a verdade, a retidão e, por fim, a bondade que Gabriel Monod evoca recordando as palavras de Waitz a um discípulo francês que voltava para casa em 1870, quando a guerra já se preparava: "Deus abençoe sua pátria".[273] E aqui o leitor crê adivinhar a emoção que invadiu Gabriel Monod à evocação de uma lembrança pessoal confessada ao mesmo tempo que calada. Até em seus limites e em sua capacidade de superá-los, Georg Waitz é descrito como a figura ideal:

> Waitz chegou a demonstrar, em sua edição das cartas de sua sogra, a Senhora Schelling [...], qualidades de literato e psicólogo, ainda que sua natureza reta e sã, além de sua rigidez

---

[272] MONOD, Gabriel. Georges Waitz. *Revue historique*, t. 31, 1886, p. 382-390, citação p. 390. A apresentação bibliográfica dos necrológios redigidos por Monod retoma a utilizada por BÉMONT, Charles. *"Gabriel Monod", Annuaire 1912-1913, École pratique des hautes études, Section des sciences historiques et philologiques.* Paris: Imprimerie Nationale, 1912, p. 5-41.

[273] Monod (1886, p. 384): "Waitz, depois de manifestar a dor que a guerra lhe causava e as consequências funestas que previa, sobretudo para a França, tomou-lhe a mão e, muito emocionado, lhe disse ao deixá-lo: 'Deus abençoe sua pátria'".

protestante, fosse pouco feita para simpatizar com o sentimentalismo e a moral fantasiosa da época a que pertencia Caroline.

Parece até que vemos o próprio Gabriel Monod, herdeiro de uma linhagem de pastores, que se afasta da Associação Geral dos Estudantes de Paris em seguimento ao episódio do baile Bullier, em que a conduta destes é julgada escandalosa. Os valores científicos residem aqui mais no rigor, na permanência das aquisições e na força da demonstração do que na capacidade de sedução, na arte oratória ou na elegância do estilo: "Não era um orador, embora se elevasse por vezes à eloquência pela força de sua dialética e de seu pensamento".

As virtudes do cientista, do homem e do cidadão se reforçam reciprocamente, à imagem do quadro de 1876. Com a descrição da erudição e dos trabalhos dos filósofos do século XVIII, Gabriel Monod revela a verdadeira justificação do empreendimento histórico: "a essência e o verdadeiro interesse da história: o desenvolvimento da humanidade e da civilização". A *Revue historique,* que se gaba de sua abertura de espírito, é criada com a ideia de que a história pode ser estudada em si mesma, e sem se preocupar com as conclusões que podem ser tiradas dela a favor ou contra tal crença, "pois o papel do historiador consiste antes de tudo em compreender e explicar, não em louvar ou condenar". Esse papel não se limita a uma investigação que só serviria para sua satisfação egoísta. Essa capacidade de restituir a verdade do passado deve estabelecer a "necessária solidariedade que une às gerações anteriores" e ao mesmo tempo superar as tradições a fim de seguir rumo ao progresso. "É assim que a história, sem se propor *outra meta e outro fim que não o proveito que se tira da verdade,*[274] trabalha de uma maneira secreta e segura para a grandeza da Pátria e para o progresso do gênero humano."[275]

O retrato individual é acompanhado de uma visão do que a cidade dos cientistas deve ser: um segundo modelo de identificação depois do pai, a comunidade. Parece que vemos a descrição feita por Paul Frédéricq, aluno de Gabriel Monod na EPHE em 1882, de como os pupilos deste se reuniam no número 62 da Rua de Vaugirard, no

[274] Citação de La Popelinière.

[275] MONOD, Gabriel. "Du progrès des études historiques en France depuis le XVIe siècle" [Do progresso dos estudos históricos na França desde o século XVI]. *Revue historique,* t. 255, 1976, p. 297-324, citação p. 324, primeira publicação no primeiro número da revista em 1876.

domicílio do mestre, tal os discípulos do grande Waitz: "à noite, no gabinete de trabalho da bela casa que ele ocupava em Göttingen, na frente da universidade". Essa confraternidade que une o mestre aos alunos anuncia o caráter cumulativo da ciência, fruto de uma solidariedade entre as gerações, em que os críticos de hoje se apoiam sobre as aquisições de ontem; assim, o necrológio matriz propõe a grade de leitura que, ao longo de quarenta e seis biografias, edifica o retrato do grupo ideal dos historiadores em suas aptidões individuais e coletivas.

O rosto do historiador

O historiador escreve história e a pratica como uma ciência. Essa descrição inicial dissimula uma grande complexidade, pois remete às qualidades intelectuais do indivíduo e a uma organização social, a uma divisão social do trabalho histórico. A taxonomia não é neutra; ela prescreve, tanto quanto reflete, um estado da arte. Se nos reportamos aos critérios objetivos de Gabriel Monod, uma primeira fronteira se estabelece entre aqueles que vivem de uma atividade histórica e aqueles que podem consagrar a ela seu tempo livre — ricos, aposentados... A distinção entre a carreira da erudição, o emprego nos arquivos, a função professoral e aqueles que não são historiadores profissionais é muito clara. Essa vontade de profissionalização reflete em parte a mudança engendrada pelas novas estruturas da universidade e da EPHE, mas também as escolhas de Gabriel Monod: trata-se tanto de uma descrição quanto de uma prescrição, pois a atividade das sociedades científicas atinge então seu auge.[276] E, no entanto, com o correr dos anos, a parte dos cientistas remunerados aumenta. Como já deixavam transparecer os qualificativos atribuídos de acordo com o estatuto e a origem das remunerações, os critérios de seleção de Gabriel Monod evoluem progressivamente. Embora nem todos os amadores esclarecidos sejam privados do qualificativo de "historiadores", o duque d'Aumale não faz parte da tribo dos historiadores, nem

---

[276] O fenômeno tinha raizes na presença de uma numerosa elite social que vivia de rendas, como aliás o comprova a colaboração na *Revue historique* de oito historiadores "voluntários", que nada ganhavam fazendo história. Em duas ocasiões, Gabriel Monod evoca claramente a fortuna pessoal como o suporte da atividade científica.

Agénor Bardoux, e mesmo o marquês Fresne de Beaucourt, fundador da *Revue des questions historiques* não passa de um erudito trabalhador.

Mas, em sua atividade intelectual, sejam profissionais ou não, como são descritos aqueles que escrevem história? Duas grandes categorias designam na época essa operação. Monod permanece fiel à grade de leitura dentro da qual pensou o nascimento de uma história científica, aliança do erudito e do historiador, em contraposição ao amador/colecionador e ao mero narrador. Seu empreendimento historiográfico tende à reconciliação entre a Escola Normal Superior e a École des Chartes. Em 1907, essa visão rege ainda a descrição do ofício de historiador por Albert Sorel: "Afirmo que, sem erudição, não teria havido história; mas afirmo também que, sem historiadores, não teria havido eruditos".[277] A título retrospectivo, ela organiza ainda a disciplina no livro de dois professores de história da Faculdade de Letras de Clermont em 1913: "Os eruditos e os historiadores não estão mais divididos em dois clãs rivais: formam agora um único exército; torna-se impossível escrever a história para quem quer que não seja capaz de pesquisar e criticar as fontes que servem para escrevê-la."[278]

Nos necrológios de Monod, o erudito e o historiador se aproximam sem se confundir. Fustel de Coulanges, Renan, Darmesteter podem acumular essas duas denominações, Arthur Giry pode encontrá-las na forma do par erudito/escritor, mas na maior parte dos casos o erudito permanece distinto do historiador.[279] As associações de termos falam por si só: o filósofo pode ser ao mesmo tempo historiador, mas não erudito, a exemplo de Taine. O erudito se revela cientista, crítico, mas nunca se dirá dele que é um escritor (à exceção de Giry).

O *chartiste*, diplomado na École des Chartes, é erudito por definição. Só a juventude ou a proximidade com o próprio Monod podem

---

[277] SOREL, Albert. Discours à la Société libre de l'Eure, 14 mai 1905. In: *Louis Passy, Albert Sorel à la Société libre de l'Eure*. Evreux: Hérissey, 1909, p. 28, retomado em LE POTTIER, Jean. *Histoire et érudition: Recherches et documents sur le rôle de l'érudition médiévale dans l'historiographie française du XIXe siècle* [História e erudição: pesquisas e documentos sobre o papel da erudição medieval na historiografia francesa do século XIX], tese apresentada à École des Chartes em 1979, p. 277. Esse trabalho de primeira ordem não foi publicado. Agradeço ao autor por ter me autorizado a citá-lo.

[278] Le Pottier (1979, t. 2, p. 280), citação de Louis Bréhier e Gabriel Desdevisses du Dezert, *Le Travail historique* [O trabalho histórico]. Clermont: Bloud, 1913, p. 13.

[279] 14 vezes em 20, de acordo com minha contagem.

salvá-lo desse qualificativo de que Gaston Paris escapa graças à extensão dos seus domínios de excelência, como a filologia e a romanística.

A litânia dos necrológios formaliza a existência de uma corporação ainda indistinta, já que a especialização se encontra apenas em germe. "A ciência histórica acaba de sofrer duas perdas sensíveis",[280] então, "com profunda tristeza", Gabriel Monod vê "desaparecer na força da idade um confrade".[281] A natureza dessa comunidade deixa ainda hesitante: trata-se da pátria da ciência ou do grupo dos que a servem? O cientista é roubado à ciência e a seus amigos, sua perda é a ocasião de um luto "que causou em toda Europa científica a mais dolorosa emoção".[282]

Total	1886-1895	1896-1900	1901-1911
28/47	8/15	10/18	10/14
59%	53,33 %	55, 5 %	71,4%

Proporção dos profissionais[283]

A ciência só se constrói por acumulação, ao preço de um labor coletivo paciente e metódico; o ser social do cientista implica o engajamento na cidade do poder e do debate como isso foi demonstrado, mas, além disso, o papel social do historiador, de acordo com Gabriel Monod, implica o engajamento na cidade do saber. O verdadeiro cientista procede no seio de sua comunidade de pares e de iguais; age a serviço de uma comunidade ela própria fiadora dos valores do saber. Essa insistência na devoção ao altar da reprodução científica se expressa abertamente.

Quando o seu mestre Waitz morre, Monod toma da pena para fazer um retrato do historiador como cientista e, sobretudo, exalta as virtudes do professor que colocava toda sua alma em seu ensino. Com emoção, recorda as próprias palavras de Waitz: "Minhas melhores obras são meus alunos; são aquelas de que mais gosto e, acredito, em que tive maior sucesso. Meus livros serão superados e esquecidos, mas terão

---

[280] Os professores, mestres de conferências da Sorbonne, da EPHE, da École des chartes e da Escola Livre de Ciências Políticas foram contados como profissionais, ainda que alguns deles, como Albert Sorel, tirassem boa parte de suas rendas de outra atividade. Somam-se aos professores dois filólogos alunos da Escola de Roma e três arquivistas/conservadores.

[281] MONOD, Gabriel. Desjardins (Abel) et Jourdain. *Revue historique*, t. 32, 1886, p. 107.

[282] MONOD, Gabriel. Chantelouze (R.). *Revue historique*, t. 36, p. 354-355, citação p. 354.

[283] MONOD, Gabriel. Bergaigne (Abel). *Revue historique*, t. 38, 1888, p. 366.

servido para formar cientistas que farão outros melhores."[284] Esse devotamento tem algo de oblação, pois o historiador se entrega de corpo e alma a esse culto para o qual prepara os jovens historiadores. Pierre Nora evocou esse retrato do historiador como sacerdote e *soldado*; o registro metafórico de Monod fala por si só: "Quando se queria trabalhar com a Idade Média, era preciso ir a Göttingen receber o batismo".[285] Após enumerar as funções eminentes de Waitz e seus grandes livros, Monod conclui com insistência: "Por mais notável, por mais duradoura que seja a obra de Waitz, acreditamos ainda que ele tinha razão ao dizer que a obra de que se sentia mais orgulhoso eram seus alunos". Para Monod, esse orgulho não nasce do caráter excepcional dos discípulos, mas do fato de ter transformado "as universidades alemãs num prodigioso ateliê científico, onde se preparam, através de pacientes análises, os materiais testados e resistentes que servirão para futuras sínteses". Com habilidade, a insuficiência dos sucessores de Waitz e de Mommsen é explicada como o fruto da interiorização pelos discípulos de seu dever de "historiadores e críticos", de não dizer nada de que não estejam seguros. A maior realização do "mestre" de Göttingen permanecerá decerto "esse povo de trabalhadores que ele penetrou com seu espírito, com seu respeito pelo passado, com seu amor pela verdade, e que continua sua obra".

E o leitor pode se divertir encadeando, sem cuidar com a cronologia, a litânia das deplorações coletivas que constrói a cada falecimento a comunidade dos historiadores; a história é uma família atingida por uma "perda cuja importância só será sentida por seus mestres e condiscípulos",[286] ou "uma perda sensível para os estudos históricos",[287] ou, melhor ainda, "uma das perdas mais sensíveis que poderiam atingi-los", a propósito da morte de Julien Havet.[288] Da "perda sensível para os estudos arqueológicos e para nossos museus nacionais" que o falecimento de Louis Courajod[289] representa à perda dolorosamente sentida por todos aqueles que se interessam pelos estudos históricos

---

[284] MONOD, Gabriel. Georges Waitz. *Revue historique*, t. 31, 1886, p. 384.

[285] MONOD, Gabriel. Georges Waitz. *Revue historique*, t. 31, 1886, p. 386.

[286] MONOD, Gabriel. Cadier (Louis). *Revue historique*, t. 42, 1890, p. 360-363, citação p. 360.

[287] MONOD, Gabriel. Chéruel. *Revue historique*, t. 46, 1891, p. 333-334.

[288] MONOD, Gabriel. Havet (Julien). *Revue historique*, t. 53, 1883, p. 326-328, citação p. 326..

[289] MONOD, Gabriel. Courajod (Louis). *Revue historique*, t. 62, 1896, p. 433.

por ocasião da morte de Paul Fabre,[290] o leitor compreende que por trás dos estudos históricos, por trás da metonímia dos "estudos", afirma-se a ideia de um laço, de uma produção coletiva do saber que une todos os membros dessa discreta fraternidade.

Como um baixo-relevo, esse dever de comunicar, de transmitir e de cooperar no seio de uma comunidade científica, Gabriel Monod o esboça quando celebra, com reserva, os méritos de Fustel de Coulanges:

> Fustel de Coulanges não era apenas um erudito que desdenhava os caminhos batidos e as opiniões estabelecidas, dando valor tão somente às ideias hauridas no estudo direto dos documentos originais; era um espírito de uma originalidade um pouco desconfiada e que se comprazia numa espécie de isolamento aristocrático, que acreditava só ter compreendido algo quando o via de modo diferente do de seus precursores e que, embora fingisse não levar em conta os escritos desses combatia-os o tempo todo indiretamente ao expor suas visões pessoais.[291]

Com a reserva necessária, pois o mundo dos historiadores não esqueceu as polêmicas severas que opuseram Monod a Fustel de Coulanges,[292] o diretor da *Revue historique* traduz tudo o que o opõe às práticas científicas do autor de *A cidade antiga*: o "isolamento aristocrático", a afirmação a qualquer preço da originalidade e da personalidade, em suma, o espírito de contradição sistemática e acrítica. Nos antípodas da solidão altaneira de Fustel de Coulanges, Gabriel Monod celebra a passagem de bastão que, de Gaston Paris a seus alunos, edifica o monumento da ciência:

> Os sucessores a quem ele lega sua bússola, sua colher de pedreiro e seu martelo têm apenas de continuar o que ele começou de acordo com seus princípios. Sua estátua permanecerá, com a de Diez, no umbral do monumento para receber a homenagem de todas as gerações de cientistas que trabalharão para sua conclusão. É com uma espécie de devoção religiosa que

---

[290] MONOD, Gabriel. Fabre (Paul). *Revue historique*, t. 70, 1899, p. 79-81.

[291] MONOD, Gabriel. Fustel de Coulanges. *Revue historique*, t. 41, 1882, p. 277-285, citação p. 277.

[292] HARTOG, François. *Le XIXᵉ siècle et l'histoire: Le cas Fustel de Coulanges* [O século XIX e a história: o caso Fustel de Coulanges]. Paris: PUF, 1988, p. 130-155.

todos os romanistas de todos os países souberam da morte do amigo e mestre deles.[293]

Profissional ou científica, a comunidade dos historiadores se deseja ao mesmo tempo francesa e europeia. Deplora-se assim "a gravidade da perda que as letras francesas, a ciência francesa, a pátria francesa acabam de sofrer" com a morte de Darmesteter, reservando-lhe ao mesmo tempo "um lugar de honra na estima da Europa cientista e letrada".[294] A evidência do laço entre o serviço da nação e o da ciência foi de início questionada. Questionamentos anacrônicos que acreditaram desmascarar o peso de uma ideologia dominante que teria pervertido historiadores inconscientes dos engodos. O que pesa aqui é a reivindicação do nacional e do patriótico. A "nacionalização das consciências"[295] é em parte o fruto premeditado do trabalho dos historiadores; sendo o joguete desse projeto, eles o reivindicam e acabam por identificá-lo como o centro de sua atividade profissional. Camille Jullian não vê outra maneira de desvelar a utilidade essencial da história:

> Por fim, o historiador se lembrará de que sua obra tem uma missão mais nobre que a de satisfazer uma vã curiosidade. Os escritores de que acabamos de falar aumentaram todos eles o renome da França e o patrimônio da verdade. Honraram a humanidade com sua energia e sua inteligência. Thierry, Taine, Fustel de Coulanges prestaram serviço à pátria tanto quanto "o soldado mutilado no campo de batalha". Gastaram, em proveito da ciência, suas forças e suas vidas; fizeram seu dever como homens.[296]

Cientista a serviço da pátria, resta apenas um passo para o papel de preceptor da pátria; o historiador parece professor por natureza, e esse papel parece indissociável de seu ser de historiador.

---

[293] MONOD, Gabriel. Paris (Gaston). *Revue historique*, t. 82, 1903, p. 63-74, citação p. 74.

[294] MONOD, Gabriel. Darmesteter (James). *Revue historique*, t. 57, 1895, p. 99-109, citação p. 99.

[295] A expressão evidentemente retoma as ideias de NOIRIEL, Gérard. *La Tyrannie du national* [A tirania do nacional]. Paris: Calmann-Lévy, 1992. Essas ideias decorrem elas próprias da corrente de reflexão iniciada por Benedict Anderson, Eric Hobsbawm e Ernst Gellner sobre a dimensão construída e inculcada das identidades nacionais e sobre o paciente trabalho que as tornou "evidentes"..

[296] JULLIAN, Camille. *Notes sur l'histoire de France* [Notas sobre a história da França]. Paris-Genêve: Slatkine, 1979, p. CXXVIII (*Préface des Extraits des historiens français* [Prefácio dos Excertos dos historiadores franceses]. Paris: Hachette, 1896).

2.
A confusão dos papéis

O uso social da verdade científica: o caso Dreyfus e o historiador

Com Gabriel Monod e seus necrológios, tocamos com frequência nessa adequação entre os dois papéis do historiador: num mesmo movimento guia moral e homem de ciência; o caso Dreyfus revela o fenômeno em toda sua pureza. No campo fechado desse caso, os "cientistas" desempenharam o papel principal;[297] os historiadores não foram os únicos a brilhar aí, mas foram fornecidas as provas de seu envolvimento essencial no caso e das consequências desse para o ofício de historiador.

Da entrada de Gabriel Monod na disputa no outono de 1897, passando pelos depoimentos dos *chartistes* Arthur Giry, Arthur Meyer e Émile Molinier no processo de Zola, até o retorno destes ao banco das testemunhas no processo de Rennes, os historiadores se instalam no epicentro do caso Dreyfus. O engajamento no processo refletiu por vezes simplesmente um engajamento político. Os mais jovens entre os historiadores, futuros ativistas do movimento dreyfusista e da Ligue des droits de l'homme, dão mostras de um fervor que se fundava no engajamento político e cívico. Charles Seignobos, zelador da pureza crítica, desempenha já um papel ativo na política;[298] como militante socialista, o jovem Henri Hauser assina as petições e se expõe aos insultos de um

---

[297] Vincent Duclert, mesa-redonda, EHESS, 10 de dezembro de 1997.

[298] CHARLE, Christophe. L'historien entre science et politique: Charles Seignobos [O historiador entre ciência e política: Charles Seignobos]. In: *Paris fin de siècle* [Paris fim de século]. Paris: Le Seuil, 1998, p. 144 ss.

anfiteatro antissemita em Clermont-Ferrand.[299] A qualidade de historiadores de ambos não impede seu engajamento, mas não é o papel social do historiador o motivo fundamental de seu combate. A atitude dessa jovem geração de historiadores se encaixa antes na categoria do engajamento dos intelectuais – e sabemos o quanto essa categoria se autoproclamou durante o Caso.

Porém, os mais velhos entram no combate numa outra modalidade, e vale a pena nos determos sobre ela. Quando Arthur Giry depõe no processo de Zola, em fevereiro de 1898, ele é uma sumidade da ciência histórica europeia. Gabriel Monod recorda os títulos que lhe dão o direito de encarnar o saber histórico mais erudito:

> Há poucos jovens estudiosos que tenham feito contribuições importantes nos estudos medievais durante os últimos vinte anos que não tenham sido seus alunos [...] ele traçou no domínio dos estudos medievais uma senda profunda e realizou uma obra fecunda. [...] Em poucos anos, revisou as teses de Augustin Thierry sobre as origens e o desenvolvimento das instituições comunais, editou importantes coletâneas de documentos, publicou (1893) um *Manual de diplomacia* que lhe valeu uma cadeira na Académie des inscriptions et belles-lettres [Academia de Inscrições e Belas-Letras]. [...] E são os seus títulos científicos que ele coloca na balança quando Émile Zola, processado por difamação depois da publicação de "J'accuse", cita-o como testemunha no tribunal, encarregado de estabelecer a falsidade das acusações contra o capitão Dreyfus.[300]

O retrato de Monod peca por sua inexatidão. Seja lá o que tenha dito, Arthur Giry nada tem do estudioso refugiado em sua torre de marfim; no comitê de defesa dos armênios, em 1895, depois dos massacres

---

[299] Papiers Louis Madelin, CARAN 355 AP 6, lettre du 9 août 1899, carta de Léon Pélissier, mestre de conferências em Montpellier, depois da morte de Flammermont, professor da Universidade de Lille: "Ao que parece, ele será substituído em Lille por Hauser, de Clermont-Ferrand, o qual é perseguido como judeu pelos bons auvernenses, e seu colega Audollent organiza vaias de estudantes contra ele pelo que me contaram. O cargo se tornou insustentável para o infeliz, ao qual a cátedra de Flammermont será atribuída como uma compensação por seus infortúnios. A de Clermont (ou antes, o curso dele) ficará livre, e eu desejo que ela fique com você. É uma faculdade meio morta (600 francos de renda) mas, por isso mesmo, um cargo de início excelente para trabalhar, imprimir Fouché e repousar da defesa preparando alguns belos cursos a ministrar em outros lugares".

[300] MONOD, Gabriel. Giry (Arthur). *Revue historique*, t. 72, 1900, p. 103-107, citação p. 104-105.

perpetrados por Abdul Hamid, ele já iniciou (em favor dos cristãos do Oriente) uma atitude de consciência moral a que dá continuidade após seu depoimento colaborando na fundação da Ligue des droits de l'homme. Além disso, já conhece a posição de *expert* uma vez que se encontra, naquele mesmo momento, envolvido num processo judicial referente a arquivos, o caso Dauphin de Verna: o processo opunha os departamentos do Rhône, do Loire e do Isère, assim como a Cidade de Lyon aos herdeiros do barão. Os três *experts* comissionados pelo tribunal, Arthur Giry, L. Clédat e André Coville devem avaliar se diversas peças de arquivos e livros pertenceram de fato aos depósitos de arquivos dos queixosos. Nessa ocasião, nenhuma questão política e social vem perturbar o exercício propriamente técnico do ofício de historiador. Ora, a propósito do caso Dreyfus, ao qual a consciência cívica e moral de Giry não tinha como ser indiferente, o essencial consiste na postulação que justifica o direito à palavra do diplomatista mais reputado da França. Em fevereiro de 1898, a estenotipia das atas do processo dá fé disso, Arthur Giry começa seu testemunho por uma longa introdução metodológica:

> O estudo e a comparação das grafias têm naturalmente um papel importante nesse ramo da erudição; ensinamos nossos alunos a determinar a idade, a atribuição dos documentos, sua proveniência, a discernir os documentos autênticos, falsificados, interpolados, dos documentos sinceros... O método é sempre o mesmo; não varia. Quando se tem essa educação particular que introjeta o costume de notar, numa grafia, as particularidades mais minuciosas, pode-se aplicar esse método tanto às grafias contemporâneas quanto às grafias antigas, e, sob esse aspecto, posso mesmo dizer que o estudo das grafias da Idade Média é tanto mais útil na medida em que a grafia da Idade Média é menos individual.

O tom puramente científico desse preâmbulo persuade de que o *expert* vai falar unicamente em nome da ciência histórica. E, do mesmo modo, seu colega Paul Meyer vem ao tribunal para falar em nome do método:

> Pois bem, quero indicar em algumas palavras o espírito que trago aqui: não sou daqueles que chegam aqui com sua opinião

já fechada, como o abade Vertot, a quem disseram: "Pois bem! Eis aqui documentos sobre o cerco de Rhodes". E ele respondeu: "Tarde demais, minha opinião está fechada". Não venho com esse espírito: estou disposto a formar minha opinião de acordo com os fatos. Além disso, o que mais me interessa aqui são as questões relativas aos procedimentos empregados para chegar à verdade, as questões de método. Vejo aí uma matéria de pesquisa científica, pesquisas que, no presente caso, não me parecem ter sido conduzidas com o espírito suficientemente livre de preocupações.[301]

Em Rennes, durante o verão de 1899, Émile Molinier bate com mais força ainda na tecla desse credo cientificista que só o autoriza a falar naquele recinto em nome de suas competências técnicas:

> Contudo, é de regra em crítica histórica – é minha profissão – sempre examinar cuidadosamente não apenas o valor de um testemunho em bloco, mas também as diferentes asserções de uma testemunha. Ora, quando, no testemunho de uma pessoa suspeita de alterar a verdade, encontra-se uma particularidade que foi justificada por outros elementos exteriores à própria verdade, parece-me que se pode aceitar seu testemunho quanto a esses pontos.
>
> Em uma palavra, acredito que ao confessar que era o autor do bilhete, o comandante Esterhazy acabou por se render, por assim dizer, à força da verdade, e sobretudo por fazer uma confissão que, de minha parte, era inútil para formar minha convicção.
>
> Permitir-me-ei inclusive a esse respeito lembrá-los de que essas regras da crítica histórica, que aplico ao testemunho do comandante Esterhazy, são as mesmas que os historiadores aplicam todos os dias às memórias históricas dos séculos passados.[302]

---

[301] GIRY, Arthur in *L'Affaire Dreyfus: le procès Zola devant la cour des assises de la Seine et la cour de cassation (7 février-23 février-31 mars-2 avril 1898) compte rendu sténographique "in extenso" et documents annexes* [O caso Dreyfus: o processo Zola diante do júri popular do Sena e do Supremo Tribunal [...] transcrição estenográfica "in extenso" e documentos anexos]. Paris: Stock et le Siècle, 1898. Os depoimentos de Giry, Molinier e Meyer foram reeditados por E. Haime, *Les Faits acquis à l'histoire* [Os fatos consumados na história], Paris, 1898.

[302] MOLINIER, Émile in *Conseil de guerre de Rennes. Le procès Dreyfus. Compte rendu sténographique in extenso* [Conselho de guerra de Rennes. O processo Dreyfus. Transcrição estenográfica in extenso]. Paris: P.-V. Stocks, 1899.

Como um *leitmotiv*, esses homens que falam em nome de sua profissão não param de evocar o método, os meios da crítica histórica. Segundo todas as aparências, estão ali fazendo o que sempre fazem em seu ofício; as condições de seus depoimentos e o fato de colocarem seu saber a serviço de uma causa parece não perturbá-los. Falam em nome de um modo superior da verdade que nem sequer exige que sejam rotulados com o nome de *experts*:

> Vocês me dirão talvez que não sou *expert*. É de fato a terceira vez que venho depor, e é o primeiro caso para o qual me apresento à justiça para *expertises* de grafia. Mas se me permito afirmar assim essa opinião com tanta força diante dos senhores faço-o em seguimento a longuíssimos estudos pessoais. Já se passaram vinte oito anos desde que me formei na École des chartes e que estudo manuscritos de todas as épocas, não apenas, como se poderia insinuar, da Idade Média, do século XV, mas muitos manuscritos modernos. Foi assim que tive a oportunidade de estudar muito longamente grafias do século XVII, entre outras a do célebre Pascal.
>
> Contraí, portanto, em consequência desse longo estudo, um costume muito forte de exame, e forjei um método bastante completo para o estudo e a comparação das grafias. Acredito hoje, salvo erro, *errare humanum est*, que, em presença de grafias desde os tempos mais antigos até o século XIX, posso dizer, após um estudo suficiente: é uma grafia de tal ou tal quarto de século, ou tal grafia emana de um alemão, de um inglês, de um italiano, de um francês.[303]

O método antes de tudo; antes da consciência cívica, a fusão da verdade e da ciência nasce do método. Jean Jaurès, ao longo de uma demonstração que faz dele o melhor historiador direto do Caso, celebra os méritos do engajamento dos historiadores. Saudando o combate dos cientistas contra os *experts*, inclina-se de início diante do prestígio de Paul Meyer, Arthur Giry, Auguste e Émile Molinier e Louis Haver: "Esses homens, depois de um estudo conscencioso, vêm afirmar diante do país que o bilhete foi redigido por Esterhazy; está aí na certa um

---

[303] Moliner (1899, p. 23).

grande passo que ouso considerar decisivo".[304] Então dispara o argumento determinante:

> Não, foi mesmo sobre dados sérios que trabalharam todos esses arquivistas, todos esses paleógrafos, todos esses pesquisadores que chegaram ao renome pelo estudo, e sua unanimidade, fundada sobre a mais sólida das investigações, é decisiva. *Eles não estão divididos, como estavam os experts do processo Dreyfus, e não operam a portas fechadas como os do processo Esterhazy.*
>
> Antes de formular suas conclusões, eles definem seus métodos, seus procedimentos de pesquisa; não se enclausuram como Bertillon numa nuvem bíblica; não se enclausuram como Belhomme, Varinard e Couard num nevoeiro de procedimentos. É na plena luz da audiência pública, é sob o controle da razão geral que definem seus meios de pesquisa, suas provas, seus resultados. E ninguém pode pôr em dúvida sua independência, já que se erguem contra o poder e, correndo o risco de ferir os dirigentes, os ministros, os generais, vão aonde a verdade os chama e testemunham de acordo com suas consciências.[305]

Naquele momento, as virtudes da crítica e da ciência destituem a *expertise* de todo prestígio, só a ciência merece um verdadeiro respeito.[306] Madeleine Rebérioux resume com perfeição esse hino ao método como fiador das virtudes científicas do historiador:

> As *Provas* atestam essencialmente a segurança de um método. Da École des Chartes, viveiro de *experts* em textos medievais até a IV Seção da EPHE e a Sorbonne, onde a boa palavra começa a penetrar, arquivistas, pesquisadores, historiadores, chamam-no, já que é o deles, o método. Arrazoar, verificar, dupla operação do erudito, exaltada em 1893 por Louis Havet, que será um notório dreyfusista, quando da morte de seu irmão mais novo, o historiador Julien Havet [...]. Método universal, pode-se aplicá-lo a um acontecimento contemporâneo, até um filósofo pode manejá-lo [...] "nada mais de imagens, nada mais

---

[304] JAURÈS, Jean. *Preuves* [Provas]. Paris: Le Signe, 1981, prefácio de Madeleine Rebérioux; ed. original, *La Petite République*, Paris, 1898, citação p. 151.

[305] Jaurès (1898, p. 154).

[306] Vincent Duclert, mesa-redonda, EHESS, 10 de dezembro de 1997.

de metáforas, mas fatos controlados", assim Joseph Reinach, em sua monumental História do caso Dreyfus [...] caracteriza as *Provas* pelas quais Gabriel Monod, o pai fundador da *Revue historique*, se entusiasmou já em outubro de 1898.[307]

Aqui se ouve de novo o sopro de Monod, ao final do primeiro grande artigo da *Revue historique*: "É assim que a história, sem se propor *outra meta e outro fim que não o proveito que se tira da verdade*, trabalha de uma maneira secreta e segura para a grandeza da Pátria e para o progresso do gênero humano".[308] Contudo, Giry não oculta completamente o viés cívico que faz com que se decida a produzir sua ciência num lugar estranho: "Mas refletindo, refletindo sobre a gravidade das questões de justiça e de legalidade que dominam todo este debate, pensei que era de meu dever sair de minha reserva habitual para fazer o exame que me solicitavam, a fim de tentar, na medida de minhas forças, contribuir para a manifestação da verdade".[309] Assim, graças às regras de ouro da crítica histórica, ele pode fazer ato cívico em nome dessa busca absoluta da verdade científica. Ciência sem consciência é ruína da alma; com Giry se pode parafrasear: "consciência sem ciência...".

Essa imbricação entre a busca da verdade pelos meios da ciência e o engajamento cívico, Monod a celebra na conclusão do texto que pronuncia quando dos obséquios de Giry: "Por fim, o que completava Giry, o que lhe garantia uma irresistível ascendência sobre os jovens sensíveis ao verdadeiro valor moral, é que havia nele, sob as aparências de uma reserva discreta, ao lado do mestre sábio, do amigo fiel, do homem de família de uma ternura extraordinária, um cidadão de alma estoica e entusiasta". Num primeiro momento, os papéis do historiador, do amigo, do pai, do cidadão se justapõem, somam-se sem se fundir, mas, com a morte, os papéis se confundem:

> Quando viu incriminado não apenas o patriotismo, mas até o despojamento daqueles que tinham arriscado suas situações, seu repouso, para prestar testemunho à verdade, sentiu suas

---

[307] REBÉRIOUX, Madeleine. Préface [Prefácio]. In: JAURÈS, 1981.

[308] Monod (1976).

[309] Giry (1898).

forças o abandonarem. [...] Como seu condiscípulo e confrade Charavay, que ele viria a seguir no túmulo, depois de ter corajosa, dignamente, no tribunal de Rennes, com sua consciência de homem honesto e sua competência de cientista, pronunciado sobre um famigerado documento e sobre seu autor um julgamento que já é o da história, Giry foi atingido no coração ao ver a verdade e a justiça, mesmo apoiadas nas decisões da mais alta e mais imparcial das autoridades judiciais, impotente em triunfar sobre as paixões de casta, de religião e de partido. Voltou para Paris doente, quebrado, ferido de morte...[310]

A consciência do homem honesto e a competência do cientista são no fundo a mesma coisa, porque a competência científica permite destruir as paixões cegas, os preconceitos, graças às armas da crítica. A fusão entre o ofício de historiador e os combates ao redor de Dreyfus acaba por confundir em seus menores detalhes o ofício de historiador e a convicção dreyfusista. Quando Robert de Lasteyrie incita metade da École des Chartes a censurar os depoimentos de seus colegas em favor de Émile Zola, ele denuncia o crime destes contra o método crítico: pronunciar-se a partir de um fac-similar. Cinco dias depois, no mesmo jornal, a resposta de três *chartistes* incriminados dá o que pensar, de tanto que introduz a argumentação técnica na praça pública:

> Em que pé estaria a história se tivéssemos de renunciar a utilizar todo e qualquer documento cujo original desapareceu? Para citar apenas um exemplo, o Sr. De Lasteyrie não ignora que um de nossos confrades que foi a honra de nossa escola pôde reconstituir e interpretar uma grafia cifrada do século X conhecida apenas por medíocres desenhos do século XVII que certamente não valiam o fac-similar desse famigerado bilhete; teria vindo à mente de Lasteyrie contestar a evidência dessa brilhante descoberta sob o falacioso pretexto de que Julien Havet não tinha consultado os originais havia muito desaparecidos das cartas de Gerbert?
>
> Do estudo que fizemos, das informações que recolhemos, assim como dos debates do processo e dos testemunhos de pessoas autorizadas resulta que o fac-similar do bilhete representa o

[310] Monod (1900).

documento original tão fielmente quanto muitas das reproduções correntemente utilizadas na escola para fins de ensino.[311]

Para além da ironia que relembra o quanto o ensino da École des Chartes depende dos fac-similares, esse longo desenvolvimento vale sobretudo pela homologia perfeita que delineia entre o trabalho de Julien Havet sobre a grafia de Gerbert no século X e a *expertise* sobre a grafia do capitão Dreyfus. A propósito do *faux Henry* (outro falso documento contra Dreyfus, fabricado pelo tenente-coronel Hubert Henry), a resposta de Arthur Meyer a Jules Lemaître, presidente da Ligue de la patrie française [Liga da Pátria Francesa] traz ainda maiores esclarecimentos:

> Para que o senhor Cavaignac reconhecesse que o documento pelo qual se deixara enganar era uma falsificação, foi preciso que se mostrasse para ele que os pedaços de que se compunha a peça em questão provinham de dois papéis diferentes. Isso era fazer crítica a partir de características extrínsecas, como se diz em diplomática [...] estando-se privado do original é preciso se concentrar nas características intrínsecas, o que é frequente em história.[312]

O combate sobre as condições da crítica se articula estreitamente com o combate pela inocência de Dreyfus; a luta técnica e erudita sobre os verdadeiros fundamentos da crítica orienta aqui a defesa dreyfusista.

E a imbricação entre o papel social do cientista e a postura do cidadão volta à tona de maneira lancinante sob a pena de Gabriel Monod:

> O Sr. Fabre era um filho respeitoso e fiel da Igreja; mas sua fé profunda e sua obediência à autoridade religiosa não alteravam em nada a independência de seu *julgamento científico* nem a

---

[311] Resposta coletiva de Giry, Meyer e Molinier ao artigo de Robert de Lasteyrie em *L'Éclair* de 18 fev. 1898, citada por JOLY, Bertrand. L'École des chartes et l'affaire Dreyfus [A École des chartes e o caso Dreyfus]. *Bibliotheque de l'École des chartes*, t. 147, 1989, p. 611-640, citação p. 638.

[312] MEYER, Paul. Lettre à Monsieur Jules Lemaître de l'Académie française, Président de la Ligue des amis de la patrie française [Carta ao senhor Jules Lemaître da Academia Francesa, presidente da Liga dos Amigos da Pátria Francesa]. *Le Siècle*, Paris, 23 jan. 1899, Imprimerie spéciale du Siècle, 1899.

retidão de sua consciência. Isso pôde ser visto muito bem nos dolorosos acontecimentos desses últimos meses em que, apesar da encarniçada campanha feita contra a revisão do processo Dreyfus por todos os órgãos do clero, ele foi resolutamente daqueles que exigiam *luz e justiça*. Assim, soube inspirar em todos os seus colegas e alunos, quaisquer que fossem suas opiniões políticas ou religiosas, uma simpatia de alma que redobrava a ascendência que sua superioridade intelectual lhe conferia.[313]

Esse laço íntimo entre a verdade, a ciência e a consciência cívica por vezes se afrouxa; alguns necrológios dissociam os três valores; assim, o historiador da Universidade de Lille Jules Flammermont é um homem de retidão, de desapego, que tomou partido pela justiça e pela verdade sem que suas atividades científicas, reconhecidas embora, estivessem ligadas a isso.[314] Do mesmo modo, ao *expert* em grafia dos tribunais de Seine-et-Oise e ex-*chartiste* Charavay, que tinha contribuído para incriminar Dreyfus em relação ao bilhete antes de se retratar, são reconhecidos méritos cívicos e morais sem que qualquer qualidade científica seja associada a eles.[315]

Mas ao lado dessas exceções, Gabriel Monod eleva verdadeiros monumentos à confusão absoluta dos três papéis sociais do historiador. Com a celebração de Gaston Paris, o leitor descobre um exemplo perfeito disso:

> Veio um dia em que essa religião da filologia foi chamada a guiar nele não mais apenas o homem privado, o cientista, o professor, como também o cidadão; deram-se acontecimentos que viriam a ser a pedra de toque dos espíritos e dos caracteres, em que o nome sagrado da pátria seria profanado e posto a serviço de interesses egoístas, de preconceitos bárbaros e cegas paixões; em que, como escrevia Gaston Paris a um amigo, "podia-se temer que, para um homem honesto, salvo por meio de um silêncio covarde, não fosse possível evitar a perseguição e a ruína". A coragem era natural em Gaston Paris,

---

[313] MONOD, Gabriel. Fabre (Paul). *Revue historique*, t. 70, 1899, p. 78-81, citação p. 80.

[314] MONOD, Gabriel. Flammermont (Jules). *Revue historique*, t. 71, 1889, p. 319-321, citação p. 324.

[315] MONOD, Gabriel. Charavay (Émile). *Revue historique*, t. 71, 1899, p. 321.

como a sinceridade. Ele falou, por mais caro que isso pudesse lhe custar, sem se preocupar se estava ferindo interesses ou pessoas, mas evitando dizer qualquer coisa que pudesse ferir as instituições e os sentimentos que fazem a força de uma nação. Nesse dia, assim como no dia em que seu fiel colaborador Paul Meyer depôs no processo Zola, a religião da filologia mostrou que não era apenas uma professora de ciência, mas também de moral e de virtude.[316]

Essa simbiose de valores científicos, cívicos e patrióticos transparece ao avesso no retrato de um antidreyfusista, Albert Sorel. Por sua recusa em sustentar a inocência de Dreyfus e, na sequência, sua adesão à Ligue de la patrie française, o mestre da história política contemporânea tinha suscitado uma amarga decepção em seus colegas. Desse episódio, Gabriel Monod tira algumas conclusões que merecem reflexão:

> Houve ainda uma circunstância que influiu negativamente nessa segunda parte da obra de Sorel. Seja por não ter conseguido se subtrair à atração prestigiosa exercida pela figura de Napoleão sobre todos os que se aproximam dela, seja porque os acontecimentos dos dez últimos anos – em que Sorel não soube se elevar a uma visão superior do grande drama que atormentava a França, e, por timidez ou por razão de Estado, pareceu marchar de acordo com aqueles que defendiam uma causa que ele sabia injusta[317] – fizeram nascer tendências estreitamente conservadoras e nacionais num homem que, até então, tinha a cabeça aberta a todos os sopros do espírito moderno; às vezes parece não se tratar do mesmo homem. O estilo tem menos grandeza e simplicidade, a retórica ganha espaço e as ideias perdem amplidão, têm menos abertura para o futuro.[318]

O dever da palavra justa no seio da cidade estaria portanto diretamente ligado com a obrigação profissional de verdade, ambos se

---

[316] MONOD, Gabriel. Paris (Gaston). *Revue historique*, t. 82, 1903, p. 63-74, citação p. 73.

[317] MONOD, Gabriel. Sorel (Albert). *Revue historique*, t. 92, 1906, p. 91- 99, citação nota p. 98: "Sorel disse a Gaston Paris e a mim que estava de acordo conosco sobre o fundo da questão, mas que colocava outros pesos na balança".

[318] Monod (1906).

condicionando reciprocamente. Sem a justiça, nada de verdade, sem verdade, nada de ciência e, portanto, nada de história. E os retratos de além-túmulo repetem e repetem o laço privilegiado da ciência da verdade com o triunfo da verdade judicial.

A propósito de Auguste Molinier,[319] sua atitude no decorrer do caso resume ao mesmo tempo o homem, o cientista e o cidadão:

> Convidado a testemunhar no processo Zola, demonstrou com uma simplicidade corajosa – sem se preocupar nem com os clamores, nem com as ameaças, nem com as insinuações maldosas, nem com seu interesse pessoal – que o bilhete só podia ter sido escrito por Esterhazy. Foi um dos primeiros a se associar à Ligue des droits de l'homme quando esta se formou no momento mais cruel do caso Dreyfus; participou assiduamente das sessões da Liga, fez conferências nas universidades populares e, quando o condenado de 1894 e de 1899 veio procurá-lo para lhe pedir uma vez mais seu testemunho sobre a questão do demasiado famoso bilhete, concedeu-lhe longas horas, empregadas em redigir um exame crítico publicado poucas semanas antes de sua morte.[320]

Por fim, ao falar do amigo de longa data, membro do círculo Saint-Simon e fundador da Escola Livre das Ciências Políticas, Émile Boutmy, Monod exalta suas virtudes científicas e cívicas num mesmo elã:

> Ele tinha o espírito crítico mais firme, a mais alta razão sempre esclarecida pela consciência e aquecida pelo coração. Viu-se isso muito bem nos anos terríveis, seja os de 1870 e 1871, seja os de 1898 e 1899. Assim como tinha nos encorajado a não desesperar da França apesar do império, apesar da guerra e da Comuna, encorajou-nos também a não desesperar em 1898, apesar de todos os atentados cometidos contra a justiça pelos representantes das grandes forças sociais, cuja corrupção faz a ruina dos Estados, do governo, da magistratura e do exército.

---

[319] MONOD, Gabriel. Molinier (Auguste). *Revue historique*, t. 85, 1904, p. 306-313, citação p. 313.

[320] MOLINIER, Auguste; PAINLEVÉ, Paul. *Le Bordereau, étude des dépositions de M. Bertillon et du capitaine Valério au conseil de guerre de Rennes par un ancien élève de l'École polytechnique* [O bilhete, estudo dos depoimentos do Sr. Bertillon e do capitão Valério no conselho de guerra de Rennes, feito por um ex-aluno da Escola Politécnica]. Paris, 1904.

Sua clarividência crítica não hesitou quanto ao partido a tomar; nem por um instante sua retidão admitiu que o patriotismo pudesse prescrever que se cobrisse com um véu a estátua da justiça. Ninguém sentiu de maneira mais trágica que ele o contragolpe dos crimes cometidos então; porém, ninguém foi mais do que ele nessas horas ruins um reconforto para aqueles que se espantavam com tanta cegueira, tanta perversidade e tanta covardia, e com os efeitos que devia ter sobre todo nosso organismo social a reação fatal da verdade e da justiça. Quando alguém estava do lado de Boutmy, podia estar seguro de estar no bom caminho.[321]

Detalhe digno de nota, Monod cala o antidreyfusismo de um Rambaud e de um Longnon, aderentes precoces da Ligue de la patrie française – flertando com a Action française [Ação Francesa] no caso de Longnon –, por ocasião do 75º aniversário do nascimento de Fustel de Coulanges. Ao final do grande combate dreyfusista, a dúvida estava instaurada: o método pôde justificar duas convicções radicalmente opostas. Apesar do apelo à união lançado por Lavisse no início de 1899, para que todos os historiadores admitissem a sentença da Suprema Corte, o balanço do caso, sob o ângulo que nos interessa aqui, limita-se a uma constatação deplorável: pode-se ser formado em história, *chartiste*, professor universitário e, apesar do sacrossanto método, interpretar de maneira diametralmente oposta um mesmo documento. Desempenhar seu papel de cientista e cumprir suas obrigações de patriota num mesmo movimento parecia evidente, já que a ciência era una e indivisível, a exemplo da República. Porém, mesmo vitoriosos, os historiadores dreyfusistas sabem que não é mais assim.

O itinerário intelectual de Charles Seignobos atesta isso com eloquência. O futuro bode expiatório de Lucien Febvre, que vai lhe atribuir todos os vícios, começou com uma tese sobre o regime feudal na Borgonha[322] que simultaneamente obedecia a todas as regras

---

[321] MONOD, Gabriel. Boutmy (Émile). *Revue historique*, t. 90, 1906, p. 350-353, citação p. 351.

[322] SEIGNOBOS, Charles. *Le Régime féodal en Bourgogne jusqu'en 1360: Étude sur la société et les institutions d'une province française au Moyen Âge, suivie de documents inédits tirés des archives des ducs de Bourgogne* [O regime feudal na Borgonha até 1360: estudo sobre a sociedade e as instituições

da crítica e colocava em prática uma abordagem sociológica das realidades que devia tudo ao ensino de Fustel de Coulanges. Progressivamente, e cada vez mais rápido depois do caso Dreyfus, sua atitude muda. Negligenciando os trabalhos de primeira mão sobre os arquivos, engaja-se ao mesmo tempo numa atividade jornalística e na publicação de manuais. Sem dúvida ele fez sua escolha entre os três papéis sociais que Gabriel Monod oferecia ao historiador, verdadeiro *Janus bifrons* capaz de desempenhá-los simultaneamente. Charles Seignobos resolve privilegiar a obra de educação cívica e política que atribui como missão primordial ao historiador; "mas enquanto o historiador romântico de meados do século ou o intelectual total dos anos 1870, como Taine, ainda podia conciliar essas práticas, o exemplo de Seignobos demonstra que a preocupação militante obriga agora a renunciar ao trabalho de primeira mão".[323] Mais do que a de Taine, a posição de Monod se veria desmantelada por essa constatação que esclarece a emergência de dois papéis distintos para o historiador, ao passo que a *Revue historique* nascente via apenas um sob diversos avatares. Por um lado, o cientificismo redutor, por outro, a ignorância progressiva das regras do método; o fosso que cresce circunscreve as questões do entreguerras quando o historiador tenta de novo discernir seu papel social. Contudo, a relação do método científico com o ensino prescrita por Seignobos demonstra que, apesar das fissuras percebidas, o ideal dos três papéis que são um só permanece às vésperas da Primeira Guerra Mundial.

O historiador como professor de nação

Que o papel social do historiador conjugue intimamente a produção, a escrita da história e seu ensino parece evidente à leitura de Gabriel Monod, e isso é parte integrante do lento processo de profissionalização das ciências, no sentido de saberes, desde que as universidades alemãs consagraram, no século XVIII, esse laico produtor e ensinante do saber, quer se trate do professor de filosofia com

de uma província francesa na Idade Média, seguido de documentos inéditos tirados dos arquivos dos duques de Borgonha]. Paris, 1882.

[323] CHARLE, Christophe. L'historien entre science et politique: Charles Seignobos [O historiador entre ciência e política: Charles Seignobos]. In: *Paris fin de siècle* [Paris fim de século]. Paris: Le Seuil, 1998, p. 151.

Immanuel Kant, quer do professor de história com Leopold von Ranke. A homenagem a Gaston Paris ilustra essa oscilação permanente entre a tarefa do mestre e a do autor:

> Não se podia imaginar que o mestre inconteste dos estudos românicos, o cientista que gozava nesse domínio de uma autoridade universal, igual à de Mommsen no que concernia à antiguidade romana, pudesse nos ser roubado assim em plena maturidade, em plena atividade de professor e de escritor. Nosso alto ensino, nossos grandes corpos científicos perdem em Gaston Paris um dos homens que mais lhes trazia brilho e autoridade.[324]

O "mestre" e o "cientista", o "professor" e o "escritor", "nosso alto ensino" e "nossos grandes corpos científicos". O historiador, segundo Monod, reúne as três disposições da ciência, do ensino e da escrita. E Jules Zeller recebe honras por ter "prestado aos estudos históricos serviços que não devem ser esquecidos, como professor e como escritor".[325] Esse ideal, que se tornaria clássico entre todos, já fora proclamado pelo necrológio fundador de Waitz.

Professor e escritor, cientista e mestre, Gabriel Monod já disse tudo sobre essa aliança quando Ernest Lavisse, com maior nitidez, atribui um objetivo comum ao cientista e ao professor; formar cidadãos para a nação. Não secreta e involuntariamente, através de uma espécie de ilusão ingênua como escrevem alguns, mas numa perspectiva afirmada, desvelada como a verdadeira justificação do empreendimento historiador: "Toda sua vida foi guiada pela mesma preocupação", declara um de seus alunos, "renovar os estudos históricos para fazer deles um poderoso meio de educação nacional".[326] Ernest Lavisse, portanto, encarna e difunde essa aliança do historiador e do professor ainda mais fortemente que Gabriel Monod.[327] Impõe-se como o

---

[324] Monod (1903, p. 63).

[325] MONOD, Gabriel. Jules Zeller. *Revue historique*, t. 74, 1900, p. 93-94, citação p. 94.

[326] LEMONNIER, L. *Revue internationale de l'enseignement*, jan./fev. 1923, citado por NORA, Pierre. Lavisse, instituteur national [Lavisse, preceptor nacional]. *Les Lieux de mémoire* [Os lugares de memória]. Paris: Gallimard, 1984, t. 1, *La République*, p. 247-249, citação p. 247.

[327] Estas páginas retomam em outra perspectiva um artigo sobre a articulação do ensino de História e de Geografia em Lavisse: DUMOULIN, Olivier. Les noces de l'histoire et de la géographie

"preceptor nacional"; mestre dos estudos de história na universidade de Paris, seu senso de organização e seu entusiasmo mobilizam a trupe dos estudantes que se amontoam nos alojamentos de madeira da Rua Gerson no início dos anos 1880. Suplente de Fustel na Sorbonne, depois diretor da Escola Normal Superior, ele governa o mundo de Clio pelo número de seus orientandos e por seu peso no seio do Conselho Superior de Instrução Pública. Sempre ativo, concebe, em 1886, o primeiro trabalho de iniciação à pesquisa na universidade, o Diplôme d'études supérieures [Diploma de estudos superiores], e o transforma em pré-requisito para os concursos de História e Geografia em 1894. A autoridade do mestre faz e desfaz carreiras, interdita o ensino superior a quem não se curva diante de seu veto.[328] Nenhum nível de ensino escapa a seu domínio; embora o secundário pareça tê-lo interessado menos, as reformas dos programas de 1890 e de 1902 se fazem sob sua condução, e a seguir sob seu controle. Depois da reforma de 1902, está fora de cogitação organizar as conferências do Museu Pedagógico sobre o ensino de história nos liceus e nos colégios sem chamar Ernest Lavisse para presidi-las. Contudo, o poder que tem sobre a produção dos manuais do secundário não se compara com o que exerce sobre a dos manuais do primário. Nessa matéria, o quadro esboçado por Pierre Nora permanece convincente, ainda que o proteiforme *Petit Lavisse* não tenha realmente exercido o monopólio que Nora lhe atribui no ensino público.

Essa onipotência, que valeu a Lavisse os ataques de Péguy, nada seria se não fosse acompanhada de um princípio, repetido *ad nauseam* nas aulas inaugurais da Sorbonne, passando pelos discursos aos alunos da ENS, até as distribuições de prêmios na escola de seu vilarejo natal, Le Nouvion-en-Thiérache: a interdependência dos três níveis de ensino. Assim se endereçava ele aos estudantes para abrir a série de suas conferências em 1880:

[As núpcias da história e da geografia]. *Espaces Temps, Les Cahiers, 66/67,* 1998, "Histoire/Géographie, 1, L'arrangement", p. 6-19.

[328] Jovem católico militante, antigo membro da Escola Francesa de Roma, o futuro acadêmico francês Louis Madelin descreve entre os obstáculos que entravam sua eleição: "[...] Lavisse continua a governar. É o modelo desse bando de acumuladores de cargos que entope as avenidas, atulha as alamedas, põe catracas nas portas e exige que se mostre a patinha branca, como na fábula de La Fontaine" (Louis Madelin, *journaux*, CARAN 355 AP/14).

Nesse dia, os vulgarizadores, em vez de se copiarem uns aos outros, saberão onde encontrar a matéria de livros sérios para o ensino secundário e primário; pois as três ordens da Universidade da França são solidárias entre si, e o efeito salutar do que fazemos aqui, na Sorbonne, será sentido algum dia na mais humilde escola do mais humilde vilarejo. Gosto de voltar a essa ideia. Censurar-me-ão ser utilitarista: sou mesmo. Tenho, como dizia há pouco, a ambição de que contribuamos ao mesmo tempo para o progresso da ciência histórica francesa e de nosso ensino nacional.[329]

A formulação mais paternal do discurso de distribuição dos prêmios na escola de Le Nouvion-en-Tiérache retoma esse *leitmotiv*:

Pensei também que, sendo professor na Universidade de Paris, eu tinha deveres para com nossa escola comunal. Entre as escolas da República, há degraus, não barreiras... A Universidade de Paris é a avó das escolinhas. Estou aqui em família, como se fosse o avô de vocês.[330]

Teórico da unidade dos ensinos, Ernest Lavisse aplicou seus princípios. Em 1907, Charles-Victor Langlois evoca a imagem do jovem Lavisse "que foi, antes de chegar à Sorbonne, o melhor professor de história do Liceu de Paris."[331] E o primário não conheceu apenas seus manuais: ele tem um bom espaço no florilégio dos textos propostos no concurso dos inspetores primários.[332] Assim, essa tutela é acompanhada de uma teoria sobre a unidade profunda do mundo do ensino,

---

[329] LAVISSE, Ernest. Le concours pour l'agrégation d'histoire et de géographie, et les conférences organisées en Sorbonne pour la préparation de ce concours [O concurso para professor secundário de História e Geografia e as conferências organizadas na Sorbonne para a preparação desse concurso]. *Revue internationale de l'enseignement*, n. l, jan./jun. 1881, p. 137-151, citação p. 137.

[330] LAVISSE, Ernest. *Discours à des enfants* [Discursos para crianças]. Paris: A. Colin, 1907.

[331] LANGLOIS, Charles-Victor. Réponse à M. Thalamas. In: SEIGNOBOS, Charles; LANGLOIS, Charles-Victor; GALLOUEDEC, L.; TOURNEUR, M. *L'Enseignement de l'histoire* [O ensino da história]. Paris: Conférences du Musée pédagogique, Imprimerie nationale, 1907.

[332] "O estudo a seguir foi extraído do volume *Questions d'enseignement national* [Questões de ensino nacional], publicado em 1885 e atualmente esgotado; ele foi inscrito em 1912 na lista dos autores a serem explicados para a obtenção do certificado de aptidão à inspeção primária por um período trienal, a partir de 1913" ("Avertissement" [Esclarecimento] in LAVISSE, Ernest. *L'Enseignement de l'histoire à l'école primaire* [O ensino da história na escola primária]. Paris: A. Colin, 1912).

em que a missão científica dos universitários não passa no final das contas da frente pioneira das futuras escolas rurais do hexágono. O papel do professor é essencial, não circunstancial. Não se concebe o historiador sem o professor.

A capacidade de educar o cidadão, Ernest Lavisse à espera da história tanto no ensino primário quanto no secundário. Arauto do projeto de 1890 diante dos pequenos picardos de Le Nouvion, ele expõe seus argumentos:

> Queridas crianças, se lhes perguntassem por que seus professores lhes ensinam a gramática e a aritmética, vocês responderiam na mesma hora [...] por que eles lhes ensinam a geografia, vocês responderiam na mesma hora também: precisamos conhecer a França, que é nosso país, e a terra que é o "país" dos homens. Mas talvez vocês ficassem embaraçadas se lhes perguntassem sobre a utilidade da história.[333]

Naturalmente, esse questionamento da história se conclui com um elogio vibrante que lhe atribui uma primazia indiscutível para a formação moral, intelectual e cívica:

> O sentimento preciso da dignidade humana só pode ser apreendido na história. [...] O conhecimento da história ilumina o amor pela pátria [...] para ser francês, não basta nascer na França, como fazem nossos choupos e nossos salgueiros [...] é a história que, ensinando-nos a obra feita por nossos antecessores, ensina-nos a obra por fazer.[334]

Cimento do passado, meio para acreditar no futuro, a história é tudo isso; forjando ao mesmo tempo uma identidade e um horizonte de esperança para a ação dos homens, ela se torna o bem mais precioso a se ensinar. Essa história é ensinada porque ela diz a nação, a reproduz e a constitui num mesmo gesto:

> Ensino moral e patriótico: assim deve ser o ensino da história na escola primária. Se ele deixa na memória apenas nomes,

---

[333] LAVISSE, Ernest. L'histoire à l'école [A história na escola]. In: *Discours à des enfants* [Discursos para crianças]. Paris: A. Colin, 1907, p. 59.

[334] Lavisse (1907, p. 27).

ou seja, palavras, e datas, ou seja, meros números, melhor dar mais tempo à gramática e à aritmética e não dizer uma palavra sobre a história. Rompamos com os hábitos adquiridos e transmitidos; não ensinemos a história com a calma que convém à regra dos particípios. Trata-se aqui da carne de nossa carne e do sangue de nosso sangue. Para dizer tudo, se o aluno da escola não leva consigo a lembrança viva de nossas glórias nacionais; se não sabe que seus ancestrais combateram em mil campos de batalha por nobres causas; se não aprendeu o que custou de sangue e de esforços para construir a unidade de nossa pátria e deduzir em seguida do caos de nossas instituições obsoletas as leis que nos fizeram livres; se ele não se torna um cidadão compenetrado de seus deveres e um soldado que ama seu fuzil, o professor primário terá perdido seu tempo. Eis o que o professor de história na Escola Normal deve dizer aos alunos-professores como conclusão de seu ensino.[335]

O íntimo entrelaçamento de um papel de educador, de um papel patriótico e de um papel científico explica o caráter central do ensino da história e a função auxiliar da geografia que, embora instrumento da revanche, não é nacional por definição.

A leitura das instruções de 1882 revela a diferente relação das duas disciplinas com o objeto patriótico na escola primária; enquanto a História é compreendida unicamente em relação ao objeto nacional, a Geografia, embora nascida da revanche, não explicita essa relação com a pátria, que só é mencionada uma vez nos programas de 1882.[336] Mesmo entre os pesquisadores, o imperativo nacional se impõe com muito mais força na História que na Geografia; se a Geografia deve servir à revanche, seu objeto científico não está ligado prioritariamente à pátria,[337] ao contrário do programa que Gabriel Monod construía para os estudos históricos em 1876. "A escola pela moral tem uma função de unificação nacional, mas a Geografia não participa disso explicitamente",[338] ao passo

---

[335] Lavisse (1912, p. 32).

[336] BENOIT-PIOCH, Monique. *L'Enseignement de la géographie à l'école primaire* [O ensino da geografia na escola primária]. Tese de Doutorado, 2 v., Universidade Paris-1, Paris, 1992, p. 44-45, v. 1.

[337] Ponto de vista a ser nuançado, já que alguns atores, em parte marginalizados, defendem essa posição.

[338] Benoit-Pioch (1992, p. 46).

que, para Lavisse, sob o aspecto nacional, a História atribui a si mesma essa função como indissociável de sua ambição de saber.

Com o ponto de vista de Charles Seignobos, tocamos na última fase desse casamento do historiador e do professor. Dez anos depois da publicação da *Introdução aos estudos históricos*, o ex-discípulo de Fustel chega ao termo de um itinerário que, do culto da ciência pura, leva-o à descrição de uma ciência que só vale por seu alcance cívico. Numa conferência do Museu Pedagógico[339] de 1907, que coloca em cena a aplicação dos programas de 1902, ele admite que para fazer história precisa de uma justificação; esta só se encontra no ensino, um ensino de efeitos indiretos como o conjunto da cultura ministrada no ensino secundário. Não se trata mais de edificação patriótica, nem de coleta de exemplos nacionais, fazer história e ensinar constituem as duas faces de um mesmo empreendimento que tende a formar o cidadão da cidade democrática e republicana.

Para tanto, Seignobos estabelece sucessivamente que o ensino da história traz consigo as noções fundamentais da política e o estudo de sua diversidade graças à comparação.[340] Além disso, a história, familiarizando os alunos com os fenômenos políticos, permite que compreendam estes e, assim, "o homem que teve uma educação histórica se interessará mais facilmente pelo espetáculo da vida política. Ora, aquele que se interessa por uma operação fica tentado a participar ativamente dela; por esse meio, o conhecimento age sobre a atividade; o estudo da vida política impele a entrar na ação política".[341] Finalmente, o valor educativo decorre diretamente do fato de que a história se debruça sobre acontecimentos por "um motivo do qual nossos antecessores não suspeitavam: porque eles [os acontecimentos] são bons meios de educação política, instrumentos mais eficazes que o estudo das instituições. Pois o que domina a vida política real não são as instituições oficiais, são os

---

[339] SEIGNOBOS, Charles. L'enseignement de l'histoire comme moyen d'éducation politique [O ensino da história como meio de educação política]. In: SEIGNOBOS, Charles; LANGLOIS, Charles-Victor; GALLOUEDEC, L.; TOURNEUR, M. *L'Enseignement de l'histoire* [O ensino da história]. Paris: Conférences du Musée pédagogique, Imprimerie nationale, 1907, p. 1-24.

[340] Seignobos (1907, p. 7).

[341] Seignobos (1907, p. 11).

acontecimentos".[342] Retida pelo encanto poderoso da dramatização da narrativa, a criança descobre o caráter cambiante das sociedades e a marca do homem nessas mudanças. Afastando assim as tentações das explicações fatalistas da história, *Zeitgeist* à alemã, teoria da raça segundo Taine, progresso inexorável da civilização, o aluno se liberta, graças ao ensino de uma história em tudo conforme às aquisições da pesquisa, "de dois sentimentos inversos, mas igualmente perigosos para a atividade. Um é a impressão de que um indivíduo é impotente para transformar essa massa enorme de homens que forma uma sociedade: é um sentimento de impotência que leva ao desânimo e à inação. O outro é a impressão de que a massa humana evolui sozinha, de que o progresso é inevitável: de onde sai a conclusão de que o indivíduo não precisa cuidar disso; o resultado é o quietismo social e a inação".[343]

Da elevação patriótica à consagração cívica, a fusão dos papéis do historiador e do professor não se dá sem contradições internas. As críticas de hoje contra a instrumentalização da ciência histórica de então, e a exumação das guerras historiográficas que, das defesas de tese às guerras entre manuais, coloriram a crônica educacional e científica de 1890 a 1914, foram precedidas por questionamentos da própria época. Gustave Glotz, para iniciar seu curso de história grega na Sorbonne, depois de uma longa carreira nos liceus parisienses, sublinha com acuidade os impasses dessa posição: "Subordinar a história às necessidades pedagógicas, vendo nela sobretudo um meio de aperfeiçoamento intelectual e moral, é condená-la a sempre depender da finalidade variável que as gerações sucessivas atribuirão à educação". E conclui de maneira ferina: "A história condenada a ser a humilde serva da pedagogia não pode ser uma ciência".[344]

A despeito dos combates historiográficos já bem descritos por Christian Amalvi através dos manuais, a posição dominante permanece

---

[342] Seignobos (1907, p. 12-13).

[343] Seignobos (1907, p. 19).

[344] GLOTZ, Gustave. Réflexions sur le but et la méthode de l'histoire [Reflexões sobre a meta e o método da história]. *Revue internationale de l'enseignement*, t. 54, 1907, l, p. 481-495, citado por HÉRY, Évelyne. *Un siècle de leçons d'histoire, l'histoire enseignée au lycée, 1870-1970* [Um século de lições de história, a história ensinada no liceu, 1870-1970]. Rennes: Presses universitaires de Rennes, 1999, p. 77.

a de Lavisse, com suas nuances nacionalistas, a de Monod, com seus toques moralistas, ou a de Seignobos, tingida de cientificismo e de civismo. Propedêutica à ação na cidade, a história ensinada prepara um cidadão racional, capaz de separar o joio do trigo, de distinguir a lenda da história, a verdade da mentira. Ciência e consciência cívica andam juntas, assim como o amor pela pátria e por sua glória não se dissociavam da ciência para o jovem Monod e para o todo-poderoso Lavisse.

Contudo, talvez por uma questão de nível de ensino, de diferença de idade ou de recrutamento social do público (o secundário burguês em face do primário popular), é Charles Seignobos quem leva mais longe essa identificação entre a atividade científica e a atividade pedagógica. Ele vai além de seus mestres: a homologia dos métodos de pesquisa e dos métodos de ensino se impõe. Professor de sua cátedra, o historiador age como nos arquivos, como em seu "laboratório", para retomar as célebres metáforas da *Introdução aos estudos históricos*; o método crítico vale tanto para se conduzir como cidadão quanto para distinguir o valor de um documento medieval. Garantia da cientificidade da história, a crítica, por sua capacidade de aferir o valor dos testemunhos, justifica que o ensino de história constitua o verdadeiro ensino cívico e que os professores de história sejam os responsáveis pela educação cívica dos futuros cidadãos.[345] De 1897 a 1907, a evolução de Charles Seignobos o impele mais adiante; o imperativo científico desaparece diante do primado absoluto do papel cívico do historiador. Contra as seduções da extrema-direita, entre a ascensão da Action française e a crítica da Nouvelle Sorbonne, o autor da *Introdução aos estudos históricos* abandonaria sua vocação de pesquisador "menos por impotência ou ceticismo quanto a esta" do que para construir "uma visão político-pedagógica".[346] A coerência obriga: Charles Seignobos transgride os limites que Gabriel Monod e Ernest Lavisse fixavam para a convergência dos dois papéis do historiador. Aos olhos deles, o método crítico escapa aos alunos. Gabriel Monod escreve sem rodeios: "O ensino secundário não ensina a fazer

[345] Glotz (1907) *apud* Héry (1999, p. 24).
[346] Charle (1998, p. 148).

história; tudo o que ele pode é ensinar seus resultados. A crítica histórica deve ser excluída do ensino secundário ou no máximo figurar nele acessória e acidentalmente...".[347] Enquanto Lavisse sublinhava, já em 1882, o fosso que separa a tarefa do pedagogo e a do historiador:

> Seria ridículo escrutinar diante de uma criança alvarás e cartulários para neles procurar a condição das terras e das pessoas. [...] Escolher seu ponto de partida no presente para explicar o passado é algo muito perigoso para o historiador, mas completamente necessário para o professor. As palavras hoje e outrora devem voltar incessantemente para fazer penetrar nas jovens cabeças a noção do tempo e do desenvolvimento histórico.[348]

No fundo de si mesmo o "preceptor nacional" duvida da possibilidade de uma ciência da educação cívica; admite por vezes que da história à política há apenas um passo, quando os programas do último ano do secundário entram no contemporâneo: "Decerto isso é política, mas ainda não foi encontrado o meio de distinguir a história e a política.[349]

Essas reservas sobre a adequação perfeita da ciência em construção e dos meios e objetivos do professor de história são compartilhadas por Gabriel Monod, que se preocupa com o ceticismo que surge por vezes do uso excessivo do procedimento crítico, que distingue o valor da constatação da ignorância e da dúvida para o historiador de sua eventual nocividade no ensino.

Entretanto, às vésperas da Primeira Guerra, o ponto de vista defendido por Seignobos desperta ecos na nova geração. Quando o jovem Marc Bloch, recém-chegado ao Liceu de Amiens, é incumbido do discurso de fim do ano, em 14 de julho de 1914, aquilo que diz ilustra a adequação dos dois papéis; professor de história em sua primeira frase, ele logo começa a deslizar:

---

[347] MONOD, Gabriel. La pédagogie historique [A pedagogia histórica]. *Revue internationale de l'enseignement*, t. 53, 1907, 2, p. 199-207, citado por Héry (1999, p. 100).

[348] LAVISSE, Ernest. L'enseignement historique en Sorbonne et l'éducation nationale [O ensino histórico na Sorbonne e a educação nacional]. *Revue des Deux Mondes*, 15 fev. 1882.

[349] LAVISSE, Ernest. *Bulletin administratif de l'instruction publique* [Boletim administrativo da instrução pública], suplemento n. 922, p. 485, citado por Héry (1999, p. 81).

Meus caros amigos,

Como vocês sabem, sou professor de história. O passado forma a matéria de meu ensino. Conto-lhes batalhas a que não assisti, descrevo-lhes monumentos desaparecidos bem antes de meu nascimento, falo-lhes de homens que nunca vi. E meu caso é o de todos os historiadores.[350]

Consagrado ao método crítico do testemunho, o discurso cheira a Langlois e Seignobos apesar de exemplos originais que Marc Bloch retomará ainda 25 anos depois na *Apologia da história*. E, a seu modo, a conclusão justifica as virtudes cívicas que Seignobos atribui ao método. Depois de confrontar a responsabilidade e o procedimento do juiz aos do historiador, Marc Bloch deixa o mundo da pesquisa para voltar ao horizonte pedagógico e cívico:

> E no dia em que tiverem de tomar parte em algum grande debate em praça pública, quer se trate de submeter a novo exame uma causa julgada sumariamente demais, de votar num homem ou numa ideia, também não esqueçam o método crítico. Ele é uma das rotas que levam à verdade.[351]

Diante de uma plateia de colegiais, colegas e pais de alunos reunidos para um ritual escolar, a apologia do método crítico não pareceu deslocada ao jovem professor nem ao diretor do liceu que mandou imprimi-la em conformidade com os costumes da época.

Aqui como nos três outros exemplos, o hábito do professor, verdadeira túnica de Nesso, cola-se à pele do historiador, e o cientista só existe socialmente enquanto professor. Apesar das nuances, a maior parte dos historiadores adere a esse credo: "O ensino histórico, mesmo involuntariamente, há de ser eminentemente científico, cívico e moral".[352] A sobrevivência, ou o apagamento, dessa confusão de papéis constitui uma das questões centrais de nossa investigação.

---

[350] BLOCH, Marc. Critique historique et critique du témoignage [Crítica histórica e crítica do testemunho]. In: *Histoire et historiens* [História e historiadores]. Paris: A. Colin, 1995, publicação inicialmente editada pelo Liceu de Amiens, *Distribution solennelle des prix, année scolaire 1913-1914*, p. 8-18, citação p. 8.

[351] Bloch (1995, p. 18).

[352] MONOD, Gabriel. La pédagogie historique [A pedagogia histórica]. *Revue internationale de l'enseignement*, t. 53, 1907, 2, p. 199-207, citado por Héry (1999, p. 79).

3.
O cientista como ator do combate nacional: os historiadores e a Primeira Guerra Mundial, a arma do arquivo

"Uma história serva"

Da ciência à propaganda, o passo parece gigantesco. Antes de 1914, a colocação das ciências históricas a serviço do Estado já é algo corriqueiro. A história diplomática, de acordo com Émile Bourgeois ou Albert Sorel, pôde servir ao Estado e, por vezes, satisfazer suas encomendas já antes da Primeira Guerra Mundial. A história da arqueologia demonstra que a exploração do passado serve ao poderio francês. Os campos de escavação garantem um domínio simbólico, e às vezes material, sobre zonas disputadas entre franceses, alemães, ingleses ou americanos. Num relatório ao Ministério das Relações Exteriores, o arqueólogo Gérard Mende, adido permanente junto aos museus imperiais do Império Otomano, diz isso sem disfarces:

> Seria, aliás, acredito, um erro pensar que só uma ciência especial, "uma cienciazinha histórica" sem relação com o presente tenha o que perder com esse estado das coisas. [...] A potência da ciência alemã, em matérias que interessam tanto seu país, não pode deixar de ser aos olhos dos otomanos um fator a favor dos alemães; ela cria neles um movimento de simpatia que os aproxima de nossos adversários e os afasta de nós; ela os incita a estudar uma língua que é a língua de tantos livros relativos à Turquia. A presença de tantos cientistas em tantos pontos

do Império é, ao mesmo título que as estradas de ferro, um testemunho da força de expansão do gênio alemão.[353]

Apesar do refluxo do desafio germânico para a "ciência francesa", a referência alimenta ainda a visão da arqueologia como instrumento de poder.

Contudo, a Primeira Guerra Mundial marca uma ruptura no que diz respeito ao recrutamento do conjunto da inteligência francesa, alemã, inglesa ou italiana sob todas as suas formas: aqueles que a idade ou as obrigações familiares subtraíam ao combate serviram à pátria de outras maneiras. Acreditaram dever transformar suas obras em tribunas à glória da pátria, denunciar o inimigo sem descanso. Logo, logo as ações alemãs fornecem aos Aliados o motivo para esse engajamento. Depois do incêndio de Louvain e de sua célebre biblioteca (25-28 de agosto de 1914), em 13 de setembro de 1914 a artilharia do general Van Heeringen bombardeia a Catedral de Reims; trezentos obuses, ou antes granadas incendiárias, se abatem sobre a igreja; o madeiramento do telhado pega fogo, o incêndio é atiçado pelos montes de palha que estavam ali para abrigar eventuais prisioneiros alemães![354] Imediatamente, o valor simbólico do monumento, santuário da monarquia francesa e patrimônio da civilização ocidental, provoca a comoção dos artistas, dos intelectuais e dos cientistas.

Para responder às descrições da Alemanha como sede da barbárie, um negociante berlinense, Erich Buchwald, teve, já no dia 10 de setembro, a ideia de uma carta justificando a invasão da Bélgica e desmentindo os crimes e os horrores atribuídos às tropas alemãs. Esse texto, o *Manifesto dos 93*, ou "o apelo dos artistas e dos cientistas alemães ao mundo da cultura", publicado em 4 de outubro, surge como uma defesa *pro domo* depois dos acontecimentos de Louvain e de Reims. Entre escritores de primeira linha, como o prêmio Nobel

---

[353] THOBIE, Jacques. Archéologie et diplomatie française au Moyen-Orient des années 1880 au début des années 30 [Arqueologia e diplomacia francesa no Oriente Médio dos anos 1880 ao início dos anos 1930]. In: *Les Politiques de l'archéologie, du milieu du XIX⁰ siècle à l'orée du XX⁰ siècle* [As políticas da arqueologia, de meados do século XIX ao início do século XX]. École française d'Athènes, p. 79-112.

[354] LE GOFF, Jacques. Reims, ville du sacre [Reims, cidade da sagração]. In: NORA, Pierre (Dir.). *Les Lieux de mémoire*, t. II, v. I – *La Nation*. Paris: Gallimard, 1986; DESPORTES, Pierre. *Histoire de Reims*. Toulouse: Privat, 1983, p. 363-365.

de literatura Gerhard Hauptmann, e cientistas, como Max Plank, os profissionais da história são numerosos: Karl Lamprecht, o historiador da antiguidade Ulrich von Willamowitz-Moellendorf e o diretor dos museus reais de Berlim e historiador da arte Wilhelm von Bode. Entre os historiadores, o efeito desse manifesto se fez sentir bem para além da guerra, já que Henri Pirenne recusou qualquer presença alemã no Congresso das Ciências Históricas de Bruxelas em 1923, e nunca retomou suas relações epistolares com um de seus interlocutores privilegiados na Alemanha, Karl Lamprecht, porque este assinou o *Manifesto dos 93.*[355]

A partir desse momento, o combate nacional é duplicado por um combate intelectual e científico pela legitimação de cada um dos campos. É claro, Élie Halévy, enfermeiro num hospital militar na Savoia, pôde escrever: "Prefiro fazer curativos a dizer besteiras"; mas ele figura como exceção[356] e, por mais notável que esta seja, não oculta o entusiasmo com que artistas, intelectuais e cientistas se puseram a instrumentalizar seu talento. A guerra propicia reconciliações espantosas para armar a defesa nacional e a esperança de vencer pelas armas da ciência: Ernest Lavisse e Émile Durkheim juntam sua autoridade para imprimir as *Cartas a todos os franceses,* que reúnem a fina flor da universidade francesa para demonstrar como e por que a perspectiva de uma guerra longa deve favorecer o campo da França. De maneira significativa, Durkheim, embora admitindo ter feito obra de propaganda, insiste numa outra dimensão do empreendimento; no preâmbulo que abre a edição das cartas em forma de livro, afirma que era "preciso estabelecer por meio de fatos que a superioridade de nossas forças era mesmo real e que os Aliados estavam em ação para fazê-la valer. Um sério estudo prévio era indispensável".[357] Fatos para

---

[355] Sobre a atitude corajosa de Pirenne durante a guerra e seu tenaz rancor para com os cientistas alemães, ver o livro: LYON, Brice. *Henri Pirenne, a Biographical and Intellectual Study* [Henri Pirenne, um estudo biográfico e intelectual]. Gand: Story-Scientia, 1974.

[356] PROCHASSON, Christophe; RASMUSSEN, Anne. *Au Nom de la patrie: les intellectuels et la Première Guerre mondiale* [Em nome da pátria: os intelectuais e a Primeira Guerra Mundial]. Paris: La Découverte, 1996, p. 185-186.

[357] DURKHEIM, Émile. Avant-propos. In: DURKHEIM, Émile; LAVISSE, Ernest. *Lettres à tous les Français.* Paris: Armand Colin, 1992 (1. ed. 1916; ao longo do segundo semestre de 1915, três milhões de exemplares das cartas tinham sido distribuídos), p. 14.

uma demonstração, graças a um estudo sério, essas fórmulas atestam a maneira como o "Dever patriótico e [o] dever profissional se reforçaram mutuamente" nesses cientistas, "ao mesmo tempo que isso levava a "uma nacionalização da verdade" às expensas da universalidade da ciência e da pesquisa".[358]

Esse combate, os cientistas o travam segundo diversas modalidades, mas com as armas da crítica em tempo de paz. Quando Durkheim analisa a prosa do grande historiador Treitschke, quando tenta desmontar os mecanismos do expansionismo alemão em *A Alemanha acima de tudo*: a *mentalidade alemã e a guerra*,[359] tem total consciência de estar aplicando seu método aos desafios do momento. Esse engajamento de um Durkheim cujo filho arrisca então a vida no *front*, de um Bergson que arrisca a sua quatro vezes no oceano para ir convencer os americanos da justiça da causa aliada, pode ser compreendido como a escrita patriótica no lugar do combate. Mas esse engajamento vai mais longe e, no caso dos historiadores, reencena a postura adotada durante o caso Dreyfus. Hubert Bourgin deixa isso claro em sua correspondência com André Lebey, socialista de sensibilidade próxima da sua: "alguns intelectuais se reapropriam da dupla função de representantes e de *experts* que o Caso tinha conferido a eles, num outro contexto, quinze anos atrás".[360] E entre as disciplinas, "a história tinha encontrado uma nova perspectiva cívica. Ela foi uma arma infinitamente mais poderosa do que a filosofia. Os historiadores, assim como os sociólogos, ficaram no topo da pirâmide".[361] Entre o papel científico do historiador e seu papel patriótico se opera uma alquimia misteriosa que tende a identificar um ao outro através de um processo simétrico àquele celebrado por Monod em 1876, mas em sentido inverso. Não se trata mais de servir secretamente à glória da pátria celebrando as virtudes universais da verdade, mas de, pelo serviço à pátria, preparar o triunfo da verdade universal. A operação se elabora de acordo com três modos distintos que, cada um à sua

---

[358] Prochasson e Rasmussen (1996, p. 10).

[359] DURKHEIM, Émile. *L'Allemagne au-dessus de tout. La mentalité allemande et la guerre*. Paris: A. Colin, 1915.

[360] Prochasson e Rasmussen (1996, p. 190).

[361] Prochasson e Rasmussen (1996, p. 190).

maneira, reestruturam explicitamente o papel atribuído ao historiador: a exploração das analogias históricas para celebrar a causa nacional; a transposição das polêmicas nacionais para o terreno das questões científicas; e, finalmente, a história imediata, com um deslizamento progressivo do estatuto de especialista para o de *expert*.

O primeiro modo multiplica as alusões transparentes. Primeiro sob a forma de citações puras e simples: a *Revue des Deux Mondes* reproduz os artigos escritos por Fustel de Coulanges em 1870, sobretudo os termos de sua polêmica com Mommsen sobre as razões que faziam com que, apesar da língua, a Alsácia quisesse ser francesa. Os historiadores da Revolução ganham particular prestígio quando as horas de glória da "pátria em perigo" são relidas sob a luz dos combates do momento. Nesse domínio, os inimigos no domínio da historiografia revolucionária, Alphonse Aulard e Albert Mathiez, praticamente não se distinguem. Aulard, o defensor de Danton, titular da cátedra de História da Revolução Francesa na Sorbonne, publica diversos artigos e consagra seu curso público à história do patriotismo sob o Antigo Regime. Conduz também uma reflexão indireta sobre o pós-guerra numa conferência de 7 de março de 1915 intitulada "A paz futura após a Revolução Francesa e Kant". A ciência está a serviço da nação, a direita e os moderados não detêm aqui nenhum privilégio, e o socialista Mathiez se devota à causa nacional.[362] Um historiador alsaciano reconhece de bom grado que "a obra do Sr. Mathiez agirá como um tônico revigorador para seus leitores ao descrever as vitórias do Ano II", e faz votos de que "ele logo possa escrever a história da vitória de 1917".[363]

O antecedente histórico alimenta regularmente a febre nacional quando, sob o risco do anacronismo mais descarado, solicitam-se os autores antigos para falar dos alemães de hoje. Um futuro professor da Universidade de Bordeaux, Charles Dartigue, escreve em 1917 na *Revue historique*: "O povo alemão é domesticado demais para se revoltar contra seus dirigentes, que, hoje como na época de Tácito, só

---

[362] FRIGUGLIETTI, James. *Albert Mathiez, historien révolutionnaire* [Albert Mathiz, historiador revolucionário]. Paris, 1974, p. 117-120.

[363] REUSS, R. *Revue historique*, t. 124, 1916, p. 102, citado por MARTIN, Michel. Les historiens français et la guerre mondiale [Os historiadores franceses e a guerra mundial]. *Revue historique*, t. 255, abr./jun. 1976.

lutam pela dominação e pela pilhagem".[364] Esse uso do anacronismo para confundir a causa passada e a presente, atinge seu ápice quando Christian Pfister, grande medievalista e professor da Sorbonne, compara as estátuas de Vercingétorix em Alésia e de Armínio na Floresta de Teutoburgo: "Os dois em nada se assemelham, o primeiro é um herói, o segundo um bandido".[365] O leitor ignora então se Pfister aproxima a fatura das estátuas herdadas das representações do século XIX, os personagens históricos, se é que Tácito e César fornecem indicações fiáveis, ou o olhar dos contemporâneos em guerra. E as glosas sobre as características inquietantes da "raça alemã" proliferam nos livros de história; professor de História Moderna na Sorbonne, Ernest Denis transforma o prelúdio de uma história dos eslovacos num longo processo contra os defeitos atávicos do povo alemão.[366]

Ainda mais notável é esta fórmula de Christian Pfister a propósito de um livro sobre os soldados da Revolução: "Muito naturalmente, o autor fez numerosas alusões à guerra atual e exortou os franceses de 1914-1917 a consentirem nos mesmos sacrifícios pela pátria a que se submeteram os de 1793".[367] "Muito naturalmente", a instrumentalização inconsciente se faz evidência! Esse texto de Pfister introduz a dimensão que nos interessa: faz parte do papel e do dever do historiador proceder a essas aproximações e, assim, participar do combate patriótico. O historiador não é usado; ele próprio se coloca como homem de ciência a serviço da causa nacional. A imbricação dos méritos científicos e dos méritos patrióticos, e a seguir sua fusão numa única e mesma justificação da atividade histórica se impõe, através do desvio de uma homenagem prestada aos alunos da École des Chartes mortos no campo de honra:

> A École des Chartes, como todas as nossas grandes escolas, continua a pagar generosamente sua dívida para com a pátria nos campos de batalha. Sabemos que todos eles afrontaram a

---

[364] DARTIGUE, Charles. *Revue historique*, t. 126, 1917, p. 198, citado por Martin (1976).

[365] PFISTER, Christian. *Revue historique*, t. 123, 1916, p. 171, citado por Martin (1976).

[366] DENIS, Ernest. *La Question d'Autriche: les Slovaques* [A questão da Áustria: os eslovacos]. Paris, 1917.

[367] PFISTER, Christian. *Revue historique*, t. 126, 1917, p. 369, citado por Martin (1976).

morte com o mesmo estoicismo; só o destino escolheu entre eles. Honremo-los todos. Desejemos que aqueles que sobreviveram, assim como os que foram feridos, possam voltar em breve para nós e pôr a serviço de seus estudos e da ciência essa nova virilidade que o serviço da pátria provocou e desenvolveu tão admiravelmente neles.[368]

Do campo de batalha ao terreno da ciência, as mesmas virtudes viris seriam mobilizadas, as armas da ciência e da guerra se identificam e os papéis atribuídos se confundem. Servir à pátria desenvolveria, portanto, as virtudes científicas; por conseguinte, estas não teriam outras razões de ser além do combate pela pátria.

As trincheiras da ciência

Essa confusão não causa maior espanto quando se avalia a que ponto a polêmica científica repercute uma verdadeira guerra de trincheiras. O combate erudito em história da arte ilustra esse deslocamento rumo às polêmicas científicas. Naturalmente, a polêmica se constrói sobre as ruinas de Louvain e no meio da nave ainda esfumaçante da Catedral de Reims. De um lado, trata-se de estigmatizar os "unos", os "bárbaros"; do outro, de demonstrar que só a ciência alemã sabe proteger, analisar e classificar corretamente o patrimônio artístico. Enquanto na França os alemães foram vistos como destruidores, na Alemanha, mas também nos Estados Unidos, os historiadores da arte alemães são celebrados como os heróis da "proteção das obras de arte", principalmente graças à obra coletiva *Kunstschutz im Kriege* [Defesa da arte na guerra] editada pelo professor Paul Clemen (1866-1947). Publicada em 1919, no contexto da Conferência de Paz, sua finalidade era demonstrar que a Alemanha tinha contribuído para proteger o patrimônio artístico durante a guerra. Efetivamente, de 1914 a 1918, numerosos trabalhos sobre a arte e a cultura na Bélgica e no norte da França atestam isso. E foram acompanhados por uma política

---

[368] Discurso de M. Thomas, outubro de 1915, sessão do Conselho de Aperfeiçoamento da École des Chartes, citado por BECKER, Annette. Les chartistes dans la Grande Guerre [Os *chartistes* na Grande Guerra]. In: BERCÉ, Yves-Marie. *Histoire de l'École Nationale des Chartes depuis 1821* [História da École Nationale des Chartes desde 1821]. Thionville: Gérard Kloop éditeur, 1997.

museológica que protegeu as obras evacuadas e as revalorizou através de métodos inovadores: assim, por exemplo, os pastéis de Quentin de La Tour tirados do museu Lécuyer de Saint-Quentin foram expostos, como num salão privado do século XVIII, segundo o método integrado testado por Bode no Kaiser-Friedrich Museum. A ambivalência dessa atitude revela a ambiguidade dos papéis desempenhados pelos historiadores e historiadores da arte. Oscila-se aqui entre a proteção sincera de um patrimônio ameaçado e a execução de uma política destinada a provar o parentesco entre as culturas flamenga e brabançona de um lado e a cultura alemã do outro, a fim de justificar uma eventual anexação[369] e a afirmação de uma preeminência científica.

Esse debate começa no coração do conflito, em 1915, quando um coletivo francês de políticos, intelectuais e historiadores da arte publica *Os alemães destruidores das catedrais e dos tesouros do passado,*[370] ao qual responde o *Kunstverwaltung in Frankreich und Deutschland* [Gestão da arte na Alemanha e na França] organizado por Otto Grautoff (1876-1837), historiador da arte encarregado desde 1915 da propaganda cultural no seio da Zentralstelle für Auslandsdienst[371] [Central de serviço no exterior]; mas essas duas obras, essencialmente polêmicas, se apagam diante dos trabalhos mais científicos.

Indignado com os bombardeios de Reims, Émile Mâle,[372] professor da Sorbonne e autoridade indiscutida da história da arte francesa, resolve demonstrar a inferioridade da arte medieval alemã, mera cópia da arte francesa.[373] É provável que Émile Mâle tenha sido um dos

---

[369] KOTT, Christina. Histoire de l'art et propagande pendant la Première Guerre mondiale: L'exemple des historiens d'art allemands en France et en Belgique [História da arte e propaganda durante a Primeira Guerra Mundial: o exemplo dos historiadores da arte alemães na França e na Bélgica]. *Revue germanique internationale,* "Écrire l'histoire de l'art. France-Allemagne, 1750-1920", n. 13, 2000, p. 201-222, aqui p. 211-212.

[370] *Les Allemands destructeurs des cathédrales et de trésors du passé.* Paris: Hachette, 1915.

[371] Kott (2000).

[372] Émile Mâle (1862-1954) defendeu, em 1899, uma tese sobre a arte religiosa do século XIII na França e foi professor titular na Sorbonne de 1912 a 1935. Sua carreira é uma das últimas do entreguerras que apresenta um coroamento universitário e mundano simultâneo, como o demonstra sua eleição para a Académie Française.

[373] Esse debate entre a historiografia francesa e a historiografia alemã é analisado em detalhe por DILLY, Heinrich. Septembre 1914. *Revue germanique internationale,* "Écrire l'histoire de l'art. France-Allemagne, 1750-1920", n. 13, 2000, p. 223-237. Retomo aqui suas citações e análises.

destinatários diretos do *Manifesto dos 93*, e fato que tinha conhecimento deste ao redigir um longo artigo sobre a Catedral de Reims para a *Revue de Paris*[374] e, na sequência, uma série de artigos reunidos sob o título: *A arte alemã e a arte francesa da Idade Média*. Mâle desenvolve a tese segundo a qual "a Alemanha no passado só fez imitar". A França, berço da arte românica e da gótica, seria até o lugar da invenção da gravura em madeira, Albrecht Dürer não passando de um mero imitador.[375] Os historiadores franceses celebram estas conclusões:

> A velha doutrina da originalidade germânica, a que se deveriam as mais belas criações da Idade Média, está hoje abalada; porém, como diz Émile Mâle, não há nada mais difícil de destruir do que um velho "erro", e não seria inútil acabar de vez com uma lenda cujos retornos ofensivos mais ou menos desenvolvidos volta e meia ficamos surpresos ao constatar. Além disso, a investigação crítica empreendida pelo autor nos rendeu uma série de capítulos verdadeiramente luminosos sobre o desenvolvimento da arte francesa e sobre seu poder de expansão, particularmente na Alemanha. [...] A tese do domínio germânico seviciou por muitos anos e, é preciso dizer, na própria França. Há aí um caso muito curioso de ilusão literária pelo qual a escola romântica e, sobretudo, Madame de Staël são em parte responsáveis.[376]

E Louis Bréhier, então professor de História Medieval e Antiga na Universidade de Clermont-Ferrand, enfatiza as conclusões essenciais de Émile Mâle sobre a ourivesaria *cloisonnée* erroneamente atribuída aos bárbaros germânicos, na verdade inspirada pelo Cáucaso, pelo Oriente e pela Pérsia; sublinha a falta de originalidade do românico alemão – o plano tão curioso da Catedral de Speyer tendo sido calcado sobre a igreja de Saint-Riquier – e insiste na dívida da Alemanha para com a França em matéria de arquitetura gótica. Argumentos que abrem novas perspectivas historiográficas, novas vias científicas

---

[374] Reeditado em seguida como livro: *La Cathédrale de Reims*. Paris: Bloud et Gay, 1915.

[375] MÂLE, Émile. *L'Art allemand et l'art français du Moyen Âge*. Paris: A. Colin, 1917.

[376] BRÉHIER, Louis. *Revue historique*, t. 127, 1916, p. 327-330, citado por Martin (1976, p. 443-444).

ao libertarem os historiadores franceses do jugo historiográfico alemão.[377] As trincheiras da ciência têm para os historiadores franceses o mérito de liberá-los do modelo alemão que servira de referência obrigatória às duas primeiras gerações de historiadores metódicos. A Action française podia agora muito bem descreditar uma ciência histórica germanizada, infiel à altaneira tradição erudita francesa. A polêmica do momento permite demonstrar como a ciência alemã trai seus próprios princípios e afirmar a supremacia científica francesa:

> A guerra permitiu ao mundo avaliar o espírito civilizador dos germanos de hoje. Os manifestos (justificadores) dos cientistas alemães nos edificaram sobre a espécie e o valor da "verdade" cujos porta-vozes eles se diziam ser. Com a miragem de uma hegemonia científica da Alemanha devem desaparecer as doutrinas que falsificaram propositalmente a história, que só uma espécie de respeito fetichista pela erudição alemã tinha tornado toleráveis...[378]

Diante desse duplo desafio, nacional e científico, a ciência alemã vai se defender com artilharia pesada, atacando essas pretensões que visam a retirar da Alemanha seu "estilo nacional". Por iniciativa de Georg Bierman e Otto Grauttof, os artigos de Mâle são traduzidos[379]: essa versão alemã, publicada nos *Monatshefte für Kunstwissenschaft*, é seguida de uma série de resenhas críticas feitas por uma dezena de historiadores e historiadores da arte, quase todos alemães.[380]

Os autores acusam Mâle de chover no molhado e ignorar o estado recente da pesquisa na Alemanha. E, sobretudo:

> Les Cahiers mensuels d'histoire de l'art [Os Cadernos Mensais de História da Arte] esperam conseguir manter longe de sua tribuna o ódio entre os povos e a algazarra da guerra. Esse objetivo seria fácil de atingir se os historiadores da arte

---

[377] Martin (1976, p. 444).

[378] FLACH, Jacques. Les nationalités de l'ancienne France [As nacionalidades da antiga França]. *Revue historique*, t. 126, 1917, p. 1-13, citado por Martin (1976, p. 435).

[379] "Antworten auf Émile Mâles 'Studien über die deutsche Kunst'" [Respostas aos "Estudos sobre a arte francesa" de Émile Mâle]. *Monatshefte für Kunstwissenschaft*, X, n. 4, 1917, p. 17-173.

[380] Exceto pelo conservador do Museu Nacional Húngaro de Budapeste.

dos países inimigos fossem guiados pela mesma vontade de preservar a *res publica litterarum*. Os franceses, em particular, transpuseram a inimizade da guerra para uma inimizade pessoal. Um dos historiadores mais meritórios e mais eruditos enveredou também por esse caminho.[381]

O empreendimento devia demonstrar a superioridade da pesquisa alemã por sua precisão, sua especialização e seu número diante do solitário Mâle. Para Josef Strzygowski, Émile Mâle, ao acusar de arrogância germânica historiadores muito pouco culpados desse crime, acabava encorajando a pesquisa alemã a fazer justiça aos alemães! O comentário dá o que pensar quando rememoramos os escritos de Kurt Gerstenberg, um dos signatários das resenhas, que descrevia em 1913 o gótico alemão como "o estilo alemão", "a expressão da raça".[382] Nisso seguia a demonstração que conduzira Wilhelm Worringer a identificar o gótico não mais como simples estilo e sim como uma vontade de forma própria ao homem nórdico, "como um fenômeno [...] que em seus fundamentos últimos se eleva da raça, independentemente de qualquer dado temporal. Profundamente enraizada na constituição íntima do homem do Norte, que não pôde ser erradicada pela ação niveladora da Renascença europeia. Não se deve entender "raça" aqui no sentido estreito da pureza: essa raça compreende todos os povos numa mistura racial em que os germanos têm uma parte decisiva. [...] Os germanos, como vimos, são a condição *sine qua non* do gótico".[383] A dissociação dos papéis científicos e políticos se torna assim impossível. A ciência funda a nação, a nação dá corpo ao objeto científico. Os dois primeiros tempos da demonstração fundam plenamente a constatação polêmica de Marcel Detienne sobre a recusa ao comparatismo entre os historiadores desde a profissionalização da

---

[381] Citação de Grautoff apresentando sua tradução de Mâle, *Monatshefte for Kunstwissenschaft*, IX, 1916, p. 387, citado por Dilly (2000, p. 231, nota 1).

[382] GERSTENBERG, Kurt. *Deutsche Sondergotik: Eine Untersuchung über das Wesen der deutschen Baukunst im späten Mittelalter* [O *Sondergotik* alemão: uma investigação sobre a arquitetura alemã na Idade Média tardia]. Munich, 1913, p. 115, citado por Dilly (2000, p. 235).

[383] WORRINGER, Wilhelm. *Formprobleme der Gotik* [Problemas formais do gótico]. Leipzig, 1912, citado por GINZBURG, Carlo. *À distance, neuf essais sur le point de vue en histoire*. Paris: Gallimard, 2001, p. 138-139 [Edição brasileira: *Olhos de madeira – nove ensaios sobre a distância*. Tradução de Eduardo Brandão. São Paulo: Companhia das Letras, 2001]

disciplina: "De um lado e de outro do Reno, numa Europa rica e poderosa na escala do globo, Nacionais inventam uma 'ciência histórica' destinada a forjar a identidade de uma raça e de suas forças de terra e de sangue".[384]

Os direitos históricos e o Comitê de Estudos

Do uso patriótico e reivindicado do anacronismo e da analogia ao deslocamento consciente e lúcido da guerra para o combate dos arquivos e das bibliotecas, os historiadores deslizam para uma terceira visão de seu papel nos Estados em guerra. A observação se concentrará agora no exemplo francês. Para além dos paralelos, os antecedentes históricos se tornam as explicações e as justificações diretas das pretensões contemporâneas da França. Antes mesmo da Conferência de Paz, os direitos históricos se impõem como uma evidência que os historiadores são os melhores situados para estabelecer, e isso de duas maneiras. Em primeiro lugar, a afirmação dos direitos históricos explica a multiplicação dos estudos sobre os territórios que estão em jogo no conflito do ponto de vista franco-alemão. Jacques Flach escreve sobre as afinidades francesas da Alsácia antes de Luís XIV e a iniquidade da separação,[385] G. Weill, sobre a Alsácia francesa de 1789 a 1870.[386] Pois os historiadores são os arautos da causa nacional. Precisando, transgridem-se os domínios e as especialidades. Ernest Babelon, numismata e historiador da Antiguidade, de repente se torna o historiador da questão do Sarre.[387] Professor no Collège de France e medievalista, Jacques Flach condena a ciência alemã cujos "manifestos justificadores" "nos persuadiram sobre a esperança e o valor da verdade de que se apresentavam como porta-vozes".

Na França, a empreitada de organização da justificação científica encontra sua origem na formação do Comitê de Estudos de que

---

[384] DETIENNE, Marcel. *Comparer l'incomparable*. Paris: Le Seuil, 2000, p. 10-11 [Edição brasileira: *Comparar o incomparável*. Tradução de Ivo Storniolo. São Paulo: Ideias & Letras, 2004].

[385] FLACH, Jacques. *Les Affinités françaises de l'Alsace avant Louis XIV et l'iniquité de la séparation*, Paris, 1915.

[386] WEILL, Georges. *L'Alsace française de 1789 à 1870*. Félix Alcan, 1918.

[387] BABELON, Ernest. *La Grande Question d'Occident, au pays de la Sarre, Sarrelouis et Sarrebruck* [A grande questão do Ocidente, na região do Sarre, Sarrelouis e Sarrebruck], Paris, Leroux, 1918.

Raymond Poincaré falava já na primavera de 1915 e de cuja criação Aristide Briand encarrega Charles Benoist através de um decreto de 17 de fevereiro de 1917. Historiador e diplomata de formação, Charles Benoist era professor de História Constitucional da Europa Ocidental na Escola Livre de Ciências Políticas; deputado republicano, e ainda por cima progressista, sua aproximação da Action française só ocorre ao longo dos anos 1920.[388] Charles Benoist corresponde perfeitamente às duas condições necessárias para instituir esse cenáculo que refletirá, com a caução da ciência, sobre a configuração da Europa ao sair da guerra.[389] A composição bastante acadêmica do Comitê – dos 16 membros iniciais 12 são professores universitários – traduz essa vontade deliberada de colocar as soluções francesas sob os auspícios de um saber objetivo e profissional. Os historiadores ocupam nele um lugar primordial, já que contamos nove historiadores e três geógrafos;[390] essa primazia coincide com a eliminação de especialistas das disciplinas demasiado associadas ao poder econômico e político. Em relação à Geografia, a preponderância numérica da História reflete as relações de força universitárias da época, o espaço respectivo dado no Collège de France e na Sorbonne às duas disciplinas.

---

[388] Adesão em 1928.

[389] O Comitê de Estudos foi objeto de diversos trabalhos que contribuíram em diferentes graus para a exposição que faço aqui: BOULINEAU, Emmanuelle. Un geografe traceur de frontieres: Emmanuel de Martonne [Um geógrafo traçador de fronteiras: Emmanuel de Martonne]. *L'Espace géographique*, n. 4, 2001, p. 222-223; BUIRETTE, Olivier. Géographes et frontieres: le rôle d'Emmanuel de Martonne au sein du Comité d' études lors de la Conférence de la paix [Geógrafos e fronteiras: o papel de Emmanuel de Martonne no seio do Comitê de Estudos quando da Conferência de Paz]. In: GIBLIN, Béatrice; LACOSTE, Yves (Dir.). *Géo-histoire de l'Europe médiane: Mutations d'hier et d'aujourd'hui* [Geo-história da Europa mediana: mutações de ontem e de hoje]. Paris: La Découverte, 1998, p. 149-163; PICHON-VARIN, lsabelle. *Les Historiens du Comité d'études: Un groupe d'historiens pendant la Premiere Guerre mondiale et la Conférence de la paix* [Os historiadores do Comitê de Estudos. Um grupo de historiadores durante a Primeira Guerra Mundial e a Conferência de Paz]. Dissertação de Mestrado sob a orientação de Olivier Dumoulin, Universidade de Rouen, 1998; TER MINASSIAN, Taline. Les géographes français et les fromieres balkaniques à la Conférence de la paix [Os geógrafos franceses e as fronteiras balcânicas na Conferência de Paz]. *Revue d'histoire moderne et contemporaine*, abr./jun. 1997, p. 252-286.

[390] Em 1917, contam-se 16 membros: Alphonse Aulard, Ernest Babelon, Émile Bourgeois, Arthur Chuquet, Antonin Debidour (falecido antes da primeira sessão e substituído por Émile Haumant), Ernest Denis, Camille Jullian, Ernest Lavisse, Christian Pfister, Charles Seignobos. Os geógrafos são Paul Vidal de La Blache, Emmanuel de Martonne e Lucien Gallois. Finalmente, Charles Benoist, historiador de formação e o general Bourgeois, diretor do serviço geográfico do exército, representam os dois poderes consumidores de *expertises*.

Não é difícil decifrar aí a persistência de uma confusão entre o direito do primeiro ocupante e o direito contemporâneo sobre uma região, a primazia dos direitos históricos, a despeito do dogma republicano sobre os direitos dos povos de disporem de si mesmos. A presença no Comitê de Historiadores da Antiguidade como Ernest Babelon e Camille Jullian, e a participação do grande medievalista alsaciano Christian Pfister revelam explicitamente esses pressupostos. Para fechar o assunto da dimensão historiadora do Comitê de Estudos, acrescento que as contribuições dos geógrafos assumiram frequentemente a forma da antiga geografia histórica que derivava da formação de historiador própria ao geógrafo (o trabalho de autonomização da disciplina, conduzido no plano intelectual por Paul Vidal de La Blache depois do surgimento do Diplôme d'études supérieures especializado em geografia e das primeiras teses de geografia contemporânea, só toma corpo no início do século XX). Por via de consequência, as contribuições dos geógrafos participam geralmente desse primado da razão historiadora nos trabalhos; cito como exemplo os trabalhos de Vidal de La Blache sobre a persistência do sentimento francês em Landau, de Lucien Gallois sobre as variações de fronteira do Norte e do Nordeste desde 1879 e a fronteira franco-belga, e de Maurice Fallex sobre as fronteiras do Estado polonês, que acionam o *know-how* crítico e o trabalho sobre arquivos da escola positivista. Apesar da influência posterior de um geógrafo da escola jovem, Emmanuel de Martonne, a lógica historiadora é a que prevalece na origem.

Os trabalhos do Comitê de Estudos continuam até a abertura da Conferência de Paz e são, em sua maior parte, publicados em dois tomos: o primeiro sobre as fronteiras Norte e Nordeste do território francês; o segundo, sobre as questões europeias, trata sobretudo dos novos limites estatais da Europa central e oriental, da Bélgica e da Alemanha, e parece análogo em todos os pontos aos trabalhos de história diplomática instituídos pelos cursos de Albert Sorel e Émile Bourgeois na Escola Livre de Ciências Políticas e, a seguir, na Sorbonne.

As contribuições de Christian Pfister, de Camille Jullian ou dos geógrafos se fundamentam nos procedimentos clássicos da argumentação, no privilégio atribuído aos arquivos públicos e no postulado implícito da preeminência dos direitos históricos sobre um território. O modo de argumentação, as frequentes referências aos trabalhos dos colegas e pares (Rambaud, Lavisse, Pfister), o aparato das notas e, sobretudo, as citações precisas das fontes primárias, com os devidos números dos arquivos, confirmam o estatuto científico dessa prosa, quando se trata de completar tal ou qual desenvolvimento erudito sobre as fronteiras da Alsácia ou da Lorena.[391] Sem sequer precisar lutar por isso, a argumentação crítica se sobrepõe à construção de uma demonstração, obedecendo assim ao esquema característico da história profissionalizada desde o século XIX na Alemanha.[392] Se a nota identifica as fontes primárias e autentica as asserções do historiador, ela marca também a novidade em relação à literatura preexistente e atesta sobretudo o caráter profissional do historiador.[393] E as notas do Comitê de Estudos se dobram ao conjunto das funções reconhecidas às notas científicas, estabelecimento de uma linguagem comum com a rede dos pares reconhecidos, estabelecimento da prova, torpedeamento implícito dos argumentos recusados. Curiosamente, essa modalidade da escrita científica se conjuga com tomadas de posição explícitas que reivindicam o interesse da França. Sob esse ângulo, o suplemento ao primeiro volume dos trabalhos do Comitê de Estudos redigido por Maurice Fallex,[394] *A questão do rio Queich e a questão da região de Schambourg no século XVII*, se impõe como um exemplo de triunfo da causa nacional pela graça da erudição; sua conclusão, tal como vem relatada na resenha das sessões de trabalho do Comitê de Estudos, é iluminadora quanto a essa convergência da ciência positiva e das crenças na virtude dos direitos históricos: "Devemos riscar dos mapas históricos a denominação 'bailiados contestados' e substituí-la pela de 'bailiados cedidos eventualmente à França para serem reunidos a ela quando da morte do Eleitor palatino'".[395] O essencial do poder de

---

[391] FALLEX, Maurice. *La Question de la Queich et la question du Schambourg au XVIIe siècle* [A questão do rio Queich e a questão da região de Schambourg no século XVII]. Travaux du Comité d'études, v. 1. Paris: Imprimerie nationale, 1919.

[392] GRAFTON, Anthony. *Les Origines tragiques de l'érudition, une histoire de la note de bas de page* [As origens trágicas da erudição, uma história da nota de rodapé]. Paris: Le Seuil, 1998, p. 170.

[393] Grafton (1998, p. 13).

[394] Fallex (1919).

[395] Resumo dos trabalhos do Comitê de Estudos, papéis Charles Benoist, 4543, Bibliothèque de l'Institut de France, sessão de quarta-feira, 22 de janeiro de 1919, citação extraída das notas da Srta. Pichon-Varin.

demonstração, como no mais belo dia da guerra dos diplomas nos tempos de Mabillon,[396] funda-se nos documentos de arquivos. E é evidente que as armas da crítica se apoiam no *know-how* dos antecessores: "O governo do rei tinha se voltado ao mesmo tempo para o bispo de Speyer; o Sr. Chr. Pfister deixou claro os resultados definitivamente estabelecidos pelo arranjo concluído em 1750 e registrado por cartas patentes do rei na data de junho de 1756".[397]

Essas manifestações cientificistas são evidentes no que concerne à série das contribuições sobre a opinião pública nos territórios limítrofes da fronteira francesa. Série que começa com a Antiguidade, confiada a Camille Jullian, e prossegue com a Idade Média e os tempos modernos, a cargo de Christian Pfister. Depois é a vez de Philippe Sagnac, requisitado como especialista exterior, que trata d' "O espírito público nas regiões renanas de 1789 a 1814"; Ernest Denis dá seguimento apresentando "A opinião pública nas regiões renanas depois de 1815"; e, finalmente, o general Bourgeois e Christian Pfister concluem com "A vida pública na Alsácia-Lorena desde 1871". O engajamento nacional dos colaboradores dessa parte do volume não deixa margem a discussão, e os mais engajados à esquerda dos membros do Comitê não hesitam em considerar as soluções mais radicais.

Na sessão de fechamento, Charles Seignobos se faz o apóstolo do desmembramento da Alemanha e da absorção da Renânia; argumentando com a aculturação de Metz nos séculos passados para justificar a anexação de territórios percebidos como alemães, conclui: "A causa francesa é também a causa da humanidade; esta é no conflito de hoje uma grande e singular honra para a França".[398]

"Não se reatava assim com o exercício que se tornara da ordem do dia no Caso Dreyfus: a análise erudita dos documentos que 'importava

---

[396] BARRET-KRIEGEL, Blandine. *Les Historiens et la monarchie*, t. I, *Jean Mabillon*. Paris: PUF, 1988, p. 62: "É o tempo da *Bella diplomatica*, a guerra diplomática. É preciso tomar a palavra no sentido estrito. Instruem-se as querelas a partir de "diplomas", como se dizia então, ou seja, a partir de títulos. Os soberanos dão ao estudioso a tarefa de coletar e reunir os títulos que justificam seus desígnios e seus direitos".

[397] Fallex (1919, p. 62).

[398] *L'Alsace-Lorraine et la frontière du Nord-Est*, travaux du Comité d'études [A Alsácia-Lorena e a fronteira do Nordeste, trabalhos do Comitê de Estudos], v. 1. Paris: Imprimerie nationale, 1918, p. 36, sessão de fechamento de 19 de novembro de 1917.

hábitos profissionais' para o coração da vida política e os colocava a serviço da propaganda."[399] Cientistas até a ponta das unhas, nossos historiadores puderam assim se acreditar conformes a sua intenção de verdade sem por isso renunciar a se gabar de servir à nação; mas esse esforço foi recompensado assim que os combates cessaram?

A *expertise* na Conferência de Paz

A Primeira Guerra Mundial mobilizou, portanto, todos os tipos de cientistas para a causa nacional; os historiadores acreditaram assumir esse papel patriótico sem deixar de lado as exigências do ofício. Mas, a fim de preparar uma "paz para nosso tempo", a função atribuída aos cientistas, e mais particularmente aos historiadores, evoluiu até se aproximar do que já então se chamava de estatuto de *expert*.

Se os trabalhos do Comitê de Estudos ilustram a dificuldade de manter a dialética cara a Monod – a glória da pátria através do serviço da verdade universal –, nem por isso deixam de ser muito marginais e marginalizados quando soa a hora dos balanços; o caráter operatório dessa leitura científica se expõe à crítica, e o próprio Comitê se preocupa com o pouco caso que se faz de suas produções nas altas esferas. Repetidas vezes ao longo do primeiro trimestre de 1919, a lógica científica do Comitê, fundada na publicidade dos trabalhos como garantia de sua utilidade, entra em choque com a lógica de um comanditário que pretende fazer uma reserva de *expertise*s cujas conclusões devem pegar de surpresa parceiros talvez menos preparados. Ernest Lavisse insiste junto a Poincaré, no início de janeiro, sobre a necessidade de uma difusão mais ampla;[400] reivindicação que, segundo Berthelot,[401] nunca foi escutada. Depois de uma nova constatação de fracasso no dia 2 de abril, o Comitê de Estudos recebe enfim uma resposta epistolar, em 10 de abril:

> Justamente em razão da importância e da personalidade dos autores dos estudos do Comitê, e do caráter delicado de certo

---

[399] Prochasson e Rasmussen (1996, p. 199).

[400] Documentos Charles Benoist 4543, Biblioteca do Institut de France, Comitê de Estudos, ata das reuniões, 13 jan. 1919.

[401] Documentos Charles Benoist 4543, Biblioteca do Institut de France, Comitê de Estudos, ata das reuniões, 4 fev. 1919.

número das questões tratadas (Luxemburgo, Alsácia, Adriático...), o Presidente do Conselho julgou, assim como eu – escreve o ministro das relações exteriores ao Comitê –, que era necessário conservar em caráter confidencial o primeiro volume e o atlas que o acompanha, e limitar, durante o período ainda em curso das negociações com nossos Aliados, sua distribuição aos delegados e membros das comissões e a algumas personalidades escolhidas.[402]

Lógica científica da publicidade dos debates contra lógica do segredo de Estado no coração das negociações: a precariedade da postura dos cientistas vem à tona. Reunidos para trazer as luzes da ciência ao serviço da pátria, eles ainda pensavam que a força da argumentação crítica, a prova através de métodos sãos mereciam a mais ampla divulgação, já que tinham se submetido a todos os rigores de suas disciplinas para resistir vitoriosamente aos argumentos das partes adversas. Para o governo, trata-se apenas das armas da negociação cuja força repousa em boa parte no segredo e na surpresa. Diante dessa lógica de outra natureza, os estudiosos do Comitê reagem de maneiras muito diferentes. Em alguns a frustração é o mais forte; para outros, trata-se de assumir um novo papel, de entrar com tudo no universo da *expertise*.

Mas a ambiguidade reinava sobre a natureza do papel conferido aos participantes do Comitê. A própria ideia da primazia absoluta do ponto de vista científico, patriótico por efeito natural da verdade e não pela tomada em conta dos interesses nacionais, tinha suscitado debates. Vários cientistas colocam seu saber a serviço da pátria nos termos de uma prática científica cujo sentido desaparece se não houver publicidade. Os representantes do Estado visam apenas à eficácia, o que inclui o segredo, o recurso instrumental aos trabalhos dos *experts*.

Ao longo das sessões de trabalho transparecem nuances entre os eminentes professores. No dia 22 de janeiro de 1919, a propósito do relatório de Seignobos sobre os Letões, Ernest Denis declara sem rodeios "temer que os Letões separados completamente da Rússia caiam sob a influência da Alemanha", e conclui chamando mais uma vez "a atenção

---

[402] Documentos Charles Benoist 4543, Biblioteca do Institut de France, Comitê de Estudos, ata das reuniões, sessão de 6 de maio de 1919, carta de 1º de abril de 1919 endereçada pelo ministro das Relações Exteriores Pichon ao Comitê de Estudos.

do Comitê sobre o perigo de se inspirar demais no espírito científico para nossos estudos e sobre a necessidade de pensar nas circunstâncias que nos impõem algumas precauções contra a Alemanha".[403] Marcado pela derrota de 1870 e pela morte de seu filho caçula Jacques nos primeiros dias do conflito, o professor da Sorbonne bate o martelo sobre o papel dos cientistas no seio do Comitê: devem inventar soluções conformes aos interesses da França e de seus aliados. A atitude não se dissocia das tomadas de posição anticientificistas que são a marca de Ernest Denis frente a Monod e seus discípulos já bem antes do conflito mundial:

> Não dissimulo o quanto essa concepção da história se afasta da concepção dita científica que está hoje na moda. [...] Em toda obra que não é um simples resumo cronológico, há uma parte necessária de invenção subjetiva e de arbitrário, e o menor perigo de alterar a verdade não está numa reserva platônica que se contenta em anotar suas formas exteriores. Tentando entrever a sequência geral e as causas essenciais dos fatos, ao menos temos alguma chance de escapar do espírito de cólera e da parcialidade.[404]

Em certo sentido, nada de surpreendente da parte de um homem que progressivamente confundiu sua obra de historiador da nação tcheca e seu engajamento como apoiador fervoroso da causa dessa nação durante a guerra. Depois da publicação de *La Bohême après la Montagne blanche* [A Boêmia depois da Montanha branca] em 1903, Denis se torna membro estrangeiro da Academia Real de Praga e funda, em março de 1908, a associação franco-eslava junto à Universidade de Paris. Depois seu engajamento intelectual se desdobra num ativismo moral e político a favor dos eslavos e, mais particularmente, da nação tcheca. Embora abandone a direção da revista *Nation tcheque*, que fundara em 1915, um mês após sua entrada no Comitê de Estudos,[405] o engajamento de

---

[403] Documentos Charles Benoist 4543, Biblioteca do Institut de France, Comitê de Estudos, ata das reuniões, 22 de janeiro de 1919.

[404] MARES, Antoine. Louis Léger et Ernest Denis: Profil de deux bohémisants français au XIXe siècle [Louis Léger e Ernest Denis: perfil de dois estudiosos franceses da Boêmia no século XIX]. In: FERENCUHOVA, Bohumila. *La France et l'Europe centrale*, número especial de *Slovanski studii*, Bratislava, Academic Electronic Press, 1995, p. 63-82, citação p. 73.

[405] As razões desse abandono estariam ligadas à evolução do interesse dos movimentos nacionalistas tchecos pelo órgão criado por Ernest Denis. Sua retirada da *Nation tcheque* dataria de setembro

Ernest Denis a favor dos tchecos não é segredo para ninguém; ele chegou mesmo a retocar a declaração tcheco-eslovaca de 14 de novembro de 1915. O historiador, acolhido como herói em sua última viagem a Praga às vésperas de sua morte em 1921, tem posições tão decididas, quer se trate da integridade territorial da Boêmia histórica, quer da fusão da Tchecoslováquia, que parece impossível lhe atribuir a distância necessária ao parecer do especialista.

Contudo, na hora da repartição das tarefas de acordo com a especialidade de cada um na Universidade, o Comitê de Estudos se esforçou por recriar a distância, condição central para que fosse atribuído crédito a seus trabalhos. Os colegas de Denis no Comitê têm uma consciência bastante aguda do enfraquecimento de seu estatuto científico do ângulo de observadores hostis à causa tcheca: nenhum relatório sobre a questão é confiado a ele, ainda que esse subterfúgio não impeça a retomada das posições tchecas pelo relator do Comitê, J.-E. Pichon.

As divergências sobre as transgressões do pacto de distância científica e sobre o impedimento das condições de difusão da pesquisa não bastam para modificar a natureza do trabalho realizado no seio do Comitê. Entre pares, avalia-se e julga-se; a concretização do trabalho se limita ainda e sempre à produção de um rastro impresso, sempre fiel aos cânones da crítica acadêmica com seu aparato crítico, suas produções de anexos documentais. Mas a segunda fase do processo introduz as condições de uma verdadeira ruptura entre o papel do cientista e o do *expert*, ao passo que a tensão só opunha até então o cidadão e o historiador.

A organização geral da Conferência de Paz provoca a passagem do Rubicão: alguns honoráveis professores se engajam verdadeiramente na *expertise*. Quando os costumes diplomáticos da Europa de Viena se transformam, quase todas as delegações das grandes potências preparam uma negociação usando as armas da *expertise*. Antes da guerra, o recurso à legitimação técnica e científica de árbitros exteriores ao campo diplomático já se esboçava nas premissas da arbitragem internacional, encorajada pela fundação Carnegie e parcialmente posta em prática pela Corte de

---

de 1916, em razão das complacências italianas de Stefanik, fundador do Conselho Nacional dos Países Tchecos.

Justiça Internacional de Haia.[406] A *expertise* não foi privilégio exclusivo dos historiadores, apesar da oposição simplista debuxada pelo *expert* britânico Nicolson para se comparar a seus homólogos norte-americanos: "Eu era um diplomata profissional e eles professores de história".[407] Já nos anos 1930 rememora-se "essa estranha experiência de mobilização das ciências políticas e sociais"[408] para ajudar a traçar os contornos do mundo novo que devia ser construído sobre as ruínas deixadas pela guerra. Mas o lugar dos historiadores não prevalece sobre o dos geógrafos, dos economistas ou dos juristas que têm ao menos o mesmo peso.

> A nova via ousadamente traçada em Paris (e tão ineficazmente seguida) consistia, em primeiro lugar, em começar com alguns princípios gerais de justiça como os enunciados pelo presidente Wilson e aceitos pelo mundo inteiro; e, em segundo lugar, em fazer aplicar esses princípios, não por diplomatas, impacientes para servir a seus próprios interesses, mas por homens de ciência imparciais – geógrafos, etnógrafos, economistas – que tinham estudado o problema debatido.[409]

Marginais ou centrais, nossos historiadores *expert*s ganham aí um título que faz parte da nomenclatura oficial da Conferência de Paz. A organização dessa conferência, baseada na terminologia anglo-saxônica, distingue os plenipotenciários dos *experts* ou *technical experts* convocados a esclarecer imparcialmente as comissões que informam as grandes autoridades.[410] Do outro lado do Atlântico, os pesquisadores universitários são

---

[406] Memorial francês de Vidal de La Blache apresentado ao Conselho Federal Suíço sob a forma de um estudo histórico das fronteiras acompanhado de um atlas, por ocasião da disputa franco--brasileira a propósito das fronteiras da Guiana Francesa. Ver as intervenções de *experts* para a determinação dos limites do novo Estado albanês em 1913 em: FOUCHER, Michel. *Fronts et frontieres: Un tour du monde géopolitique* [*Fronts* e fronteiras: uma volta geopolítica ao mundo]. Paris: Fayard, 1991, p. 591-592 e FOUCHER, Michel. Les géographes et les fronteires [Os geógrafos e as fronteiras]. *Hérodote*, n. 33-34, p. 117-130.

[407] KITSIKIS, Dimitri. *Le Rôle des experts à la conférence de la paix* [O papel dos experts na Conferência de Paz]. Ottawa: Éditions de l'université d'Ottawa, 1972.

[408] Segundo o historiador inglês James T. Shotwell (Ed.) em *Economic and Social History of the World War* [História econômica e social da Guerra Mundial]. Washington: Carnegie and Document, 1924.

[409] BAKER, R. S. *Woodrow Wilson and World Settlement* [Woodrow Wilson e o acordo mundial], 1923, citado por Kitsikis (1972).

[410] Kitsikis (1972).

mobilizados, em setembro de 1917,[411] pelo coronel House para preparar a "paz para o nosso tempo" no quadro do grupo de *experts* chamado de *Inquiry*. Das 125 pessoas que o compõem no momento do armistício, 23 atravessam o Atlântico no dia 30 de outubro de 1918 para amparar Woodrow Wilson e sua equipe. Na delegação norte-americana, os *technical experts* aconselham os *commissioners* das comissões e subcomissões encarregados de preparar as reuniões dos chefes de Estado aliados. E do lado britânico, a seção histórica do Foreign Office preparou, sob a direção de G. W. Prothero, os *Peace Handbooks* (157 volumes publicados em 1920 e seis estudos nunca publicados), cujos autores, em grande parte, trabalharam junto com os negociadores.

No que diz respeito à França, André Tardieu, ator essencial do círculo de Georges Clemenceau, deixou um testemunho bastante claro sobre o processo que transforma alguns dos professores universitários do comitê em *experts* que preparam o martelo da decisão.[412]

> Na França, o estudo tinha começado pelos diversos departamentos ministeriais no tocante às cláusulas que os interessavam. Três órgãos gerais de coordenação funcionaram a seguir. O primeiro, presidido pelo grande historiador Ernest Lavisse e composto, sob o nome de Comitê de Estudos, de professores universitários e cientistas, apresentou monografias apoiadas em mapas e estatísticas sobre todas as questões territoriais relativas à Europa e ao Oriente-Próximo. Os dados de problemas geográficos, étnicos, históricos e políticos foram assim reunidos sob uma forma que honra a ciência francesa. Outro comitê, presidido pelo senador Jean Morel, redigiu notas substanciais sobre os principais problemas econômicos a que o tratado devia trazer soluções. Finalmente, de dezembro de 1918 ao fim de janeiro de 1919, fui encarregado pelo Sr. Clemenceau de reunir, em sessões de revisão, os membros do Comitê de Estudos e os representantes dos diversos ministérios para chegar a conclusões comuns sobre cada ponto. O texto dessas conclusões, estabelecido por escrito, serviu de base às propostas francesas.

[411] GELFAND, Lawrence E. *The Inquiry, American Preparation for Peace* [O *Inquiry*, a preparação norte-americana para a paz], *1917-1919*. New Haven: Yale University Press, 1963.

[412] TARDIEU, André. *La Paix* [A paz]. Paris: Payot, 1921, cap. II, "L'organisation de la conférence" [A organização da conferência], p. 94.

E o texto da monografia inédita que Tardieu apresentou ao conselho dos quatro leva a marca de sua dívida para com o Comitê de Estudos. A fórmula esclarece o que separa os estudos por vezes nuançados e contraditórios do Comitê do texto que devia ajudar na elaboração das soluções. Os relatórios das reuniões do Comitê, no início de 1919, permitem conhecer os professores universitários que o representam durante as reuniões interministeriais ocorridas na própria casa de Tardieu: Charles Benoist, Émile Haumant, Emmanuel de Martonne, Louis Eisenmann e J.-E. Pichon. Chega o segundo tempo da mudança de papel, desse deslizamento da escrita da história para a confecção da história que os homens vivem, a participação como *expert* técnico nas comissões ou subcomissões. As atas do Comitê de Estudos não deixam de mencionar essa realização que sanciona o sucesso do empreendimento. Émile Haumant e Emmanuel de Martonne, seguidos por Ernest Denis, tomam parte nesses debates. Última etapa da evolução, a célula formada por de Martonne junto a Tardieu se torna um laboratório técnico sob as ordens dos "quatro grandes"; eles "enviavam com toda gravidade a nosso secretário, enquanto ele almoçava, um telegrama para lhe solicitar, num prazo de duas horas, uma nota redigida, apoiada em estatísticas e croquis, sobre questões tão complexas quanto as do Banato de Timisoara, da Silésia, da nacionalidade da Bessarábia, das populações da Estíria. Ele punha mãos à obra, junto com seus colaboradores, jovens professores como o Sr. Hautecœur, com uma boa vontade incansável".[413]

À leitura dos textos de então percebemos que os *expert*s deviam conjugar duas qualidades específicas: a neutralidade e competências técnicas sobre a matéria abordada. Naturalmente, os atores glosaram *a posteriori* sobre os usos manifestamente equivocados que ocorriam dessas competências:

> Por exemplo, eu tinha me especializado durante dez anos nos problemas dos Balcãs e da Europa do Sudeste, relembra

---

[413] CHABOT, Georges. La géographie appliquée à la Conférence de la paix en 1919: Une séance franco-polonaise [A geografia aplicada na Conferência de Paz de 1919: uma sessão franco-polonesa]. In: *La Pensée géographique: Mélanges offerts au professeur Meynier* [O pensamento geográfico: estudos dedicados ao professor Meynier]. Saint-Brieuc: Presses universitaires de Brest, 1976, p. 101-105, citação p. 101.

Nicolson. Contudo, fui nomeado membro da comissão das fronteiras tchecoslovacas, um tema para o qual não estava minimamente preparado. Mais tarde, tratei do futuro da Turquia da Europa e da Ásia, tema que certamente devia ter sido deixado nas mãos mais experientes do Sr. Arnold Toynbee. Também não sei como fui me encontrar tão profundamente implicado nas reivindicações da Itália no Adriático.[414]

E o caso de Ernest Denis basta para demonstrar como neutralidade e competência às vezes entram em contradição.

Essa constituição do *expert* acima do clamor da batalha transparece perfeitamente quando o representante francês, o general Rond, conduz os debates da comissão "para o estudo das questões territoriais relativas à Romênia e à Iugoslávia"[415]:

> Como meu papel de presidente consiste em encontrar um território de entendimento, reservarei a opinião da Delegação Francesa de maneira a poder propor as concessões que permitirão chegar a uma solução que receberá o assentimento de todos. Conseguimos isso até aqui e não desespero de conseguir ainda esta vez. Entretanto, solicitarei escutar a título técnico o Sr. de Martonne e o Sr. Haumant sobre questões de ordem geográfica e etnográfica, sem que haja nada a inferir da exposição destes do ponto de vista das propostas francesas... Como a questão é delicada, é melhor que nossos *expert*s técnicos nos forneçam esclarecimentos...

No caso, o *expert* geógrafo não é outro senão Emmanuel de Martonne, e o *expert* historiador, grande mestre das questões étnicas, é Émile Haumant.[416] A *expertise* participa aqui de uma ilusão necessária: a que

---

[414] Kitsikis (1972, p. 193).

[415] Comissão para o estudo das questões territoriais relativas à Romênia e à Iugoslávia, subcomissão, terceira sessão, sábado, 8 de março de 1919, membros: Major Johnson, D. C. Seymour (Estados Unidos), M. Leeper e o tenente-coronel Cornwall (Império Britânico), general Rond, De Martonne, Haumant, M. de Saint-Quentin (França), conde Vanutelli Rey (Itália).

[416] Émile Haumant (biografia do *Dictionnaire de Biographie Française*), nascido em Sarrebourg (Moselle) no dia 17 de abril de 1849, morto em Paris em 1942: licenciado em Letras em Paris, diplomado na École Nationale des Chartes e em Línguas Orientais, aprovado no concurso de História e de Geografia; professor no Liceu de Saint-Quentin, Amiens, e nas faculdades de Lille e de Paris, onde obtém a cátedra de Literatura Russa; defende uma tese em 1893: *La Guerre*

tende a fazer esquecer a corda bamba onde anda o *expert*, esticada entre o poder e o saber, entre o julgamento e a decisão. Prefere-se recordar as condições em que, segundo o código da legislatura civil, o juiz recorre ao *expert* quando as constatações e as consultorias não bastam; recorre-se a um *expert* que deve ser conhecido por sua "consciência, objetividade e imparcialidade". Para constituir essa postura enganadora que oculta quem nomeou o *expert*, é preciso que este goze de um uma exterioridade e de uma competência[417] que o elevem acima dos partidos presentes. É precisamente a isso que se dedica o general Rond para esconder que Emmanuel de Martonne e Émile Haumant representam o ponto de vista Francês e que Haumant, especialmente, defende calorosamente a causa eslava. Mais uma vez, a propósito da fronteira norte da Iugoslávia, região do Mur e de Marburg e região de Klagenfurt e de Villach, o general Rond responde ao negociador britânico, que se preocupa com a ignorância da comissão sobre o caráter étnico da região: "Recorreremos ao Sr. Haumant para nos esclarecer a esse respeito".[418]

Assim, os cientistas franceses do Comitê de Estudos são investidos da graça da *expertise*. O relatório que Tardieu apresenta diante do conselho dos quatro sobre a dificílima questão do Sarre menciona as "petições frementes conservadas nos Arquivos Nacionais". E recorda "o sistema de exploração do carvão pelo Estado instituído pela França, que ainda existe hoje em dia. Essa exploração foi conduzida com base nos estudos feitos por nossos engenheiros, e nossos arquivos nacionais possuem o recibo assinado pela Prússia 'dos planos e registros relativos às concessões de terrenos carboníferos dos departamentos do Sarre e do Rur'". Essas menções de arquivos revelam a soma de práticas historiadoras mobilizadas para preparar a lista de argumentos de Tardieu,

---

du Nord et la paix d'Oliva, 1655-1660 [A guerra do Norte e a paz de Oliva, 1655-1660]. Depois publica *La Russie au XVIII* siècle [A Rússia no século XVIII], 1904; *Le Problème ukrainien* [O problema ucraniano], 1919; *Le Probleme de l'unité russe* [O problema da unidade russa], 1922; *La Formation de la Yougoslavie* [A formação da Iugoslávia], 1930. Também revisa a história da Rússia de Alfred Rambaud. (*Annuaire des Lettres, Qui êtes-vous?*, 1924, H. Blémont).

[417] MICOUD, André. L'intervenant et l'expert ou la production de l'extériorité [O participante e o *expert* ou a produção da exterioridade]. CNRS, CRESAL, p. 66.

[418] Conférence de la paix, Commission pour l' étude des questions territoriales relatives à la Roumanie et à la Yougoslavie, sous-commission, troisième séance, samedi 8 mars 1919 [Conferência de Paz. Comissão para o estudo das questões territoriais relativas à Romênia e à Iugoslávia, subcomissão, terceira sessão, sábado 8 de março de 1919].

que acaba por prestar homenagem aos doutos professores: "Esse texto, inspirado nos admiráveis trabalhos do professor Gallois e de seus colegas do Comitê de Estudos, foi explicado e comentado a nossos aliados em numerosas conversas ao longo dos meses de janeiro e fevereiro".[419]

Dos anos 1870 ao final da Primeira Guerra Mundial, o pequeno mundo dos historiadores, essa tribo ética de duzentos indivíduos, somados os arquivistas produtores de história, os professores universitários e seus orientandos, não funciona em uníssono; o caso Dreyfus deixou isso claro. Contudo, a definição do papel social do historiador não parece problemática; mestre do método que permite ter acesso à verdade, ele é essencialmente um professor a serviço da nação. No campo de forças desenhado por esses três polos justificadores da atividade historiadora, nenhum dos três parece se sobrepor aos outros. A verdade para a ciência, o ensino para a sociedade, a nação e o serviço do Estado, de Monod a Seignobos, a aliança assume formas distintas, mas não há lugar para qualquer discurso sobre a incompatibilidade dos papéis, nem mesmo para a evocação da menor tensão. Professor, cientista, cidadão, esses três papéis se harmonizam sem dificuldade. O absoluto da verdade parece jamais dever se chocar contra os interesses da nação, os imperativos da crítica aparentemente se coadunam sem problema com as exigências da pedagogia. Talvez seja essa superação das contradições e das tensões que vai fazer retrospectivamente desse período um paraíso perdido da tribo dos historiadores. Apesar dos questionamentos epistemológicos das rivais nascentes, a sociologia e a geografia, apesar das polêmicas agressivas lançadas fora da Sorbonne pela Action française, Charles Péguy ou Agathon, apesar dos primeiros sinais de diminuição da popularidade da disciplina junto às elites estudantis, os historiadores de 1914, através de três gerações, de Lavisse ao jovem Marc Bloch, passando por Charles Seignobos, parecem ainda convencidos da harmonia de seus três papéis. Mas as contradições do serviço à nação e as tensões nascidas da vontade de agir para essa nação em nome da verdade científica corroem por dentro a estátua do historiador ideal.

[419] Tardieu (1921, p. 279).

III
O triunfo do cientista impotente e as vias alternativas
1920-1970

1.
O descrédito das missões anteriores

A sobrevida dos papéis ultrapassados

A permanência das atitudes desmente em aparência qualquer alteração brusca da consciência científica. Vinte anos após o falecimento de Louis Eisenman, diretor da *Revue historique* e professor da Sorbonne, acredita-se ainda servir a sua memória por meio da evocação de sua potência oculta:

> Muitas vezes o tom mudava. Ao voltar de uma viagem à Europa Central, interrogavam-no sobre os problemas internacionais [...]. Sabíamos o valor que se atribuía nos outros países a seus julgamentos e quanto algumas de suas notas revelaram mais verdades que longos relatórios de diplomatas. Seus textos eram admiráveis lições de história contemporânea em que o patriotismo do alsaciano não prejudicava em nada a imparcialidade do cientista.[420]

A harmonia entre o "patriotismo" do alsaciano e a "imparcialidade do cientista", esse díptico digno do Monod dos primeiros tempos da *Revue historique*, atesta uma percepção do papel do historiador descrito antes da – e durante a – Primeira Guerra. Entre os arqueólogos, a expectativa tampouco variou; em 1920, André Honnorat, ministro da Instrução Pública e das Belas-Artes escreve sem hesitar a seu colega das relações exteriores: "De fato, não há aí apenas um interesse de

---

[420] "Louis Eisenman". *Revue historique*, t. 179, jan./jun. 1937, p. 249-250.

pura erudição. A arqueologia, como compreenderam tanto nossos inimigos quanto nossos aliados, contribui, discreta mas eficazmente, com a ação política".[421]

Quando o conflito chega ao fim, alguns historiadores mantêm a posição assumida durante a guerra. Em 1918, na Sorbonne, quando se trata de criar cátedras por nacionalidades segundo uma lógica apropriada a satisfazer os aliados da França, Gustave Glotz, Gustave Bloch e Charles Seignobos seguem a posição de princípio de Ernest Denis, segundo o qual é preciso não se deixar guiar por considerações políticas; já Ernest Lavisse e Alphonse Aulard defendem abertamente uma posição herdada da guerra: devem-se honrar certas nações e levar em conta considerações políticas.[422] O debate revela o peso preponderante dos historiadores, já que, naquele momento, na Sorbonne, a quase totalidade dos que intervêm nesse processo ensina história. E, quando pegam na pena, os dois hierarcas – um às portas da aposentadoria, outro da morte – também não hesitam em pôr no mesmo saco o interesse da França e o discurso do historiador. "A Alemanha quis matar a França. Fez uma guerra atroz [...]. Estava tão segura da vitória, e que esta lhe daria o controle do mundo!"[423], escreve Ernest Lavisse na conclusão do último tomo da *História contemporânea da França*, publicado em 1922. E Alphonse Aulard, após algumas precauções oratórias, em que afirma não querer sustentar uma causa ou uma tese, bate peremptoriamente o martelo quanto às origens do conflito: "Em 1914, foi o absolutismo dos Hohenzollern e

---

[421] THOBIE, Jacques. Archéologie et diplomatie française au Moyen-Orient des années 1880 au début des années 30 [Arqueologia e diplomacia francesa no Oriente Médio dos anos 1880 ao início dos anos 1930]. In: *Les Politiques de l'archéologie, du milieu du XIXe siècle à l'orée du XXe siècle* [As políticas da arqueologia, de meados do século XIX ao início do século XX]. École française d'Athènes, p. 80.

[422] Conseil des professeurs de la faculté des lettres de Paris, le 20 avril 1918 [Conselho dos Professores da Faculdade de Letras de Paris, 20 de abril de 1918], CARAN AJ 16 4752.

[423] LAVISSE, Ernest. *Histoire de la France contemporaine depuis la Révolution jusqu'à la paix de 1919*, t. IX, *La Grande Guerre* [História da França contemporânea desde a Revolução até a paz de 1919, t. IX, A Grande Guerra] por Henry Bidou, Alphonse Gauvain e Charles Seignobos, Hachette, 1922, p. 542, citado por BECKER, Jean-Jacques. "La question des responsabilités allemandes au lendemain de la guerre mondiale, l'implication des historiens dans l'expertise et l'émergence d'une école historique" [A questão das responsabilidades alemãs em seguimento à Primeira Guerra Mundial, a implicação dos historiadores na expertise e a emergência de uma escola histórica]. *Sociétés contemporaines*, n. 39, 2000, p. 87.

dos Habsburgos que desencadeou a guerra mundial"; e a demonstração se apoia na constatação do "belicismo ao mesmo tempo místico e extremamente material que penetra, impregna a nação alemã, sempre mais segura de estar destinada a impor ao mundo sua civilização".[424]

Sequelas desses reflexos do *front* historiográfico ainda se deixam ler num artigo de Louis Halphen:

> Uma vantagem considerável permanece, apesar de tudo, adquirida pela França; país das ideias claras e logicamente encadeadas, país de Guizot, Tocqueville, Taine, Fustel de Coulanges, ela sabe dominar os textos e se mover entre os documentos com uma desenvoltura que a Alemanha jamais conheceu.[425]

Retardatária em relação à crise de "germanofobia" do pensamento francês, a constatação de Louis Halphen ressoa como um último avatar da fusão do papel científico e do papel patriótico. Ainda nesse diapasão, no limiar da derrota de 1940, Albert Grenier traça um retrato de Camille Jullian, mestre das antiguidades nacionais, que encontra os acentos mais eloquentes para celebrar o conúbio da ciência e da devoção nacional no empreendimento histórico:

> Doravante ele não os separa mais. Quando falar da Gália e da Antiguidade, fá-lo-á com o mesmo tom que quando se trata da França em guerra e do império da Alemanha. Não negaremos que há nessa assimilação um pouco daquilo que foi chamado de "psicose" de guerra. Mas há também uma ideia muito clara do papel eminente da história e do historiador entre os homens. Sustentar a pátria no presente é o dever do cidadão; defendê-la no passado, o do historiador. A história não é uma diversão de diletante. É uma função social. A verdade é uma força; quem a conhece não tem o direito de se calar, não deve deixá-la ser proscrita nem no presente nem no passado... "A história é a ciência da lembrança. Encerra

---

[424] AULARD, Alphonse (com a colaboração de E. Bouvier e A. Ganem). *1914-1918: Histoire politique de la Grande Guerre* [1914-1918: História política da Grande Guerra]. Paris: Quillet, 1924, p. 8, citado por Becker (2000, p. 88).

[425] HALPHEN, Louis. Les historiens français et la science historique allemande [Os historiadores franceses e a ciência histórica alemã]. *Scientia*, maio 1923.

assim um princípio de vida eterna. Graças à história, não podemos esquecer aqueles que fizeram de nós o que somos, a cuja raça e a cujos trabalhos queremos dar continuidade. Ela propaga longe no tempo o pensamento e as intenções dos homens já falecidos, impede que estes morram para sempre na terra da humanidade. [...] Entre eles e nós, entre todas as gerações da França, a história mantém uma devota solidariedade".[426]

Do célebre "O que é uma nação?" (1882) de Ernest Renan, passando pelo ponto de vista de Gabriel Monod, ou mesmo de Fustel de Coulanges considerando-se obrigado ao combate historiográfico nacional, os enunciados de Camille Jullian despertam muitos ecos das duas gerações de historiadores que o precederam. Se Albert Grenier esboça a hipótese do peso da guerra, logo renuncia a ela para assentar o papel social do historiador por sua legitimidade patriótica, o que não hesita em fazer quando pega na caneta em seu próprio nome. Para defender junto a Jean Laugier, secretário-geral da Caisse nationale des recherches scientifiques [Caixa Nacional das Pesquisas Científicas], a necessidade de subvencionar as escavações no exterior, utiliza argumentos que seu defunto mestre não teria renegado: "A procura por parte dos estrangeiros, suas ofertas de colaboração endereçadas hoje a nós e não mais à Alemanha, mostram bem que elas [as missões arqueológicas] representam um interesse nacional, hoje mais do que nunca".[427]

Para além do conflito e das necessidades de propaganda, a instrumentalização da "ciência do passado" continua sendo admitida por uma parte da tribo dos historiadores.

"A história no mundo em ruínas", o historiador desarmado

A crise de consciência da inteligência quanto à civilização ocidental ao final do primeiro conflito mundial é um lugar comum; ela dá

---

[426] GRENIER, Albert. Un ennemi de l'impérialisme: Camille Jullian. *Revue historique*, t. 188, 1940, p. 46.

[427] CARAN, Caisse nationale de la recherche scientifique, F 17 1746 5, carta de Albert Grenier a Jean Laugier.

conta do nascimento de Dadá, do surrealismo, dos primeiros escritos de Louis-Ferdinand Céline... A brutalização, tão bem descrita por G. Mosse e, na esteira deste, mas referindo-se diretamente à França, por Annette Becker e Stéphane Audoin Rouzeau, atinge a sociedade francesa em seu conjunto. "Nunca mais isso!", esse grito, que faz concorrência com "a Alemanha pagará" está no plano de fundo da maior parte dos programas das associações combatentes. A palavra dos historiadores não parece mais especialmente atingida, porém seus especialistas não pensam assim. Henri Hauser, então encarregado de cursos na Sorbonne, não consegue evitar pensar na vergonha de alguns de seus colegas à leitura de seus próprios escritos de guerra: seu patriotismo vibrante deixa um gosto amargo depois da vitória; Hauser reconhece isso abertamente: "Agora que a guerra acabou, os franceses não relerão sem certo constrangimento algumas das obras escritas durante ela".[428] E, peremptório, Lucien Febvre inaugura sua cátedra de História Moderna na Universidade de Estrasburgo com esse *leitmotiv*: "Uma história que serve é uma história serva".[429] Ecoando isso, o grande Henri Pirenne descreve o historiador, no primeiro Congresso Internacional das Ciências Históricas do pós-guerra, "diante de sua nação como o arquiteto diante de seus clientes! Ele busca lhe fornecer uma história conforme a seus gostos e seus costumes. Em suma, uma história habitável".[430] Presuntuoso ou otimista demais, Pirenne vai se lançar em sua grande história da Bélgica, a de uma nação "habitável" por todos os belgas!

A evolução do entreguerras se inscreve, portanto, na linhagem da aula inaugural de Lucien Febvre. Nos discursos justificativos, nos formulários de candidatura, nos prolegômenos das teses triunfa uma deontologia do desengajamento, a "política do apolitismo",[431]

---

[428] HAUSER, Henri. *Revue historique*, t. 101, 1919, p. 198.

[429] FEBVRE, Lucien. L'histoire dans le monde en ruine. *Revue de synthèse historique*, t. 30, jan. 1920, p. 1-16.

[430] PIRENNE, Henri. De la méthode comparative en histoire [Sobre o método comparativo em história]. In: *Compte rendu du Ve congrès international des sciences historiques*. Bruxelles, 1923, p. 19-32.

[431] CHARLE, Christophe. *La République des universitaires* [A república dos universitários]. Paris: Le Seuil, 1994.

a deserção de todas as paixões mundanas agora que a pátria não está mais em perigo.

Essa deontologia do desengajamento, num ambiente de maioria republicana nas faculdades de letras, vai se instaurando pouco a pouco como o novo decoro acadêmico. Um decoro que é uma verdadeira economia das regras que presidem à força de convicção da ciência. Bem para além das fronteiras da disciplina histórica, Maurice Halbwachs explicava isso já em 1911 a Albert Thomas: "Acredito poder prestar mais tarde mais serviços ao socialismo guardando a atitude de um desinteressado e de um trabalhador do que me posicionando como militante, 'cidadão' e 'agitador'".[432] Essa atitude se impõe no pós-guerra. Apesar de seu engajamento partidário, o físico Frédéric Joliot-Curie insiste na necessidade de distinguir o pensamento da ação. E essa visão da ciência como puro discurso de verdade encontra às vezes acentos líricos: "Há horas em que vemos brotar do conhecimento científico ideias de beleza e de harmonia que elevam o homem acima dos interesses imediatos e contribuem de alguma maneira para o desenvolvimento da moralidade".[433]

Em maio de 1922, começam as grandes manobras para a sucessão de Alphonse Aulard na cátedra de História da Revolução Francesa da Sorbonne. No início do verão, contam-se quatro candidatos. Louis Madelin renuncia a se apresentar. Nessa época, ele é vítima de uma campanha que o denuncia como um detrator da Revolução: "Um detrator da Revolução Francesa vai ensinar a história da Revolução na Sorbonne?" – assim se intitula um artigo de Ernest Labrousse no *L'Internationale* de 19 de agosto.[434] Mas é do

---

[432] Carta de 3 de janeiro de 1911 citada por TOPALOV, Christian. Maurice Halbwachs et les villes (1908-1921): Une enquête d'histoire sociale des sciences sociales [Maurice Halbwachs e as cidades (1908 -1921): uma investigação social das ciências sociais]. *Annales HSS*, jan. 1997, p. 367; citada também por PROCHASSON, Christophe. Jalons pour une histoire du "non-engagement" [Balizas para uma história do "não engajamento"]. *Vingtième siècle*, out./ dez., n. 60, 1998, p. 102-111.

[433] PICARD, Émile *in* HANNOTAUX, Gabriel (Dir.). *L'Histoire de la nation française* [A história da nação francesa]. Paris, 1924, t. 14; citado também por PESTRE, Dominique. *Physique et physiciens en France (1918-1940)* [Física e físicos na França (1918-1940)]. Paris: Éditions des archives contemporaines, 1984, reed. 1992; e por Prochasson (1998, p. 104).

[434] FRIGUGLIETTI, James. *Albert Mathiez, historien révolutionnaire* [Albert Mathiez, historiador revolucionário]. Paris, 1974, p. 148.

exterior que o atentado ao apolitismo é denunciado, o que diminui seu valor para a demonstração. Então, o comitê dos professores de História e de Geografia da Sorbonne, que deve esclarecer com seus conselhos a assembleia dos professores antes da eleição, escolhe entre Lévy-Schneider, professor da Universidade de Lyon, Albert Mathiez, professor da Universidade de Dijon, e Philippe Sagnac, professor da Universidade de Lille. Pelo seu renome e pelo volume de suas publicações, Albert Mathiez parece se impor; mas tem dois grandes defeitos: no plano científico, ele ficou conhecido como o detrator robespierrista da obra do dantoniano Aulard; como cidadão, ficou célebre por seu engajamento a favor dos bolcheviques. Assim, Philippe Sagnac sente imediatamente que sua força reside no fato de que "não pertence a nenhuma seita, não comunga em nenhuma capela".[435] E o próprio Albert Mathiez atribui seu fracasso à conjunção dos amigos de Aulard e de suas tomadas de posição políticas.[436] O apolitismo se torna a regra fundamental do decoro historiador na universidade.

As premissas dessa atitude se explicitam com a decisão da assembleia dos professores da Faculdade de Letras de Estrasburgo de recusar a Maurice Barrès o direito de fazer uma conferência sobre o Reno em 1920. Os termos do conflito, que não divide apenas os historiadores, revelam a linha de fratura que atravessa a corporação quanto à confusão dos papéis patrióticos e científicos. Christian Pfister alega as intenções pacíficas de Maurice Barrès para defender sua causa; já Lucien Febvre se preocupa com o precedente que poderia favorecer outras solicitações de natureza política.[437] No fim das contas, a autorização é dada por uma maioria pouco expressiva, o que ilustra esse momento de virada do pós-guerra em que o engajamento cívico dos cientistas logo vai ceder o passo à política do apolitismo.

---

[435] DUMOULIN, Olivier. *Profession historien: un "métier" en crise? 1919-1939* [Profissão historiador: um "ofício" em crise? 1919-1939]. Tese de Doutorado, EHESS, Paris, 1983, p. 401.

[436] Friguglietti (1974, p. 149).

[437] Registre de l'assemblée des professeurs de la faculté des lettres de l'Université de Strasbourg, 13 mars 1920 [Registro da assembleia dos professores da Faculdade de Letras da Universidade de Estrasburgo, 13 de março de 1920], Archives du Bas-Rhin, AL 154/1 (2).

Essa segunda atitude triunfa furtivamente, como demonstra, por exemplo, o motivo da rejeição do título da tese de Jules Isaac na Sorbonne: "por razão de conveniências, a assembleia solicita que o nome do senhor Poincaré não figure no título".[438] A obrigação para Isaac de retirar qualquer alusão a Poincaré quando da entrega de sua tese em 1935 revela a suscetibilidade da universidade, e dos historiadores em particular, em relação a tudo que poderia introduzir a política no universo protegido dos estudos. Em sua carta ao decano da Faculdade de Letras, Jules Isaac tinha toda razão ao dizer: "Se por 'razão de conveniência' a faculdade me proíbe usar no título o nome de Poincaré, por 'razão de conveniência' também a faculdade poderá exigir que, ao longo de minha tese, eu não lance toda a luz sobre o papel pessoal de Poincaré".[439] Da história sujeitada escorrega-se para o historiador asseptizado. No mesmo dia, uma tese sobre o destino do Sarre desde 1920 e outra sob os confrontos sino-japoneses na Manchúria são recusadas por "documentação inacessível". Tanto quanto o ostracismo metodológico do contemporâneo (em 1921 ele não parecia incomodar Charles Seignobos ao publicar os novos volumes da História da França de Lavisse levados até o imediato pré-guerra) lê-se aqui o anseio de fechamento do campo da universidade, especialmente da história universitária. Esse apolitismo deontológico é confirmado pelo caráter unânime das manifestações de solidariedade de ordem corporativa; quando Stalin manda encarcerar os historiadores soviéticos Tarlé e Platonov, Albert Mathiez e Pierre Renouvin, em nome do Comité français des sciences historiques [Comitê Francês de Ciências Históricas], lançam uma petição, no fim de 1930, que recebe o assentimento quase unânime da profissão.

---

[438] Registre de l'assemblée des professeurs de la faculté des lettres de l'Université de Paris, 16 février 1935 [Registro da assembleia dos professores da Faculdade de Letras da Universidade de Paris, 15 de fevereiro de 1935], CARAN AJ 16 4756.

[439] Carta de 1935 citada por VIDAL-NAQUET, Pierre. *Les Assassins de la mémoire*. Paris: La Découverte, 1991 (reed.), cap. IV, "Theses sur le révisionnisme" [Teses sobre o revisionismo], p. 110 [Edição brasileira: *Os assassinos da memória: o revisionismo na história*. Tradução de Marina Appenzeller. Campinas: Papirus, 1988]. Essa carta – também citada por LUZZATO, *L'impôt du sang: La gauche française à l'épreuve de la guerre mondiale* [O imposto do sangue: a esquerda francesa diante da provação da Guerra Mundial]. Lyon: PUL, 1996 –, foi reproduzida na revista *Mouvement social*, jan./mar. 1982, p. 101-102.

Essa dissociação dos objetos do saber científico e dos efeitos da aplicação cívica do conhecimento não é uma novidade no plano dos princípios; Gabriel Monod a assumia sem problemas. No entanto, a geração dos fundadores da história universitária, a começar por Lavisse, nunca se privou de violar esse interdito teórico. Os anos 1920 e 1930 aplicam ao pé da letra o tabu do engajamento.

Esse desengajamento se deixa ler através da evolução da historiografia da Grande Guerra. Na origem, a criação de um curso de estudos críticos das fontes da guerra mundial, por iniciativa da Société d'histoire de la guerre mondiale [Sociedade de História da Guerra Mundial], suscita a desconfiança dos professores ciosos de sua autonomia. Quando do debate de 28 de outubro de 1922 na Sorbonne, só Alphonse Aulard e Guignebert permanecem na linha de conduta dos anos de guerra para denunciar "a incansável propaganda alemã" que o curso permitirá barrar. Os outros professores que fazem uso da palavra lamentam o procedimento escolhido que levou à criação do curso pelo conselho da universidade sem que a Faculdade de Letras e o Comitê de História tenham podido se pronunciar.[440] As finalidades memoriais e apologéticas que presidiram ao nascimento do Museu da Guerra e da cátedra de Pierre Renouvin na Sorbonne são pulverizadas pelas pretensões científicas dos historiadores encarregados do projeto. Progressivamente, as posições do criador da história das relações internacionais à francesa assumem uma feição equilibrada que vai até o ponto de exonerar a Alemanha da responsabilidade moral da guerra. Por um viés indireto, Camille Bloch e Pierre Renouvin demonstram que o Artigo 231 do Tratado de Versalhes nunca visou mais que a estabelecer a responsabilidade jurídica da Alemanha, iniciadora material da guerra, para justificar as reparações em termos legais; por via de consequência, não podendo ser mais realistas que o rei, eles próprios exoneram a Alemanha da responsabilidade moral do conflito.[441] Jules Isaac, inspetor-geral de história, dedica-se a um trabalho mais ou menos análogo para

---

[440] Registre de la faculté des lettres de Paris, CARAN AJ 4753.

[441] Análise feita por Becker (2000) do artigo: BLOCH, Camille; RENOUVIN, Pierre. L'article 231 du traité de Versailles, sa genèse et sa signification [O Artigo 231 do Tratado de Versalhes, sua gênese e sua significação]. *Revue d'histoire de la guerre mondiale*, jan. 1932.

o resfriamento da paixão nacional como motor da sede de conhecimentos históricos; revisando seus textos do pós-guerra, admite que a descoberta da mobilização russa anterior à da Áustria o faz questionar ainda mais o sistema da aliança; e conclui com a tese das responsabilidades partilhadas no desencadeamento da guerra, ainda que as potências centrais carreguem esse peso. A ponta de lança desse movimento atinge o ensino da história mais que a pesquisa.[442]

Contudo, enquanto Lucien Febvre aciona o estilhaçamento dos papéis do historiador – pesquisador, professor e autor de um lado, servidor do Estado e ator social do outro –, Pierre Renouvin dá crédito à imagem de uma historiografia que não aprendeu nada. Julgamento severo para um homem que soube, como vimos, se desfazer dos preconceitos nacionalistas da historiografia. Às vésperas da Segunda Guerra Mundial, depois de ter superado a mera atitude memorial e ligada aos acontecimentos, Pierre Renouvin esboça a futura problemática das forças profundas e dá mostras de uma verdadeira vontade de penetrar a opinião e os sistemas de representação pelo viés das fontes, fora dos caminhos batidos da história diplomática. Porém, o imobilismo está ali, ele reside na análise do campo de forças já descrito. Em 1931, Pierre Renouvin apresenta os documentos diplomáticos franceses e afirma que embora a decisão de publicar os documentos franceses tenha sido um ato político, a comissão soube evitar ter fins políticos.[443] A ausência de consideração dos efeitos da encomenda recorda o estupor de Lavisse e dos membros do Comitê de Estudos quando Raymond Poincaré recusa uma ampla divulgação a seus trabalhos científicos.

Se a subordinação da história se apaga dos usos profissionais, a causa disso é a cegueira, bem mais que a dolorosa tensão explicitada por Lucien Febvre. Resfriamento das febres nacionais, esquecimento

---

[442] Esse trecho se inspira nas análises de Becker (2000), que, por sua vez, se baseia em ISAAC, Jules. *Histoire de la Grande Guerre* [História da Grande Guerra]. Hachette, 1920, e ISAAC, Jules. *Un débat historique, 1914, le problème des origines de la guerre* [Um debate histórico, 1914, o problema das origens da guerra]. Rieder, 1933, citação p. 94: "De minha parte, pouco inclinado a pronunciar o 'julgamento da história', fico tentado a repetir hoje o que dizia ontem: a história não é um Supremo Tribunal (nem um tribunal de primeira instância), mas um pobre juizinho de instrução, perpetuamente ocupado em revisar seus dossiês e recomeçar suas investigações".

[443] Robert Frank, fala no IHTP, maio de 2002; a citação é da *Revue historique*, 1931.

das paixões políticas, distanciamento, essa condição primordial da historicização segundo Michel de Certeau se consuma quase excessivamente na universidade dos anos 1930 já que decorre da cegueira. E Lucien Febvre adorava recordar, com mordacidade, esse triste conselho de Charles Seignobos aos estudantes em busca de um tema para o Diplôme d'études supérieures: "Escolha um tema que não lhe interesse". Porém, com a ascensão dos regimes totalitários, as eleições universitárias se tornam em aparência o campo de batalha das solidariedades políticas. E uma carta de Lucien Febvre a Marc Bloch explica claramente como é delicado, depois de 6 de fevereiro de 1934, suprimir uma cátedra de antiguidades nacionais; outra interpreta a eleição de Émile Coornaert para a cátedra de História do trabalho do Collège de France como função do peso da rede "tala" (ou seja, os católicos).[444] Mas essas solidariedades políticas ou religiosas não podem ser dissociadas de questões de poder, de efeitos de promoção intelectual, cujo sentido verdadeiro é interior à universidade ou mesmo a cada disciplina.

Quando fascismo e nazismo provocam o engajamento, os universitários, os historiadores não fogem de suas responsabilidades. Em janeiro de 1935, o Comité de vigilance des intellectuels antifascistes [Comitê de Vigilância dos Intelectuais Antifascistas] conta em suas fileiras Marcel Bataillon, Marc Bloch, Édouard Esmonin, Robert Fawtier, Lucien Febvre, Jean Guignebert, Henri Hatzfeld, Georges Lefebvre, Augustin Renaudet, Henri Sée... Todos professores ou ex-professores universitários de História. Em compensação, o engajamento aberto na extrema-direita permanece típico de uma outra forma de historiografia. Entre os signatários do manifesto de 4 de outubro para a "defesa do Ocidente", lançado para apoiar a Itália ameaçada de sanção depois de sua intervenção na Etiópia, contam-se apenas historiadores "capetianos" (monarquistas) como Pierre Gaxotte,

---

[444] DUMOULIN, Olivier. Changer l'histoire: marché universitaire et innovation intellectuelle à l' époque de Marc Bloch [Mudar a história: mercado universitário e inovação intelectual na época de Marc Bloch]. In: ATSMA, Hartmut; BURGUIERE, André (Dir.). *Marc Bloch aujourd'hui: Histoire comparée et sciences sociales* [Marc Bloch hoje: história comparada e ciências sociais]. Paris: EHESS, 1990.

Louis Bertrand, do Institut de France, e Louis Madelin. A réplica a essa petição explicita aliás o papel dos professores, dos universitários.

Mas não devemos nos enganar, a regra comum dos historiadores de ofício quer que se permaneça "acima do clamor da batalha". Enquanto a "traição dos intelectuais" os leva para o caminho da literatura engajada, o credo deontológico dos historiadores permanece mais do que nunca o apolitismo, tingido de uma simpatia pela centro-esquerda (Sorbonne) ou de um forte conservadorismo (École des Chartes). Philippe Ariès rememora com nostalgia e gratidão esse mundo que, com toda sinceridade, pretendia ignorar os preconceitos da época.[445] Quando Victor-Louis Tapié apresenta um livro póstumo de Georges Pagès, ele celebra aquele que gostava de repetir: "É preciso que os meus estudantes da Action française e meus estudantes comunistas tenham a mesma confiança em mim".[446] Por certo, a desconfiança em relação ao político já marcava o comportamento de Gabriel Monod: "a política é, por essência, salvo nas grandes crises, algo de medíocre, de vulgar, de falso até e de mentiroso", ele dizia a Gaston Paris em 1873.[447] Mas a vontade de erguer um muro entre o cidadão e o cientista atinge seu paroxismo no momento em que a supremacia do político em história começa a ser contestada. A busca permanente da neutralidade na obra científica conduz os secretários da *Revue historique*, Maurice Crouzet e Charles-André Julien, a equilibrar resenhas protestantes e resenhas católicas.[448]

Esses honestos professores universitários republicanos, esses *chartistes* nostálgicos acreditaram poder permanecer acima do clamor da batalha cindindo com escrúpulo seus escritos e sua consciência política, enquanto, liberada de qualquer restrição, a história monarquista se

---

[445] ARIÈS, Philippe. *Le Temps de l'histoire*. Paris: Le Seuil, 1986 (1. ed. 1954), prefácio de Roger Chartier, p. 215 [Edição brasileira: *O tempo da história*. Tradução de Roberto Leal Ferreira. São Paulo: Unesp, 2013].

[446] PAGÈS, Georges. *Naissance du Grand Siècle: la France de Henri IV à Louis XIV, 1598 à 1661* [Nascimento do Grande Século: a França de Henrique IV a Luís XIV, 1598 a 1661]. Paris: Hachette, 1948, prefácio de Victor-Louis Tapié, p. 29.

[447] CARBONELL, Charles-Olivier. *Histoire et historiens, une mutation idéologique des historiens français, 1865-1885* [História e historiadores, uma mutação ideológica dos historiadores franceses, 1865-1885]. Toulouse: Privat, 1976.

[448] Dumoulin (1983).

esbaldava num território deixado aberto. Espaço tanto mais desertado já que os ataques contra a psicologia e o declínio da biografia, descreditada na universidade, contribuem para diminuir o papel dos homens como atores da história. A reivindicação de uma história econômica e social abandona em parte o domínio da responsabilidade em história às biografias de direita, as de Dauphin Meunier, de Georges Lenôtre. Marc Bloch lamentou esse abandono a forças mecânicas, e Henri-Irénée Marrou, no início de 1939, denuncia esse equívoco do pesquisador e do cidadão que aceita o "fato consumado, esse gesto tão vil", porém "mais seguro, mais científico, mais objetivo para seus confrades". Para Marrou, as cartas já estão dadas: "Os historiadores fazem girar seu moinhozinho, triam os fatos, publicam os documentos, enquanto o mundo ao redor deles não dá a mínima bola para o que eles podem contar".[449]

Reivindicar a ciência e a objetividade propicia o reconhecimento de uma comunidade intelectual que, em geral, vota na esquerda, mas cuja prática profissional deprecia sistematicamente o engajamento. Assim, a contradição que minava a posição de um Monod ou de um Seignobos se torna explícita. Ao mesmo tempo que os paradigmas científicos da história positivista entram em crise, o papel cívico e crítico que eles assumiam no mesmo gesto cede lugar ao culto da neutralidade.

A dissociação da ação pública e da tomada da palavra no seio da *alma mater* atinge então a perfeição. A ruptura das passarelas entre o papel do militante e o do historiador se torna evidente. Não que se trate de uma impossibilidade de natureza – Monod e Lavisse militaram pela França e pela República fazendo história –, mas depois de 1919 a separação dos gêneros se impõe. Essa é provavelmente a chave para entender o fracasso de uma historiografia socialista. E olha que os historiadores então próximos da Seção Francesa da Internacional Operária (SFIO) não eram poucos: Ernest Labrousse, Georges Bourgin... Mas Fabrice d'Almeida o demonstra: a história socialista de Jean Jaurès[450] permanece isolada como um monumento de culto abandonado. É

---

[449] DAVENSON, Henri (Henri-Irénée Marrou). Tristesse de l'historien [Tristeza do historiador]. *Esprit*, jan. 1939, p. 42-43.

[450] D'ALMEIDA, Fabrice. Histoire, historiens socialistes: Réflexions sur les conditions de possibilité d'une historiographie politique [História, historiadores socialistas: Reflexões sobre as

claro que o historiador pode detectar os delineamentos de uma sociabilidade dos historiadores socialistas, o esboço de uma rede dos historiadores socialistas. Um ambiente de historiadores socialistas se desenha no entreguerras, por exemplo, na seção do Quartier Latin, 5ª Seção da Federação do Sena da SFIO; os debates históricos encarniçados nascem dos encontros de Lefranc, Bourgin, Zyromski e Max Bonnafous. Nas escolas do partido, professores como Ernest Labrousse, que a bolchevização levou de volta à "velha casa", contribuem para desenvolver esse viveiro para o qual colabora também o grupo de estudos socialistas das escolas normais superiores. No entanto, quer se trate da continuação da obra de Jaurès ou do ensino no futuro quadro do partido, a perspectiva permanece antes de tudo a da história do pensamento socialista. Quando se cria uma associação para a edição completa das obras de Jaurès, sob a égide de um grupo constituído essencialmente por historiadores de formação, Albert Thomas, Bourgin, Bouglé, Bracke, Mauss e Max Bonnafous, trata-se unicamente da história do pensamento socialista. A tônica é idêntica quando é criada uma associação oposta, em 1933, para a perpetuação do pensamento de Jules Guesde. Com a criação do Institut supérieur ouvrier de confédération générale du travail [Instituto Superior Operário da Confederação Geral do Trabalho] (CGT), organiza-se um curso de história confiado a Lefranc, sucedido por Édouard Dolléans depois da reunião sindical; mas seu conteúdo historiográfico é orientado sobretudo para a biografia. Assim, apesar da concentração de simpatizantes, e mesmo de militantes na 4ª Seção da EPHE, a militância é vista como um papel sem relação com aquele que os historiadores consideram científico. Para Fabrice d'Almeida, isso se explica em grande parte pelo fato de que os *Annales* vão desempenhar a função dessa escola virtual. Como essa historiografia socialista teria desejado, os *Annales* nascentes privilegiarão as forças coletivas; mas ali onde os historiadores socialistas, Bourgin especialmente, dedicam-se a seguir a história das forças institucionais, os *Annales* privilegiam as estruturas sociais, ocupando assim o terreno de uma possível historiografia socialista sem se deixarem instrumentalizar.

condições de possibilidade de uma historiografia política]. *Cahier d'histoire du temps présent*, "Intellectuels engagés d'une guerre à l'autre", n. 26, 1994, p. 157-171.

A total independência financeira da revista e a indiferença de fundo do partido socialista vão acentuar o fenômeno de desinvestimento do partido socialista em relação à história. No fim das contas, não há projeto socialista de história profissionalmente reconhecido.

> O projeto comum aos socialistas e aos historiadores dos *Annales*, a saber, o estabelecimento de uma história que não tratasse mais das forças políticas dominantes, mas integrasse os grupos afastados do poder, na prática não significava nem uma identidade de pesquisa nem uma identidade de produção.[451]

Porém, mais do que ler aqui o embargo feito pelos *Annales*, percebo a intensificação da dificuldade de falar ao mesmo tempo da cátedra e da tribuna do orador político.

A angústia que paralisa uma boa parte dos historiadores universitários fica clara no 150º aniversário da Revolução. A situação internacional e as tensões interiores explicam seu insucesso; mas, em nossa perspectiva, o mais contundente reside no contraste entre a historiografia de direita e os ambientes profissionais. Exterior aos usos e costumes universitários, Octave Aubry, na *Revue des Deux Mondes*, afirma: "tudo o que é são na Nação acredita que a Revolução Francesa acabou"; George Lenôtre, morto pouco antes, Edmond Pilon e Pierre Gaxotte condenam essa comemoração. Entre os professores universitários da República, as robustas certezas oportunistas de 1889 não encontram mais repercussão. Os projetos de Philippe Sagnac, Pierre Caron ou Georges Lefebvre se limitam aos aspectos científicos; o "eminente historiador" Édouard Herriot se impõe como a referência historiográfica dos discursos oficiais.

Crise da história: que papel social para o historiador?

Evocar a crise da história para fazer eco às incertezas quanto ao papel social do historiador ilustra sem sombra de dúvida a conjuntura de hoje. Entre o fechamento comunitário da profissão recomendado por Gérard Noiriel e os riscos da ação fora desse lugar seguro, ou mesmo da mercantilização, parece que podemos ouvir ressoar a alternativa entre a política do apolitismo e a busca do diálogo com os homens de ação

---

[451] D'Almeida (1994, p. 171).

segundo os *Annales*. A analogia tem seus limites: Gérard Noiriel não reencarna Charles Seignobos. Mas a divisão epistemológica encontra um eco certo nas incertezas sobre o lugar do historiador no corpo social. Em semelhantes condições, a crise da história como disciplina deriva tanto do desabamento dos objetivos antes fixados para ela quanto da perda de competitividade científica. Essa crise se deixa medir por alguns indicadores objetivos. Entre a elite dos estudantes franceses, o prestígio da disciplina cai: na Rua d'Ulm, os normalistas hesitam cada vez mais em optar pela história ao longo dos anos 1920. A direção da Escola Normal Superior se preocupa então com a diminuição dos efetivos e com o valor medíocre dos membros da seção de história. Essa baixa acaba por atingir as fileiras mais amplas do público da Sorbonne onde o fato de os estudos de história serem mais longos que os de letras[452] acelera esse declínio a partir de 1932. Outros elementos corroboram uma descrição alarmista do campo historiográfico: a crise da edição científica, por exemplo, que leva diversas revistas a quase interromperem seus trabalhos (*Le Moyen Âge, La Revue d'histoire économique et sociale*, e até a *Revue historique* em 1926) e provoca o recuo sistemático das grandes coleções de documentos publicadas sob a égide do Comité des travaux historiques et scientifiques [Comitê dos Trabalhos Históricos e Científicos] e da Académie des inscriptions et belles-lettres. O fenômeno é reconhecido em praça pública e suscita o apelo a uma Fundação pela História lançado por Gabriel Hanotaux (esboçada em 1928, a fundação surgirá efetivamente em 1932). A célebre fórmula de Paul Valéry sobre a história, o "produto mais perigoso da química do intelecto", data dessa época.[453]

A crise do ensino de história tem um papel essencial na imagem oferecida pela disciplina, percebida como o instrumento dos nacionalismos exacerbados e descrita como o epicentro do enciclopedismo descritivo, como o vetor do psitacismo, da decoreba, no lugar da pedagogia.[454] A implosão do consenso profissional quanto às exigências requeridas aos futuros professores de história oferece um espetáculo de desolação. Para selecionar os candidatos à ENS, as propostas delineiam

---

[452] Dumoulin (1983, capítulo II).

[453] VALÉRY, Paul. *Regards sur le monde actuel* [Olhares sobre o mundo atual]. Paris: Gallimard, 1931.

[454] Dumoulin (1983, p. 359-360).

ambições inconciliáveis. Célestin Bouglé, diretor adjunto da escola, constata com impotência a heterogeneidade das propostas de programa feitas em seguimento ao chamado de Gustave Lanson, diretor da ENS, em 1925: "Acrescento que, no que diz respeito ao programa de história para a entrada na escola, as consultas a que me dediquei até aqui trazem à tona graves divergências".[455] Lucien Febvre sugere recentrar o programa através do abandono da continuidade da narrativa histórica; concentrando-se nos "grandes fatos da história econômica, intelectual, religiosa e social dos quatro últimos séculos". Sem o que, ele não vê mais "que historiadores condenados ao psitacismo" e filósofos e literatos "desdenhando a história". Embora especialista em história econômica, Henri Hauser vislumbra essa reforma de maneira muito diferente, insistindo na absoluta necessidade de remontar até o século XVI com motivos de natureza inversa: "Não é sem certo pavor que me pergunto como um jovem professor abordará o Tratado de Versalhes se ignora o Tratado de Vestfália e as guerras de Luís XIV, as partilhas da Polônia e a derrota da Montanha Branca".[456] As lembranças da *expertise* de 1914-1918 parecem ainda se harmonizar com a tarefa do professor de história.

Por trás desses confrontos pedagógicos se escondem divergências metodológicas e epistemológicas, e talvez ainda mais um debate implícito sobre o papel social do professor de história e, por extensão, do historiador. Esse combate furioso se reproduz de 1925 a 1937, no nível mais baixo da seleção à francesa: o concurso para professor secundário de história. Já em 1925, Gustave Lanson manifesta ao diretor do ensino secundário seu espanto diante dos resultados surpreendentes do concurso que contrariam sistematicamente os prognósticos dos preparadores da escola. No relatório da seção de letras da escola em 1933, Célestin Bouglé vai ainda mais longe: "Surgem diferenças demais entre a classificação bem amadurecida que os mestres da Sorbonne e os professores da ENS forneciam de nossos alunos e aquela a que o jogo das provas escritas e orais do

---

[455] Célestin Bouglé au recteur de l' académie de Paris, le 14 janvier 1928 [Célestin Bouglé ao reitor da Academia de Paris, 14 de janeiro de 1928], CARAN AS 16 2884 III 1, carton 9, citado em Dumoulin (1983, p. 356).

[456] CARAN, *AJ* 16 2878.

concurso chegou".[457] A profissão inteira é convocada como testemunha, em 1932, por uma petição publicada no *Bulletin de l'association des professeurs d'histoire et de géographie* [Boletim da associação dos professores de história e de geografia]. Assinado por dois geógrafos e quatro historiadores da Universidade de Estrasburgo, o texto é claro:

> Os resultados do concurso escapam cada vez com maior frequência das nossas previsões. Por outro lado, com uma força sempre crescente, ouvimos os estudantes se queixarem incessantemente [...] das condições do concurso e afirmarem sobre as provas coisas que denotam um verdadeiro mal-estar.

E em sua correspondência com Marc Bloch, Lucien Febvre leva a crítica ainda mais longe:

> X recompensado por seus valorosos e frutuosos esforços com um título que lhe permitirá, por trinta anos, embrutecer nossos filhos e outros com eles. Formidável. Há algo de podre nesse sistema.

Previsões e diagnósticos frustrados: sem sombra de dúvida os critérios de julgamento divergem; e essa distância revela uma distorção no mínimo igual das finalidades da seleção, das expectativas quanto ao ensino da história e, para além disso, sobre os usos sociais da história. A crise assume uma feição tão manifesta que o venerável presidente do júri, o estudioso de Bizâncio Charles Diehl, aceita participar de uma conversa com o presidente da Société des professeurs d'histoire et de géographie [Sociedade dos professores de História e de Geografia], conversa publicada no boletim da associação.

O debate versa então sobre a ausência total de certos objetos históricos: a sociedade, a economia, ou a história da arte. Mas a aparência falsamente técnica do debate – não existiriam ainda trabalhos suficientes para autorizar questões sobre outros objetos além da história política e institucional – esconde suas outras dimensões: pedagógicas, em primeiro lugar, mas também metodológicas e epistemológicas. No

---

[457] Célestin Bouglé, Rapport sur les résultats à l'agrégation des éleves de l'ENS, 1er aoüt 1933 [Relatório sobre os resultados dos alunos da ENS no concurso nacional para professores secundários], CARAN 61 AS 192, citado em Dumoulin (1983, p. 350).

plano de fundo, o sistema de argumentação dos protagonistas deriva da representação do papel social do historiador. O primado absoluto da história dos acontecimentos políticos se mantém nesse sistema de reprodução escolar por esta ser em parte percebida como uma forma de preparação do futuro cidadão à vida política. Nessa política do apolitismo já descrita, resta apenas da ciência patriótica um suposto conhecimento da vida em sociedade republicana, vista em primeiro lugar como um estado-nação cuja lógica histórica permanece a chave para o comportamento cívico. Esse postulado tácito – Charles Seignobos é o único a explicitá-lo – guarda um último alcance social para o trabalho do historiador. O debate ultrapassa decerto as paredes dos liceus; sua repercussão entre os historiadores universitários não se deve apenas aos laços destes com o ensino secundário, mas também ao questionamento subjacente de seu papel social.

Os debates sobre a reforma no concurso para professor secundário de história delineiam os contornos do divórcio que se opera entre a formação do historiador e a do professor de história. O debate opõe inicialmente os defensores de um "concurso pedagógico" e os partidários de um "concurso científico". No fundo, a posição de Bourdon, formulada durante o debate sobre o concurso diante da Société des professeurs d'histoire et de géographie, tende a favorecer os candidatos isolados, professores de escolas primárias superiores ou de colégios, que poderiam se preparar à base de manuais para um concurso "pedagógico". Georges Lefebvre sustenta uma opinião diametralmente oposta durante uma reunião da regional estrasburguense da associação em 1932, orientando o concurso para a seleção dos candidatos que demonstrassem melhores conhecimentos históricos. Nessa ocasião, Marc Bloch e Lucien Febvre se esquivam do dilema à maneira deles, recusando ao concurso a capacidade de avaliar as aptidões pedagógicas e opondo-se ao objetivismo tacanho nas questões históricas.

No coração do sistema profissional, os desacordos sobre a seleção dos herdeiros revelam em toda sua amplitude a morte de um consenso. Servir à República, ensinar a história e escrevê-la, a trifuncionalidade do historiador se torna uma missão impossível. Novos caminhos se abrem então.

2.
As alternativas

A profissionalização da pesquisa como saída

Para compreender o contexto desse entreguerras não basta descrever a crise; novas situações sociais se esboçam para os praticantes das ciências humanas e para os historiadores em particular. Embora o processo seja muito mais manifesto nas ciências exatas, a história também toma parte nesse movimento que vai substituir lentamente o douto professor pelo pesquisador. Naturalmente, as designações por analogia com as ciências exatas se delineiam antes dos anos 1920. Gabriel Monod se inclinava diante das obras dos "cientistas", dos "trabalhadores" e às vezes até mesmo dos "pesquisadores". Acontecia-lhe de sublinhar que "O Sr. Agénor Bardoux não era um historiador de profissão".[458] Todavia, a terminologia do fim do século XIX remetia antes a formas de avaliação da ciência específica da disciplina: eram os eruditos, críticos, historiadores, ou até especialistas numa época (medievalistas, no caso) que Gabriel Monod celebrava com tanta constância. Quando nascem as primeiras formas institucionais dos ofícios da pesquisa ao longo dos anos 1930, antes da fundação do CNRS propriamente dito, são as ciências da natureza que fundam o modelo desse papel social em formação. Passo a passo, desde a criação da Caisse des recherches scientifiques [Caixa das Pesquisas Científicas] em 1901, o Estado suscitou o nascimento de uma pesquisa institucional que se desenvolve ao final da Primeira

---

[458] MONOD, Gabriel. Bardoux (Agénor). *Revue historique*, t. 66, 1898, p. 333.

Guerra Mundial com a criação das 3ª e 4ª seções da École pratique des hautes études (EPHE). Esta última, destinada a favorecer a publicação de obras jurídicas, literárias, arqueológicas e históricas, nada cria que se pareça com as funções de pesquisador. Enquanto as duas primeiras seções já ajudam laboratórios e pesquisadores, as ciências humanas não dispõem sequer da capacidade de sustentar os trabalhos preparatórios a uma tese. Assim, o pedido de subvenção de Eugène Deprez, professor de História Medieval na Universidade de Rennes,[459] para pesquisar os documentos necessários a sua edição das cartas secretas dos reis da Inglaterra de Eduardo II a Ricardo III, é negado por falta de créditos previstos para isso. Contudo, os critérios de atribuição dos créditos, o desfavorecimento permanente da erudição local nas decisões da Caixa e a ênfase nas qualidades profissionais dos beneficiários dos auxílios delineiam a acentuação da profissionalização, o fechamento crescente dos historiadores sobre si mesmos, sobre o modelo das ciências duras que deixam cada vez menos espaço aos amadores esclarecidos. Então surge a possibilidade de sustentar os trabalhos preparatórios a um livro: entre os beneficiários encontra-se Marc Bloch, que obtém, em 22 de abril de 1929, 5.000 francos "para a preparação de um estudo sobre os sistemas agrários franceses". Com a fundação paralela da Caisse nationale des sciences [Caixa Nacional das Ciências] e da Caisse nationale des lettres [Caixa Nacional das Letras] em 1930, organiza-se uma ajuda sistemática para os estudiosos sem recursos. Incorporadas na Caisse nationale des sciences, as ciências humanas, a começar pela história, são cortadas das-letras e submetidas ao modelo de organização das ciências exatas. Ora, a Caixa cria uma verdadeira ruptura, já que consagra a existência de postos de pesquisadores: bolsa de três anos para os doutorandos, depois função de encarregado de pesquisa e de mestre de pesquisa (remuneração igual à dos diretores de estudos da EPHE). Não me deterei na eficácia real do dispositivo, que vai muitas vezes favorecer situações de acúmulo ou oferecer um refúgio para historiadores já consagrados. O que interessa aqui é o efeito de modelo das ciências exatas: o pesquisador sai dos limbos para a história e as

---

[459] As citações e indicações a seguir foram extraídas de DUMOULIN, Olivier. Les sciences humaines et la préhistoire du CNRS [As ciências humanas e a pré-história do CNRS]. *Revue française de sociologie*, XXVI, 1985, p. 353-374.

ciências. Quando nasce, em 1933, o Conseil supérieur de la recherche [Conselho Superior da Pesquisa], que deve racionalizar o dispositivo existente, impulsioná-lo e planificá-lo, as ciências humanas obtêm no seio da instância, depois de uma luta encarniçada, duas das oito seções. Ali se situa o combate obstinado dos excluídos da lista eleitoral que vai designar os representantes das disciplinas no Conselho. Inicialmente, os catedráticos das faculdades, os membros dos grandes estabelecimentos científicos no exterior (Roma, Atenas) e os *chartistes* são excluídos nas seções de história. Se os dois primeiros grupos obtêm sem dificuldade sua adjunção ao corpo eleitoral, faz-se preciso um verdadeiro *lobby* para convencer a direção do ensino superior a satisfazer a demanda dos ex-alunos da École des Chartes. No arsenal retórico destinado a convencer, o paralelo entre o *chartiste* que pratica a crítica e o cientista que conduz sua experiência num laboratório prepara a evolução que vai levar do erudito ao pesquisador.

Um verdadeiro mimetismo toma conta do mundo dos estudos para adequar a atividade histórica aos cânones da pesquisa científica; ele se instaura de maneira quase total com a criação da instituição que harmoniza uma grande parte do dispositivo em gestação desde 1901: a Caisse nationale de la recherche scientifique [Caixa Nacional da Pesquisa Científica], fundada em 30 de outubro de 1935. Aí, como diante da Assembleia Nacional, os homens das ciências humanas se revestem do novo papel social desenhado para elas pelas ciências duras. Para sobreviver na luta pelos financiamentos, não há outra salvação senão imitar a postura do pesquisador. Para além da profissionalização concomitante, a mudança de terminologia serve de índice para esse deslocamento, ainda hoje atual. Diante dos físicos, matemáticos e químicos, os arqueólogos e os historiadores se veem obrigados a entrar nos mesmos moldes. Quando Georges Lefebvre solicita à Caixa 12.000 francos para pagar auxiliares em sua pesquisa sobre a história rural da França no século XVIII e após a Revolução, esclarece que o campo "da pesquisa é bem definido e a atribuição precisa". Alfred Coville[460] tem dificuldade em adaptar sua linguagem

---

[460] Alfred Coville (1860-1942), *chartiste*, professor de História Medieval na Universidade de Lyon (1891), faz carreira a seguir como reitor e depois diretor do ensino secundário e, finalmente, diretor do ensino superior (1916-1926). Na sequência, acumula as funções de representante

ao gosto do momento: sublinhando os pontos comuns entre o historiador e o pesquisador, acaba postulando a diferença entre ambos. Mas quando o jovem deputado Félix Grat, *chartiste*, professor da Sorbonne, lança seu projeto de um instituto de história dos textos diante da Secretaria de Estado da Pesquisa científica em 5 de fevereiro de 1937, a lista de argumentos instala o erudito no papel criado para os homens de laboratório: Félix Grat pretende "organizar a pesquisa concernente à tradição manuscrita de textos de todas as línguas a fim de fornecer aos pesquisadores novos instrumentos de trabalho". Uma nova função, a pesquisa, um novo sujeito para desempenhá-la, o pesquisador: o mimetismo é indiscutível e ao mesmo tempo esboça um deslocamento do papel social do historiador. Os laços desse papel com a profissionalização, a racionalização e a planificação dos esforços humanos encontram numerosos ecos na época. Do erudito ao pesquisador, a distância é considerável. Seguindo o rastro dos "cientistas", os historiadores mudam lentamente. Eruditos, professores, eles começam a se fazer pesquisadores, ou ao menos a se afirmarem como tais. Essa vontade de inscrever a atividade historiadora num mundo fechado pode ser lida como uma forma singular da profissionalização sem interação com o exercício de uma profissão liberal. Esse esquema, inspirado na sociologia das profissões de Talcott Parsons, que avalia o grau de desenvolvimento das funções sociais pelo grau de profissionalização, parece, no entanto, ter sido promovido de maneira autóctone na Europa dos anos 1930. Avaliar o grau de adaptação da tarefa pelo grau de fechamento profissional atinge então os historiadores tanto quanto os juristas ou os médicos, para falar dos grupos profissionais cuja afirmação como tal deixou rastros na história francesa dos anos 1930 e 1940. Novos sinais anunciadores dessa reivindicação de um papel profissional, que não se limita à execução da tarefa professoral, surgiram desde os anos 1860. A organização das resenhas e dos necrológios da *Revue historique* não funciona apenas como uma máquina de reproduzir o método, de separar o joio do trigo; essa polícia do discurso vale um *dignus est intrare* na profissão para aqueles que demonstram aplicar os bons princípios.

---

nas instâncias deliberativas, em particular no Conselho Superior da Pesquisa Científica e no Conselho de Aperfeiçoamento da École des Chartes.

O processo esboçado por Monod se concretiza com a verdadeira maquinaria historiográfica que seus discípulos e os de Lavisse instalam. A especialização crescente das revistas (1888, *Le Moyen Âge*; 1881, *La Révolution française*; 1899, *La Revue d'histoire moderne et contemporaine*; 1899, *La Revue des études anciennes*; 1908, *La Revue d'histoire des doctrines économiques et sociales*) repercute a especialização do ensino precipitada pela criação de cátedras universitárias especializadas, primeiro em Paris com a cátedra de História Medieval de Fustel de Coulanges, depois com a cátedra de História da Revolução Francesa, criada em 1882 pela Cidade de Paris. Em vinte anos as universidades esquecem que Fustel de Coulanges ensinava em Estrasburgo a história das origens à Revolução na universidade de antes de 1871.

Entretanto, o processo,[461] seja lá o que fazem supor os títulos das obras sobre a questão – *Academia e comunidade, a fundação da profissão histórica francesa;*[462] *História como profissão, o estudo da história na França*[463] –, está longe de uma conclusão, se é que a pretensão a controlar a formação, a excluir ou consagrar os portadores do título de historiador pode ser considerada a prova de uma profissionalização. Nos anos 1890, o jovem Louis Madelin, professor secundário de história, aceito na École des Chartes e depois bolsista na École française de Rome, decide brutalmente se lançar na redação de uma tese sobre Fouché, que defende em 1900. Mas isso não impede Christian Pfister, informado de seu trabalho, de escrever em 28 de abril de 1898 a seu ex-aluno de Nancy:

> Agora só me resta lhe desejar que o Estado logo arranje um bom posto para o senhor; e, quem sabe? Talvez isso seja em Nancy. No entanto, como está sendo sagrado medievalista, será preciso que eu lhe ceda meu lugar; e não vejo possibilidade para mim de ir para Paris tão cedo... Por que o senhor não faz história antiga?[464]

---

[461] A passagem a seguir retoma alguns elementos de DUMOULIN, Olivier. La tribu des médiévistes [A tribo dos medievalistas]. *Genéses*, 21 dez. 1995, p. 120-133.

[462] KEYLOR, William R. *Academy and Community, the Foundation of the French Historical Profession.* Cambridge: Harvard University Press, 1975.

[463] DEN BOER, Pim. *History as a Profession, the Study of History in France, 1818-1914.* Princeton: Princeton University Press, 1998.

[464] Arquivos Privados Louis Madelin, CARAN, correspondência, 355 AP 6.

Assim, a dois anos de defender sua tese, o historiador da contemporaneidade ainda figura como medievalista, graças a sua passagem pela École des Chartes, e ainda poderia se voltar para a história antiga. Essa indeterminação interna das clivagens relativiza muito a capacidade da corporação historiadora de traçar suas fronteiras. Contudo, o fenômeno se cristaliza às vésperas da guerra, justo no momento em que a Action française contesta com a mais extrema violência a pretensão da Nouvelle Sorbonne de dizer a história,[465] tomando por pretexto o 75° aniversário do nascimento de Fustel de Coulanges, historiador nacional, maltratado pelos historiadores dreyfusistas, agentes da ciência alemã.

Essa decomposição da operação histórica é celebrada pelos balanços e obras propedêuticas de história no final do século XIX e no início do XX. Charles-Victor Langlois e Charles Seignobos, já o vimos, Charles e Victor Mortet,[466] Philippe Sagnac e Pierre Caron[467] aderem todos à constatação de Louis Halphen:

> A história sofreu cada vez mais imperiosamente a necessidade da divisão do trabalho, que é a contraparte do desenvolvimento de toda ciência. Cada subdivisão da história foi provida de uma organização autônoma, com suas sociedades, suas revistas e seu grupo mais ou menos compacto de especialistas.[468]

Nesse contexto, a evolução da terminologia não engana; o medievalista, ainda ignorado – ou quase – nos necrológios de Gabriel

---

[465] HARTOG, François. *Le XIXe siècle et l'histoire: le cas Fustel de Coulanges* [O século XIX e a história: o caso Fustel de Coulanges], reed. Paris: Le Seuil, 2001 (1. ed., PUF, 1988); CAPOT DE QUISSAC, Jean. L'Action française à l'assaut de la Sorbonne historienne [A Ação Francesa de assalto à Sorbonne historiadora]. In: *Au berceau des Annales* [No berço dos *Annales*]. Sob a direção de Charles Olivier Carbonell e Georges Livet. Toulouse: Privat, 1983; BOMPAIRE-EVESQUE, Claire. *Un débat sur l'Université au temps de la IIIe République: La lutte contre la Nouvelle Sorbonne* [Um debate sobre a Universidade no tempo da Terceira República: a luta contra a Nova Sorbonne. Paris: Aux amateurs de livre, 1988; AGATHON (Henri Massis et Alexis de Tarde), *L'Esprit de la Nouvelle Sorbonne* [O espírito da Nova Sorbonne]. Paris: Mercure de France, 1911.

[466] MORTET, Charles; MORTET, Victor. *La Science de l'histoire* [A ciência da história]. Paris: Lamirault, 1894 (extrato da *Grande Encyclopédie*).

[467] CARON, Pierre; SAGNAC, Philippe. *L'État actuel des études d'histoire moderne en France* [O estado atual dos estudos de história moderna na França]. Publicação da *Revue d'histoire moderne et contemporaine*, 1902.

[468] HALPHEN, Louis. *Cent ans de recherche historique en France* [Cem anos de pesquisa histórica na França]. Paris: A. Colin, 1914, citação p. 163.

Monod, é uma figura evidente na *Introdução aos estudos históricos* de Langlois e Seignobos, de 1898. O balanço de Philippe Sagnac e de Pierre Caron sobre "o estado atual dos estudos de história moderna na França" extrai as consequências da divisão pedagógica da história em quatro grandes períodos:

> A École des Chartes é destinada sobretudo a formar os arquivistas-paleógrafos necessários ao serviço das bibliotecas e dos arquivos. Ao mesmo tempo, ela desempenha desde sua fundação, em 1821, um papel científico considerável; foram seu espírito e seus métodos que renovaram no século XIX os estudos de história da Idade Média, e hoje não há medievalista qualificado que não tenha passado por ela.[469]

Essa especialização por períodos se pretende o modelo de uma divisão científica do trabalho científico. À imagem do taylorismo incipiente, a parcelarização é a propedêutica ao esforço coletivo. Ao longo de todo seu texto, Sagnac e Caron, referindo-se às conquistas técnicas e cognitivas da história medieval, transformam a divisão pedagógica do saber em princípio de organização da pesquisa e da profissão:

> Apesar de todas as reformas recentes, resta muito a fazer pela história moderna nas faculdades de letras de nossas universidades. Esse ensino ainda não é concebido como um ensino científico. É preciso lhe dar por base uma sólida erudição. É o que se faz com a história antiga e com a da Idade Média, por que não se agiria do mesmo modo com a história moderna?[470]

Assim, o debate parece estar fechado quando Louis Halphen evoca, em 1914, cem anos de pesquisas históricas: "Apesar desses obstáculos, os métodos científicos triunfaram hoje, sobretudo desde que, em 1901, uma 'Société d'histoire moderne' [Sociedade de História Moderna] foi fundada no intuito de garantir esse triunfo".[471]

---

[469] Caron e Sagnac (1902, p. 19).

[470] Caron e Sagnac (1902, p. 16).

[471] Compte rendu de la 1re séance de la Société d'histoire moderne [Ata da primeira sessão da Sociedade de História Moderna]. *Revue historique*, t. 77, 1901, p. 320-325.

"Como os 'medievalistas', os historiadores dos tempos modernos compreenderam agora que, para escrever um livro, não basta algumas descobertas felizes; que, se é impossível ver todos os textos, é preciso, não obstante, ver muitos deles e de todas as espécies antes de concluir o que quer que seja [...]".[472] O princípio da especialização por períodos começa a triunfar para além dos princípios de organização técnica da corporação. O texto de Halphen relata muito bem as condições desse deslizamento: a entrada maciça de historiadores formados inicialmente em História Medieval. A presença das aspas sublinha o caráter ainda recente desse reconhecimento. Um ano mais tarde, Charles-Victor Langlois atesta por sua vez o reconhecimento da categoria nos dois volumes sobre a ciência francesa concebidos para a Exposição Internacional de Chicago em 1915:

> Além dos escritos propriamente acadêmicos, é preciso levar em conta, na colheita devida à instituição universitária, aqueles que resultam da atividade livre dos mestres e ex-estudantes. A Escola de Atenas e a École des Chartes eram outrora as únicas a fornecer helenistas e medievalistas competentes na erudição e na literatura. As universidades formam agora investigadores e escritores instruídos para especialidades muito diversas que se difundem e elevam o nível da produção por toda parte.[473]

Langlois traz uma peça suplementar ao dossiê quando recorda o testemunho de Salomon Reinach sobre a controvérsia que o opusera a Noël Valois a propósito do processo de Gilles de Rais: "Gostaríamos de ver discutida, disse então, da galeria, um historiador atento à controvérsia, a tese do Sr. Reinach (e decerto a do Sr. Valois) por medievalistas competentes, pelo Sr. Langlois [...]".[474] Assim, desde

---

[472] Halphen (1914, p. 163).

[473] LANGLOIS, Charles-Victor. Les études historiques [Os estudos históricos]. In: *La Science française* [A ciência francesa], t. II. Paris: Larousse, 1915 (paginação de acordo com o fascículo; os dois volumes tinham sido concebidos para a Exposição de São Francisco, sob a égide do diretor do ensino superior Lucien Poincaré), p. 18.

[474] LANGLOIS, Charles-Victor. *Notice sur la vie et les travaux de M. Noël Valois lue à la séance du 1er février 1918* [Nota sobre a vida e os trabalhos do Sr. Noël Valois lida na sessão de 1º de fevereiro de 1918]; Gérard Noiriel fornece uma descrição muito clara desse processo em "Naissance du métier d'historien" [Nascimento do ofício de historiador], *Genèses*, n. 1, 1990.

a virada do século, as conversas entre historiadores integraram essa divisão da corporação; a competência se delimita portanto, e *a fortiori*, à fronteira entre os amadores e os profissionais.

A maneira como os professores universitários se consideram investidos do direito de governar e legiferar, quando dos congressos nacionais das sociedades científicas, oferece uma prova objetiva dessa ascendência dos profissionais sobre os amadores. Por certo, encontram-se antes de 1914 os signos manifestos de uma vontade de se proclamar profissional diante dos amadores; porém, com a emergência progressiva das funções de pesquisador se delineia uma perspectiva que dota os historiadores de um papel social que não precisa de outra legitimidade além da satisfação dos fins profissionais. Em vez de cultivar a arte pela arte, trata-se de fazer funcionar uma atividade que pretende a um reconhecimento da mesma ordem que o das ciências fundamentais para a pesquisa. Porém, fora dos muros fechados do jardim de Clio, outros modelos de intervenção se oferecem então aos historiadores.

Um modelo: os geógrafos na cidade

Na mesa de negociações, a influência de Emmanuel de Martonne progressivamente suplantou a dos historiadores. A propósito das fronteiras da Hungria, da Romênia, da futura Iugoslávia e da Polônia, a voz do professor da Sorbonne se impõe com tanta frequência que ficamos tentados a procurar entre os geógrafos os elos que conduzem da clausura acadêmica às disputas da vida política, econômica e social. Tomando esse desvio temporário, a geografia do entreguerras oferece uma tensão permanente entre o isolamento da cátedra e o desejo de ação. O quadro aparente desse período é o de um saber cada vez mais profissional e que afirma sua legitimidade científica acumulando saber universitário, produzido de acordo com as normas universitárias, para fins sobretudo acadêmicos. A predominância crescente dos estudos de geomorfologia no curso de Geografia reflete a preocupação com uma autonomização disciplinar em detrimento da ação pragmática. A criação da licenciatura e, a seguir, do concurso secundário em Geografia sob os auspícios de Vichy, surge de certo modo como a culminação de um processo que alinhava os geógrafos longe da cidade que os historiadores lhes ofereciam como modelo.[475]

Contudo, a atividade dos geógrafos durante e ao redor da Conferência de Paz supera de longe a dos historiadores. E, embora mais discreto depois de 1920, Emmanuel de Martonne prossegue uma atividade importante de *lobbying* a propósito do acerto das dívidas de guerra.[476]

Mas a urgência da reconstrução desempenha um papel inverso ao da urgência da reconstrução da ciência para os historiadores.[477] Com a Lei Cornudet, que impõe a confecção de planos para a extensão das cidades a fim de embelezá-las e reconstruí-las, a *expertise* dos geógrafos é empregada em concorrência com a dos arquitetos. Antes disso, o Institut d'histoire, de géographie et d'économie urbaines [Instituto de História, de Geografia e de Economia Urbanas], dedicado ao crescimento da aglomeração e fundado em 1916, anunciava a criação de um lugar destinado "à organização racional de Paris, tendo em vista as necessidades de uma aglomeração que não para de crescer". É um lugar de encontro de professores universitários, de funcionários e de técnicos para fins de método e de ciência aplicada. Entre os vinte e quatro membros da comissão administrativa, sete são geógrafos. A interpenetração com meios como os dos arquitetos, dos engenheiros e dos higienistas parece forte. Noções como a de "cidade regional", métodos como o da "monografia urbana", difundido pela revista *Vie urbaine*, propagam-se entre os arquitetos urbanistas. Inversamente, essa situação leva alguns geógrafos a preconizar o que recusavam antes da guerra. Louis Gallois chega a aconselhar o recurso a métodos cartográficos estatísticos (isócronos para determinar a população

---

[475] DUMOULIN, Olivier. À l'aune de Vichy, naissance de l'agrégation de géographie [Pela vara de Vichy, nascimento do concurso nacional para professor secundário de Geografia]. In: GUESLIN, André (Ed.). *Les Facs sous Vichy* [As Faculdades sob Vichy]. Clermont-Ferrand, Universidade Blaise-Pascal (Clermont-II), Publications de l'Institut d'études du Massif central, 1994, p. 23-38.

[476] JOSEPH, B.; ROBIC, Marie-Claire. Explorations d'archives: Autour des papiers d'Emmanuel de Martonne [Explorações de arquivos: Em torno dos papéis de Emmanuel de Martonne], Acta geographica, n. 72, 1987, p. 37-65.

[477] ROBIC, Marie-Claire. Des vertus de la chaire à la tentation de l'action [Das virtudes da cátedra à tentação da ação]. In: CLAVAL, P.; SANGUI, P.-L. (Ed.). *La Géographie française à l'époque classique (1918-1968)* [A geografia francesa na época clássica]. Paris: L'Harmattan, 1996, p. 27-58.

afetada por uma reforma). Participam desses trabalhos historiadores como Marcel Pöete,[478] conservador da Biblioteca da Cidade de Paris, que fornece ao arquiteto Louis Bonnier, inspetor-geral dos serviços de arquitetura e urbanismo da prefeitura do Sena, os documentos necessários à realização cartográfica de suas curvas isócronas (mapas publicados na revista *Vie urbaine* em 1919).

Entretanto, o Instituto, que tinha como meta original "fazer os dados históricos, geográficos e econômicos servirem conjuntamente para o conhecimento das necessidades da cidade e para a condução de seus destinos", reduz suas ambições a um campo cada vez mais aplicado, já que a ação municipal se torna um mercado reservado unicamente aos arquitetos e engenheiros. No mesmo momento, os geógrafos empregam sua *expertise* em outras ações; para começar, o projeto Clémentel de regionalização, iniciado com a criação de vinte regiões econômicas, em 1917, que reúnem as câmaras de comércio. A própria forma do projeto é influenciada por trabalhos anteriores de Vidal de La Blache.[479] E Albert Demageon, em sua homenagem a Vidal, enfatiza sua concepção organizadora da regionalização no quadro da França do Leste, apresentando-o "como um consultor geográfico cada vez mais convencido do alcance prático de seus estudos".[480]

Ainda que a implicação de Jean Brunhes em seu comitê de iniciativa para o desenvolvimento das forças regionais e nacionais, ponta de lança de um olhar de *experts* em detrimento do olhar dos políticos, possa ser descartada em razão da posição singular que ele ocupa na escola geográfica francesa, Raoul Blanchard é um caso bem diferente. O incansável adversário dos bambambãs da Sorbonne conseguiu ao seu redor constituir um polo de estudos alpinos em Grenoble. Mas sua implantação local não está dissociada das ações empreendidas com o patronato local.[481] Como para os historiadores, o contexto da

---

[478] Marcel Pöete (1866-1950), formado na École des Chartes, conservador da Bibliothèque de la Ville de Paris, diretor de estudos na 4ª Sessão da EPHE (1922), professor de História de Paris.

[479] VEITL, Philippe. *Les Régions économiques Clémentel et l'invention de la région des Alpes françaises* [As regiões econômicas Clémentel e a invenção da região dos Alpes Franceses]. Tese (Doutorado em Ciências Políticas) – Universidade de Grenoble-II, 1992.

[480] Robic (1996, p. 38).

[481] VEITL, Philippe. Un géographe engagé: Raoul Blanchard et Grenoble, 1910-1930 [Um geógrafo engajado: Raoul Blanchard e Grenoble]. *Genèses*, n. 13, 1993.

guerra não basta para explicar o entusiasmo intelectual pelas formas de racionalização da vida social. A racionalização da produção e a recepção do taylorismo contam muito nessa aproximação provisória entre a ciência e a aplicação. Essa inclinação a aproximar a ciência geográfica de suas aplicações econômicas enfraquece no fim dos anos 1920. E os últimos trabalhos de Vidal de La Blache (*La France de l'Est* [A França do Leste]) não são fruto apenas de um elã patriótico, como já notava Albert Demangeon: "Parece que, antes de morrer, numa espécie de testamento, Vidal de La Blache quis ampliar ainda mais o alcance prático de seus estudos; em *La France de l'Est*, a geografia desempenha o papel de conselheira para a elaboração da França e da Europa de amanhã".[482] O paradoxo é que esse primeiro surgimento de um novo papel social do geógrafo tenha sido ocultado na reconstrução do passado da disciplina e que tenha sido preciso esperar os grandes empreendimentos da DATAR (Delegação Interministerial para o Rearranjo do Território e para a Ação Regional), criada em 1963, para que se constituísse a figura do geógrafo *expert*. À luz dessas tentativas dissimuladas, a iniciativa dos *Annales d'histoire économique et sociale* [Anais de história econômica e social] parece menos singular e mais próxima do "espírito dos anos 1930".

O historiador e o homem de ação segundo Lucien Febvre e os *Annales* nascentes

Evocar hoje os *Annales*, ao menos entre os historiadores, é evocar uma revista que fez escola – e mesmo que se institucionalizou (basta pensar na 6ª Seção da École pratique des hautes études – EPHE –, hoje École des hautes études en sciences sociales – EHESS). Embora o primeiro número da revista que Lucien Febvre e Marc Bloch publicaram pela editora Armand Colin, com o alto apadrinhamento de algumas das assinaturas mais prestigiosas no domínio de expressão francesa – Henri Pirenne, André Siegfried, Albert Demangeon –, não ostente um programa sistemático das ambições de uma revista que se quer ao mesmo tempo o equivalente da *Vierteljahresschrift für*

---

[482] Citado por Robic (1996, p. 38).

historische Zeitschrift e a herdeira da *Revue de synthèse historique* e do *L'Année sociologique*, o curto preâmbulo dos editores deixa transparecer uma indiscutível sensibilidade à questão da justificação da atividade histórica. Preocupação que, no caso de Lucien Febvre, nada tinha de nova, como atesta sua aula inaugural na cátedra de História Moderna da Universidade de Estrasburgo em 1919. Nesse texto célebre, o professor, recém-desmobilizado, evoca suas dúvidas diante da ideia de retomar uma tarefa de aparência tão inútil:

> Tenho mesmo direito, historiador que era, de retomar hoje minha lida de historiador? Fazer história. Ensinar história... É preciso que no imenso canteiro de obras do mundo que renasce, do mundo que deve proscrever e destruir todos os sanguessugas e todos os parasitas, vocês não remetam a uma velha rotina o cuidado de dar um lugar à história.[483]

Para que fazer (estudar, escrever, ensinar) história no mundo em ruínas? A necessidade da história, "rainha das ciências" e, por conseguinte, da verdade, não parece mais evidente.

Em certo sentido, as declarações de intenção dos *Annales*, o público visado e os objetos tratados podem ser lidos como uma forma de justificação do papel social do historiador. O prospecto de lançamento, após sublinhar o quanto os problemas econômicos suscitam o interesse contemporâneo, distingue duas categorias de observadores desses problemas: os historiadores "voltados para o passado" e os "economistas, técnicos e homens envolvidos na vida dos negócios" que "só têm olhos para o presente". A meta atribuída à revista é a de lançar uma ponte sobre os abismos que separam os "homens de ação" dos historiadores. E, enquanto busca isso, esse caderno de encargos intelectuais tem por evidente que o papel social do historiador visa a ajudar os homens de ação "fazendo com que conheçam melhor seu tempo". Mas nem por um instante a ideia de conselho prático é considerada; Marc Bloch explica claramente o teor desse encontro entre a pesquisa histórica e o mundo dos empreendimentos quando solicita a participação de Paul de Rousiers nos futuros *Annales*:

---

[483] FEBVRE, Lucien. L'histoire dans le monde en ruine. *Revue de synthèse historique*, t. 30, jan. 1920, p. 1-16.

> Nosso mais ardente desejo é o de realizar uma ligação demasiado rara, e, no entanto, indispensável, entre dois grupos de trabalhadores que têm todo o interesse em parar de se ignorar: os historiadores, preocupados sobretudo com o passado, e os economistas, investigadores, homens práticos ligados especialmente ao presente.

É isso o que ele escreve, parafraseando o prospecto já citado. Mas acrescenta, dirigindo-se diretamente a esse discípulo de Le Play, secretário-geral de uma importante organização patronal, representante dos armadores no Bureau international du travail [do Trabalho], participante do Museu Social e da École des sciences politiques [Escola de Ciências Políticas] e reconhecido interlocutor dos debates em ciências sociais: "As sugestões práticas, que têm seu espaço legítimo em outros lugares, ficariam fora de propósito numa revista como a nossa".[484] Voltamos a encontrar essa reserva diante de uma utilização pragmática e imediata da história quando Marc Bloch prefacia um artigo solicitado a N. S. B. Gras, professor de Harvard.[485] Contudo, esse texto modesto, que recusa a utilidade imediata da história, visa desde o princípio à justificação da atividade histórica.

Primeiro ponto crucial. Lucien Febvre volta incessantemente a esse tema. Se a história não serve para nada, é preciso o quanto antes parar de sustentar uma atividade tão inútil. Algumas resenhas um tanto ácidas ilustram essa afirmação. A primeira, frequentemente evocada para descrever o caráter iconoclasta, o desprezo pelo positivismo característico dos primeiros *annales*, é uma crítica acerba à obra de um *chartiste,* conservador na Biblioteca Nacional, Henri Jassemin.[486] O caso fez certo barulho na aldeia historiográfica, já que Henri Jassemin fez uso de seu direito de resposta nos *Annales*. Mas o que nos interessa aqui é o teor da argumentação de Lucien Febvre:

> Dissertação liminar: começamos sem preâmbulo nem retórica vazia, para que definir intenções se não as temos e fazemos

---

[484] Marc Bloch a Paul de Rousiers, 18 de junho de 1928, "Marc Bloch – lettres à Paul de Rousiers" [Marc Bloch – cartas a Paul de Rousiers], *Les Études sociales*, n. 124, 1996, p. 65-70, citação p. 65.

[485] Para mais detalhes, ver adiante p. 252-253.

[486] JASSEMIN, Henri. *La Chambre des comptes de Paris au XVª siècle* [O Tribunal de Contas de Paris no século XV]. Paris, 1934.

tudo para não as ter. Oh! O bom método! Oh! A boa e santa frase[487] de início! Dá até pra ver, com os olhos da imaginação, tantos bons mestres, encantados por se verem citados e sorrindo interiormente para seus passados – para suas próprias teses, deles que, precisamente, 45 anos atrás, começavam pela mesma frase e aplicavam o mesmo método. [...] Não digo que isso não seja história. Ou então, se é isso, que a sociedade pare imediatamente de encorajar e sustentar uma "atividade" tão completamente inútil. Digo e repito: até quando durará esse desperdício de força e de inteligência? A mediocridade intelectual desses trabalhos anedóticos?[488]

A condenação e execução historiográfica se funda na ausência total de curiosidade pela história do "instrumental mental". Febvre constata que o autor trata do Tribunal de Contas de Paris no século XV sem se colocar "a questão de saber [...] como se contava, é um desses exemplos magníficos do realismo de nossos estudos".[489] O que podia significar então a exatidão das adições e subtrações para um amanuense, um burguês ou um oficial do século XV? A interrogação anuncia outra, bem mais famosa, sobre a possibilidade de não crer no século XVI.[490] Lucien Febvre esbarrou portanto numa questão capital a seus olhos, em torno da qual se constrói nesses anos o essencial de sua obra pessoal. Porém, os termos da condenação de Henri Jassemin dão a escutar uma outra música de fundo, aquela da aula inaugural de 1919: a história tem a obrigação de ser útil à sociedade que a mantém, o historiador não pode se contentar em colecionar a perda de vista simples objetos de curiosidade.

Nessa busca pelo papel social do historiador, Lucien Febvre e Marc Bloch trouxeram cada um sua visão pessoal. Em Febvre, o retorno

---

[487] "Antes de estudar a história do tribunal de contas no século XV [...] é necessário que exponhamos brevemente sua origem, sua história ao longo dos primeiros tempos de sua existência" (citação feita por Febvre das primeiras linhas do livro de Henri Jassemin).

[488] FEBVRE, Lucien. Comptabilité et Chambre des comptes [Contabilidade e Tribunal de Contas]. *Annales d'histoire économique et sociale*, t. 6, 1934, n. 26, p. 148-153, citação p. 148.

[489] Lucien Febvre, carta de setembro de 1933 a Marc Bloch, citada in Bertrand MOLLER (Éd.), *Correspondance Febvre-Bloch*, Paris, Fayard, 1993.

[490] FEBVRE, Lucien. *Le Problème de l'incroyance au XVIe siecle: La religion de Rabelais*. Paris: Albin Michel, 2003 (1. ed. 1942) [Edição brasileira: *O problema da incredulidade no século XVI – A religião de Rabelais*. Tradução de Maria Lucia Machado. São Paulo: Companhia das Letras, 2009].

reflexivo sobre o ofício, o sentido da atividade e suas prioridades são um *leitmotiv* ao menos desde a aula em Estrasburgo. Cada etapa de sua carreira oferece oportunidade para esses retornos sobre si mesmo que associam a epistemologia e a interrogação sobre o sentido do trabalho do historiador. O título de sua aula inaugural no Collège de France, tal como figura em *Combates pela história*, anuncia essa preocupação: "De 1892 a 1933: exame de consciência de uma história e de um historiador".[491] À primeira vista, esse retorno clássico sobre sua formação e seu desejo de escapar da história dos Albert Sorel e dos Émile Bourgeois diz tudo de suas ambições intelectuais e nada de sua inserção social:

> História, ciência do homem, e então os *fatos*, sim: mas são fatos *humanos*; tarefa do historiador: reencontrar os homens que os viveram, e aqueles que, em cada um deles, mais tarde, se alojaram neles com suas ideias, para interpretá-los.

Mas o lugar obriga o orador a só considerar a história em seu diálogo com as ciências. Basta a morte do colérico e sanguíneo Albert Mathiez, cuja intransigência Febvre estava longe de partilhar, para que se eleve uma reflexão sobre o historiador na sociedade[492]:

> Além disso, Mathiez tinha uma outra ideia de seu papel que também o aproximava de nós. [...] Há causas que devem ser situadas mais alto, muito mais alto que a solidariedade ordinária das corporações ou a consideração nuançada de virtudes amáveis; e foi para servir a essas causas que Mathiez se mostrou violento, brutal, arrebatado; mas injusto, verdadeiramente vindicativo, duro pelo simples prazer de ser duro e, como se dizia no século XVIII, "*méchant*" [maldoso] – não mesmo. Sua aspereza era uma prédica moral. Um apostolado.

E a conclusão desse necrológio volta à imagem do homem de ação, esse contraponto do homem de ciência que Lucien Febvre sonha fazer coabitar num único ser:

---

[491] FEBVRE, Lucien. "De 1892 à 1933: examen de conscience d'une histoire et d'un historien". *Revue de synthèse*, t. 7, n. 2, 1934, p. 93-106, reeditado em *Combats pour l'histoire*. Paris: A. Colin, 1953, p. 3-17.

[492] FEBVRE, Lucien. Albert Mathiez: un tempérament, une éducation. [Albert Mathiez: um temperamento, uma educação]. *AHES*, t. 4, n. 18, 1932, p. 573-576, retomado em *Combats pour l'histoire*, p. 343-347, citação p. 343.

Mas não vamos concluir com um lamento, por mais impessoal que seja. A perda que Mathiez representa para os estudos históricos é considerável. Foi um grande animador, um bom escritor, um professor excepcionalmente dotado – foi um homem de ação, enfim, e de autoridade, que faleceu prematuramente.

Ao longo de seus raros artigos necrológicos, Lucien Febvre deixa claramente transparecer sua predileção por essas vidas de homens que entremeiam a ação e a ciência sem contudo jamais confundi-las, decerto por discernir aí a posição social em que o historiador poderia se manter. Por certo, o recurso a Albert Thomas, que vai lhe sugerir muitos de seus colaboradores sobre o tempo presente, escolhidos entre os colaboradores do Bureau International du Travail em Genebra, decorre antes de tudo dos laços de amizade forjados na rue d'Ulm. Não apenas eles a frequentaram juntos como também faziam juntos a viagem até Versalhes para seguir o seminário de Diplôme d'études supérieures que, naquelas alturas, Gabriel Monod ministrava em sua própria casa. A sequência da carreira do "Grande Thom" o levou, na esteira de Jaurès, ao governo da União Sagrada e, por fim, às instâncias internacionais. E é precisamente essa dimensão que fascina Lucien Febvre, essa capacidade de estar fora e dentro do mundo da ciência, de fazer a história e escrevê-la ao mesmo tempo. Existe nele a convicção de que se pode ser cientista e agir por isso mesmo:

> O historiador nunca morreu em Thomas. Ele nunca quis separar, por meio de uma divisória fixa, as duas partes de sua vida: sua juventude de estudos e de pesquisas científicas, sua plena maturidade de ação e de criação. E como ele teria dado de ombros diante da atitude puerilmente arrogante daqueles que saem por aí dizendo: o que importa o passado para a nossa ação presente?... Assim, Thomas estava pronto para compreender a ambição e os desígnios de nossos *Annales*... Por que ele não apareceria hoje como autor em nossos *Annales*? Sob essa rubrica que parecia feita para ele: historiadores, homens de ação.[493]

---

[493] FEBVRE, Lucien. Albert Thomas, historien [Albert Thomas, historiador]. *AHES*, t. 4, n. 18, 1932, p. 381-384, retomado em *Combats pour l'histoire*, p. 348-352, citação p. 351.

No centro de suas preocupações encontravam-se as questões da utilidade da história e da função social do historiador, questões que eram uma obsessão para Marc Bloch, mas também para Lucien Febvre: "Historiadores, homens de ação, a fórmula, que servia de título a uma das rubricas dos *Annales*, devia marcar significativamente uma maneira de definir as vias possíveis da ação do historiador sobre o mundo de que ele participa ativamente".[494] A correspondência com Albert Thomas lança uma luz viva sobre as intenções de Lucien Febvre. Uma vez restabelecidos os contatos por intermédio de Lucien Febvre, em plena febre criadora – no momento em que Marc Bloch acaba de anunciar o lançamento dos *Annales* diante do Congresso Internacional das Ciências Históricas em Oslo –, escreve a Albert Thomas de sua residência de verão em Mamirolle, na Franche-Comté:

> Seremos historiadores. Mas não pretendemos de modo algum excluir o presente de nossas preocupações. [...] Para mim é importante, em segundo lugar, que o Bureau international du travail saiba que existe a partir de agora na França uma revista séria que seguirá com interesse suas investigações e suas iniciativas e que dará conta de todos os documentos que lhe poderão ser endereçados desse lado.[495]

No outono de 1929, Febvre toma distância de Marc Bloch por considerá-lo acadêmico demais: "Meu codiretor é muito historiador, e muito erudito. Talvez eu o tenha deixado ditar demais os rumos da revista". Ele insiste de novo em sua busca de um papel diferente, singular, na articulação entre a ciência e a ação: "Vim a Paris precisamente para estudar os meios de tornar a revista muito mais atual e viva. Ela tem espaço agora nos meios universitários. Bastante espaço. Resta ampliar seu espaço no mundo real".[496]

Toda a ambivalência dos esforços de Lucien Febvre pode ser lida nessa tensão permanente entre a necessária utilidade da história

---

[494] MÜLLER, Bertrand. Une correspondance entre Lucien Febvre et Albert Thomas (1928-1930) [Uma correspondência entre Lucien Febvre e Albert Thomas]. *Vingtième siècle*, jul./set. 1992, p. 78-91.

[495] Lucien Febvre a Albert Thomas, Mamirolle, 11 de setembro de 1928, citado por Müller (1992).

[496] Lucien Febvre a Albert Thomas, Estrasburgo, 8 de outubro de 1929, citado por Müller (1992).

e seu afastamento do clamor da batalha. Desde 1919, a via é estreita entre o fechamento na arte pela arte e a submissão a apetites exteriores que ditariam à história sua via. É preciso provar o interesse da história, sempre sob suspeita: "O que importa o conde Volta a nossos construtores de centrais elétricas? Seria o mesmo que falar de Ícaro a nossos construtores de aviões. Velhas balelas. E o preconceito só faz triunfar mais: como se pode perder tempo fazendo história quando tantas tarefas fecundas e que 'rendem' requerem hoje todas as energias, todas as inteligências".[497]

Para atingir o objetivo, os historiadores têm de ser eficazes e mudar sua maneira de trabalhar: "Vê-se por que acabo de atribuir tanta importância à concepção de trabalho coletivo em história. O homem comum só compreenderá o papel, a importância, o alcance da história se receber, e na medida em que receber, a lição não dos doutores, mas dos resultados".[498] Esses resultados, Febvre não os entende como simples produtos historiográficos, e sim como produtos sociais, exportáveis para além do universo dos historiadores a que Marc Bloch tinha se limitado aos seus olhos. Em 1949, Febvre ousa dizê-lo com as palavras que já citamos anteriormente:

> A história não apresenta aos homens uma coleção de fatos isolados. Ela organiza esses fatos. Explica-os e, para explicá-los, transforma-os em séries a que não atribui a mesma atenção. Pois, queira ou não, é em função de suas necessidades presentes que ela coleta sistematicamente, classifica e agrupa os fatos passados. É em função da vida que ela interroga a morte [...]. Organizar o passado em função do presente: eis o que se poderia chamar a função social da história.[499]

Mas a alquimia que permite estar acima do clamor da batalha sem deixar de mergulhar no coração da ação não é revelada por Lucien Febvre.

---

[497] FEBVRE, Lucien. Vers une autre histoire [Rumo a uma outra história]. *Revue de métaphysique et de morale*, t. 58, n. 3 e 4, 1949, p. 225-247, retomado em *Combats pour l'histoire*, p. 419-438, citação p. 435.

[498] Febvre (1949).

[499] Febvre (1949, p. 437-438).

De maneira sintomática, Marc Bloch expõe uma mensagem essencial em suas considerações sobre a instrumentação profissional dos historiadores, a começar pelas bibliotecas. Essa relação vital com os livros, Marc Bloch a traduz pela escolha de seu *ex-libris*: *veritas vinum vitae*. Para além desse apego, os escritos de Marc Bloch trazem a marca de uma aposta estratégica:

> As informações bibliográficas são difíceis de reunir; as obras então, são de acesso ainda mais trabalhoso. Uma boa organização do empréstimo internacional das bibliotecas, que se estendeu e tornou mais rápido em certos grandes países que até aqui guardaram ciumentamente suas riquezas, faria mais, pelo futuro da história comparada, do que muitos sábios conselhos [...].[500]

Marc Bloch escreve isso num artigo que lhe serve também de preparativo para uma candidatura ao Collège de France; a consciência da estreita imbricação das práticas e das ideias conduz Bloch pelo terreno das condições de exercício do ofício. Sua indignação se faz veemente quando ele esbarra na inércia dos conservadores de bibliotecas; a propósito de um amigo seu, pesquisador que mora longe dos grandes centros, em que o leitor avisado logo reconhece o próprio Bloch, ele ironiza sobre o motivo de uma recusa de envio de documento: "a importância excepcional" do documento. E deduz com mordacidade: "Será preciso concluir então que só os documentos sem interesse têm licença de viajar?".[501]

É de sua prática que surge a ideia de uma política dos lugares de pesquisa; o equipamento intelectual determinaria em parte a produção

---

[500] BLOCH, Marc. Pour une histoire comparée des sociétés européennes [Por uma história comparada das sociedades europeias]. *Revue de synthèse historique*, t. XLVI, 1928, p. 15-50 (texto da comunicação apresentado no Congresso Internacional das Ciências Históricas de Oslo, base do projeto apresentado ao Collège de France em dezembro de 1928); reeditado em *Mélanges historiques* [Mesclas históricas], t. I, p. 16-40, e *Histoire et historiens*, Paris, A. Colin, 1995, p. 94-123, citação p. 121 [Edição portuguesa: *História e historiadores*. Tradução de Telma Costa. Lisboa: Teorema, 1998].

[501] BLOCH, Marc; FEBVRE, Lucien. Nous n'avons pas mérité cela [Não merecíamos uma coisa dessas] (resenha do prefácio de Paul Harsin a sua reedição das *Reflexões* de Dutot). *Annales d'histoire économique et sociale*, t. VIII, 1936, p. 151-152; na verdade, o artigo foi redigido apenas por Marc Bloch.

intelectual. Essa aproximação entre as condições materiais e a edificação do pensamento é pontuada pela metáfora onipresente da instrumentação,[502] já utilizada por Lucien Febvre para descrever os encantos da Universidade de Estrasburgo a Henri Pirenne em 1922.[503] Assim vão surgindo os contornos da passarela que os diretores dos *Annales* lançam entre as peripécias de suas pesquisas e uma empreitada de reconstrução das condições de exercício do ofício. O que estava em jogo não se limitava a uma simples conveniência pessoal.

Marc Bloch emite um grito de alerta; sua insistência se deve ao fato de que ele atribui à biblioteca um papel análogo ao laboratório, condição prévia à produtividade do cientista:

> É preciso que o mesmo ocorra em nossos laboratórios, quero dizer em nossos arquivos e em nossas bibliotecas. Especialmente, entre essas últimas, naquela que é ou deve ser por vocação o recurso supremo dos pesquisadores: a Biblioteca Nacional. Como se apresenta, no entanto, a realidade? Já faz muito tempo que esse grande problema de organização intelectual preocupa os *Annales*.[504]

Se o assunto merece o desvio, a perda de tempo imputável ao mau funcionamento do laboratório é o que o justifica. Esse ponto de vista, repetido continuamente a propósito de bibliografias julgadas inúteis do Institut international de coopération intellectuelle [Instituto Internacional de Cooperação Intelectual], das modalidades de empréstimo,[505] dos catálogos deficientes, esclarece o que está em jogo no debate sobre as bibliotecas.

---

[502] A esse respeito, o plano de instrumentação nacional de Tardieu e outros indícios sublinham o parentesco desse registro metafórico com as ideologias racionalistas e modernizadoras dos anos 1920 e 1930.

[503] Lucien Febvre a Henri Pirenne, Estrasburgo, 31 de maio de 1922, *in* LYON, Brice; LYON, Mary. *The Birth of Annales History: the Letters of Lucien Febvre and Marc Bloch to Henri Pirenne (1921-1935)* [O nascimento da história dos *Annales*: as cartas de Lucien Febvre e Marc Bloch a Henri Pirenne]. Bruxelles: Commission d'histoire royale, 1991.

[504] BLOCH, Marc. "La grande pitié des lecteurs" [A grande piedade dos leitores]. *Annales d'histoire économique et sociale*, t. 9, 1938, p. 55.

[505] A inferioridade dos procedimentos franceses é sublinhada por um correspondente de Marc Bloch; A.N., AB 3849, Henri Sée (n.d., provavelmente 1924): "A Biblioteca de Estrasburgo empresta diretamente os livros como fazia na época da dominação alemã? Ou funciona conforme os sacrossantos regulamentos de nossa administração?".

O pior inimigo do historiador é a perda de tempo. Marc Bloch introduz a ideia de rendimento na ordem das humanidades desinteressadas e se interroga, por exemplo, sobre a "relação tempo/investimento" a propósito da *International Bibliography of Historical Sciences*;[506] essa preocupação tem relações estreitas com sua concepção do papel social do historiador. Se o tempo do historiador pode ser avaliado como o do químico, do biólogo, ou mesmo do engenheiro, é porque sua produção tem uma função social. O trabalho do historiador tem um custo e, por via de consequência, um valor social, o que implica uma organização racional da produção, sob o risco de entrar em choque com o corporativismo dos *chartistes*.

O que está em jogo é tão importante que, no meio do combate da Resistência, Marc Bloch faz dessa questão um dos primeiros temas de sua reforma do sistema de ensino:

> Precisaremos, portanto, de novos recursos. Para nossos laboratórios e talvez mais ainda para nossas bibliotecas, já que elas foram até aqui as grandes vítimas (bibliotecas científicas; bibliotecas ditas populares também, cujo estado miserável comparado ao que nos oferecem a Inglaterra, a América do Norte, até a Alemanha, é uma das piores vergonhas de nosso país). Quem pôde folhear sem melancolia o catálogo de uma biblioteca de grande cidade, para não falar das pequenas, ao perceber a diminuição progressiva das compras, a decadência da cultura de uns cinquenta anos para cá?[507]

A originalidade e a tradição científicas: a aliança contraditória desses dois polos ilumina as concepções de Marc Bloch quanto ao papel social do historiador. Ao longo de seus textos esparsos – análise do que estava em jogo nos concursos para professor secundário de história, debates ou considerações a propósito das bibliotecas, exposição sobre o método comparativo – revelam-se a fecundidade e a dificuldade que resultam dessa tensão permanente. Sem se distinguir

---

[506] SCHÖTTLER, Peter. Marc Bloch et l'Allemagne [Marc Bloch e a Alemanha]. *Revue d'Allemagne et des pays de langue allemande*, t. 33, 4-2001, p. 413-430, aqui p. 426.

[507] BLOCH, Marc. Notes pour une réforme de l'enseignement [Notas para uma reforma do ensino]. *Cahiers politiques*, 3 out. 1943. In: *L'Étrange Défaite*. Paris: A. Colin, 1957. [Edição brasileira: *A estranha derrota*. Tradução de Eliana Aguiar. Rio de Janeiro: Zahar, 2011.]

completamente da visão de Lucien Febvre, a de Bloch se expressa por outros vieses, sob uma outra luz.

Contudo, Marc Bloch parece ter separado as três facetas de seu engajamento enquanto homem: *a priori*, o cidadão, o historiador e o soldado viveram sua vida de homem sem interação, enquanto, no que tange a Febvre, a ocupação alemã transparecia nas páginas introdutórias de "Rabelais" e seu engajamento durante a Resistência era reivindicado como fundamento de uma articulação entre o científico e o cívico.

Colocando a questão do papel social do historiador a Marc Bloch, a problemática dessa vez é abordada de frente. Na primeira página da *Apologia da história*, o leitor logo se depara com estas linhas: "'Papai, me explica para que serve a história?'. Assim um menininho, que me concerne de perto, interrogava, poucos anos atrás, um pai historiador".[508] Essas palavras fazem eco a textos anteriores que se precipitam ao longo dos anos 1930. Em 1931, Bloch formula essa imperiosa necessidade de justificar a história através de um papel que vá além do simples horizonte da sociedade dos cientistas[509]:

> Para dizer a verdade, não seria, muito mais simplesmente ainda – para quem não confunde as preocupações do historiador com as do curioso por antiguidades –, o próprio sentido da história[510] e sua justificação intelectual, frequentemente demais esquecida e que convém que, sem se cansar, cientistas do valor do Sr. Hauser se deem ao trabalho de nos recordar? [...] Ele não apenas trouxe uma contribuição preciosa ao estudo das correntes econômicas do passado; o que ele oferece a seu leitor, antes de tudo, é um bem mais raro: o meio de captar o interesse humano, o interesse sempre atual da história.

---

[508] BLOCH, Marc. *Apologie pour l'histoire ou métier d'historien*. Paris: Armand Colin, 1997 (1. ed. 1949), p. 5 [Edição brasileira: *Apologia da história ou o ofício de historiador*. Organização de Lilia Moritz Schwarcz. Tradução de André Telles. Rio de Janeiro: Zahar, 2001.]

[509] BLOCH, Marc. Le passé, explication du présent [O passado, explicação do presente]. *Annales d'histoire économique et sociale*, t. 3, 1931, p. 311-312 (resenha do livro de Henri Hauser, *Les Origines historiques des problèmes économiques actuels* [As origens históricas dos problemas econômicos atuais], Vuibert, 1930, série de conferências pronunciadas na École des hautes études internationales de Genebra e de artigos de revistas), citação p. 312.

[510] "Laços profundos entre o presente e o passado, impossibilidade de compreender um sem o outro", nota de Bloch (1931).

Não há compreensão do presente sem recurso ao passado; Marc Bloch desenvolve a seguir a analogia com as relações morfologia/geologia[511] para demonstrar que o muito antigo explica o mais recente.

Em 1937, ele volta mais uma vez ao assunto diante dos membros do círculo politécnico de estudos, "X-crise": "Para que serve a história econômica?", ou mais amplamente ainda:

> Para que serve a história *tout court*? Vocês podem imaginar que para um homem que dedicou ao estudo da história, e mais especificamente da história econômica, o melhor do seu tempo [...] há nessa interrogação algo de um pouco angustiante [...] e se tivesse de responder com toda a honestidade que a história econômica não serve para absolutamente nada, que os historiadores são seres perfeitamente inúteis, não seria essa uma confissão lá muito agradável.[512]

Os textos de Bloch repousam inegavelmente sobre o postulado de uma utilidade da atividade histórica – por certo raramente concreta, imediata, ainda que ele reconheça a possibilidade de que isso ocorra às vezes. A descoberta completa do papel social do historiador passa por um desvio: a relação entre o passado e o presente no pensamento de Marc Bloch. Se seguimos o *Ofício de historiador,* a complexa dialética que liga o passado ao presente começa por uma recusa; em face daqueles que, pela propaganda ou pela participação nos tratados, acreditaram servir à França, Bloch rejeita a subordinação.[513] "Contrariamente a alguns de seus contemporâneos, ele rejeita a vulgar obsessão pelo presente, recusando-se a 'meter Clovis ou Carlos Magno nas querelas da Europa contemporânea', ou a entrar no jogo dos pedantes, 'que utilizam seus pergaminhos para decidir o destino de povos inteiros'".[514]

---

[511] Analogia proposta por Henri Hauser em: *La Modernité du XVIͤ siècle* [A modernidade do século XVI]. Paris: Alcan, 1930, p. 107.

[512] BLOCH, Marc. Que demander à l'histoire? [O que pedir à história?]. Centre polytechnicien d'études économiques, *Bulletin*, n. 34, jan. 1937, p. 15-22, reeditado em *Mélanges historiques, op. cit.,* e *Histoire et historiens, op. cit.,* cit. p. 29-30.

[513] A esse respeito, não recordarei a aula inaugural de Lucien Febvre em Estrasburgo.

[514] BLOCH, Marc. M. Flach et les origines de l'ancienne France [O Sr. Flach e as origens da antiga França]. *Revue de synthèse historique,* n. 31, 1920, p. 150-152, citação p. 152, citado por FINK, Carol. *Marc Bloch: A Life in History* [Marc Bloch: uma vida na história]. Cambridge: Cambridge University Press, 1989, p. 98.

Esse comprometimento dos historiadores a serviço da Conferência de Paz lhe causa aversão. Bloch se explica quanto a isso, em 1931, no já citado artigo "O passado explicação do presente".

Num parágrafo, Bloch evoca, para melhor refutá-lo, o argumento que faz do presente um passado antes mesmo de ter sido vivido, e admite que um passado muito recente seja também chamado de presente. Aplica-se então a demonstrar que a presença no mundo do passado recente não depende necessariamente de sua proximidade temporal. A seguir, rejeita o erro de uma concentração exclusiva no recente e no imediato para explicar o atual. Esse argumento permanece uma constante de sua visão.[515] As considerações sobre a total ruptura entre a era moderna e o passado longínquo não o convencem e censura esse ponto de vista a Langlois e Seignobos.[516] O exemplo que sustenta esse raciocínio provém diretamente de *As características originais da história rural da França*: Bloch examina a origem da forma dos campos em fileiras que causa um desperdício de esforço, o que torna incompreensível sua manutenção pelos agricultores:

> Como explicá-la? Pelo Código Civil e seus inevitáveis efeitos, responderam publicistas afobados. Se conhecessem melhor a história, se também tivessem interrogado melhor uma mentalidade camponesa formada por séculos de empirismo, teriam julgado o remédio menos fácil. Na realidade, essa estrutura remonta a origens tão remotas que até hoje não há cientista que a tenha explicado de maneira satisfatória.[517]

Quando a continuidade das influências foi quebrada por uma ruptura fundadora, ali onde as "coisas passadas [...] deixaram de

---

[515] BLOCH, Marc. Sur les programmes d'histoire dans l'enseignement secondaire [Sobre os programas de história no ensino secundário]. *Bulletin de la Société des professeurs d'histoire et de géographie de l'enseignement public*, nov. 1921, p. 15-17, retomado em *Histoire et historiens, op. cit.*, p. 255-257: "A história é antes de tudo a explicação do presente pelo passado. Suprimindo, ao menos no segundo ciclo, o estudo da Idade Média, abreviando demais, ao menos no segundo ciclo, o estudo do século XVI e XVII, os programas de 1902 tendem a apresentar a Europa contemporânea como uma criação *ex-nihilo* que nada conecta ao que a precedeu, ou seja, que nada explica..." (p. 256).

[516] BLOCH, Marc. *Les Caractères originaux de l'histoire rurale française* [As características originais da história rural francesa]. Paris, 1952 (1. ed. 1931), p. 47.

[517] Bloch (1997, p. 93).

determinar o presente", o conhecimento do passado que ficou para trás permanece uma ferramenta essencial de análise pela comparação das diferenças no tempo:

> Seria esquecer que não há conhecimento verdadeiro sem alguma gama de comparação. Sob a condição, é verdade, de que a aproximação incida sobre realidades ao mesmo tempo diversas e, no entanto, aparentadas. [...] Uma experiência única é sempre impotente para discriminar seus próprios fatores: por conseguinte, para fornecer sua própria interpretação.[518]

Associado ao comparatismo, o laço entre o passado e o presente se torna essencial para Marc Bloch; ele delimita o verdadeiro alcance da ideia das lições do passado. Diversos desenvolvimentos de *A estranha derrota* examinam esse laço para descreditar uma leitura redutora dele:

> Folheei outrora as conferências célebres de Foch, proferidas, se não me falha a memória, por volta de 1910. Raramente uma leitura me causou tamanho incômodo. Por certo, a batalha napoleônica é ali admiravelmente descrita. Mas também é apresentada como exemplo sem a mínima preocupação com a mudança dos tempos. [...] [Aqueles combates] foram travados entre exércitos cujo poder de fogo era, em relação ao nosso, ínfimo e que podiam ter a baioneta por rainha porque nem a metralhadora nem o arame farpado tinham sido inventados.[519]

Porque a história é ciência da mudança,[520] insiste Bloch, dois acontecimentos nunca podem se reproduzir exatamente, já que as circunstâncias variam. Preparar a guerra se torna, por necessidade, a arte de esquecer o passado, de se preparar para o desconhecido: "O mundo pertence àqueles que amam o novo. É por isso que, tendo encontrado esse novo diante dele, e incapaz de detê-lo, nosso comando não apenas sofreu a derrota; como esses boxeadores gordos que o primeiro golpe imprevisto desconcerta, ele a aceitou".[521] A história

---

[518] Bloch (1997, p. 95).

[519] Bloch (1957, p. 158).

[520] Ou "de uma mudança". As duas fórmulas coexistem nos escritos de Marc Bloch e não me parece que se devam buscar aí sutis nuances.

[521] Bloch (1957, p. 157-158).

sob o modo da repetição do idêntico, "a história compreendida às avessas"! Aos olhos de Bloch não tem salvação, a experiência freia aqui a inteligência, torna o pensamento lento e pesado. Das lições do passado seria preciso fazer *tabula rasa*?

Ao contrário, a utilização dos acontecimentos passados para fins de comparação, de medida das diferenças, faz da história uma disciplina experimental, propícia a treinar a mente na análise do desconhecido. Em 1931, Bloch apresenta um artigo de N. S. B. Gras,[522] professor de História Comercial na Harvard Business School, que coloca o problema de maneira idêntica no que concerne ao ensino nas escolas de guerra: história e ação, presente e passado, que proveito tirar da aproximação? Embora se trate de um artigo encomendado, a apresentação põe em relevo as diferenças de perspectiva entre N. S. B. Gras e os *Annales*. Embora se regozije com a ideia de ver arquivistas de empresa formados nas técnicas da história, Bloch considera com desconfiança os aportes que Gras afirma extrair, para proveito dos homens de negócios, dos estudos de caso. E se interroga sobre os perigos de um procedimento de saber que, em geral, minimiza o valor das mudanças em seus arrazoamentos.[523] A argumentação admite a utilidade do conhecimento histórico para um ator econômico, mas desmonta a ideia do precedente[524] sobre o qual poderia se fundar a ação; o argumento anuncia precisamente aqueles de 1940 e 1942. Reconhecendo tão somente o interesse da procura pelas diferenças nas analogias presente/passado, Bloch evoca a história como uma escola experimental de análise psicológica e social. Essa busca pelos limites das analogias entre o presente e o passado, Marc Bloch a aplica a suas próprias intuições; a aproximação da sociedade das trincheiras com a sociedade medieval em função do papel do boato, dos ruídos

---

[522] N. S. B. GRAS. Les affaires et l'histoire des affaires [Os negócios e a história dos negócios]. *Annales d'histoire économique et sociale*, t. 3, n. 9, 1931, p. 5.

[523] BLOCH, Marc. Culture historique et action économique, à propos de l'exemple américain [Cultura histórica e ação econômica, a propósito do exemplo norte-americano]. In: *Histoire et historiens*. Paris: A. Colin, 1995, p. 25-28, publicado originalmente nos *Annales d'histoire économique et sociale*, t. 3, n. 9, 1931, p. 1-4.

[524] Bloch (1995, p. 27): "Visivelmente, o pensamento que, nos Estados Unidos, presidiu à elaboração dessa curiosa noção de 'história dos negócios' (*business history*), tão claramente explicada pelo Sr. Gras, está inteiramente dominado pela ideia do precedente (*case*) no sentido quase judicial do termo, particularmente familiar, como se sabe, aos direitos anglo-saxônicos".

e da transmissão oral é submetida ao crivo da crítica. Essa intuição tinha, no entanto, servido de base ao artigo sobre as falsas notícias de guerra, do qual *Apologia da história* retoma trechos inteiros. Mas desde 1921, o acento na análise das analogias se deslocou. A visão de mundo do homem de tropa permanece mais ampla que a do homem medieval: "O historiador não estuda o presente na esperança de descobrir nele a exata reprodução do passado. Busca neste simplesmente os meios para compreender melhor, para sentir melhor o presente".[525]

Essa relação com o presente pode ser analisada através de uma categoria de pensamento essencial na prosa do início dos *Annales*: o anacronismo. A propósito do uso de categorias imprudentemente transpostas de uma sociedade a outra, Bloch explicita esse perigo das analogias presente/passado com o exemplo da aplicação das categorias europeias às sociedades africanas:

> E quando ouço o Sr. Labouret dizer que, posto diante dos direitos de posse autóctones, "o europeu, magistrado ocasional" corre o risco constante de se extraviar em noções de propriedade metropolitanas que não têm correspondentes em muitos pontos da África, não tenho como não recordar que o mesmo véu de concepções jurídicas estabelecidas, tomadas de empréstimo a outras civilizações que não aquelas que se tratava de observar, perturbou a visão de muitos medievalistas, que aplicaram a sociedades do passado um conceito da propriedade que lhes era profundamente estranho.[526]

Do passado ao presente, do presente ao passado, os dois diretores dos *Annales*, pois nesse terreno suas vozes se juntam, insistem sempre na circulação em sentido duplo entre o presente e o passado. Eis o que nos dizem a propósito da enquete lançada nos *Annales* sobre as nobrezas:

---

[525] Bloch (1997, p. 139).

[526] BLOCH, Marc. L'Afrique occidentale: problèmes de pratique et expérience historique [A África Ocidental: problemas de prática e experiência histórica] (resenha de Henri Labouret, *À la recherche d'une politique indigène dans l'ouest africain* [Em busca de uma política indígena no oeste africano]. Paris, 1931). *Annales d'histoire économique et sociale*, t. 5, 1933, p. 388-392. Henri Labouret (1878-1959), professor na Escola Colonial, fez carreira inicialmente no Exército Colonial; colaborador dos *Annales*, foi apoiado por Lucien Febvre numa campanha malsucedida para o Collège de France. Sua experiência em campo lhe confere qualidades primordiais aos olhos de Lucien Febvre, que lhe confiará um artigo sobre a questão colonial e suas soluções na *Encyclopédie française*.

Essa solidariedade entre as eras tem tanta força que entre elas os laços de inteligibilidade são verdadeiramente de sentido duplo. A incompreensão do presente nasce fatalmente da ignorância do passado. Mas talvez não seja menos vão esgotar-se tentando compreender o passado se não se sabe nada do presente.[527]

Esse *leitmotiv* escande os primeiros *Annales*: ao termo de um ano é solicitado aos colaboradores que abordem com maior frequência o estudo dos fatos contemporâneos, indispensável para o próprio conhecimento do passado. Solicitação que assim se conclui: "Mas por que falar do passado e do presente? A realidade é uma".[528] E Bloch retoma o tema:

> E tratando das invasões que mudaram a face de nosso continente entre o século IV e o X, "ministrei em realidade um curso de história contemporânea". Assim se expressa o Sr. Ferdinand Lot nas últimas linhas de sua grande obra. Não se poderia sublinhar com um traço mais vivo, com o próprio espírito desse livro, essa solidariedade entre o presente e o passado que, se vamos até o fundo das coisas, é a própria justificação da história.[529]

Essa recomposição incessante das relações presente/passado e essas mudanças de escala[530] criam as condições para uma redefinição do papel social do historiador.

A testemunha e o juiz

Se não pode ser útil, a história surge ao menos como uma formação necessária para a mente. Bloch vai buscar sua necessidade na formação do espírito crítico. E é esse espírito crítico que garante a justiça; a

---

[527] Bloch (1997, p. 95).

[528] Os diretores, "Au bout d'un an" [Ao cabo de um ano], *Annales d'histoire économique et sociale*, 1930, p. 1.

[529] BLOCH, Marc. Pour mieux comprendre l'Europe aujourd'hui [Para compreender melhor a Europa hoje] (resenha de Ferdinand Lot, *Les Invasions barbares et le peuplement de l'Europe: introduction à l'intelligence des derniers traités de paix* [As invasões bárbaras e o povoamento da Europa: introdução à compreensão dos últimos tratados de paz]. Paris, 1937). *Annales d'histoire économique et sociale*, t. 10, 1938, p. 61-63, citação p. 62.

[530] RAULFF, Ulrich. *De l'origine à l'actualité: Marc Bloch, l'histoire et le problème du temps présent* [Da origem à atualidade: Marc Bloch, a história e o problema do tempo presente]. Sigmaringen: Jan Thorbecke Verlag GmbH & Co., 1997, p. 23.

evocação da defesa feita por Richard Simon dos judeus de Metz ia nesse sentido. "Elaboradas sobretudo pelos historiadores e filólogos, as regras da crítica dos testemunhos não são um mero jogo de eruditos. Elas se aplicam tanto ao passado quanto ao presente."[531] O discurso de Amiens, impregnado das recordações do caso Dreyfus, perora de novo por essa adequação da formação do historiador ao espírito crítico e à justiça. E é no terreno da justiça que vai se desenvolver a verdadeira atribuição social da história.

Embora as articulações de suas intuições não me convençam, as conclusões de Ulrich Raulff a propósito do artigo de Marc Bloch sobre Salomão trazem à tona um elemento crucial. Esse texto de 1925 põe um termo às investigações de Marc Bloch sobre o poder real; ele está então voltando aos campos, não mais pelo viés direto da condição dos homens, mas pelo exame das paisagens como reveladoras das estruturas sociais. A partir de uma "historieta", encontrada numa vida latina de Eduardo, o Confessor, Marc Bloch conduz seu leitor à descoberta da sorte póstuma reservada ao filho do rei David nas representações medievais do além.[532] O artigo fala da fortuna de Salomão além-túmulo. A narrativa inicial conta que dois ingleses, em peregrinação pelo caminho de Jerusalém, chegam ao monte Sinai e dali sobem um rio que vem do Paraíso. Enquanto enfrentam diversos obstáculos, descobrem no fundo de uma floresta um palácio em ruínas, em cujo último quarto encontram um homem de aspecto nobre. Este os informa de que estão às portas de todas as delícias da salvação e da vida eterna, mas que ele próprio está condenado a fazer penitência na solidão, no limiar daquele lugar abençoado. Filho do rei David, ele, Salomão, deve padecer essa sina por ter cometido o pecado da carne. Assim, o homem célebre por seu juízo se torna ao mesmo tempo objeto de um juízo suspenso. Raulff explicita brutalmente a tensão maior que explica o interesse de Bloch pelo julgamento desse juiz régio, julgamento de um rei judeu pelos cristãos: "O juiz judeu

[531] BLOCH, Marc. Critique historique et critique du témoignage [Crítica histórica e crítica do testemunho], Amiens, 1914, retomado em *Histoire et historiens, op. cit.*, p. 8-16, citação p. 10.

[532] BLOCH, Marc. La vie d'outre-tombe du roi Salomon [A vida além-tumúlo do rei Salomão]. *Revue belge de philologie et d'histoire*, n. 4, 1925, p. 349-377, reeditado em *Mélanges historiques, op. cit.*, p. 920-938 e em *Histoire et historiens, op. cit.*, p. 167-190.

esperando o juízo final cristão – o tema pode parecer apócrifo, mas nada tem de conjuntural". E evoca a dupla atitude de Bloch: experimentador racionalista e distanciado por trás do qual se delineia a alta e severa figura do juiz: mas "por trás do *expert* técnico aponta, recalcada mas inegável, a figura do homem com a espada justiceira". A modernidade de Bloch é paradoxalmente sustentada pela figura arcaica do juiz equânime.[533] Seria este o tributo de um historiador a seu século?

A hipótese merece ser retomada com outro modo de argumentação. O dossiê se apoia inicialmente na *Apologia*, esse verdadeiro testamento epistemológico. Depois de recordar que "por muito tempo o historiador passou por uma espécie de juiz dos Infernos, encarregado de distribuir aos heróis mortos o elogio ou a censura", Bloch ataca sem condescendência os historiadores da Revolução Francesa por terem perpetuado essa imagem até a caricatura:

> [...] a história, deixando a lista de laureados se sobrepor à caderneta de experiências, deu a si mesma, gratuitamente, o aspecto da mais incerta das disciplinas: ao requisitório vazio sucedem-se vãs reabilitações. Robespierristas e anti-robespierristas, nós lhes pedimos clemência: por piedade, digam-nos simplesmente como Robespierre foi.[534]

A escolha pelos protagonistas do duelo que dividiu a historiografia da Revolução entre os fiéis de Aulard, o dantonista, e os devotos de Mathiez, o robespierrista, remete aos ataques de Paul Valéry em *Olhares sobre o mundo atual*.[535] O escritor, para dar consistência a seu veredicto sobre a história como o mais perigoso produto da química do intelecto, invocava o exemplo desses debates estéreis que levam os historiadores de volta a seu ponto de partida, sem verdadeiro acúmulo de conhecimentos. O tema nada tem de novo já que a resenha das invasões bárbaras de Ferdinand Lot o anunciava apesar da estima de

---

[533] RAULFF, Ulrich. République et charisme: Marc Bloch et le prodige moderne [República e carisma: Marc Bloch e o prodígio moderno]. *Cahiers Marc Bloch*, n. 3, 1995, p. 6-28, citação p. 26.

[534] Bloch (1997, p. 157).

[535] VALÉRY, Paul. *Regards sur le monde actuel* [Olhares sobre o mundo atual]. Paris: Gallimard, 1931, p. 44: "A história justifica tudo o que se quiser. Ela não ensina rigorosamente nada, pois contém tudo e fornece exemplos de tudo".

Marc Bloch pelo veterano – a quem recusava o direito de afirmar que o historiador devia discriminar o bem do mal.[536]

Aos olhos de Carlo Ginzburg, o modelo judicial da atividade histórica só podia se inscrever no privilégio exclusivo atribuído a uma história *événementielle* (dos acontecimentos), política, militar, diplomática. Por essência, as escolhas temáticas de Marc Bloch o impeliam a tomar uma decisão: "Diante do dilema 'julgar ou compreender?' Bloch optava sem hesitar pela segunda alternativa.[537] Assim, Raulff estaria enganado: na sombra do racionalista não estaria escondido o juiz.

Mas de que juiz se trata: pois o juiz banido da *Apologia* volta pela janela do ofício do juiz de instrução a propósito da crítica documental. Em aparência, Marc Bloch se opõe a isso: "Ora, por muito tempo o historiador passou por uma espécie de juiz dos Infernos, encarregado de distribuir aos mortos o elogio ou a censura".[538] Essa denegação pode ser lida como uma confissão. Acompanhando a argumentação de Bloch, o leitor descobre que, até o momento decisivo de bater o martelo, os dois ofícios se assemelham espantosamente para Marc Bloch. Ambos imparciais e em busca da verdade até o momento "em que os caminhos se separam": quando o cientista explicou, sua tarefa terminou, enquanto resta ao juiz bater o martelo. Um juiz que se contenta em estabelecer os fatos instrui um caso; ora, essa forma de metáfora judicial atravessa *Apologia*.

Quando Bloch evoca a grandeza de Richard Simon, defensor dos judeus de Metz, estabelece um duplo parentesco com a atividade judicial. Avaliar com exatidão preocupa tanto a ação quanto a pesquisa, e a erudição forneceu o modelo de seu método à investigação judicial. A analogia se transmuta em filiação. Sua primeira passarela lançada, o parágrafo deduz uma segunda de alcance muito maior: "A história tem o direito de contar entre suas glórias a de ter assim, elaborando sua técnica, aberto aos homens um novo caminho para o verdadeiro e, consequentemente, para o justo". O historiador não é juiz, mas foi ele que criou as condições para a justiça!!!

---

[536] Bloch (1938, p. 62).

[537] GINZBURG, Carlo. *Le Juge et l'Historien, considérations en marge du procès Sofri* [O juiz e o historiador, considerações à margem do processo Sofri]. Lagrasse: Verdier, 1997, p. 20.

[538] Bloch (1997, p. 157).

As alternativas

A velha analogia entre o juiz e o historiador, banida no que diz respeito à discriminação do bem e do mal, volta a surgir na peroração: a assimilação entre verdadeiro e justo. A postura dreyfusista de Gabriel Monod volta como referência, de maneira ainda mais perturbadora já que a evocação do Caso serve de argumento a Lucien Febvre durante um debate com Marc Bloch. No fim de 1935, faz-se recorrente na correspondência dos dois animadores dos *Annales* a metáfora do historiador como juiz, no caso como juiz de instrução. E Lucien Febvre bate o martelo:

> E volto ao juiz de instrução. Pouco importa a imagem? Será? A imagem importa acima de tudo. Ela é "intempestiva" como diz meu velho amigo, o *Duce*... Ela é perigosa porque nos faz cair no seignobismo[539] integral, o historiador para caso Dreyfus, a história apequenada às dimensões de um conflito de pessoas. Ela me provoca um frio na espinha. Você me responde que é preciso espírito crítico? É claro!

Marc Bloch renuncia contrariado à sua imagem.

No final das contas, a sentença final de Febvre ressurge na *Apologia*: "Não, o historiador não é um juiz. Nem mesmo um juiz de instrução. A história não é julgar, é compreender – e fazer compreender. Não nos cansemos de repetir. Os progressos de nossa ciência dependem disso".[540] E a denegação faz eco à troca epistolar com Febvre; pois não se tratava de um mero mal-entendido: o primeiro texto metodológico de Bloch defende totalmente essa metáfora. Insubstituível testemunha das concepções do primeiro Bloch, professor do liceu de Amiens, seu discurso de distribuição dos prêmios do verão de 1914 esclarece: "Somos juízes de instrução encarregados de uma vasta investigação sobre o passado. Como nossos colegas do tribunal, recolhemos testemunhos, com a ajuda dos quais tentamos reconstruir a realidade". E a analogia é retomada: "Para o historiador, como para o magistrado, nada é mais importante que as datas". Progressivamente, a precisão sobre a natureza

---

[539] Nunca avaro em neologismos, Febvre assim batiza a doutrina de seu adversário privilegiado.

[540] FEBVRE, Lucien. "Contre les juges suppléants de la vallée de Josaphat" [Contra os juízes suplentes do vale de Josafá], "Camille Desmoulin: histoire ou réquisitoire" [Camille Desmoulin, história ou requisitório]. *Annales d'histoire économique etsociale*, t. 6, n. 40, p. 394-395, retomado em *Combats pour l'histoire, op. cit.*, citação p. 109.

do juiz se apaga, para se tornar o magistrado, aquele que faz justiça. Uma última precisão confirma o deslizamento; Bloch evoca os felizes usos do método crítico para os juízes de instrução, mas também para os jurados. Não se trata apenas de estabelecer os fatos, mas a verdade, isto é, a condição do julgamento justo. A partir desse momento, Bloch alimenta dúvidas sobre a extensão do domínio da analogia:

> No portal de nossa catedral, vemos o Arcanjo, com a balança na mão, separando com um gesto seguro os eleitos dos reprovados. O historiador não coloca à direita as boas testemunhas e à esquerda as más. A seus olhos não existem boas testemunhas a seguir de olhos vedados, abdicando de todo controle.[541]

A *Apologia* parece atravessada por uma nostalgia por essa posição do juiz apoiada sobre uma verdade tão forte que torna possível uma justiça justa. O encanto pujante da figura do juiz acompanha Bloch até o fim de sua viagem. Para derrubar de vez a pálida peroração *pro domo* que o ex-ministro da Educação Nacional Anatole de Monzie, comprometido por uma proximidade acentuada com Vichy, publica em 1943 sob o título *A temporada dos juízes*, Bloch conclui: "O senhor a situa mal, sua temporada dos juízes. Por enquanto estamos apenas na temporada dos beleguins. A verdadeira temporada dos juízes virá amanhã, queira o senhor ou não; e será a dos juízes justos".[542]

Com ou sem razão, a atração mal controlada de Bloch por essa figura do "juiz justo" decorre de sua capacidade de superar o dilema da ação e do conhecimento. O historiador Bloch só mergulha na ação às custas de uma renegação de sua posição de cientista. E o comedimento de suas resenhas das obras nazistas dos anos 1930 não tem outra razão fundamental. Se saísse dessa "ascese científica", ele se perderia no território a que seus colegas germânicos – esta é sua censura – se deixam levar. Mas seguindo a lógica do discurso científico, a gente se condena ao papel que ele recusa. Nesses anos de guerra, Lucien Febvre padece o mesmo sofrimento, o mesmo desânimo. Mas antes da guerra

---

[541] BLOCH, Marc. Critique historique et critique du témoignage. In: *Histoire et historiens*. Paris: A. Colin, 1995, p. 8, 12, 15.

[542] BLOCH, Marc. La vraie saison des juges [A verdadeira temporada dos juízes]. *Cahiers politiques*, n. 4, dez. 1943, retomado em *L'Étrange Défaite, op. cit.*, p. 245.

a produção de uma enciclopédia lhe parecia uma ação sobre o corpo social, e em 1941 ele ainda pensa na retomada dos *Annales* como um ato de fé na verdade da ciência; acredita ainda poder unir o pensamento e a ação. Os aprendizes historiadores devem estar "animados pela luta, cobertos da poeira do combate, do sangue coagulado do monstro vencido... despertem com [sua] vida quente e jovem a vida congelada da princesa adormecida".[543] Mensagem ambígua: trata-se de Clio ou da França? O dom total a que faz apelo seria apenas intelectual? Sentimos que Febvre procura o sésamo que protegerá a ciência da subordinação, mas permitirá que ela mergulhe na luta. Com Rabelais, ele pensou encontrar o meio de lutar contra a censura sem avançar em seu terreno. Melhor falar livremente da liberdade de pensamento no século XVI para combater "a besta humana" do que evocar a sina de colegas judeus sem poder lhes prestar homenagem explicitamente. O pensamento é ação, a reflexão vale todos os atos, dizer é fazer, aí estaria o verdadeiro lugar do cientista na ação: o "maqui da palavra".[544]

Para Marc Bloch, essa figura ideal do homem de pensamento em ação é decerto a figura paradoxal do juiz justo. Ele decide e entende, age sem renunciar à compreensão de todos e de cada um e escapa ao dilema que o próprio Bloch não conseguiu resolver em sua existência. Nada estaria mais afastado de Marc Bloch que a dimensão hedônica de uma atividade reduzida à arte pela arte. Para designar o homem que se entrega assim aos vãos prazeres da coleção gratuita, sem finalidade nem justificação, usa uma palavra que retoma de Henri Pirenne: o antiquário. Essa ancoragem no dever permeia todo seu código de conduta, da moral privada à moral cívica, passando pela deontologia. As cartas do historiador a seu filho Étienne o demonstram;[545] a disciplina

---

[543] FEBVRE, Lucien. Vivre l'histoire. Propos d'initiation. Conférence aux éleves de l'École normale supérieure, 1941 [Viver a história. Proposições de iniciação. Conferência aos alunos da Escola Normal Superior]. In: *Combats pour l'histoire*. Paris: A. Colin, 1953, p. 32-33.

[544] Marleen Wessel fornece uma demonstração convincente dos procedimentos através dos quais Febvre, como historiador, consegue falar do combate presente sem renunciar a seus princípios epistemológicos. "Les *Combats pour l'histoire* de Lucien Febvre, une relecture" [Os *Combates pela história* de Lucien Febvre, uma releitura]. *Rivista di storia della storiografia moderna*, XVI, 1-3, 1995, p. 75-96.

[545] BÉDARIDA, François; PESCHANSKI, Denis (Dir.). Marc Bloch à Étienne Bloch, lettres de la drôle de guerre [Marc Bloch a Étienne Bloch, cartas da estranha guerra]. *Les Cahiers de l'IHTP*, 19, dez. 1991.

e o autocontrole parecem ritmar os conselhos de uma correspondência que recorda a moral laica dos livros escolares do fim do século XIX.

Assim, o historiador deve servir a objetivos que vão além de sua simples satisfação egoísta, e para chegar a isso deve se curvar às obrigações de uma deontologia profissional. Mas essa leitura de uma vida em linha reta não satisfaz mais que a leitura inspirada de Ulrich Raulff. Aí também a história não domina o homem. A permanência e a continuidade dos trabalhos de Bloch não se desmentem. Desde as "falsas notícias de guerra", dos *Reis taumaturgos* à *Sociedade feudal*, das *Características originais* à *Apologia*, de uma conferência de 1937 à *Estranha derrota*, de uma resenha a outra, o autor mais citado por Marc Bloch continua sendo o próprio Marc Bloch![546] Contudo, a vida do historiador é uma história, a história de uma mudança, a história de um trabalho de si sobre si, pelo qual Michelet definia a história humana. O filho de Gustave é também o auditor de Durkheim; o companheiro dos sociólogos aprende a se tornar seu crítico; esse contato lhe entrega as chaves da superação da *Introdução aos estudos históricos*.

O historiador original, mas respeitoso das práticas do ofício e dos usos universitários, torna-se seu depreciador em nome dos próprios valores da instituição que ele persiste em levar a sério. Se essas ideias políticas, arraigadamente republicanas, ligadas aos valores de solidariedade e de superação do indivíduo numa coletividade livremente escolhida, permanecem, há uma história das relações mantidas entre sua deontologia de pesquisador e sua consciência cívica. O leitor atento percebe como Marc Bloch se entrincheira na "política do apolitismo" ao longo de um período que vai de 1925 a 1934. Os escritos publicados e a correspondência revelam um homem inteiramente dedicado a sua carreira. E então essa atitude entra em choque com os acontecimentos. Quando, em 1934, ele se desculpa por, estando em Londres, não ter percebido a importância das manifestações antiparlamentares do dia 6 de fevereiro, o eco dos combates do mundo chega a ele abafado. Por etapas, o corte radical entre o historiador e o cidadão vai se tornando insuportável para ele. A evolução dos *Annales* para uma

---

[546] A título de exemplo, uma passagem da *Apologia* retoma quase palavra por palavra passagens da introdução de *As características*, como a metáfora do filme de que a paisagem contemporânea seria a última película.

história "medieval demais", favorecida pelo afastamento intelectual de Lucien Febvre, talvez se deva a esse mal-estar de Bloch que impele a revista para um excesso de erudição. Como continuar falando do contemporâneo em termos antropológicos, técnicos, econômicos, quando a urgência da política em primeiro grau se coloca? Na hora dos confrontos, a análise das profundezas sociais não dá conta da iminência das escolhas. Quando Febvre acredita na força de um tropismo erudito, parece-me esboçar-se um deslizamento para a arte e a maneira de falar do político. E desse tom, os *Annales*, obrigados à ascese científica, não poderiam ser o lugar.

A estranha derrota marca a primeira virada. As obras então anunciadas, a *História da França na civilização europeia*, *Apologia*, remetem ambas ao sentido da empreitada histórica. Os fragmentos de testemunhos dão a ver o afastamento progressivo do sistema de valores universitário, de que Bloch, embora não se deixasse enganar por ele, extraía seu ser social. Durante uma defesa de tese em Montpellier, rabisca algumas rimas sobre o tédio de uma banca de que sente não mais fazer parte verdadeiramente.[547] Passo a passo, Bloch se desfaz de seus hábitos de *homo academicus*; Georges Altman descreve sua distância irônica em relação ao "caro mestre".[548] Ele ainda vê seu futuro como historiador e como professor, mas a obrigação da linguagem dupla, a da ciência e a da ação, se apagou. As formas da resistência traem uma escolha existencial entre prioridades que evoluíram aos próprios olhos de Bloch. Ele se evade do campo de forças desenhado pelos três papéis que Febvre, proteiforme, faz das tripas coração para conciliar.

---

[547] Fink (1989, p. 253); a hostilidade de Fliche para com Bloch acelera, sem dúvida alguma, o processo na Universidade de Montpellier.

[548] ALTMANN, Georges. Avant-propos [Preâmbulo]. In: BLOCH, Marc. *L'Étrange Défaite*, Paris: A. Colin, 1957, p. 15.

3.
O engajamento ou a ciência: 1939-1968

Uma contestação da posição do historiador?

Acima do clamor da batalha ou sob as ordens, os profissionais da história voltavam a encontrar seu velho dilema. A manutenção da política do apolitismo corria o risco de surgir como uma forma de consentimento.

Entre os indicadores que permitem revelar suas atitudes, convém excluir a ação que uns e outros empreenderam como cidadãos. Quando Marc Bloch entra no movimento Combat, quando Édouard Perroy vai para o maqui do Forez, quando Fawtier apoia a France libre, quando Michel de Bouärd é deportado para Mauthausen, nenhum desses medievalistas pretendeu fazer sua obra de historiador engajando-se dessa maneira. Do lado contrário, a atividade de Jérôme Carcopino, ministro de Vichy,[549] a de Roger Grand no Conseil national [Conselho Nacional], as funções desempenhadas na administração das bibliotecas por Bernard Faÿ ou outros dificilmente podem ser vistas como atos científicos.

Esses comportamentos e as justificações que lhes são associadas nada ensinam sobre a evolução do papel reivindicado pela corporação. Trata-se de lançar luz sobre a atitude do meio dos historiadores de

---

[549] CORCY-DEBRAY, Stéphanie. *Jérôme Carcopino: Un historien à Vichy* [Jérome Carcopino: um historiador em Vichy]. Paris: L'Harmattan, 2001.

ofício diante de uma situação de exceção que obriga cada pesquisador a se colocar com angústia a pergunta que fez Bloch entrar na Resistência, a mesma que Febvre já se colocava em Estrasburgo, em 1919, e que retomaria em 1941 diante das École normale superiéure de jeunes filles de sèvres [Escola Normal Superior de Moças de Sèvres]: "'Tenho o direito' de fazer história num 'mundo dilacerado, rompido, ensanguentado?'".[550] O historiador pode ignorar a história que está acontecendo diante dele? Deve permanecer trancado em seu laboratório? Em que medida a justificação da atividade historiadora fundada sobre o postulado do corte entre a pesquisa do saber histórico e o ambiente circundante cede ou resiste melhor do que antes?

O exame dos dias confusos de fevereiro de 1943 no Ministério da Educação, na Rua de Grenelle, esclarece essa questão. Desde Vidal de La Blache, os geógrafos sonhavam em obter uma completa autonomia universitária para sua disciplina com a licenciatura, concursos separados e ensinos distintos nos liceus.[551] Sem nos demorar nos meandros dessa empreitada, podemos dizer que ela começa a ser executada durante o ministério de Carcopino, e então volta a ficar parada por um ano. A questão que sempre volta à tona da licenciatura e do concurso para o ensino secundário de Geografia renasce quando o *lobby* geográfico da Sorbonne, conduzido por Emmanuel de Martonne e secundado por Cholley, começa a assediar o novo ministro Abel Bonnard e seu entorno.

A priori, tudo parece reunido para que se veja aí a sombra de uma instrumentalização das disciplinas, uma subordinação decerto fundada em alguma redefinição do papel do historiador e do geógrafo. É preciso dizer, as aparências são desfavoráveis. Quando Georges Chabot escreve: "para levar essa reforma a cabo [...] pela primeira e única vez na minha vida tive uma atitude militante junto a De Martonne e Cholley",[552] ficamos no mínimo pensativos. Com o recuo, essa fórmula perturba; sejamos injustos: os primeiros projetos (12 de

---

[550] Febvre (1953, p. 32).

[551] Denis Wolff estuda o artigo de Albert Demangeon de 1903 sobre a necessária separação entre a história e a geografia: "Une rupture non consommée" [Uma ruptura não consumada]. *Espaces Temps, Les Cahiers*, 66/67, 1998, p. 80-92.

[552] Pierre Birot, depoimento em BATAILLON, Claude. Table ronde sur la géographie universitaire française [Mesa-redonda sobre a geografia universitária francesa]. *Hérodote*, n. 20, 1981, p. 138.

O ENGAJAMENTO OU A CIÊNCIA: 1939-1968

outubro de 1940) coincidem com a promulgação do estatuto dos judeus, e os encontros de Abel Bonnard com a fina flor da geografia e da história universitária (9, 10 e 11 de fevereiro de 1943) fazem eco à generalização do STO (Serviço de Trabalho Obrigatório, imposto pelos nazistas) ao conjunto do território. Trata-se antes de compreender como, mesmo com um recuo de quase quarenta anos, a testemunha não sente o menor constrangimento em formular assim o que foi seu "militantismo" de então, no coração da Segunda Guerra Mundial. O "militantismo" desses historiadores e geógrafos os torna impermeáveis à manipulação ideológica dos programas que Abel Bonnard pretendia instaurar.

> Aos meus olhos, a "divina surpresa" não se explica tanto pelas relações pessoais e influentes de De Martonne quanto pelo fato de que a École française de géographie [Escola Francesa de Geografia] apoia temas próximos das preocupações políticas da época: retorno à terra, regionalização, exaltação do império colonial – Vichy criou três cátedras de geografia colonial – e finalmente pela influência de Uriage, onde se aplica o método Deffontaine, método de estudos em campo praticado nas cercanias de Uriage, para onde Raoul Blanchard também vai.[553]

Demonstra-se dessa maneira que a revolução nacional esperava usar a geografia, a arqueologia, a história e o folclore para seus próprios fins; assim, o administrador regional preside aos trabalhos das sociedades científicas em Toulouse, em 12 de fevereiro de 1942, e pressiona a arqueologia, a história e a geografia humana a apoiarem o desenvolvimento do regionalismo "pois não há regionalismo fecundo sem pesquisa, sem estudo científico, portanto coletivo, das realidades nacionais passadas".[554] Mas esse amálgama histórico não fala apenas das ambições de Vichy ilustradas pela criação de cátedras de História impostas *ex nihilo* pelo Estado francês. Inteiramente presos numa lógica corporativa que os dilacera,

---

[553] TISSIER, Jean-Louis. Les anciens éleves de l'École normale supérieure de Saint-Cloud et la géographie française (1942-1973) [Os ex-alunos da Escola Normal Superior de Saint-Cloud e a geografia francesa]. In: CHARLE, Christophe; FERRÉ. Régine (Ed.). *Le Personnel de l'enseignement supérieur en France aux XIXe et XXe siècles* [Os trabalhadores do ensino superior na França nos séculos XIX e XX]. Paris: Éd. du CNRS, 1985, p. 205-218, citação p. 217.

[554] FAURE, Christian. *Folklore et révolution nationale, doctrine et action sous Vichy (1940-1944)* [Folclore e revolução nacional, doutrina e ação sob Vichy]. Tese de terceiro ciclo, Universidade de Lyon-II, 1986, p. 151.

historiadores e geógrafos escapam das sereias vichystas;[555] as linhas de divisão dos campos em conflito refletem antes de tudo as relações de força das capelas intelectuais ou das redes universitárias.

Em outros lugares, nas revistas, a profissão confessa suas razões de agir, sua visão de si mesma e de seu papel. Submetidos à necessidade de escapar da censura e ao imperativo de distância e imparcialidade, os historiadores deixam compreender seu ponto de vista até o ponto de abalar as bases da "política do apolitismo". Isso acarretou uma discordância quase absoluta entre as atitudes dos historiadores de ofício e seus sentimentos de cidadãos. Assim, abolindo a barreira entre a ação e o pensamento, Lucien Febvre pretende resolver esse dilema quando se endereça às normalistas em 1941[556]: "Se eu conseguisse lhes dar o sentimento de que é possível viver sua vida sendo historiador, eu teria pago um pouco da dívida que contraí para com nossa casa".

O maqui das revistas[557]

O duplo filtro imposto aos escritos dos historiadores não constitui um obstáculo absoluto às mensagens que estes podiam endereçar a seus pares. Pública, essa literatura científica opera como um texto reservado aos iniciados. Por trás das aparências da publicação, há uma outra vida intelectual feita de cálculos, de redes, de confrontos e de cumplicidade, mas, para revelar o regime de justificação e o dispositivo de legitimação da atividade histórica, só a publicação conta. O essencial continua estando na pesquisa das mensagens que endereçavam ou não endereçavam a seus leitores revistas cuja legitimidade se fundava, desde o fim do século XIX, num pacto de distância com o presente, caução do valor de seu engajamento cívico. Entre ciência sem consciência e engajamento contra

---

[555] Acredito ter demonstrado isso no artigo "À l'aune de Vichy, naissance de l'agrégation de géographie" [À luz de Vichy, nascimento do concurso nacional para professor secundário de Geografia]. In: GUESLIN, André (Ed.). *Les Facs sous Vichy* [As Faculdades sob Vichy]. Clermont-Ferrand, Universidade Blaise-Pascal (Clermont-II), Publications de l'Institut d'études du Massif central, 1994.

[556] Febvre (1953, p. 32).

[557] Essa passagem retoma de forma compacta e com fins diferentes meu artigo "La langue d'Ésope: les revues historiques entre science et engagement" [A língua de Esopo: as revistas históricas entre ciência e engajamento]. *La Revue des revues*, n. 24, 1997, p. 45-72.

O ENGAJAMENTO OU A CIÊNCIA: 1939-1968

a ciência, como os porta-vozes de uma disciplina tão antiga administraram então sua pretensão de verdade e sua vontade de saber? De que maneira a Ocupação alterou o papel reivindicado pelos historiadores?

Quatro revistas serviram de suporte para essa exploração das justificações da manutenção do trabalho histórico: a *Bibliotheque de l'École des Chartes* (*BEC*), a *Revue historique* (*RH*), a *Revue d'histoire de l'Église de France* (*RHEF*) e os *Annales* (*d'histoire sociale* desde 1939, depois *Mélanges d'histoire économique et sociale* a partir de 1942), ou seja, uma revista conservadora e profissional (*BEC*), a encarnação do polo republicano da Sorbonne (*RH*), o lugar de interação da erudição católica e do saber universitário (*RHEF*) e a revista iconoclasta dos anos 1930 (*Annales*).[558]

De 1941 a 1944, apesar do controle de Vichy e da Alemanha nazista, da escassez de papel e das consequências do estatuto dos judeus e dos prisioneiros, a leitura dessas cerca de cinco mil páginas comprova a sobrevivência dos hábitos e dos costumes científicos. A *Revue historique* continua articulando artigos, compilações, boletim histórico, resenhas críticas, coletâneas dos periódicos e das sociedades científicas e crônicas como antes da guerra. A *Revue d'histoire de l'Église de France* e a *Bibliothèque de l'École des Chartes* prosseguem, imperturbáveis, sua tarefa. O silêncio se intensifica, e toca até mesmo os *Annales d'histoire sociale*. Os cientistas desempenhariam, impassíveis, seu papel de cientistas.

Esse silêncio é apresentado depois da guerra como uma forma de resistência. Em vez de uma acomodação culpável, os contemporâneos invocam a vitória da ciência e da civilização sobre a barbárie. Justificação tardia no ambiente da depuração? Lucien Febvre assim se expressava desde o início da Ocupação. E recebe na primavera de 1941 a aprovação de outro perseguido. Privado de contatos profissionais, refugiado em Rennes, obrigado a assinar apenas com suas iniciais na *Revue historique*, Henri Hauser, cujo apartamento em Paris é confiscado (junto com sua biblioteca), concorda com Lucien Febvre: fazer ciência é resistir.[559] Assim, em meio à tormenta, o discurso de 1945,

---

[558] "La Revue d'histoire de l'Église de France" [A Revista de história da Igreja da França]. *Revue d'histoire de l'Église de France*, LXVIII, n. 180, jan./jun. 1982.

[559] Henri Hauser a Lucien Febvre, carta de 2 de junho de 1941: "Publicar, mesmo que com atraso, um número de revista não me parece uma mera operação de bibliófilo; é uma espécie de vitória contra os poderes de morte" (Arquivos Lucien Febvre, hoje confiados à BNF).

fácil argumentação *pro domo*, pode ser interpretado como uma forma da liberdade de espírito. Esse rumo científico, idêntico a si mesmo, seria alterado: da busca pela verdade se passaria ao combate pela liberdade através de uma mudança de contexto.

Para esclarecer o sentido desse silêncio ruidoso, para decifrá-lo, é preciso uma lupa das mais poderosas. As revistas têm por função instituir uma polícia do discurso científico, edificar o campo fechado no interior do qual os debates e combates se tornam compreensíveis e significativos para todos os atores. Submeter os trabalhos ao fogo da crítica é o primeiro crivo pelo qual passa o reconhecimento do discurso disciplinar, mas como circunscrever a orbe do cientista quando as condições da edição e da informação são falseadas?

Se a *RHEF* não recebe institucionalmente a literatura germânica, ela elimina intencionalmente de seu horizonte crítico algumas das revistas científicas que resenhava antes da guerra: dos quarenta e dois periódicos recenseados contavam-se oito alemães.

Essa escolha deliberada aparece claramente na recensão das revistas, coletâneas e periódicos. Nesses casos específicos as políticas divergem consideravelmente. Essas variações táticas diante da conjuntura não traduzem obrigatoriamente uma adesão ou um rechaço sistemático de Vichy, mas sim uma maneira particular de situar a ciência no meio do conflito. Da exaustividade, o imperativo científico passa à triagem prévia, uma verdadeira mutação de papel.

A prudência beira a indiferença quando se tentam decifrar os assuntos dos artigos que evitam a atualidade demasiado candente. A *BEC* prossegue incansável sua tarefa. Seu desejo de estar acima do clamor da batalha transparece no volume de 1944, que só vai para a gráfica depois da queda do Estado francês: o necrológio de Lucien Romier vem ao lado do elogio vibrante à memória do resistente Jean-Berthold Mann. A política ficou na porta de entrada da *BEC*. Contudo, percebe-se a que ponto as opiniões confirmam de modo geral o tradicionalismo conservador que predominava entre os *chartistes* antes da guerra – que levara Lucien Febvre a descrevê-la como uma oficina da Action française.

A indiferença aparente é compreendida por Vichy e pelo ocupante como a aceitação de um estado de fato destinado a perdurar.

A ambiguidade da publicação em condições legais exerce aqui seus efeitos perversos. No entanto, na concepção do discurso histórico tal como formulada por Gabriel Monod em seu artigo programático de 1876, a linguagem de verdade, apoiada na religião dos fatos, devia servir de antídoto à verdade oficial. Essa confiança na capacidade de se endereçar a todos apesar das agruras do momento decerto se deve a uma ilusão, uma vez que o meio conhece linhas de fratura ideológicas e sociais que já evocamos.

Porém, ao longo dos meses as alusões e as tomadas de posição se fazem cada vez mais numerosas. O silêncio fala através das menores fissuras e assume então significações contraditórias: de um lado uma ciência salva, do outro uma ciência renovada. Dos judeus não se fala; o imperativo de distância instaura uma estratégia do silêncio que Charles Morazé justifica depois da guerra pela falta de especialistas.[560]

	obras alemãs	total	% obras alemãs
1939	43	334	12,9
1940	89	240	37,1
1941	150	358	41,9
1942-1943	117	376	31,1

Obras aceitas pela *Revue historique*

Única exceção, o artigo do monsenhor Adrien Bressoles, vice-reitor do Institut catholique [Instituto Católico] e vigário-geral da marinha.[561] Seu antissemitismo "sereno" não nos diz respeito na medida em que ele pertence à fração dos colaboradores da revista que estão ali mais por sua batina do que por seu estatuto de historiador.

Obscura para o profano, a resenha de Édouard Jordan sobre a *Cautio criminalis*, obra[562] do jesuíta Friedrich Von Spee, faz uso da

---

[560] ZEMON DAVIS, Natalie. Censorship, Silence and Resistance: The *Annales* during the German Occupation of France [Censura, silêncio e resistência: os *Annales* durante a ocupação alemã da França]. *Rivista di storia della storiografia moderna*, XIV, 1-2, 1993, p. 161-181.

[561] BRESSOLLES, Monseigneur Adrien. La question juive au temps de Louis le Pieux [A questão judaica no tempo de Luís, o Piedoso]. *Revue d'histoire de l'Église de France*, jan./jun. 1942, p. 51-64.

[562] JORDAN, Édouard. Resenha de Friedrich Von Spee, *Cautio criminalis*, Deutsche Aufgabe von Joachim Friedrich Ritter. Weimar: Bölhau, 1939. In: *Revue historique*, jul./set. 1943, p. 236-240.

língua de Esopo para combater o antissemitismo e as perseguições sem abandonar a distância prescrita ao historiador. A reedição desse texto notável contra a caça às bruxas oferece a Édouard Jordan a oportunidade de uma tomada de posição bem clara sobre o historiador de ofício. A enunciação se abriga de maneira inatacável atrás do texto do século XVII: "É um fato bem conhecido que por volta do fim da Idade Média, e mais ainda no início do século XVII, um pouco em toda parte, mas sobretudo na Alemanha, uma verdadeira doença mental proliferou; onde quer que fosse, nos meios populares e instruídos (ou que passavam por sê-lo), entre o clero e os magistrados, só se pensava na bruxaria". As fogueiras ardiam então, e "Von Spee acrescenta uma observação interessante [...]. Os italianos e os espanhóis, que sabem ao que se ater, não fazem, como os alemães, morrer uma multidão incalculável de inocentes. São duas as causas de semelhantes atos: a ignorância e a superstição. Uma tempestade ou uma epizootia despertam suspeitas imediatas: é culpa das bruxas! Em outras partes, diz Von Spee, tem-se mais prudência e sabedoria. Por outro lado, nos meios populares é o ciúme que faz nascer a suspeita".[563] Nas multidões de inocentes sacrificadas aos medos ancestrais é difícil não ver os judeus, sobretudo quando o autor precisa que os italianos e espanhóis são mais sábios. As citações escolhidas a dedo apontam até o *modus operandi* das detenções em massa: "Não apenas juízes como também ajudantes de carrasco, astutos quando não verdadeiramente instruídos, distraem, ludibriam, enganam seus prisioneiros, aconselham-nos a se denunciarem mutuamente, e acabam por prendê-los em laços dos quais não é mais possível sair (XX, p. 91)".[564]

Como ter certeza de que Édouard Jordan colocava nessas linhas o que leio nelas? À guisa de análise da edição, o leitor se vê diante de uma proliferação de citações que deslocam sua atenção para a lição intrínseca do documento. Às quarenta e oito páginas de apresentação de Friedrich Ritter, Jordan dedica oito rápidas linhas, consagrando três páginas inteiras aos méritos de Von Spee. Um segundo indício:

[563] Jordan (1939, p. 238).
[564] Jordan (1939, p. 240).

o medievalista Édouard Jordan sai de propósito de seu domínio de competência, porque atribui um sentido preciso a essa resenha. Mas a arte e a maneira de ler de Jordan supõem que o leitor profissional acompanhe regularmente suas resenhas na *RHEF* e na *RH*. Em 1941, por exemplo, sua resenha da *História da franco-maçonaria* de Jean Marques-Rivière[565], um dos ativistas da luta antimaçônica, revela seu rechaço ao antissemitismo e seu passado dreyfusista de jovem normalista e professor secundarista de história em 1897.[566] O conjunto de seus textos permite afirmar que o ex-professor de História Medieval na Sorbonne tem mesmo em mente as leis antissemitas quando exuma o texto esquecido de Von Spee. Seus confrades não estavam enganados, já que, quando de sua morte, celebraram o homem que tinha sabido se elevar em favor de Dreyfus acima dos preconceitos da "maioria de seus amigos".[567]

Mais geralmente, a tática escolhida consiste em celebrar de maneira acentuada os méritos de colegas judeus exilados, destituídos ou mortos. É o que faz Clovis Brunel, tanto na *BEC* quanto na *RH*, a propósito de Louis Brandin.[568] Evocando seu parentesco com os irmãos Darmesteter e sua iniciação precoce ao hebraico, sem qualificá-lo explicitamente de judeu, conclui celebrando sua fidelidade à pátria apesar de ter feito carreira na Inglaterra, e recorda seus serviços no exército como intérprete durante a Primeira

---

[565] JORDAN, Édouard. Resenha de Jean Marques-Rivière, *Histoire de la franc-maçonnerie française*. Paris: Jean Renard, 1941. In: *RHEF*, t. 27, n. 112, jul./dez. (publicado no início de 1942), p. 261-264, citação p. 264. Ele denuncia a desenvoltura de Marques-Rivière, comentando com um "só isso?" sua apresentação do caso Dreyfus: "Um erro judicial a respeito de um oficial judeu, erro que dividiu o país em dois campos, é por certo lamentável, mas quantos erros tão graves quanto esse a justiça política não cometeu antes ou depois!?".

[566] Ver também sua condenação de uma descrição da Espanha medieval "bastarda": JORDAN, Édouard. Resenha de Dom Charles Poulet, *Histoire du christianisme*, t. III, *Temps modernes* [História do cristianismo, t. III, Tempos modernos]. Paris: Beauchesne, 1940. In: *RH*, t. 192, jul./dez. 1941, p. 364-365.

[567] BASTID, Paul. "Notice sur la vie et les travaux d'Édouard Jordan" [Nota sobre a vida e os trabalhos de Édouard Jordan], lida na sessão de 2 de fevereiro de 1948, Institut de France, ASMP, Paris, 1948.

[568] Louis Brandin (Paris, 1874 – Londres, 1940), arquivista paleógrafo diplomado em 1899, escreve uma tese sobre *Les Loazim de Gerschom bem Juda (950?-1028)*. [As glosas francesas de Guershom bem Juda (950?-1028)].

Guerra.[569] É também na *BEC* que Georges Bourgin resenha os trabalhos de Élie Lambert sobre a história arqueológica dos monumentos eclesiásticos desaparecidos, qualificando-o de ex-bibliotecário da Biblioteca de Arte e de Arqueologia da Université de Paris,[570] clara alusão à aplicação do estatuto de outubro de 1940. Na *RHEF*, os dois últimos volumes da coleção Povos e Civilizações lhe permitem justapor as virtudes da "ciência francesa" aos nomes dos dois diretores do empreendimento, Louis Halphen e o judeu Philippe Sagnac. Paul Cloché[571] demonstra sua solidariedade através dos mesmos procedimentos.

O espaço dado a Marc Bloch tem valor de símbolo hoje. Se *A sociedade feudal* merece resenhas longas e detalhadas nas três revistas, às quais se somam as dos *Annales d'histoire sociale*, dos *Annales de Bourgogne*..., poderíamos ver aí apenas a previsível atenção dos pares a uma síntese inédita, publicada numa coleção prestigiosa, escrita pelo colega que muitos reconheciam como o melhor dentre eles. Mas, apesar da acuidade do julgamento, as resenhas de Gabriel le Bras e de Charles-Edmond Perrin[572] assumem a forma de uma homenagem no momento em que a vida de Marc Bloch está em jogo.[573]

É interessante notar que as primeiras resenhas se situam mais no terreno científico, especialmente a de Lucien Febvre, com reservas que feriram Marc Bloch, e a do *chartiste*, conselheiro de Carcopino,

[569] BRUNEL, Clovis. *BEC*, 1942, p. 362.

[570] BOURGIN, Georges. *BEC*, 1942, p. 354. Georges Bourgin descrevia a si mesmo como um herético no ambiente chartiste.

[571] CLOCHÉ, Paul. Resenha de Hartvig, *The Constitution of Athenians. A Philological-Historical Analysis of Pseudo Xenophon Treatise De republica Atheniensum* [A constituição dos atenienses. Uma análise histórico-filológica do tratado de Pseudo-Xenofonte *De republica Atheniensum*]. Copenhague: Gyldendal, 1942. In: *RH*, jan./mar. 1944, p. 72. "Essa bibliografia (em que os trabalhos franceses têm um espaço ínfimo) não teria perdido muito se omitisse a história obsoleta de Curtius, o panfleto declamatório de M. Bogner e o superficial e frágil artigo de R. Cohen sobre a democracia ateniense; em compensação, a estrita equidade exigia recordar a colaboração deste último autor para a bela história grega do saudoso Glotz".

[572] PERRIN, Charles-Edmond. La société féodale. À propos d'un ouvrage récent [A sociedade feudal. A propósito de um livro recente]. *RH*, 1944, p. 23-41, 114-131. "A publicação do último livro do Sr. Marc Bloch constitui, do ponto de vista científico, um acontecimento de valor inestimável."

[573] LEBRAS, Gabriel. Resenha de Marc Bloch, *La Société féodale*. Paris: Albin Michel, 1939-1940 [Edição portuguesa: *A sociedade feudal*. Tradução de Emanuel Lourenço Godinho. Lisboa, Edições 70, s/d]. In: *RHEF*, t. 29, 1943, p. 285-284.

Paul Ourliac, com sua bateria de críticas. Essa longa resenha de seis páginas não esconde sua hostilidade fundamental à tese de Marc Bloch que faz dos laços de homem a homem o fermento do feudalismo.[574] Se algumas alusões demonstram a oposição existente entre *chartistes* e historiadores do direito, de um lado, e os *Annales*, do outro,[575] as reservas e as críticas de Paul Ourliac, assim como as de Lucien Febvre, podem ser interpretadas também como uma forma de homenagem ao cientista tratado como tal e não como um banido.

E a extraordinária frequência das invocações a Marc Bloch nas duas revistas mencionadas demonstra ao mesmo tempo o respeito científico e o apoio ao mestre ameaçado. Resenha de uma coleção lançada antes da guerra por Marc Bloch e cujo espírito se vê traído,[576] obra inglesa sobre o espaço rural,[577] reedição de páginas escolhidas de Olivier de Serres prefaciadas pelo marechal Pétain,[578] para Henri Hauser ou Édouard Perroy tudo serve de pretexto para citar o nome proibido.

O duplo sentido das controvérsias científicas

A *Revue d'histoire de l'Église de France* e a *Revue historique*, contrariamente à *Bibliothèque de l'École des Chartes*, e mais do que os

---

[574] Perrin (1944, p. 126): "A tese sobre as origens do sistema feudal já provocou algumas comoções no mundo dos juristas. Estes permanecem fiéis à teoria clássica que faz do feudo o elemento primordial do feudalismo, enquanto M. Bloch, na esteira de Flach, atribui esse papel ao laço de vassalagem".

[575] OURLIAC, Paul. Resenha de Marc Bloch, *La Société féodale*. In: *BEC*, t. 102, 1941, p. 218-223.

[576] PERROY, Édouard. Resenha de Albert Dauzar, *Le Village et le paysan de France* [O vilarejo e o camponês da França]. Paris: Gallimard, 1941, fasc. 2 da coleção "Le paysan et la terre" [O camponês e a terra]. In: *RH*, abr./jun. 1943.

[577] HAUSER, Henri. Resenha de H. C. Darby, *The Medieval Fenland* [A terra pantanosa medieval]. Cambridge University Press, 1940. In: *RH*, jan./mar. 1943, p. 87: "Ele a estuda, desde os tempos romanos e, sobretudo, desde o Domesday Book, através de um método que lembra o de Marc Bloch: exame dos territórios (auxiliado por fotografias aéreas), anotação paciente dos fenômenos de povoamento e das ocupações dos habitantes".

[578] PERROY, Édouard. Resenha de Olivier de Serres, *Père de l'agriculture française... Pages choisies, précédées d'une lettre à M. le Maréchal Pétain* [Pai da agricultura francesa... Páginas escolhidas, precedidas de uma carta ao Marechal Pétain]. Paris: Firmin-Didor, 1941. In: *RH*, t. 193, jan./mar. 1943, p. 77. A resenha aproveita a oportunidade para recordar a exposição feita na Biblioteca Nacional por ocasião do quarto centenário do autor, destacando a atuação de Julien Cain e de Marc Bloch.

Annales, utilizam a arma da ciência para combater o antissemitismo. Toda a arte está em manter o tom da controvérsia científica. Henri Hauser prima nessa arte, derrubando, por exemplo, através de uma resenha,[579] as teorias de Sombart sobre o papel essencial dos judeus no nascimento do capitalismo: "A abertura de espírito do autor, que tinha lhe permitido arruinar as teorias da Sombart sobre a formação dos capitais urbanos, faz com que ele se erga contra seu antigo mestre a propósito de uma questão importante: o papel dos judeus na vida econômica que ele data, como fenômeno de envergadura, apenas a partir do século XVII ou XVIII". A reutilização das teses de Sombart pelo antissemitismo nazista confere seu alcance político a essas linhas, que fingem se limitar ao debate científico entre um mestre e seu discípulo.

Em tom científico e profissional, Georges Bourgin procede à liquidação da biografia de Toussenel feita por Louis Thomas: "É uma contribuição medíocre à história de uma importante questão contemporânea: o antissemitismo – sobre a qual, diga-se de passagem, encontram-se informações muito melhores no enorme estudo do Sr. Henri Rollin, *L'Apocalypse de notre temps* [O apocalipse do nosso tempo]."[580] Bourgin mata dois coelhos com uma cajadada, já que desmonta a obra de um autor calorosamente recomendado pela *Propaganda Staffel*[581] e celebra um livro mencionado pela lista Otto como um dos primeiros censurados pelos nazistas assim que chegaram a Paris. Assim, a leitura

---

[579] HAUSER, Henri. Resenha de Jakob Strieder, *Das Reiche Augsburg. Ausgewahlte Aufsätze Jakob Strieder zur Augsburger und süddeutschen Wirtschaftsgeschichte des 15. und 16 jahrhunderts* [A rica Augsburgo. Seleção de artigos de Jakob Strieder sobre a história econômica de Augsburgo e do sul da Alemanha], publicado por Heinz Friedrich Deininger, Munich, Duncker Humblot, 1938. In: *RH*, jan./mar. 1943, p. 65.

[580] BOURGIN Georges. Resenha de Louis Thomas, *Alphonse de Toussenel, socialiste national antisémite (1803-1885)* [Alphonse de Toussenel, socialista nacional antissemita (1803-1885)]. Paris: Mercure de France, 1941. In: *RH*, jan./mar., 1943, p. 84. O livro de Henri Rollin demonstra que *Os protocolos dos sábios de Sião* foram forjados; cf. COHN, Norman. *Histoire d'um mythe* [História de um mito]. Paris: Gallimard, 1966, p. 19. Quanto à sua presença na primeira lista Otto (lista dos livros proibidos pelas autoridades alemãs durante a ocupação), ver FOUCHÉ, Pascal. *L'Édition française sous l'Occupation* [A edição francesa sob a ocupação]. Paris: IMEC, 1987, Anexo II, p. 300.

[581] FOUCHÉ, Pascal. *L'Édition française sous l'Occupation, op. cit.*, p. 268 e anexo XV, p. 377-383. O livro de Franz Grosse figura na seção "Neues Deutschland" precedida por traduções de textos de Hitler, Walter Darré, Jean de La Hire, Châteaubriant, Benoist-Méchin... Esse catálogo de publicidade, intitulado "Miroir des livres nouveaux 1941-1942" [Espelho dos novos livros 1941-1942] foi produzido pela *Propaganda Staffel* com o auxílio dos editores franceses.

dessa crítica acerba ganha um sentido atual quando se conhece a coloração política quase sistemática das recensões de Georges Bourgin. A condenação final constitui o veredicto mais definitivo pronunciado pela revista-chave da corporação. Restituindo o código, todo historiador compreende que um livro antissemita não pode ser um livro de historiador, que não se pode ser ao mesmo tempo historiador e antissemita. Esse exemplo, como os outros, adquire todo seu valor graças à aparente serenidade das centenas de páginas que o cercam.

Diante da Alemanha

Sabe-se muito bem que o modelo alemão da ciência francesa foi consideravelmente abalado no entreguerras, mesmo aos olhos de seu leitor mais assíduo, Marc Bloch.[582] Já em 1931, o presidente do conselho de aperfeiçoamento da École des Chartes procura um remédio para a baixa do conhecimento do alemão.[583] Porém, apesar dessa distância crescente, a historiografia alemã continua a desempenhar um papel essencial; além do mais, ignorar a Alemanha condena os historiadores franceses a negligenciar tudo o que resta de ciência alemã e, sobretudo, obriga-os a se calar sobre os vieses ideológicos que a produção alemã padece então. Sem sombra de dúvida, esse impasse explica as poucas resenhas de obras alemãs que demonstram a objetividade sempre possível da ciência e autorizam de passagem uma denúncia da submissão partidária dos cientistas nazistas.

Por vezes a denúncia se faz tão indireta que induz o leitor de hoje ao erro. Assim, Natalie Zemon Davis deplora o caráter anódino da resenha consagrada por Georges Bourgin ao terceiro Caderno do Comitê de Estudos o Alemão sobre *La Révolution sociale dans l'Allemagne contemporaine* [A revolução social na Alemanha contemporânea];[584] o fato assume uma significação singular se rememoramos que a obra figura na lista dos livros recomendados pela *Propaganda Abteilung*. Contudo, uma leitura atenta percebe a maneira como a crítica de Bourgin se destila:

---

[582] SCHÖTTLER, Peter. Marc Bloch et l'Allemagne [Marc Bloch e a Alemanha]. *Revue d'Allemagne et des pays de langue allemande*, t. 33, 4-2001, p. 413-430.

[583] École des Chartes, A.N. F17 13606, carta do presidente do Conselho de Aperfeiçoamento da École des Chartes ao ministro da Instrução Pública, datada de 12 de maio de 1931.

[584] Zemon Davis (1993, p. 169).

Essas páginas, da lavra do Sr. Franz Grosse, interessarão todos aqueles que, na França, só conhecem a obra operária da Revolução hitleriana pelos artigos, aliás inteligentes, do Sr. François Perroux publicados recentemente na revista *La Vie intellectuelle*. O Sr. Grosse fornece uma análise rápida da estrutura econômica do antigo Reich, recorda o fracasso do socialismo marxista e se esforça para explicar como do sistema sindicalista de antanho passou-se, na Alemanha, para a Frente do Trabalho. Quais foram, até a nova guerra mundial, as realizações essenciais do nacional-socialismo, o Sr. Grosse as enumera em seguida, insistindo sobre a extensão dos seguros sociais – sobre as quais acreditamos saber que, desde a época de Bismarck, e por razões de conservadorismo social muito claras, eles tinham se desenvolvido muito.[585]

O livro peca por uma informação lacunar e tendenciosa fingindo esquecer as origens do sistema de proteção social na Alemanha, e também finge acreditar no caráter revolucionário de uma política já posta a serviço do conservadorismo. Para o historiador, portanto, essa obra de propaganda não oferece maiores garantias científicas.

Em alguns casos, a incompatibilidade entre os conceitos nazistas e o trabalho científico é explícita. Henri Hauser escreve isto sem rodeios: a obra de Richard Rohden deve ser lida "sem se preocupar, repitamos para concluir, com as fórmulas geopolíticas que opõem os povos nômades, do mar e da terra, àqueles que combatem pela ordem do *Lebensraum*, territórios delimitados por fronteiras e articulados, submetidos à dominação de um povo dirigente. Sem se preocupar, repitamos também, com o partido que o autor quer, a cada página, tirar dessa oposição para julgar e interpretar os fatos de ontem e de hoje".[586] Édouard Perroy, por sua vez, trata com desprezo um manual de história da arte que denuncia a "pretensiosa miopia" da história objetiva pela visão grotesca de um gótico

---

[585] BOURGIN, Georges. Resenha de Franz Grosse, *La Révolution sociale dans l'Allemagne* [A revolução social na Alemanha]. Paris: Sorlor, 1942. In: *RH*, jul./set. 1943.

[586] HAUSER, Henri. Resenha de M. P. Richard Rohden, *Seemarkt und Landmarkt. Die Gesetze ihrer Politik und ihrer Kriegsführung* [Mercado marítimo e mercado por terra. As leis de sua política e sua direção de guerra]. Leipzig: Goldmann, 1941. In: *RH*, abr./jun. 1943.

setentrional nascido entre os "arianos escandinavos" desde a época de Halstatdt.[587]

Já Édouard Jordan prossegue no terreno das relações entre a Igreja e a Alemanha nazista sua luta contra as ideias em voga. Quando se indigna por ver o "ódio divino de nossos ancestrais"[588] usado como desculpa para o martírio de São Bonifácio, ou quando recusa a ideia de que "os cristãos dos primeiros tempos reconheciam em relação ao Estado, a César, à autoridade, um dever de respeito e de obediência", seus enunciados sobre o passado da Igreja reiteram a mesma lição para o presente dos cristãos alemães: como fiéis, eles não devem nada ao Estado. A ironia do enunciado chega às vezes ao ponto de utilizar a prosa de um colega inteiramente devotado ao Marechal para cantar as virtudes da Resistência, a propósito da Lorena: "Mesmo no início do século XVII, não era fácil governar por muito tempo um povo contra sua vontade, muitas vezes tácita. O autor, que é da Lorena, mostra isso com uma serena objetividade".[589] Aqui, aliás, as alusões de Henri Hauser visam tanto Vichy quanto o ocupante.

Vichy e seu horizonte ideológico

Dois campos aparecem aqui em plena luz. Na *RHEF* (até 1942) e na *BEC*, a simpatia pelo marechal e a condenação da Terceira República se desvelam sem falso pudor.

Mas só a *RHEF*, ao longo de 1941 e ainda no primeiro número de 1942, chega a propor artigos que podem ser interpretados como uma adesão à revolução nacional ou a sua esfera ideológica. Em primeiro lugar, o artigo sobre Agobard já evocado, cuja publicação coincide com o último número impresso enquanto o cardeal Baudrillart ainda

---

[587] PERROY, Édouard. Resenha de Wilhelm Worringer, *L'Art gothique*. Paris: Gallimard, 1941 [Edição portuguesa: *A arte gótica*. Tradução de Isabel Braga. Lisboa: Edições 70, 1992]. In: *RH*, jan./mar. 1943, p. 77.

[588] JORDAN, Édouard. Resenha de Werner Preisinger, *Die Weltanschauung des Bonifatius* [A visão de mundo de Bonifácio], Stuttgart e Berlin, 1939. In: *RH*, jan./mar. 1941, p. 364-365.

[589] HAUSER, Henri. Resenha de André Gain, "Le conseil souverain de Nancy 1634-1637..." [O conselho soberano de Nancy 1634-1637...], Metz: Paul Even, 1937 (extraído de *L'Annuaire-Bulletin de la Société d'histoire et d'archéologie de la Lorraine*). In: *RH*, out./dez. 1941, p. 360; sobre a postura de André Gain, professor de História na Universidade de Nancy, cf. DUMOULIN, Olivier. "L'histoire et les historiens, 1937-1947", art. cit., p. 267.

estava vivo. Contudo, dois outros artigos publicados em 1941 atestam a identidade dos pontos de vista entre o mundo de Vichy e a fração conservadora dos historiadores da Igreja. O primeiro apresenta a nação germânica na Universidade de Orleans como um exemplo de cooperação intelectual na "época [...] em que ela encontra tantos obstáculos entre os povos europeus". No momento da nova Europa concebida pelo Reich, o enunciado parece um bocado suspeito, ainda mais por fazer eco à celebração dos valores corporativistas do Antigo Regime, de que seria fruto no século XX o desenvolvimento do Institut catholique.[590]

A visão da história da própria Igreja atesta a força das ideias reacionárias na *RHEF*; a ideia de tolerância de que Albert Chérel se faz o historiógrafo, em dois números sucessivos, remonta aos combates de 1907-1914, aos confrontos de Imbart de La Tour e do padre Yves de La Brière sobre a necessidade do uso da força do Estado para fazer reinar a verdade da Igreja. Fiel ao ponto de vista do padre de La Brière, que tinha o apoio de Maurras,[591] o autor conclui: "E o reverendo padre de La Brière tinha a elegância de conferir um não sei quê de cavalheiresco a essa defesa da inquisição com a conclusão sobre a intolerância de Santo Agostinho como reveladora e decorrente de sua afeição fraterna pelos pecadores e errantes".[592] As resenhas revelam a importância dessa família de pensamento, como demonstra a conclusão de Georges Tessier a propósito de uma reedição de Joseph de Maistre: "Quando se trata de uma doutrina tão sã quanto a de Joseph de Maistre [...], a iniciativa parece duplamente feliz [...] para agradecê-lo por ter oferecido ao público páginas úteis para meditar; algumas delas, pode-se adivinhar, são de uma ardente atualidade".[593] Evocadas por um

---

[590] RIGAUD, Louis. Un aspect pittoresque de nos relations avec l'Allemagne: La nation germanique dans l'ancienne université d'Orléans [Um aspecto pitoresco de nossas relações com a Alemanha: a nação germânica na antiga universidade de Orleans]. *RHEF*, t. 27, n. 111, jan./jun. 1941, p. 47-71.

[591] SUTTON, Michaël. *Charles Maurras et les catholiques français, 1890-1914. Nationalisme et positivisme* [Charles Maurras e os católicos franceses, 1890-1914. Nacionalismo e positivismo]. Paris: Beauchesne, 1994 (ed. original 1982).

[592] CHÉREL, Albert. Histoire de l'idée de tolérance [História da ideia de tolerância]. *RHEF*, t. 27, n. 112, jul./dez. 1941, p. 129-164.

[593] TESSIER, Georges. Resenha de Joseph de Maistre, *Une politique expérimentale: Introduction et textes choisis par Bernard de Vaulx* [Uma política experimental: introdução e textos escolhidos por Bernard de Vaulx]. Paris: Fayard, 1940. In: *RHEF*, t. 27, n. 112, jul./dez. 1941, p. 272.

chartiste que não fazia mistério de seu conservadorismo antes da guerra, a salubridade e a atualidade das ideias de Joseph de Maistre não deixam nenhuma dúvida sobre suas simpatias políticas.

Dessas manifestações explícitas se distinguem formas de adesão mais discretas, ou antes o sentimento de uma revanche que não implica o apoio a Vichy. Barthélemy Pocquet du Haut Jussé[594] cede ao prazer de sublinhar a mudança do discurso de seus colegas oriundos da tradição republicana:

> Em compensação, o quadro que ele desenvolve diante de nós ganhou em serenidade e, ousaria dizer, em imparcialidade. Há quarenta anos, os historiadores, e essa observação não se refere unicamente aos franceses, consideravam as instituições "liberais" como perfeitas e definitivas. Julgavam o passado de acordo com esse ideal e, assim, os regimes políticos e os princípios da Idade Média eram frequentemente incompreendidos e desprezados. A experiência tendo demonstrado que o sistema moderno era corruptível e perecível, esse espetáculo como que "revalorizou" as instituições medievais.[595]

Já a *RH* e a *RHEF*, a partir de 1941, passam a exprimir uma rejeição aos princípios, à visão da história e aos atos do governo de Vichy. A alusão política reina então soberana nessas breves notas que esquecem a reserva científica e se entregam a cutucadas irônicas. Todo mundo reconhece o marechal Pétain nesse retrato que Édouard Perroy pinta de João Sem Medo: "O que mais chama a atenção [...] é a parca atividade política de um príncipe cuja ambição devoradora, poucos anos depois, lançaria a França na guerra civil. Há homens que só se revelam tardiamente".[596] E o futuro responsável pelos maquis do Forez desvia sem problemas a resenha de um escrito dos mais

---

[594] B.-A. Pocquet du Haut Jussé (1891-1988), arquivista e paleógrafo formado em 1914, aluno da Escola Francesa de Roma, defende sua tese em 1929. Mestre de conferências na Universidade de Dijon (1929-1940), é eleito para a cátedra de História da Bretanha da Universidade de Rennes, em 1941, e ali termina sua carreira.

[595] JUSSÉ, B.-A. Pocquet Du Haut. Resenha de Alfred Coville, *L'Europe occidentale de 1270 à 1380, deuxieme partie* [A Europa ocidental de 1270 a 1380, segunda parte]. Paris: PUF, col. Glotz, 1941. In: *RHEF*, t. 28, n. 113, jan./jun. 1942, p. 83.

[596] PERROY, Édouard. Resenha de Léon Mirot, "Jean sans Peur de 1398 à 1405, d'après les comptes de sa 'chambre aux deniers'" [João sem Medo de 1398 a 1405, de acordo com as

positivistas para celebrar, numa França que a luta entre Armagnac e Bourguignons divide em "duas zonas", o rei de Bourges em termos que nos permitem ver por trás dele a figura de Charles de Gaulle[597]:

> O mais interessante desses textos [...] insiste enfim na coragem do jovem Charles, que, privado de qualquer apoio, desprovido de recursos, vestido miseravelmente com um simples capote, não se deixou abater e manteve a confiança na justiça de sua causa.

O descrédito lançado por Georges Bourgin sobre um colega que saiu de sua especialidade para apoiar o discurso dos juízes em Riom também se deixa ler sob esse ângulo: "Mas haveria muito a dizer sobre a exposição apresentada da 'experiência da frente popular', – isto é, sobre as causas, unilateralmente apontadas, da derrota francesa... O Sr. Dufourcq não esperou, e talvez fosse melhor não ter abandonado Bach e Alain".[598] A coincidência nada deve ao acaso, trata-se novamente de um livro recomendado pela *Propaganda Abteilung*.

Da alusão à ironia não há mais que um passo, passo dado por Georges Bourgin ao citar um adágio do ministro da Justiça, Joseph Barthélemy, quando, antes da guerra, este comentava, como professor de Direito, a vida dos sistemas políticos: "É melhor pôr para funcionar os mecanismos do que os avariar".[599] Mais tarde, Henri Hauser desvia a

---

contas de sua "câmara dos dinheiros"]. Paris, 1939, extraído de *L'Annuaire-Bulletin de la Société de l'histoire de France*, année 1938. In: *RH*, jan./mar. 1943, p. 61.

[597] PERROY, Édouard. Resenha de Jeanne Vieillard, *Les journées de mai-juin 1418 d'après des documents des archives de la couronne d'Aragon* [Os dias de maio-junho 1418 de acordo com documentos dos arquivos da coroa de Aragão], Paris, 1941. In: *RH,* out./dez. 1943, p. 353.

[598] BOURGIN, Georges. Resenha de Norbert Dufourcq, *La Fin de la IIIe République et la guerre, 4 juin 1936-11 juillet 1940* [O fim da Terceira República e a guerra, 4 de junho de 1936 – 11 de julho de 1940]. In: *RH, abr./jun.* 1943, p. 173.

[599] BOURGIN, Georges. Resenha de Émile Giraud, *La Crise de la démocratie et le renforcement du pouvoir exécutif* [A crise da democracia e o fortalecimento do poder executivo], Paris: Librairie du recueil Sirey, 1938; e de A. Soulier, *L'Instabilité ministérielle sous la Troisième République (1876-1936)* [A instabilidade ministerial sob a Terceira República], Paris: Librairie du recueil Sirey, 1939. In: *RH*, jan./mar. 1943, p. 75. "Há como remediar esse estado das coisas? O Sr. Soulier e o Sr. Prélot recordam o que foi tentado – ou – a esse respeito, inclusive os remédios heroicos da dissolução e da R.(epresentação) P(roporcional) integral, aos quais não se recorreu em razão precisamente do clima político analisado. E nossos autores se perguntavam, em 1939, se era preciso pensar em outras soluções. Digamos que o Sr. Prélot – e a citação tem um sabor especial na hora atual – se abriga por trás de uma frase do Sr. Joseph Barthélemy...".

comparação esboçada entre Henri IV e Philippe Pétain com um traço pouco acessível ao comum dos censores: "E uma outra comparação se delineia no prefácio, a saber, o marechal Pétain. É o caso de repetir os últimos versos do Édipo Rei".[600] "É, portanto, esse último dia que é preciso, para um mortal, sempre considerar. É melhor nunca chamar um homem de feliz antes que ele tenha transposto o termo de sua vida sem ter sofrido um revés"[601]: com estas palavras o Corifeu conclui a tragédia de Édipo, e Hauser anuncia a queda de Vichy.

Mais surpreendentes que essas cutucadas permanecem os raros, mas francos, ataques ao regime ou ao seu ambiente ideológico. A demolição do livro de Franz Funck-Brentano[602] não surpreende na medida em que esse *chartiste*, monarquista e vulgarizador de sucesso frequentemente encontrou a hostilidade dos historiadores universitários. Mas a nitidez com que o processo historiográfico se transforma em ataque contra as "doutrinas em moda" dá o que pensar:

> Há mais de trinta anos, o Sr. Funck-Brentano, em obras de vulgarização, artigos de revista e conferências para senhoras ricas, dedicou-se à apologia entusiasta da monarquia medieval e do Antigo Regime. Seu método de exposição, severamente criticado por Lavisse em seu tempo, não mudou nada desde então. Justapõe narrativas coloridas e pitorescas, tomadas à literatura das canções de gesta, e anedotas tocantes, sempre as mesmas, e quase sempre relatadas incorretamente. Extasia-se com tudo, e se permite transparentes alusões – muito apreciadas pelo público a que se endereça – aos acontecimentos atuais. A última de suas produções (*Ce qu'était un roi de France* [O que era um rei da França], Paris, Hachette, 1940) não apresenta

---

[600] HAUSER, Henri. *RH*, abr./jun. 1943, p. 172.

[601] SOPHOCLE, *Œdipe roi*, vers 1527-1530. Tradução de Paul Mazon. Paris: Les Belles Lettres, 1998 (ed. original 1958). [Ou, na versão de Trajano Vieira: "Atento ao dia final, homem nenhum/ afirme: *eu sou feliz!*, até transpor/ – sem nunca ter sofrido – o umbral da morte." *Édipo Rei*. São Paulo: Perspectiva, 2012].

[602] Franz Funck-Brentano (1862-1947), filho de um médico e economista membro do Instituto, arquivista-paleógrafo (1885), segue a carreira de bibliotecário no Arsenal. Depois de escrever uma tese sobre as origens da Guerra dos Cem Anos (1897), ganha renome com numerosas publicações de vulgarização; ver, por exemplo, "Les Origines" [As origens] *in* FUNCK-BRENTANO, Franz. *L'histoire de France racontée à tous* [A história da França contada a todos]. Paris: Hachette, 1925, t. I.

nenhum progresso em relação às precedentes. Uma novidade, contudo: a monarquia medieval é declarada aí de "frente popular". O sucesso desse livrinho está garantido nos meios onde a história não é estudada para ser compreendida e sim para fornecer argumentos às doutrinas em moda.[603]

Aqueles que dizem que críticas tão diretas só aparecem depois do mês de novembro de 1942 não levam em conta as resenhas históricas. Já no início de 1942, a *RHEF* publica um texto em completa contradição com as atitudes descritas anteriormente. Em sua resenha da história da franco-maçonaria de Jean Marques-Rivière, Édouard Jordan[604] constata a "atualidade" do trabalho no momento (19 de agosto de 1940) em que o marechal Pétain acaba de dissolver a franco-maçonaria em seguimento a lei sobre as sociedades secretas de 13 de agosto, e conclui:

> Pela intriga, pela perfídia e pela violência, os franco-maçons fizeram muito mal na França. O que não quer dizer que seus adversários não devam fazer sérios exames de consciência. Tomemos a lista dos golpes de Estado e das violações do direito e as classifiquemos em ordem cronológica. Sem maior pesquisa, dois fatos logo saltam aos olhos: o caso Boulanger e o caso Dreyfus. Que tolice reinava no bando confuso que queria levar ao poder o general Boulanger! E quanto ao caso Dreyfus [...], desse último o Sr. Marques-Rivière fala verdadeiramente com desenvoltura demais...

Como católico, Édouard Jordan se contenta com uma condenação bastante alusiva da separação, do escândalo das fichas, ao passo que denuncia claramente os boulangistas e os antidreyfusistas de que o Estado de Vichy figura em parte como herdeiro. Sem a menor ambiguidade, ele denuncia a fraqueza de um regime que se gaba de restabelecer a

---

[603] Édouard Perroy, resenha citada de Léon Mirot, p. 168.

[604] Edouard Jordan, resenha citada de Jean Marques-Rivière. Jean Marques-Rivière, ex-membro do Grand Orient, brilha com um zelo de convertido. Redator-chefe dos *Documents maçonniques* publicados sob a direção de Bernard Faÿ, torna-se diretor-adjunto da polícia das sociedades secretas; cf. ÖRY, Pascal. *Les Collaborateurs, 1940-1945* [Os colaboradores, 1940-1945]. Paris: Le Seuil, 1977 (1. ed. 1972), e ROSSIGNOL, Dominique. *Histoire de la propagande en France de 1940 à 1944* [História da propaganda na França de 1940 a 1944]. Paris: PUF, 1991.

ordem. Essas tomadas de posição sem nenhum equívoco extraem sua força da massa dos enunciados impregnados de serenidade científica que os cerca. Mas, num outro plano, ilustram a derrota de uma ciência cujos objetivos próprios se apagam em proveito do combate dos resistentes. Quer se trate de um subterfúgio ou de uma solução incomparável, a arte de reconduzir ao debate científico o combate da hora desaparece nessa série de alusões, de cutucões, quando não abertos desafios, aos senhores do momento. Quando as resenhas se cruzam, afirma-se enfim a capacidade dos historiadores de traduzir em termos profissionais as questões contemporâneas. É nesse fórum científico que os historiadores tentam reencontrar a articulação secreta que fizera do caso Dreyfus uma causa tanto científica quanto política.[605]

*

*   *

Entre os assuntos que dizem respeito às questões do momento, o corporativismo figura em primeira linha. Para os historiadores, a instituição é histórica por natureza e atrai tanto mais na medida em que a corporação dos historiadores do direito conta em suas fileiras François Olivier-Martin, o autor mais prolixo, mais preciso e mais entusiasta da instituição corporativa sob o Antigo Regime. O interesse súbito dos alunos da École des Chartes por esse tema coincide com o espírito do tempo.[606] Nessas condições, as resenhas sucessivas da *Revue historique* aparecem de fato como uma barragem "científica" contra a maré montante das justificações históricas para o corporativismo contemporâneo. Já no primeiro número autorizado a reaparecer, Georges Bourgin ataca as concepções de François Olivier-Martin e seus discípulos: "O livro do Sr. Rolland parece completo. [...] A censura mais grave que se pode fazer a ele é a de ser, de certo modo,

---

[605] REBÉRIOUX, Madeleine. Histoire, historiens et dreyfusisme [História, historiadores e dreyfusismo]. *Revue historique*, t. 255, abr./jun. 1976; JOLY, Bertrand. L'École des chartes et l'affaire Dreyfus [A École des Chartes e o caso Dreyfus]. *Bibliothèque de l'École des chartes*, t. 147, 1989.

[606] Ou seja, durante a Segunda Guerra Mundial, ao passo que o assunto caíra no esquecimento na École des Chartes desde 1920, cf. Olivier DUMOULIN, "L'histoire et les historiens, 1937-1947", art. cit., p. 257.

unilateral, de só perceber entre as instituições aquelas que couberam, por assim dizer, no uniforme moral corporativo...".[607] Para completar a demonstração, Georges Bourgin resenha uma brochura de Émile Cornaert: o professor do Collège de France denunciaria a visão idílica das corporações, recusaria a ideia de um mundo do trabalho pacificado, tão suave para o aprendiz quanto para o mestre, descreditando assim a ideia de um corporativismo moderno pelo viés da crítica científica do modelo passado.[608] Esse motivo é retomado no segundo número da *Revue historique* em 1943. Nessa ocasião, Georges Bourgin expõe claramente seu objetivo: demonstrar que as corporações do passado não podem de modo algum fornecer as soluções para as questões atuais porque pertencem a "um regime econômico perfeitamente diferente do capitalismo".[609] Defesa e ilustração da capacidade historiadora de detectar os anacronismos e distinguir quem está fora de seu tempo, essa barragem contra o corporativismo trabalha em nome da ciência por uma causa política. Nesse sentido, as críticas ao corporativismo se veem facilitadas, já que reivindicam a especificidade histórica para descreditar os apologistas da corporação. É aliás esse o viés pelo qual Lucien Febvre denuncia os abusos do termo quando a síntese de Émile Coornaert lhe oferece a ocasião. "E não é ele que corre o risco, a cada instante, de nos induzir ao pecado do anacronismo, porque muitos dos nossos contemporâneos o revestiram, a seu modo, de sentidos um tanto cambiantes mas adaptados a suas necessidades políticas".[610] Com um só golpe, Febvre destrói o uso político do anacronismo e a história

---

[607] BOURGIN, Georges. Resenha de H. Rolland, *L'Organisation corporative à la veille de la Révolution française: Essai sur la vie économique à Blois au XVIIIe siècle* [A organização corporativa às vésperas da Revolução Francesa: ensaio sobre a vida econômica em Blois no século XVIII]. Paris: Hérakles, 1938. In: *RH*, t. 191-192, abr./jun. 1941, p. 359.

[608] BOURGIN, Georges. Resenha de Émile Coornaert, *Brochure de l'Institut confédéral d'études et de formation syndicale* [Brochura do Instituto Confederativo de Estudos e de Formação Sindical]. In: *RH*, t. 191-192, abr./jun. 1941, p. 366.

[609] BOURGIN, Georges. Resenha de Henri Denis, *La Corporation* [A corporação]. Paris: PUF, col. "Que sais-je?", 1941. In: *RH*, t. 193, abr./jun. 1942-1943, p. 179. Bourgin comenta de passagem outro livro sobre o assunto (BOUVIER-AJAM, Maurice. *La Doctrine corporative* [A doutrina corporativista]. Paris: Sirey, 1941), descrevendo-o como corporativista e inspirado pelas teses de Olivier-Martin.

[610] FEBVRE, Lucien. Un livre d'historien sur les corporations [Um livro de historiador sobre as corporações]. *Annales d'histoire sociale*, t. 3, 1941, 1-2, p. 61-66, citação p. 66.

feita nas faculdades de Direito, a de François Olivier-Martin, tantas vezes criticada nos *Annales* antes da guerra. Mas, por trás do embate científico, o combate político dita os limites da crítica; Febvre se vê obrigado a cobrir de elogios aquele mesmo que teria derrotado Marc Bloch na eleição para o Collège de France se este tivesse mantido sua candidatura em 1936.

Nesse caso, o tom dos *Annales* não difere do da *Revue historique,* em cujas páginas Édouard Jordan insiste sobre o caráter evolutivo e complexo de uma realidade histórica que não se deixa reduzir a um modelo simples e unívoco. Contudo, o comentário, de peculiar importância, não prega a autonomia do questionamento científico como Febvre quer fazer crer. Seguindo o modelo de suas resenhas sobre Von Spee, Werner Preisinger e Gehrard Kittek, Jordan utiliza provas historiográficas para destruir os laços possíveis entre a revolução nacional e a Igreja: "Convém combater a ilusão, cara a muitas pessoas, de que a Igreja criou as corporações. Ela teve que aceitá-las, esta é a verdade".[611]

Nesse debate, a *BEC* ocupa uma posição recuada que não surpreende nem um pouco. Seguindo a linha do silêncio, da objetividade ao ponto da renúncia, Charles Samaran, diretor dos Arquivos Nacionais designado pelo governo de Vichy, produz uma resenha que oscila o tempo todo entre "as tendências e as conclusões" sujeitas a discussão, pois o "assunto é atual, propício a controvérsias" e os elogios ao trabalho feito "com mão de trabalhador, repleto de aproximações engenhosas e julgamentos sólidos".[612]

A Cruzada Albigense

A serviço dos ataques românticos e liberais, a demonização da Cruzada Albigense serviu de teatro a um ataque conjugado à monarquia e à Igreja. A essa tradição se soma, em meados do século XIX, o nascimento de uma historiografia occitânica que estigmatizou acima

---

[611] JORDAN, Édouard. Les corporations en France avant 1789: À l'occasion d'un ouvrage récent [As corporações na França antes de 1789: por ocasião de um livro recente]. *RH*, t. 193, abr./jun. 1943, p. 111-116.

[612] SAMARAN, Charles. Resenha de Émile Coornaert, *Les Corporations en France avant 1789* [As corporações na França antes de 1789]. Paris: Gallimard, 1941. In: *BEC*, 1943, p. 353-354.

de tudo os bárbaros do Norte. A empreitada permitia denunciar o esmagamento de uma brilhante civilização e o conluio do Papa e do rei unidos ao redor das fogueiras onde queimavam os perfeitos. A síntese da celebração occitânica e do credo republicano na matéria nasce sob a pena do pastor Napoléon Peyrat.[613] O assunto permanece no coração dos conflitos historiográficos e políticos até a querela sobre os manuais escolares de história de 1909-1910,[614] então perde intensidade. Ora, em 1942, a síntese de Pierre Belperron[615] suscita o interesse imediato das três revistas.[616] Vários fatores concorrem para isso: a descoberta, em 1939, de um dos primeiros textos atribuíveis aos cátaros, a qualidade da informação da primeira síntese sobre o assunto publicada desde a Primeira Guerra Mundial, e as intenções proclamadas do autor. Demonstrando que a cruzada constituiu uma fase essencial da unificação do reino, Pierre Belperron pretende destruir a lenda negra e celebrar "o imenso esforço de saneamento intelectual e moral que um desastre inaudito impõe aos franceses".[617]

Nessa perspectiva, a *RHEF* se inscreve como a mais conservadora, a mais próxima das teses de Vichy. Lavaquerry se mostra inteiramente de acordo com a opinião de Belperron, que opõe a decadência do

---

[613] Sobre a complexidade do campo onde se enfrentam republicanos e monarquistas, laicos e católicos, apologistas da Occitânia e jacobinos, ver: AMALVI, Christian. *Le Goût du Moyen Âge* [O gosto pela Idade Média]. Paris: Plon, 1996, p. 170-180.

[614] AMALVI, Christian. *De l'art et la manière d'accommoder les héros de l'histoire de France* [Da arte e da maneira de acomodar os heróis da história da França]. Paris: Albin Michel, 1988, p. 34-50.

[615] BELPERRON, Pierre. *La Croisade contre les Albigeois et l'union du Languedoc à la France, 1209-1249* [A cruzada contra os albigenses e a união do Languedoc à França]. Paris: Plon, 1942. Titular de um Diplôme d'études supérieures de História da Universidade de Besançon, orientado por Albert Mathiez, Pierre Belperron inicia sua carreira como bibliotecário-adjunto em Besançon. Polígrafo fértil, publica diversas biografias (Maginot, Lindbergh, Neville Chamberlain) e escreve também sob o pseudônimo de Georges Pierre Bel. Em 1947, defende uma tese sobre a Guerra de Secessão na Universidade de Besançon.

[616] E de FEBVRE, Lucien. Au temps des cathares [No tempo dos cátaros]. *Mélanges d'histoire sociale*, t. 6, 1944, p. 117-118.

[617] LAVAQUERRY, E. Resenha de Pierre Belperron, *op. cit.*, in *RHEF*, t. 29, 1943, p. 297-301, citação p. 297. Pierre Belperron escreve sem rodeios: "Pedimos a nossos leitores, por outro lado, que levem em conta a época durante a qual esse livro foi redigido. Os desastres que arrasaram nosso país não deixaram de influenciar alguns de nossos juízos. Algumas aproximações se impuseram a nós. O Languedoc de 1209 e a França de 1939 oferecem analogias contundentes. As mesmas causas materiais e morais produziram os mesmos efeitos com sete séculos de intervalo" (BELPERRON, 1942, p. X).

Midi à obra de conclusão da unidade realizada pelas tropas de Simon de Montfort. Charles Samaran é mais reticente: embora admita os méritos da síntese mais atual, considera suas conclusões discutíveis.[618] Oriundo da região occitânica de Gers e "secretamente republicano", Charles Samaran enuncia suas reservas no terreno historiográfico: "Continuo convencido de que o anseio pela unidade francesa não era o que movia os cruzados." Em nome da opinião tradicional dos historiadores, ele emite reservas sobre um livro "que estava faltando".

Finalmente, a recensão de Charles Petit-Dutaillis se inscreve nos antípodas dos elogios tendenciosos da *RHEF*. As qualidades de uma síntese inédita são reconhecidas por Petit-Dutaillis; contudo, ele desmonta previamente a introdução do livro que faz dele uma arma de combate contra a "verdade oficial" dos historiadores. O enunciado demonstra que Pierre Belperron seguiu a lição dos únicos de seus predecessores que merecem ser considerados como historiadores de ofício: "Achille Luchaire e os autores dos manuais escolares publicados nos últimos cinquenta anos". As teses celebradas por Lavaquerry e contestadas por Samaran se fazem secundárias diante de uma defesa e ilustração dos historiadores profissionais.

Quanto à introdução militante de Belperron, ela cai sob o golpe do historiador de ofício:

> [...] a Cruzada, escreve ele, foi, junto com a Inquisição, "classifi-cada no arsenal antitradicionalista, antirreligioso, antinacional em que se aprovisionava o clã que tinha por tarefa matar a alma da França". Tudo isso é realmente um tanto oco. Ouso dizer que não sei o que é, para um historiador profissional, a "tradi-ção francesa", nem se ele aceitaria definir "a alma francesa".[619]

Charles Petit-Dutaillis opõe o olhar profissional à história como instrumento ideológico. De um ato científico faz a realização de um gesto político ou patriótico. Para avaliar o efeito dessas páginas de história engajada não se pode ignorar a legitimação implícita do estado das coisas engendrado pela aparência de uma ciência que continua

---

[618] SAMARAN, Charles. Resenha *in BEC*, t. 103, 1942, p. 239-240.
[619] PETIT-DUTAILLIS, Charles. Resenha *in RH*, jul./set. 1943, p. 234.

diante da criação de cátedras com fins racistas, diante da nomeação autoritária de colegas para postos liberados pela perseguição racial no mais completo desprezo pelas regras de contratação; esse engajamento que mistura a defesa do corpo, da disciplina e dos ideais republicanos pode ser verificado tanto nas revistas quanto nos registros de deliberação da Faculdade de Letras e no funcionamento do Comité des Travaux Historiques et Scientifiques.[620]

Trair a missão da ciência para responder à política estatal do saber ou se calar para fazer escutar a voz da ciência? Lucien Febvre teve uma dificuldade enorme em lidar com esse debate quando a revolução nacional se apropriou de certos domínios, como o folclore e a história rural.[621] Em diversas ocasiões, os resenhistas da *Revue historique* traíram o pacto de distância para servir a uma causa; sem poder proclamar isso abertamente, semearam indícios suficientes para esclarecer o leitor e fazê-lo sentir a "legitimidade" da atitude que estavam tomando. O código partilhado e o conhecimento recíproco do contexto supunham que os autores e os leitores dessa literatura partilhassem sua mensagem oculta, por vezes tão explícita. E essa vontade de conjugar ciência e resistência implicava um novo avatar das justificações do papel do historiador.

Nos antípodas dessa relação reatada aos trancos e barrancos com a instrumentalização da atividade histórica, existem alguns exemplos de historiadores de ofício que ofereceram abertamente o auxílio de sua arte ao Estado francês e mesmo à colaboração.[622] O caso de Michel Lhéritier merece ser analisado. Historiador de ofício, sem sombra de dúvida, autor de uma tese sobre Tourny, o intendente de Bordeaux,[623] ele faz carreira nos empreendimentos de cooperação científica internacional como secretário-geral do Comité International des Sciences Historiques [Comitê Internacional de Ciências Históricas]. Em 26

---

[620] DUMOULIN, Olivier. "L'histoire et les historiens...", art. cit., p. 253.

[621] Natalie Zemon Davis julga com bastante severidade aquilo que Marleen Wessel batizou de "maqui da palavra", cf. artigos citados.

[622] Deixarei de lado o caso de Henri Labroué, detentor da cátedra de História do Judaísmo, imposta em 15 de dezembro de 1942 pelo governo; apesar de ter sido professor secundarista de História, Labroué tornou-se conhecido sobretudo por sua carreira política no entreguerras.

[623] Defendida em 1920, em Paris.

de novembro de 1942, deixa seu posto de mestre de conferências na Universidade de Dijon para assumir o de Jacques Ancel, demitido em virtude do estatuto dos judeus em 14 de dezembro de 1940, e que seus colegas da Faculdade de Letras de Paris tinham se recusado a substituir. Frequentemente desprezado por seus contemporâneos, vê na cooperação historiográfica, de que se faz o promotor como secretário-geral do Comitê, um dos instrumentos da revolução das relações internacionais pacificadas. É assim que ele insiste junto às autoridades alemãs para que permitam que volte a ser publicado em Paris o *Bulletin of the International Committee of Historical Science*. Inspirando-se na política do apolitismo do entreguerras, vê na explicação do triunfo das revoluções no século XX, entre as quais a revolução hitleriana ocupa um lugar central, o papel do historiador. A argumentação transparece em sua carta a Depréaux quando este renuncia a participar em nome do Comité International des Sciences Historiques de uma reunião historiográfica franco-alemã organizada por Lhéritier:

> Só posso deplorar sua mudança de opinião. Quanto a mim, sou essencialmente francês, e me interesso por todos os países, sem ser especialmente, nas circunstâncias atuais, nem a favor de nem contra nenhum [...]. Devemos especialmente ressituar nosso país diante da Alemanha, seja qual for a impressão penosa que possamos sentir atualmente em relação a esta. Por outro lado, quando o Comité International foi criado e me tornei secretário-geral, não tive de modo algum a impressão de ser anexado aos Estados Unidos, e as fundações americanas que nos subvencionaram não nos pediram isso. Pediam apenas que nos elevássemos a certo ideal de internacionalismo, de ciência e de paz a que não deixo nem deixarei de me ater e ao qual gostaria de vincular a reunião franco-alemã projetada.[624]

Essa deriva do sonho pacifista de esquerda para a colaboração nada tem de original, e mesmo que destaquemos sua postura conciliadora,

---

[624] Michel Lhéritier a Édouard Depréaux, 8 de agosto de 1942, CARAN, 70 AJ. 159, citado por ERDMANN, Karl Dietrich. *Die Ökumene der Historiker. Geschichte der Internationalen Histori-kerkongresse und des Comité International des Sciences Historiques* [A ecúmena dos historiadores. História do Congresso Internacional de História e do Comitê Internacional das Ciências Históricas]. Göttingen: Vandenhoeck Ruprecht, 1987, p. 257.

O PAPEL SOCIAL DO HISTORIADOR: DA CÁTEDRA AO TRIBUNAL

deixando de lado o carreirismo sem princípio que a maior parte das testemunhas atribui a Lhéritier,[625] é indiscutível que sua retórica se funda na manutenção do apolitismo como condição da atividade historiadora até a caricatura ou o absurdo. A ideia de que os historiadores, como outros cientistas, deveriam cumprir uma tarefa particular na ordem da cooperação internacional se torna o álibi para um comprometimento total do ponto de vista contemporâneo. Contudo, honestidade ou mentira para si mesmo, essa visão fundamenta as justificações de Michel Lhéritier.

Uma historiografia militante depois de 1945?

Quando se sonda a vida dos partidos de esquerda, descobre-se sem dificuldade que eles alimentaram o sonho de uma escola histórica a seu serviço que pudesse ter todas as aparências da cientificidade. No partido comunista, ao lado das denúncias virulentas à escola dos *Annales*, "cabeça de ponte da colaboração com o imperialismo norte-americano", desenvolvem-se os trabalhos do Institut de recherches marxistes [Instituto de Pesquisas Marxistas], cujas publicações são apresentadas como os pilares de uma verdadeira investigação da história do movimento operário. Posição que se torna ainda mais fácil de sustentar graças aos brilhantes sucessos da célula dos estudantes comunistas da Sorbonne nos concursos para professor secundarista ao longo dos anos 1950, o que aumenta a chance destes de figurarem como professores universitários alguns anos mais tarde.

A Seção Francesa da Internacional Operária e o Partido Socialista Francês seguiram em diversos pontos uma estratégia análoga, suscitando espaços de encontro entre o serviço da ação política e a pesquisa científica da verdade. Aqui, não é elencar os historiadores socialistas, graças ao dicionário do movimento operário, que esclarece a questão, mas a observação desses lugares intelectuais intermediários que misturaram alhos com bugalhos. Em 1946, o nascimento da

---

[625] Em 10 de setembro de 1945, Waldo Leland menciona diante do Comité International des Sciences Historiques os diferentes elementos que o fazem descrever a atitude de Lhéritier diante dos alemães como colaboracionista e servil (Rockfeller, Archiv, RFA, box 89, Série 100R, citado por Erdmann (1987, p. 259).

Revue socialiste representa uma primeira tentativa nesse sentido. Revista intelectual, ela abriga frequentemente artigos de natureza histórica e assinaturas representativas da profissão histórica. Contudo, as condições da saída de vários desses historiadores revelam ao mesmo tempo seu laço de subordinação com o partido e a natureza do investimento dos historiadores. De fato, o número de julho de 1954 anuncia a saída da revista de três professores da Sorbonne, Ernest Labrousse, Charles André Julien e Édouard Perroy, de um ex-diretor dos Arquivos Nacionais, Georges Bourgin, e de dois professores secundaristas de História. O motivo dessa ruptura é explicitado numa carta redigida por Labrousse.[626] A adesão da SFIO ao projeto da Comunidade Europeia de Defesa (CED) justifica para os signatários seu afastamento de uma revista que, apesar da frouxidão de suas relações com o partido, não poderá defender uma linha resolutamente hostil ao projeto de defesa europeia. Os considerandos da ruptura atestam a dimensão antes de tudo política do papel desempenhado aqui pelos historiadores.

Em compensação, o nascimento do Institut français d'histoire sociale [Instituto Francês de História Social] (IFHS) em 18 de março de 1949, depois de uma série de contatos iniciados no fim de 1948, parece seguir uma outra lógica. O Instituto organiza sua primeira assembleia geral na Sorbonne, em 28 de janeiro de 1950, e manifesta assim o papel preponderante da reivindicação científica em seus objetivos e no seu funcionamento. Fabrice d'Almeida, que escreveu a história do Instituto, mostra que rotulá-lo de socialista não faz verdadeiramente sentido, de tanto que ele se distingue da SFIO e se situa no território estritamente acadêmico. Porém, para saber se o Instituto promove uma concepção particular do passado partidário e se esta pôde passar para a SFIO, é importante conhecer o perfil político e intelectual de seus iniciadores. Seus fundadores, Georges Bourgin e Édouard Dolléans, e depois Ernest Labrousse, pertencem de fato à família socialista, mas o ecletismo político é a regra geral entre seus membros: da proximidade com o anarquismo de Jean Maitron, passando pela

---

[626] CHARLE, Christophe. Entretiens avec Ernest Labrousse [Conversas com Ernest Labrousse]. *Actes de la recherche en sciences sociales*, 32/33, abr./jun. 1980, p. 110-125, citação do jornal *Le Monde*, 30 jul. 1954..

órbita do PCF encarnada por Georges Lefebvre, e pela adesão à SFIO de Ernest Labrousse e Fernand Rude, até personalidades consideradas então progressistas, como Émile Coornaert e Fernand Braudel.[627] A tese de Fernand Rude,[628] defendida sob os auspícios de Georges Bourgin e Ernest Labrousse, manifesta a sensibilidade predominante desse grupo. Muito mais pertinente me parece a recepção das iniciativas de Jean Maitron pelo Boletim *L'Actualité de l'histoire* do Institut français d'histoire sociale. Depois de ter defendido sua tese, em 1955, sobre a história do movimento anarquista na França, esse professor primário, que logo se tornaria professor-assistente na Sorbonne, toma a iniciativa de um *Dicionário biográfico do movimento operário francês*. A primeira chamada para contribuições é então lançada no número 24 (julho-setembro de 1958) de *L'actualité de l'histoire*.[629] O itinerário de Jean Maitron já desenha uma outra articulação da escrita da história e do engajamento: decepcionado, traído pelo pacto germano-soviético, Jean Maitron se afasta da ação e se faz historiador, transferindo "para a história operária suas esperanças políticas frustradas, mas não renegadas".[630] Os critérios de seleção das gerações sucessivas de colaboradores dizem muito sobre essa articulação tão peculiar entre a ciência e a experiência, entre o desprendimento e o engajamento político requisitados por Jean Maitron: "Para mim, um correspondente deve satisfazer duas exigências: ser um historiador (não dá para prescindir disso) e ter militado (ou ser militante) a fim de saber o que é se devotar de corpo e alma a uma causa".[631] Michelle Perrot assim conclui a propósito de Maitron: "Fruto de uma transferência de energia militante, refluída da ação para a pesquisa, esse monumento único é inseparável da conjuntura política dos últimos trinta anos". A singularidade da obra não reside tanto em sua amplitude, embora esta seja excepcional, quanto em sua dupla vontade de edificar uma

---

[627] A fórmula é de Fabrice d'Almeida. Não estou certo de partilhá-la.

[628] RUDE, Fernand. *Le Mouvement ouvrier à Lyon, de 1827 à 1832* [O movimento operário em Lyon, de 1827 a 1832]. Paris: Donnat, 1944.

[629] PERROT, Michelle. Les vies ouvrieres [As vidas operárias]. In: Pierre NORA (Dir.). *Les Lieux de mémoire*, t. III, v. 3 – *Les France*. Paris: Gallimard, 1997, p. 3937-3971, col. Quarto.

[630] *Perrot* (1997, p. 3960).

[631] *Perrot* (1997, p. 3960).

ferramenta científica, o que se intensifica com o correr dos anos, e um monumento à memória militante. Único nesses anos pioneiros, quando o cientificismo se encontra em ascensão, quando Emmanuel Le Roy Ladurie se prepara para anunciar que a história deve subir o desfiladeiro das ciências exatas, o itinerário de Maitron coincide hoje com o desdobramento de uma reflexão sobre a articulação entre a memória e a história. À aventura do Instituto de História sucede inicialmente a atonia; as raras tentativas se inscrevem antes de tudo como iniciativas sectárias ou partidárias. "É verdade que, apesar de sua vontade de impor uma nova simbologia e um ritual próprio, o PS ativa principalmente os instrumentos da memória e não a história crítica." Primeiro verdadeiro centro de conservação documental da SFIO, o Office universitaire de recherche socialiste (OURS) [Escritório Universitário de Pesquisa Socialista] é obra de Guy Mollet. Mas, logo percebido como um clube molletista, seu convênio com o PS não é renovado em 1972 por Chevènement; o mesmo acontece com a instância oriunda da Convenção das Instituições Republicanas, Democracia e universidade, que não consegue mais se impor.

Outra empreitada atesta nos anos 1970 a procura por esse papel de *Janus bifrons*: de um estatuto que permitisse se engajar sem deixar de satisfazer as obrigações da atitude científica. Essa tentativa, depois da decomposição da esquerda socialista, ancora-se no partido socialista saído do congresso de Épinay. Um ano após a morte da *Revue socialiste* surge a *Nouvelle revue socialiste*, que pretende se situar num terreno próximo ao da revista *Esprit* e com ambições semelhantes. Para os historiadores, o empreendimento científico no quadro do PS se organiza ao redor de Philippe Machefer. Ex-professor secundarista de História, nascido em 1933, ele é então professor-assistente na Universidade de Nanterre e primeiro secretário da Federação de Yvelines do PS. Em 1975, momento em que seu papel político se intensifica, secretário do grupo de *experts* do PS encarregados da política estrangeira, membro do comitê diretor e logo senador do Departamento de Yvelines (1977), ele funda o Centre d'histoire du socialisme [Centro de História do Socialismo] que agrupa historiadores profissionais e universitários já reconhecidos: Madeleine Rebérioux, Jean-Pierre Rioux, Rolande Trempé, Daniel Ligou, André Nouschi. Esse Centre d'histoire du socialisme pretende se tornar um verdadeiro ator de reflexão histórica com a organização do colóquio de 22 e 23 de outubro de 1976: "Acerca de 1936". Essa manifestação exclusivamente de historiadores socialistas ou próximos do partido, como Pascal Ory (CIR) e Jean Pierre Rioux (CERES), além de mendesistas como Nicolet e Ligou, afirma-se com a publicação do *Bulletin du Centre d'histoire du* em 1977. Mas a eleição para o senado de Philippe Machefer basta para que o empreendimento se desfaça. Esses atores, sem renunciar ao engajamento, quer se trate de Madeleine Rebérioux na Ligue des droits de l'homme, ou de Pascal Ory, candidato socialista nas eleições legislativas de 2002, não encontram mais laços de articulação legítima entre suas práticas científicas e suas práticas cívicas ou políticas. Como para a SFIO dos anos 1930, a ancoragem socialista de certos historiadores não suscitou uma historiografia socialista.

Entretanto, o desejo de incorporar esses dois papéis sempre tão distintos do militante e do historiador reaparece numa esquerda defensora da autogestão, aquela que nos anos 1970 conferiu um tom tão particular à Confédération française démocratique du travail [Confederação francesa democrática do trabalho] (CFDT). Fabrice d'Almeida destaca a ação de Jacques Juilliard no seio da central sindical. Jacques Juilliard, aluno da Escola Normal Superior desde 1954, milita na Union nationale des étudiants de France [União nacional dos estudantes franceses] (UNEF), entusiasmado com o sindicalismo revolucionário que escolhe como objeto de estudos. Orientando de Labrousse, este o acolhe no seio do grupo que funda no IFHS em 1957. Esse itinerário ao mesmo tempo historiográfico e político o leva para a CFDT, onde defende a linha de uma ação sindical completamente autônoma contra Edmond Maire, especialmente em sua colaboração para a revista *Faire*. O prefácio de um manual da CFDT sobre a história do socialismo explicita sua visão da interação entre o papel do historiador e o do militante:

> Para que serve a história? A questão se coloca hoje para os próprios historiadores, enquanto os livros de história encontram um sucesso de vendas sem precedente. Mas antes de nos interrogarmos sobre esse duplo movimento aparentemente contraditório, talvez seja preciso nos perguntarmos para o

O ENGAJAMENTO OU A CIÊNCIA: 1939-1968

que a história não serve, ou antes, para o que ela não deveria servir. A história não serve para predizer o futuro. [...] A história não é um estoque de acessórios para a controvérsia política. Deve-se então renunciar a buscar na história uma lição, ou melhor, lições? Não. Mas as lições da história não são daquelas que se aprendem de cor, a despeito de nossos antigos professores. [...] Em vez de uma regra de conduta já pronta, a história pode ser a fonte de um ensinamento negativo capital. [...] Há uma segunda razão para o movimento se preocupar com a história. É que, apesar do esforço dos pesquisadores e de um número cada vez maior de professores, a história que é ensinada permanece essencialmente a das classes dominantes e, o que é mais grave, feita pelas classes dominantes. [...] A história não é uma verdadeira ciência da sociedade, mas sua consciência. Estudar o movimento operário é descobrir uma identidade social e cultural.[632]

Se a história pode se fazer consciência de uma identidade, o historiador se torna seu agente, e a distância se apaga em proveito da existência. A continuação da carreira de Jacques Juilliard na EHESS e como cronista do *Nouvel Observateur* não desmente essa busca por uma outra posição que não a da exclusiva autoridade científica. A fundação em 1982 dos *Cahiers Georges Sorel*, por sua iniciativa, é um reflexo dessa busca.

Outros itinerários de revistas iluminam esse deslizamento progressivo da causa militante para o estatuto científico. A aventura de *Mouvement social*, revista científica de história social, nascida ela também nessa fronteira, ilustra muito bem, ela também, essa trajetória do engajamento socialista e operário. Em março de 1961, a revista nasce do boletim *Actualité de l'histoire*, publicado pelo Institut français d'histoire sociale sob a égide de um santo padroeiro já nosso conhecido: Jean Maitron. Sua dependência ideológica e seu comprometimento com uma vontade de engajamento na cidade transparecem na composição explícita do comitê de honra tal como a revista o editava até 1968 sob os auspícios do OURS; os representantes do mundo sindical (CGT,

---

[632] *Le Mouvement ouvrier 1875-1976* [O movimento operário 1875-1976]. Paris: CFDT, Réflexions, 1977, p. 222.

FO, CFDT) aí figuram. Contudo, a vontade de evitar à revista críticas partidárias faz com que ela inclua um representante da CGC e um do CNPF nesse quadro completado pelo mundo da Universidade, dos Arquivos e do Instituto. Mas com o número 77, de outubro-novembro de 1971, dá-se uma mudança de rumo decisiva. Certamente provocada pelo declínio do Institut français d'histoire sociale, é revelador que seja sob outro ângulo que a redação apresente essa mudança, o do reconhecimento científico[633]: "O CNRS reconheceu sua qualidade científica subvencionando-a, a universidade manifestou um real interesse por ela, especialmente no quadro do Centre d'histoire du syndicalisme [Centro de História do Sindicalismo]...". A partir desse momento, o comitê de honra desaparece da revista, assim como os vestígios comprometedores de um nascimento em parte militante. É claro que os especialistas em rastrear complôs não terão dificuldade em desentocar as filiações políticas de esquerda que marcavam então, e ainda hoje, a maior parte do comitê de redação, mas desde então a justificação da revista se torna puramente científica. Esses itinerários trazem a lume a dificuldade de conciliar dois papéis que em geral só são reconhecidos para serem denunciados: o historiador do outro lado encarna sempre a figura da ciência deturpada pela ideologia. Ernest Labrousse, com quem já cruzamos aqui diversas vezes, encarna para seus detratores a dominação do marxismo sobre a compreensão histórica da França. Inocentemente ou não, o fato é que, *a posteriori*, ele se percebia de maneira inteiramente diferente. Nas entrevistas que concedeu a Christophe Charle, no fim de 1978 e no decorrer de 1979, o pai da história econômica e social à francesa descreve detalhadamente sua trajetória política: de Barbézieux à *Humanité*, da *Humanité* à SFIO, diretor do efêmero gabinete Léon Blum de julho a agosto de 1948, ele conclui, não obstante, dizendo que não associou sua vida de militante a seu itinerário científico, evocando de passagem seu "caro amigo François Perroux" como caução da separação do laico e do científico.

---

[633] "À nos lecteurs" [A nossos leitores]. *Le Mouvement social*, out./nov. 1971, n. 77, p. 5-6.

CONCLUSÃO

De volta para o futuro, o historiador pesquisador, mediador, passador ou *expert*?

Ultrapassando o limiar fatídico de 1945, logo encontro meus contemporâneos. Nesse estágio, apenas alguns sintomas atuais da busca pela identidade do papel do historiador foram postos em relevo; eles não cobrem, longe disso, o leque das possibilidades que o historiador professor, mestre paradoxal do civismo e do desengajamento da cidade, parecia ter encarnado apesar das tentativas de Lucien Febvre e de alguns dos seus pares. Não se trata aqui de aprofundar as imagens secretas que cada um dos historiadores franceses pode ter oculta no coração de suas intenções, mas de compreender de que maneira certos papéis possíveis foram retomados, abandonados ou inventados nesses sessenta anos além dos papéis de *expertise* já explorados. Esses papéis, as circunstâncias puderam oferecê-los como diferentes oportunidades para a consciência historiadora.

O desengajamento e o triunfo da arte pela arte

O historiador impotente ou o historiador militante? A alternativa entre a inteligibilidade e o poder sobre a sociedade desenha os contornos de uma aporia. Ator cívico sem engajamento na cidade, paradoxo ambulante, encarnação do espectador engajado, o historiador não representa por si só a posição equívoca dos pesquisadores em ciências humanas. Mas esses pioneiros da profissionalização magnificaram mais que os outros a objetividade, esse "nobre sonho"; o engajamento e a ação partidária são tidos como os estigmas vergonhosos de uma doença inconfessável: a subjetividade, o *parti pris*, o *a priori*. Desse vírus, Fustel de Coulanges já denunciava os efeitos deletérios ao atacar o suposto método comparativo do jovem Gabriel Monod. No entreguerras, a política do apolitismo levou os historiadores profissionais a recusarem o engajamento fosse qual fosse a verdade de seu sentimento íntimo. A intervenção na cena científica supunha a obediência a esse imperativo, e os atos de um Marc Bloch ou de um Lucien Febvre não têm direito de cidadania em seus escritos científicos. Raras são as exceções; até mesmo um Albert Mathiez escapa por pouco desse código. É claro, foi difícil para ele esconder suas tomadas de posição, dissimular a relação entre seu amor imoderado por Robespierre e seus primeiros ardores bolcheviques, mas o fato é que isso não tinha lugar legítimo na cidade científica. Antes da guerra, o distanciamento é tamanho que aquilo que se diz nas cartas, os rumores dos corredores eleitorais, em que se glosa sobre os *lobbys* "talas" (católicos) ou "socialistas", deve ser calado no fórum científico. Só os historiadores da Action française avançavam então de rosto descoberto, reivindicando-se como nacionais e afirmando encontrar no nacionalismo integral a própria essência da atividade histórica. "Um discípulo de Barrès e de Maurras confere necessariamente uma importância capital à história: a doutrina da terra e dos mortos, assim como a do empirismo organizador, encontra nela seu fundamento", explica Jean Longnon em 1924.[634] E Léon Daudet descrevia a história como o campo de experiência da política, concebida como ciência de observação.[635] Já que a França não é um composto natural, mas "nasceu da história e da política",[636] a escrita dessa história revela sua natureza com um traço poderoso e singular ao mesmo tempo, pois as outras nações puderam se constituir pelo sangue (a Alemanha é uma raça), pela língua (a Itália) ou pelo

---

[634] LONGNON, Jean. L'histoire et la vie [A história e a vida]. *Revue critique des idées et des livres*, mar./abr. 1924, citado por WILSON, Stephen. Les historiens d'Action française [Os historiadores da Ação Francesa]. *Études maurrassiennes*, n. 2, 1973.

[635] DAUDET, Léon. *Du roman à l'histoire* [Do romance à história]. Paris, 1938, citado por WILSON, Stephen. A view of the past: Action française historiography and its sociopolitical function [Uma visão do passado: a historiografia da Ação Francesa e sua função sociopolítica]. *Historical Journal*, XIX, 1976, p. 135-161.

[636] MAURRAS, Charles. Préface. In: LONGNON, Auguste. *Origines et formation de la nationalité française. Éléments ethniques-unité territoriale* [Origens e formação da nacionalidade francesa. Elementos étnicos – unidade territorial]. Paris: Nouvelle librairie nationale, 1911.

solo (a Grã-Bretanha é uma ilha no oceano). Mas os historiadores da Action française, sem deixar de vituperar a ciência alemã da Sorbonne, permanecem exteriores à construção do ofício de historiador, mesmo quando possuem todos os créditos necessários a sua edificação, como Pierre Gaxotte. E a deriva consensual da *Histoire de France* [História da França] de Jacques Bainville, o único dentre eles a ir além da audiência dos simpatizantes da Action française, prova decerto que essa literatura histórica conhecia também o imperativo da distância para dar crédito a sua verdade.

Para tratar do contemporâneo, Bainville cria a distância a seu modo: a constatação clínica da "inocência apaixonadamente afirmada de Dreyfus"[637] mal deixa adivinhar a amizade do autor por Charles Maurras. Cioso de unanimidade nacional, Bainville reconhece o valor dos adversários jurados de sua família política: "Foi assim, nessa medida e por essas razões, que, apesar de suas atrozes loucuras, apesar de seus agentes ignóbeis, o Terror foi nacional".[638] Por certo, para o editorialista da Action française, não há mal pior que "a anarquia", consequência inexorável das "guerras civis", mas o tom adotado atesta a pregnância do modelo distanciado para além do mundo científico. Estamos longe da virulência de Taine.

Com a Segunda Guerra Mundial, o leitor descobriu um primeiro deslizamento; o engajamento não se faz então em primeiro lugar e unicamente sob a modalidade nacional como durante a "Grande Guerra". O discurso científico se torna por vezes a máscara de um engajamento discreto mas real, a confusão dos gêneros reina e a dos papéis se manifesta. Denunciar o conluio dos adversários com um projeto político não deixa de atestar essa aproximação. Contudo, alguns permanecem fiéis à clausura (o que costuma lhes valer ataques contemporâneos): a ciência de um lado, a política do outro, sob o risco de se ver acusado de comodismo. Ainda não há legitimidade científica para um papel do historiador na política.

Esse quadro não peca por irenismo; os cientistas têm opiniões, e as proclamam por vezes, raramente em outros teatros de operação, mas

---

[637] BAINVILLE, Jacques. *Histoire de France*. Paris: Fayard, 1924, p. 524.

[638] Bainville (1924, p. 367).

essas opiniões ainda não são parte integrante de seu ser de historiadores e não esperam nenhum reconhecimento da parte de seu meio profissional. De 1945 ao início do século XXI, as regras desse jogo variam? Elencar sistematicamente o engajamento dos intelectuais através das listas de subscrição a que artistas, cientistas, sociólogos, economistas, escritores e historiadores aderiram desde o início deste século lança luz sobre o papel dos intelectuais, mas não sobre o encontro específico do historiador com um papel que lhe seja peculiar.[639] Pode parecer que não, mas sei muito bem que ao longo dos anos 1950, por exemplo, a Sorbonne estava dividida em dois pela atitude a adotar diante da tortura na Argélia. Essa fratura atinge os historiadores tanto quanto aos outros professores universitários. Confrontada aos acontecimentos, a profissão historiadora oferece uma imagem de si mesma diferente da que gosta de ostentar. A análise das petições e manifestos intelectuais ilustra essas clivagens. Em 23 de maio de 1956, o jornal *Le Monde* publica um texto de apoio ao governo Guy Mollet: "Professores da Sorbonne expressam sua adesão à política governamental".[640] Nessa data, a escolha pela Argélia francesa triunfa. Mas denunciar a assimilação entre *fellagas* e resistentes, os crimes da FLN e o abandono de cento e vinte e cinco anos de obra civilizadora não significa necessariamente se posicionar à direita em 1956. Em compensação, quando se trata de combater o *Manifesto dos 121*, publicado em 30 de setembro de 1960 nas colunas do *Le Monde*, a clivagem logo se resume a um confronto esquerda-direita. O manifesto-resposta, caucionado pelo marechal Juin, aparece no semanário *Carrefour*, em 12 de outubro de 1960, com trezentas assinaturas. Para combater a "quinta coluna" que ameaça a França e o Ocidente, esse manifesto dos "intelectuais franceses" consagra o engajamento à direita de numerosos historiadores universitários: Heurgon, Mousnier, Chamoux e Charles Picard na Sorbonne, Bluche em Besançon, Fourquin em Lille, Chaunu em Caen.

---

[639] SIRINELLI, Jean-François. *Intellectuels et passions françaises: Manifestes et pétitions au XXᵉ siècle* [Intelectuais e paixões francesas: manifestos e petições no século XX]. Paris: Fayard, 1990. O livro não traz nenhuma menção a uma afirmação dos historiadores como tais ao longo de todo um século de petições.

[640] SIRINELLI, Jean-François. Guerre d'Algérie, guerre des pétitions? Quelques jalons [Guerra da Argélia, guerra das petições? Algumas balizas]. *Revue historique*, t. 279, 1988, p. 88.

No número de 6 de outubro do jornal *Combat*, Roland Mousnier descreve sem ambiguidade a natureza do choque: "A França está em guerra. Departamentos franceses, aqueles que compõem a Argélia, estão sendo atacados por facciosos, instrumentos do exterior, especialmente marxistas-leninistas...".[641] Mas se esses confrontos têm seus efeitos sobre as eleições universitárias, eles não distinguem em nada os historiadores, e as obras nunca encontram justificação na posição partidária, ao passo que as do adversário científico são fragilizadas pelo engajamento que se detecta nelas. O engajamento permanece, portanto, um pecado irremissível para o historiador.

Porém, quando lemos muitos dos balanços e das análises críticas da história recente dos historiadores franceses, ficamos inclinados a acreditar numa reviravolta súbita e definitiva: à política do desengajamento teria sucedido o triunfo de uma historiografia militante no próprio coração da universidade. O marxismo subterrâneo veiculado pelo labroussismo da história social é considerado uma evidência ululante por Hervé Coutau-Bégaire,[642] Guy Thuillier e Jean Tulard;[643] a história social das massas, o desdém pelos grandes homens e pela política seriam os cavalos de Troia de um marxismo tanto mais pernicioso por ter se disfarçado por muito tempo com os trajes da ciência e da pureza acadêmica. Os célebres debates de Roland Mousnier e de seus discípulos contra a historiografia soviética das revoltas populares no século XVII, assim como a batalha travada em torno da história revolucionária, já no fim dos anos 1960, entre Albert Soboul e os apóstolos do corte revolucionário, François Furet e Denis Richet, anunciam essa confusão que seria absoluta entre a ciência e os debates políticos. Do lado oposto, "a história em migalhas" seria um empreendimento progressivo de destruição de um projeto revolucionário a serviço do capitalismo liberal. É claro, estou caricaturando as conclusões de François Dosse[644] em 1987, às quais ele

---

[641] Sirinelli (1988, p. 96).

[642] COUTAU-BÉGARIE, Hervé. *Le Phénomene "Nouvelle histoire", grandeur et décadence de l'école des Annales* [O fenômeno "Nova história", esplendor e decadência da escola dos anais]. Paris: Economica, 1989 (1. ed. 1983).

[643] THUILLIER, Guy; TULARD, Jean. *Les Écoles historiques* [As escolas históricas]. Paris: PUF, 1990.

[644] DOSSE, François. *L'Histoire en miettes*. Paris: La Découverte, 1987 [Edição brasileira: *A história em migalhas: dos* Annales *à Nova História*. Campinas: Edusc, 1992].

próprio não subscreve mais, pelo menos não nesses termos. Nos dois casos, essas leituras, diante das quais não adoto uma posição neutra, atestam uma mesma perspectiva. Os historiadores mentem, mantêm um duplo discurso, e o saber dos cientistas se limita com demasiada frequência a recobrir de uma fraseologia crítica a expressão pura e simples de preconceitos políticos e sociais. O dicionário crítico da Revolução Francesa oferece um quadro idêntico para a historiografia universitária desse período.[645]

O homem por baixo do historiador

De 1945 até hoje, esse rápido desenvolvimento parece ilustrar o tropismo fatal rumo à esterilização da ciência histórica, seu confinamento fora da cidade, seu enclausuramento quase inexorável à panelinha dos cientistas. E, com toda lógica, entre os papéis atribuídos ao historiador, há um que, desde a crítica positivista a Michelet, parece definitivamente relegado ao esquecimento: o do escritor, sob a espécie do autor. O tempo das antologias dos textos de historiadores já era, desde os célebres excertos de historiadores franceses prefaciados por Camille Jullian.[646] Mago ou profeta, o papel de vidente conferido pelo romantismo ao escritor parecia recusado aos historiadores e, sobretudo, rechaçado desde que a história se faz ciência no curso dos anos 1860. E o historiador tem verdadeiro prazer em recordar aos neófitos as linhas implacáveis da *Introdução aos estudos históricos* em que Charles Seignobos explicava que o estilo de Fustel fazia dele o historiador mais suscetível de se enganar com arte. Mais adiante, o *maître à penser* da escola crítica sublinhava a que ponto era inútil para o historiador endomingar seu estilo. No entanto, o surgimento progressivo de uma literatura de historiadores desconhecida até então denota uma alteração na relação do historiador com seu trabalho, e mesmo com seu papel social.

---

[645] FURET, François. Histoire universitaire de la Révolution française [História universitária da Revolução Francesa]. In: FURET, François; OZOUF, Mona (Dir.). *Dictionnaire de la révolution française* [Dicionário da Revolução Francesa], Paris, 1988, p. 979-997.

[646] JULLIAN, Camille. *Extraits des historiens français du XIXe siècle* [Excertos dos historiadores franceses do século XIX]. Paris, 1910.

Esse novo gênero se afirma e assume a figura de uma etapa obrigatória: a autobiografia de historiadores de ofício. Por muito tempo, os retratos de historiadores foram o apanágio de seus sucessores: elogios acadêmicos, prefácios de miscelâneas de homenagem e notas necrológicas constituíam o tríptico sempre eficaz, o cientista, o professor e o homem (ou o cidadão, à escolha). Decerto, o atrativo das confissões de meus pares, de que espero o desenho de seu papel passado, presente e futuro, explica que eles me pareçam se expandir sobre seu itinerário pessoal mais do que os outros cientistas. Os levantamentos bibliográficos parecem confirmar essa asserção – relativizada, porém, pelos números concernidos. No limite, o que importa se os historiadores falam de si mesmos mais do que os outros? O essencial é outra coisa: o intransponível tabu do "eu detestável" se suspende. O famigerado pacto de distância do historiador universitário da Terceira República implicava que ele escrevesse para além de si mesmo, fazendo abstração de seus sentimentos, de sua experiência e, *a fortiori*, ignorando os desvios do inconsciente. O precedente de Michelet se inscrevia como um contramodelo, apesar da permanência de uma corrente de admiração que, de Gabriel Monod a Pierre Nora, passando por Lucien Febvre, nunca cessou de existir. Para todos os outros, escrever história constituía uma arte ou uma ciência, de qualquer modo um saber fundado no postulado da supressão de si. Esse retorno com toda força de uma história pessoal, que a inventividade de um editor historiador, Pierre Nora, batizou de "ego-história", viola, portanto, uma das regras tácitas do ofício. A invenção do termo em detrimento do simples uso da palavra "autobiografia" sublinha com acuidade a natureza da expectativa; a ego-história é fruto de um outro pacto que não o da autobiografia clássica. Trata-se de responder a um duplo papel, o de testemunha e de historiador. Não é apenas uma questão de sinceridade, mas de capacidade de explicar a si mesmo na história dos homens, e não apenas para si mesmo. O gênero é novo e abala profundamente a imagem de si mesmos dos historiadores de ofício. René Rémond resume essa imagem em sua contribuição pessoal às recordações de ego-história: "Os historiadores não estão acostumados a falar de si mesmos: por acaso se conhecem muitos que tenham escrito suas memórias? Se, em duas ocasiões, pareci transgredir a regra tácita que traça uma fronteira intransponível entre o testemunho pessoal e o trabalho do historiador, não foi como historiador".[647] As únicas entorses que ele fizera a regra sofrer até então consistiam em extrair uma matéria histórica de seu testemunho de ator da vida pública. De lá para cá, o leitor atento pôde ir montando o verdadeiro retrato de grupos de uma geração inteira de historiadores, a que fez seus estudos às vésperas da – ou logo após a – Segunda Guerra Mundial, que recebeu a tradição da Sorbonne ou a novidade dos *Annales,* e se construiu na sombra projetada pela Guerra Fria.

Até que provem o contrário, o pioneiro do gênero ego-histórico[648] foi Philippe Ariès. Primeiro em seus próprios escritos e depois pelo viés de um livro de entrevistas com Michel Winock.[649] O estatuto desse marginal, que de dia analisava produtos tropicais e de noite fazia história, assim como o sentimento agudo de sua ambivalência, dividido entre três culturas (a lendária familiar, a história capetiana da Action française e a forte atração pelos *Annales*), explica provavelmente que Philippe Ariès tenha transposto tão cedo o Rubicão do eu, embora naquele momento uma onda cientificista estivesse transmutando a lição de Braudel e de Labrousse.

Hoje a constatação já é um lugar comum; Pierre Nora parece ter pressentido um potencial ao suscitar os *Ensaios de ego-história* em 1987; de lá para cá o gênero realmente ganhou direito de cidadania. Apesar do medíocre sucesso editorial da obra original, Pierre Nora ficou satisfeito com o fato de que o empreendimento despertou vocações e a compreensão de alguns editores. A lista dos eleitos merece o desvio: encontramos nela todos os tipos de sensibilidade política: os veteranos do Partido Comunista Francês com Emmanuel Le Roy Ladurie e[650] Maurice Agulhon, assim como os veteranos da Action

---

[647] RÉMOND, René. Le contemporain du contemporain [O contemporâneo do contemporâneo]. In: NORA, Pierre (Ed.). *Essais d'ego-histoire.* Paris: Gallimard, 1987, p. 292.

[648] Excetuadas as recordações de Ernest Lavisse.

[649] ARIÈS, Philippe; WINOCK, Michel. *Un historien du dimanche* [Um historiador de domingo]. Paris: Le Seuil, 1980; e ARIÈS, Philippe. *Le Temps de l'histoire* (1. ed. 1954). Paris: Le Seuil, 1986 [Edição brasileira: *O tempo da história.* Tradução de Roberto Leal Ferreira. Rio de Janeiro: Francisco Alves, 1989].

[650] LADURIE, Emmanuel Le Roy. *Paris-Montpellier PC-PSU (1945-1963).* Paris: Gallimard, 1982.

CONCLUSÃO

française, Philippe Ariès e Raoul Girardet, todas as especialidades em períodos, da Antiguidade com Pierre Vidal-Naquet até o mais contemporâneo com René Rémond. Assim se desenha um verdadeiro retrato de grupo, o de uma geração de historiadores. Completando seus esboços anteriores,[651] Jacques Le Goff[652] e Pierre Goubert[653] se juntam a essa produção. Assim, com Georges Duby,[654] Emmanuel Le Roy Ladurie,[655] Annie Kriegel,[656] Raoul Girardet,[657] Maurice Agulhon, Pierre Vidal-Naquet, Michèle Perrot, Pierre Chaunu, René Rémond, Paul Veyne, Mona Ozouf, Alain Besançon, Alain Corbin... eles não terão deixado a seus discípulos o cuidado de erigir seus monumentos funerais. Por seu percurso no século, alguns poderiam ter justificado esse relato de vida independentemente de sua qualidade de historiadores: Annie Kriegel, da resistência ao MOI (Main-d'Œuvre Immigrée) à defesa de Israel, passando pelo PCF e pelo jornal *Le Figaro*; Raoul Girardet, da Action française à Resistência, da Resistência à OAS (Organisation Armée Secrète), da OAS às Sciences-Po [Instituto de Estudos Políticos de Paris]; Pierre Vidal-Naquet, da perseguição racial ao Comitê Audin, até o combate contra os negacionistas... E essa vontade de precisão exige admitir que a reflexão sobre a articulação do ofício de historiador com os outros papéis desempenhados na existência ocupa apenas um espaço medíocre em algumas dessas contribuições ao gênero. Contudo, a qualidade de historiadores dos autores é o que explica em primeiro

---

[651] GOUBERT, Pierre. Naissance d'un historien: hasards et racines [Nascimento de um historiador: acasos e raízes]. In: *La France d'Ancien Régime, études réunies en l'honneur de Pierre Goubert* [A França do Antigo Regime, estudos reunidos em honra a Pierre Goubert]. Toulouse: Privat, 1984; e LE GOFF, Jacques. L'appétit de l'histoire [O apetite pela história]. In: NORA, Pierre (Ed.). *Essais d'ego-histoire, op. cit.*

[652] LE GOFF, Jacques. *Une vie pour l'histoire, entretiens avec Marc Heurgon* [Uma vida para a história, conversas com Marc Heurgon]. Paris: La Découverte, 1996.

[653] GOUBERT, Pierre. *Un parcours d'historien, souvenirs 1915-1995* [Um percurso de historiador, 1915-1995]. Paris: Fayard, 1995.

[654] DUBY, Georges. *L'Histoire continue* [A história continua]. Paris: Odile Jacob, 1989.

[655] Apenas em parte, cf. Emmanuel LE ROY LADURIE, *Paris-Montpellier, op. cit.*

[656] KRIEGEL, Annie. *Ce que j'ai cru comprendre* [O que acreditei compreender]. Paris: Laffont, 1991.

[657] GIRARDET, Raoul; ASSOULINE, Pierre. *Singulièrement libre: entretiens* [Singularmente livre: conversas]. Paris: Perrin, 1990.

lugar a publicação dessas lembranças, mesmo quando o que está em jogo é esclarecer questões mais importantes para sua pessoa.[658]

Historiadores, Jacques Le Goff e Pierre Goubert se curvam de bom grado à redução de seus destinos aos arquétipos das descrições históricas. A infância do medievalista entre uma mãe devota e um pai anticlerical encarna a cesura essencial da Terceira República; o neto de camponeses do Saumurois que foi Pierre Goubert respeita à letra a visão de história dos "bolsistas da Terceira República", com as etapas obrigatórias do *cursus honorum,* a École normale, a École normale supérieure de Saint-Cloud (a ENS dos modestos) e, finalmente, o cargo de professor secundarista de História. Seria um acaso se o tio atípico de Jacques Le Goff contribui pouco para sua "formação ideológica"? A deformação profissional, associada à lucidez da análise, forma um traço comum dessas infâncias ao olhar do historiador, de que Philippe Ariès decerto forneceu o modelo ao descrever seu dilaceramento entre as lendas familiares do Antigo Regime e a racionalidade da história capetiana segundo Maurras. Essa capacidade de discernir sob o calor da infância as categorias da análise histórica, nós a encontramos ainda quando Jacques Le Goff descreve a humilhação de um desfile diante de Pétain, mas ela enfraquece assim que a carreira começa. De repente, a história se resume a uma série de acidentes felizes, de circunstâncias imprevistas, de descobertas imerecidas apesar de um trabalho obstinado. Essa descrição edênica de uma carreira universitária (Max Weber escrevia com acerto que a maior parte dos cientistas não gosta de se lembrar das condições de sua eleição) é acompanhada pelo relato das mesquinharias de colegas entre os mais notáveis, deixando o leitor dividido entre a harmonia preestabelecida de uma carreira, em que a aventura contribui para o bem comum, e as armadilhas postas para essa história feliz pelos seus servidores mais talentosos. Pierre Goubert, mais ameno, só retém o convívio com aqueles que apreciava, mesmo em meio aos conflitos: Fernand Braudel, Victor-Louis Tapié, Roland Mousnier... Em matéria de herança social e cultural, aceitar os esquemas de Pierre Bourdieu não choca o historiador de sua própria infância;

---

[658] Aos meus olhos, as lembranças de Pierre Vidal-Naquet, as preciosas entrevistas de Paul Veyne ou *L'instant éclaté* [O instante estilhaçado] de Pierre Chaunu revelam a indiferença dos autores à grade corporativa utilizada aqui.

porém, quando o historiador avança majestosamente, estratégias, táticas, *habitus* e redes se desvanecem para dar lugar ao acaso, à mais pura das curiosidades ou à psicologia individual.

Quando se trata de descrever as lutas pelo avanço, pelo poder, pela gestão da ciência, Seignobos impõe sua visão de história até mesmo aos filhos dos *Annales*. Seja a EHESS, sejam os corredores da Sorbonne, tudo se assemelha; mesmo se a bonomia de Goubert lhe permite, da EPHE à Sorbonne, passando por Rennes e Nanterre, atravessar com ecumenismo o universo histórico francês, enquanto Jacques Le Goff acaba por confundir seu itinerário com o da instituição a cujos destinos presidiu.

E no entanto, entre a longa duração da infância e a espuma da história de uma carreira, infiltra-se a conjuntura do ofício. Assim, a última parte do livro de Pierre Goubert assume uma feição *à la* David Lodge: de colóquios em simpósios, o planeta se oferece ao historiador; o maravilhar-se do trabalhador dos arquivos lançado ao vasto mundo comove quando lembramos do menino da Grand-Rue de Saumur. Georges Duby já escrevia que se tratava de uma dimensão essencial de um ofício apanhado pela "mundialização" das trocas. Em *Uma vida para a história*, a abertura ao mundo se faz também sob a forma de uma saída do mundo científico para explorar a mídia (os "Lundis de l'histoire"), a capacidade de intervenção social do historiador (missão de estudos sobre a cidade na RATP) e a *expertise* do cientista sobre os programas de história dos liceus e colégios. As responsabilidades prepararam Jacques Le Goff para essa mutação, já que os combates pela EHESS e no interior da EHESS fizeram com que frequentasse ministros e gabinetes ministeriais. Mas as viagens a Oxford, Praga e Varsóvia já marcavam os tempos fortes de uma carreira.

Esse pacto autobiográfico, que passa às vezes pelo viés da entrevista, me parece próprio hoje à disciplina histórica. Se algumas estrelas das disciplinas irmãs chegam também a esse gênero, o caráter generalizado do empreendimento parece estar ligado à representação que uma geração de historiadores faz de si mesma. Historiadores da Idade Moderna ou Média, mais raramente da Antiguidade ou da Idade Contemporânea, eles visitam os mesmos mestres, Camille-Ernest Labrousse e Fernand Braudel, depois de prestarem homenagem aos pais fundadores,

Lucien Febvre e Marc Bloch. Para além das apreciações contrastadas, vemos surgir um romance familiar: as dissensões de Marc Bloch e Lucien Febvre durante a guerra, a expulsão de Robert Mandrou da morada (os *Annales*) do pai (Lucien Febvre), o combate dos chefes, Braudel e Renouvin surgem como os lugares de passagem obrigatórios dessa autobiográfica história da história. Georges Duby, Pierre Chaunu e Maurice Agulhon transpõem as mesmas etapas: os mestres, a tese e a tese não feita (Jacques Le Goff), a relação com a universidade, maio de 1968, os discípulos, as viagens ao exterior e, finalmente, para alguns, o engajamento do homem na cidade.

Sejam quais forem os méritos comparados desses empreendimentos, eles partilham outros traços; têm dificuldade em decifrar a origem de um gosto, a trajetória de um pensamento, a aprendizagem do ofício. A diferença das práticas transparece na presença ou ausência dos arquivos. Ao ler com que êxtase Pierre Goubert encontra o papel onde dormia a enquete diocesana de 1693 sobre os lares pobres do bispado de Beauvais parece que estamos relendo as linhas que Georges Duby consagrava à descoberta de seus primeiros arquivos sobre a região de Mâconnais. Talvez seja nessa experiência comum dos arquivos, nesse plano de fundo do labor minucioso e ingrato até descobrir algum sentido, nessa dificuldade de arrancar as informações ao caos dos fatos inumeráveis que reside a afirmação de pertencimento a um ofício comum. Se os historiadores de hoje publicam mais esse tipo de textos, como explicar que o itinerário de Ernest Labrousse não tenha justificado mais do que uma entrevista,[659] enquanto seus antigos orientandos publicavam, uns após os outros, histórias de vida acadêmica? Talvez seja mesmo esse sentimento de quase-corporação, de prática de um *know-how*, de um ofício no ateliê que conduziu uma geração inteira a se contar. Com Gerard Noiriel, leríamos aqui a afirmação inconsciente de um reconhecimento da comunidade científica. O fenômeno suscita o interesse para além do microcosmo historiográfico francês, já que, em junho de 1999, a *American Historical Review* consagrava uma nota à voga da "ego-história".[660]

---

[659] "Entretien avec Christophe Charle", *Actes de la recherche en sciences sociales, op. cit.*

[660] POPKIN, Jeremy D. "Historians on the Autobiographical Frontier" [Historiadores na fronteira autobiográfica]. *American Historical Review*, v. 104, n. 3, jun. 1999, p. 725-748.

Ao termo desse desenvolvimento, gostaria de voltar àquilo que funda sua legitimidade. Entre outras hipóteses, arriscaremos a de uma revanche do "eu" por parte dos profissionais adestrados a achar o eu detestável. Desde a emergência de uma verdadeira profissão histórica, a ideia de fundar a "ciência" sobre uma divisão social do trabalho cujos produtos são avaliados por uma comunidade científica constitui um dos raros traços permanentes do mundo dos historiadores. Da divisão dos reinados dos reis da França entre os orientandos de Lavisse, passando pelos primeiros trabalhos do Centre de Recherche Historique da 6ª Sessão da École pratique des hautes études, até a departamentalização das teses de história econômica e social empreendidas sob a égide de Labrousse,[661] a ideia de uma disciplina de aquisições cumulativas apesar de todas as revisões constituiu um axioma da história como ciência humana. Gérard Noiriel persiste nessa via quando pensa a utilidade social do ofício de historiador em função da elaboração de um julgamento global por uma comunidade científica apoiada em sua tradição.

Ora, paralelamente a essa reconstituição egotista dos itinerários, não mais deixada aos cuidados dos discípulos, encontra-se o discurso sobre a obra, o estilo, a singularidade, a especificidade incomparável do olhar de cada historiador. No domínio francês, o profissional sabe muito bem que um livro de Alain Corbin, uma obra de Maurice Agulhon ou um texto de Jacques Le Goff possuem um perfume próprio para além das invocações de método, de fontes ou de técnica. Fora de nossas fronteiras, o exemplo de Carlo Ginzburg basta para revelar essa reabilitação da noção de autor. Não é por acaso que ela coincide com as considerações sobre a historiografia como ato de escrita, mas ela abala com o mesmo golpe as bases do papel do pesquisador acima do clamor da batalha graças às virtudes cumulativas do saber científico. A reaparição dos historiadores de ofício no seio da Académie française [Academia Francesa] se deve em parte a essa redescoberta do papel de escritor do historiador. Depois de Émile Mâle e Jérôme Carcopino, os historiadores científicos tinham se visto circunscritos à Académie des sciences morales et politiques [Academia das Ciências Morais e Políticas] e à Adadémie des inscriptions et

---

[661] ROUGERIE, Jacques. Faut-il départementaliser l'histoire de France? [Será que é preciso departamentalizar a história da França]. *Annales, économie, société, civilisation*, XXI, 1966, p. 178-183.

belles-lettres. A partir dos anos 1980, as eleições sucessivas de Fernand Braudel, Georges Duby, François Furet, René Rémond e Pierre Nora consagraram esse retorno do historiador autor. Por certo, o fenômeno atinge marginalmente outras ciências humanas, a eleição precoce de Claude Lévi-Strauss atesta isso, mas os historiadores ocupam uma posição essencial nesse processo que "reumaniza" as "ciências" humanas. Essa postura do autor hipoteca a figura do cientista tanto quanto o papel do *expert*; ela relança o historiador para o mundo da invenção – no caso o da invenção verdadeira – a milhas de distância do programa que Emmanuel Le Roy Ladurie estabelecia, em 1968, para o historiador da economia e da sociedade nas páginas do *Le Nouvel Observateur*: "O historiador de amanhã será programador ou não existirá mais".

Finalmente, a sucessão das obras se inscreve em contraponto à crise da história que, desde meados dos anos 1980, seria o lote da disciplina; a menos que se veja aí o triunfo do discurso historiador identificado por Olivier Mongin[662] e Michaël Pollak, que, para além dos dilaceramentos internos da disciplina, fazem dele o recurso após o naufrágio político das ciências sociais. Então o itinerário dos que fizeram a fama de um dos principais produtos de exportação da França intelectual justificaria esse interesse editorial. Essas hipóteses tentam dar conta da aparição simultânea de obras cujas diferenças, aliás, inscrevem-se no contraste entre os títulos centrados no ofício do historiador e os outros. Enfim, esse crescimento não se dissocia da ênfase recente dada à história das elites universitárias e dos historiadores em particular.

O "historiador taumaturgo"

Pela magia do estilo, pela singularidade do olhar, o historiador se ornaria de uma virtude operatória bem diferente da do *expert*. Num registro muito diferente, um movimento – uma verdadeira enchente –, a comemoração, oferece aos historiadores um território de ação aparentemente predestinado e num registro que não tem a ver nem com a arte nem com a ciência.

---

[662] MONGIN, Olivier. *Face au scepticisme, les mutations du paysage intellectuel français ou l'invention de l'intellectuel démocratique* [Diante do ceticismo, as mutações da paisagem intelectual francesa ou a invenção do intelectual democrático]. Paris: La Découverte, 1994.

Das controvérsias deslizamos naturalmente rumo ao lugar que o dever de memória oferece à transferência desses debates científicos para a praça pública, ou rumo à maneira como essas polêmicas públicas são reinvestidas no campo científico. As comemorações e as querelas de historiadores associadas a elas se inscrevem como rastros importantes nesse processo. Por trás da instrumentalização política podemos ler em filigrana a afirmação de concepções divergentes do papel social dos historiadores, e mais ainda do papel que estes aceitam endossar ou reivindicar em tais circunstâncias. A exaustividade não faz sentido aqui. Os exemplos mencionados valem como sintomas reveladores.

A constatação inicial sobre a proliferação dos aniversários, a mania de manter viva a chama da lembrança, que parece atingir em cheio sociedades que sabem tão bem fazer o novo virar velho e se consumir elas próprias numa velocidade crescente nada tem de original. A multiplicação das comemorações constitui, aliás, apenas uma das modalidades da moda dos aniversários que invade o horizonte inteiro da memória coletiva.[663] Essa "era da comemoração", que Pierre Nora soube pintar em claro-escuro em *Lugares de memória*,[664] oferece um território aparentemente sob medida para o historiador; Patrick Garcia anuncia isso como uma evidência num trabalho sobre o sentido social da comemoração do bicentenário da Revolução: "Não há nada de surpreendente no fato de os historiadores se encontrarem na primeira fileira dos cidadãos concernidos por uma comemoração".[665] O milênio capetiano, fundado sobre a comemoração de um personagem histórico de identidade maldeterminada (Hugues Capet, suposto fundador da dinastia capetiana), e sobre uma data incerta, terminou por mobilizar toda a galera historiadora, apesar das críticas da comissão competente do CNRS.[666] Depois foi a vez de Clovis, seu concorrente direto nas genealogias nostálgicas da França, após o herói maurrasiano, o funda-

---

[663] MILO, Daniel. *Trahir le temps* [Trair o tempo]. Paris: Les Belles Lettres, 1991.

[664] NORA, Pierre. L'ère de la commémoration [A era da comemoração]. *Les Lieux de mémoire, Les France, op. cit.*, p. 4687-4714.

[665] GARCIA, Patrick. *Le Bicentenaire de la Révolution française: Pratiques sociales d'une commémoration* [O bicentenário da Revolução Francesa: práticas sociais de uma comemoração]. Paris: Éd. du CNRS, 2000, p. 101.

[666] NORA, Pierre. "L'ère de la commémoration", art. cit.

dor da França segundo a gesta católica tradicional. E, para fechar esse ciclo essencial, a celebração do bicentenário da Revolução Francesa, a respeito do qual chegaram a afirmar que foi ele que suscitou as manifestações anteriores.

O perigo não é pequeno. Em suas *Doze lições sobre a história*, cujo valor se deve tanto a seu alcance prescritivo quanto a sua qualidade descritiva, já que hoje, seja para os módulos de Diplôme d'études universitaires générales [Diplomas de Estudos Universitários Gerais] (DEUG) de historiografia, seja para as provas orais do Certificat d'aptitude au professorat du seconde degré [Certificado de Aptidão a ser Professor do Ensino Secundário] (CAPES), os estudantes devem consultá-las, Antoine Prost questiona a "comemoratividade". Para desenvolver sua reflexão sobre a função social ambígua do historiador, ele ironiza sobre a maré montante de solicitações que, apesar de suas reticências, levam-no a participar de quatro colóquios comemorativos em 1995, dois relativos ao centenário da CGT, um ao cinquentenário da Seguridade Social e um ao cinquentenário da libertação dos campos de concentração.[667]

A história liberaria a sociedade de suas falsas recordações e viria em seu socorro para restaurar memórias fugitivas. Nem tudo é novo nesse recrutamento da profissão histórica para as grandes manobras comemorativas. O centenário da Revolução marcou a entrada desta no campo universitário para responder ao "sistema" de Taine – com a criação, em 4 de dezembro de 1886, de uma comissão dedicada à publicação dos documentos inéditos da Revolução Francesa –, que está na origem do *Recueil des actes du Comité de salut public* [Coletânea das atas do Comitê de Salvação Pública] dirigido por Aulard e da transformação da cátedra municipal de História da Revolução Francesa na Sorbonne (1882) em cátedra de Estado (1889).[668] Porém, depois do fracasso do aniversário de cento e cinquenta anos e da fraca implicação dos historiadores no evento, a febre de comemorar parecia ter diminuído. Com o início dos anos 1980, na sombra

---

[667] PROST, Antoine. *Douze leçons sur l'histoire*. Paris: Le Seuil, 1996, p. 302.

[668] ORY, Pascal. Le centenaire de la Révolution française [O centenário da Revolução Francesa]. In: NORA, Pierre (Dir.). *Les Lieux de mémoire*, t. 1 – *La République*. Paris: Gallimard, 1992, p. 523-560.

anunciada e projetada pelo bicentenário,[669] os historiadores parecem seguir os passos de uma sociedade inteiramente entregue à alegria de comemorar.

Provedor de memória, construtor de identidade, inventor de um sentido para a vida da coletividade, o historiador faria parte dos atores que não podem faltar nas celebrações votivas. Assim, seria preciso compreender a importância das comemorações nos encontros que escandem hoje a vida da comunidade científica. Sem superestimar um peso difícil de avaliar, dadas a proliferação de encontros e a diversidade das formas – jornadas de estudos, seminários de terceiro ciclo, colóquios... –, os grandes empreendimentos científicos parecem cada vez mais adaptados à lógica do calendário das comemorações de aniversários. Claro, esse movimento cruza a evolução das problemáticas autônomas da comunidade científica. Enquanto o quinquagésimo aniversário do CNRS suscita o nascimento de uma revista,[670] o sexagésimo engendra outra.[671] Esse elã se inscreve em dois campos em plena expansão: a análise das políticas estatais em matéria cultural e uma história das ciências mais voltada para a sociologia e a análise das condições pragmáticas da ciência em ação do que para uma simples genealogia das descobertas.[672] Quando o Centre de recherches historiques da EHESS se volta para seu próprio cinquentenário, o programa da comemoração se esforça para contornar essa abolição do pensamento que constitui o programa comemorativo: em vez de um balanço sobre o primeiro meio século da instituição, o encontro científico resolve se interrogar sobre a prática que esteve no centro de sua originalidade, as investigações coletivas. Mas a astúcia não afasta completamente a solicitação comemorativa, momento de reafirmação de uma identidade, como o demonstra, aliás, o tema escolhido.

---

[669] NORA, Pierre. "L'ère de la commémoration", art. cit.: "Não é ela, enfim, que comanda todo o dispositivo das celebrações nacionais, o milênio capetiano não tendo sido mais que um contrabicentenário, o ano De Gaulle uma recaída e o tricentenário da revogação uma espécie de antecipação?" (p. 4689).

[670] Os extintos *Cahiers pour l'histoire du CNRS*.

[671] *Revue pour l'histoire du CNRS*, n. 1, nov. 1999.

[672] PESTRE, Dominique. "Pour une histoire sociale et culturelle des sciences. Nouvelles définitions, nouveaux objets, nouvelles pratiques" [Por uma história social e cultural das ciências. Novas definições, novos objetos, novas práticas]. *Annales, histoire, sciences sociales*, n. 3, 1995, p. 487-522.

Sendo assim, o sucesso das comemorações e a voracidade com que os historiadores preenchem suas agendas com elas merecem ser explicados. Devemos procurar aí os signos, inicialmente discretos mas logo manifestos, de uma releitura do papel social do historiador. A comunidade científica sacrifica nesse altar um bom número de suas prioridades. Os subsídios mais importantes, as doações mais espetaculares são sempre para essas manifestações comemorativas cujas traduções científicas esmagam os resultados dos questionamentos científicos autônomos. É assim que a satisfação do presidente do comitê "para a comemoração das origens: da Gália à França", Marceau Long, em seu prefácio às 1844 páginas de *Clovis, história e memória*,[673] pode ser lida como um sintoma desse fenômeno. O "tamanho inabitual" dos dois volumes, a vastidão do monumento, a produção de um *"corpus* científico que marcará data"*: provas de uma autossatisfação talvez justificada, mas que revela a pobreza dos colóquios científicos normais. Mais até do que o colossal colóquio do bicentenário, o luxo da apresentação e a agilidade da publicação do colóquio *Clovis, História e Memória* deixam estupefato o historiador acostumado às lentas e modestas publicações desses colóquios, que recebem cada vez menos subsídios do CNRS. Mais de cem comunicações, mais de quarenta colegas estrangeiros presentes, auxílios do Ministério da Cultura e do Ministério da Educação Nacional, o apoio da delegação às manifestações nacionais e do CNRS, uma rapidez extraordinária no tratamento dos textos... e meios proporcionais à façanha.

Precisamos então tomar algumas precauções. Nada obriga o historiador a se meter no processo comemorativo segundo as modalidades da identificação: somos o que nossos pais eram e permaneceremos tais como eles eram. Os enormes colóquios que escandiram a memória das grandes etapas da construção da França foram colocados sob o estandarte da ciência e da distância para justificar sua razão de ser. Contudo, é difícil ignorar o papel da encomenda explícita ou implícita. O milênio capetiano recebeu o encorajamento e a ajuda sistemáticos da parte de François Mitterrand, ao mesmo tempo que seu comitê de organização,

---

[673] LONG, Marceau. Préface. In: ROUCHE, Michel (Dir.). *Clovis, Histoire et Mémoire*. Paris: Presses de l'université de Paris-Sorbonne, 1998, p. 5-7.

apadrinhado por Hélène Carrère d'Encausse, Pierre Chaunu e Emmanuel Le Roy Ladurie, tinha uma forte caução científica. Para apresentar a comemoração do batismo de Clovis, Michel Rouche, reconhecido especialista na questão e professor da Sorbonne, insistiu nos apoios institucionais e no fato de o colóquio não por acaso coincidir com a viagem do Papa a Reims. Quanto ao bicentenário da Revolução, ele é ainda mais diretamente uma comemoração investida pelo poder público sob a égide da missão oficial do bicentenário. Por certo, os animadores desses empreendimentos invocam sua capacidade de dissociar os papéis. Em seu discurso de fechamento do colóquio solene orquestrado por Michel Vovelle, Jean-Noël Jeanneney endossava a opinião de François Furet sobre a necessidade de "distinguir com muito cuidado a tarefa do celebrador e a do historiador".[674] Na perspectiva do bicentenário da Revolução Francesa, Mona Ozouf[675] já colocava, em 1983, as alternativas: "Comemorar e renunciar à análise, ou rememorar e renunciar à devoção". Ou ainda: "Distinção entre a memória fusional e eufórica da comemoração e a memória desconfiada do trabalho histórico". Haveria, portanto, outras maneiras de herdar além da devoção.[676]

A dimensão militante de alguns empreendimentos comemorativos funciona ainda melhor, dado que ao engajamento cívico, ideológico ou político se associa um interesse científico de valorização do terreno privilegiado. A imbricação dessas duas dimensões caracteriza claramente o campo da Revolução Francesa. Seus historiadores associam estreitamente seu papel científico a um papel cívico, resumido na fórmula: "Professeur en/de la Révolution" [Professor universitário em/da Revolução].[677] A história da Revolução se coloca como uma história engajada por natureza até Michel Vovelle: "Travando um

---

[674] KAPLAN, Steve. *Adieu 89* [Adeus 89]. Paris: Fayard, 1993, p. 842.

[675] OZOUF, Mona. Peut-on commémorer la Révolution française? [Pode-se comemorar a Revolução Francesa?]. *Le Débat*, 1983, p. 161-172, citação p. 172.

[676] DAVAILLON, Jean. Le patrimoine: "une filiation inversée"? [O patrimônio: "uma filiação invertida"?]. *Espaces Temps*, 74-75, 2000, p. 6-16, citação p. 9: "Por certo o patrimônio funda (institui) uma filiação entre nós e o alhures de onde ele vem, ele até constitui uma presença desse alhures na sociedade (aqui e agora), mas não deixa por isso de estipular uma diferença de fato entre esses dois mundos".

[677] DE BAECQUE, Antoine. L'histoire de la Révolution dans un moment herméneutique [A história da Revolução num momento hermenêutico]. In: VOVELLE, Michel (Dir.). *Recherches sur la Révolution, um bilan scientifique des travaux du Bicentenaire* [Pesquisas sobre a Revolução,

combate por uma certa ideia da história, travei um combate pela Revolução".[678] O estudo estilístico dos textos do detentor da cátedra de História da Revolução Francesa na Sorbonne no momento das manifestações do bicentenário demonstra essa ambivalência das tomadas de posição: ora o "eu" de uma obra intelectual singular, ora o "nós" de uma instituição como o Instituto de História da Revolução Francesa (sendo que a personalidade do fundador deste, Albert Mathiez, assim como sua historiografia, não permitem que se perceba essa referência unicamente sob o ângulo científico).[679]

Assim, de acordo com a visão do *Dicionário crítico da Revolução francesa*, de François Furet, a historiografia universitária da Revolução se reduz ao engajamento que submete ao leito de Procusto o pensamento de um Georges Lefebvre.

De um lado, Michel Vovelle defende uma historiografia exterior a seu objeto; do outro, a prática de François Furet vai atrás da historiografia como objeto próprio do empreendimento historiador. Esse movimento, que Antoine de Baecque denomina virada hermenêutica dessa história, funda também o trabalho de Jean-Clément Martin sobre a Revolução, ainda que a referência permanente ao arquivo o distinga.

Desse modo, no coração do processo comemorativo foi posta em relevo a questão da eficácia do discurso do historiador, "*hubris* que valoriza, entre as memórias possíveis, aquela que se funda em trabalhos de normas definidas e que só percebe os jogos de construção no discurso do outro". Enquanto isso, os historiadores se engajam quase involuntariamente num processo que os ultrapassa. Essa necessidade, Pierre Nora a analisa como o momento de um amor nacionalista pela nação fundado numa identidade fechada a uma outra forma ainda em devir:

> Quando uma outra maneira de ser/estar junto for instaurada, quando deixar de se fixar a figura do que nem sequer se

um balanço científico dos trabalhos do bicentenário]. Paris: La Découverte/IHRF/Société des études robespierristes, 1991, p. 16.

[678] VOVELLE, Michel. *Combats pour la Révolution* [Combates pela Revolução]. Paris: La Découverte/IHRF/Société des études robespierristes, 1993, citado por Garcia (2000, p. 104).

[679] BOST, Yannick; WANICH, Sophie. Michel Vovelle, un historien dans la commémoration [Michel Vovelle, um historiador na comemoração]. *Mots*, n. 31, jun. 1992, p. 89-106, citado por Garcia (2000, p. 109).

chamará mais de identidade, terá desaparecido a necessidade de exumar os pontos de referência e de explorar os lugares. A era da comemoração estará definitivamente fechada. A tirania da memória só terá durado algum tempo – mas era o nosso.[680]

A pintura dessa necessidade de que os historiadores se apropriam até se tornarem aqueles que prescrevem um novo horizonte encontra decerto sua explicação na morte do papel predeterminado que lhes tinha atribuído a *Revue historique* ao nascer: trabalhar para a maior glória da pátria servindo ao ideal universal de verdade e de ciência.

Uma autocelebração como a de Michel Rouche torna a questão mais convincente. Esta suscita uma resposta que decorre da perda dos antigos papéis e que indica a necessidade de justificação que está na origem deste trabalho. Os historiadores dos períodos frios, cujos trabalhos levaram um historiador da Idade Moderna a escrever que eles estão tão mortos e tão frios "que isso só serve para poder ir a colóquios na Sicília ou na Califórnia, para ser membro do conselho administrativo de uma revista sem leitores e, naturalmente, para ganhar a vida, então é preciso decididamente ter má consciência por ser tão inútil à pátria, à sociedade, à República enganada em sua expectativa de história útil para seu porvir quando há tantos desempregados e tantos estudantes, aliás malformados, que não passam de futuros desempregados".[681] O frio introduzido pela distância cronológica suscitaria então a indiferença.

Para aliviar sua má consciência, o historiador corre então para esses oásis de calor que se tornam os colóquios, esses rituais comemorativos que transformam o morto em vivo: Vendeia vingada, Saint-Barthélemy, cruzadas albigenses, batismo de Clovis: "O historiador que sente a má consciência de só fazer seu mel de uma matéria fria se precipita então para esse oásis de calor".[682] O historiador fica evidentemente dividido entre o sentimento de enganação inerente aos faustos comemorativos e sua própria capacidade de restituir o

---

[680] NORA, Pierre. "L'ère de la commémoration", art. cit., p. 4714.

[681] JOUHAUD, Christian. La mauvaise conscience de l'historien du passé froid [A má consciência do historiador do passado frio]. *Panoramiques*, n. 37, 4º trimestre 1998, p. 94-97, citação p. 94-95.

[682] Jouhaud (1998, p. 95).

que quer que seja ao passado, mas se apega a isso para preservar seu sentimento de utilidade.

Ao termo desse vaivém de ontem a anteontem, do passado a hoje, o papel do historiador flutuou; sempre em recuo, evitei até aqui uma verdadeira tomada de posição. Tomar posição poderia ser escolher entre os diferentes papéis debaixo das peles dos quais o historiador se infiltrou de um século para cá e elegê-lo, fazer dele sua natureza verdadeira. Isso significaria me juntar à massa daqueles que, através da dialética, da moral ou da invocação da natureza das coisas, atribuíram uma posição ideal – e uma só – ao historiador. Em meu foro interior, certamente não escapo dessa atração fatal; dizer qual é a missão do historiador, definir seu ser, isso é muito tentador. Ora triunfa a dolorosa oscilação entre imperativos contraditórios, e o leitor segue Paul Ricœur cujo historiador "Sísifo" tende sempre ao verdadeiro sem nunca escapar do dever de fidelidade aos mortos; ora se elevam as vozes exclusivas, a obrigação de uma verdade ardente ou a onipotência do ponto de vista relativista ou do verbo armado apenas de suas regras. A fronteira se torna tão sutil entre essas posições irredutíveis que Carlo Ginzburg, ardente defensor da prova e da existência da verdade, por conta de uma entrevista concedida ao jornal *Libération*, figura, pelo tempo de um mal-entendido, como apóstolo integral do subjetivismo.[683]

Quanto a isso, tenho meu ponto de vista; para ser honesto, ele está profundamente impregnado da história dos meus e da leitura que fiz dela desde a infância. Destruir as histórias falsas, desmontar os sentidos impostores me parece mais digno do que a contribuição, por mais nobre que seja, para a perpetuação de uma memória ou para a construção de um sentido futuro para a vida coletiva. Esse ponto de vista endossa a missão que Pierre Vidal-Naquet atribui a seus trabalhos sobre o contemporâneo:

> Mas o paradoxo evidente é que, como historiador do contemporâneo, do tempo presente, eu era um aficionado pelo estabelecimento dos fatos no sentido mais positivista do termo,

---

[683] DE BAECQUE, Antoine. Carlo Ginzburg: L'historien tente d'élucider le bizarre pour expliquer le particulier [Carlo Ginzburg: O historiador tenta elucidar o bizarro para explicar o particular], entrevista com Carlo Ginzburg, *Libération*, 9-10 fev. 2002.

enquanto como historiador da Antiguidade eu lidava com estruturas e conjuntos de longa duração. Havia uma forte tensão em mim entre o historiador da Antiguidade e o historiador do tempo presente.[684]

Por razões completamente diferentes, Arlette Farge se resignou a isso. Após um longo itinerário, que das mentalidades a levou às representações, a historiadora parece ter chegado à conclusão de que o único papel legítimo para o historiador é o de guardião dos fatos:

> Da história, é preciso dizer a que ponto sua narrativa é indispensável, pois uma sociedade não pode prescindir de seu estatuto de veracidade e dos protocolos de pesquisa que garantem ao mesmo tempo sua coerência, sua fiabilidade e sua ética. Mesmo reformulada, revisitada incessantemente porque reinterrogada pelo presente, a história é a cada época a narrativa arrazoada dos acontecimentos, aquela que evita sua falsificação e a vergonha das derrapagens flagrantes ou das denegações mortíferas.[685]

O choque do horror, a comoção interior, tudo isso não pertenceria à vocação do historiador e estaria reservado à ficção literária. Na certa, os leitores que se lembram dos anos 1930, quando num mesmo movimento Lucien Febvre pensava se endereçar aos "homens de ação" e explorar as "mentalidades", verão aí um confinamento timorato nas terras de um positivismo gasto. Uma percepção tão restrita, tão negra do papel do historiador não é fruto de nenhuma demonstração e não tem outra autoridade senão sua sinceridade: muito e nada ao mesmo tempo.

Sendo assim, a intervenção de meu juízo pessoal se desenvolve em outro plano; não vou escolher o papel ideal, já que, de certa maneira, o itinerário deste livro inteiro refuta a legitimidade dessa escolha; gostaria apenas de decifrar as direções possíveis e seus efeitos potenciais. Aqui e alhures, ontem e hoje, as duas comparações se impuseram para desvelar o que se passa, talvez, realmente. De ontem

---

[684] VIDAL-NAQUET, Pierre. L'engagement de l'historien [O engajamento do historiador]. In: *Écrire l'histoire du temps présent* [Escrever a história do tempo presente]. Paris: IHTP-CNRS, 1993, p. 386-387.

[685] FARGE, Arlette. *Des lieux pour l'histoire*. Paris: Le Seuil, 1997, p. 70 [Edição brasileira: *Lugares para a história*. Tradução de Fernando Scheibe. Belo Horizonte: Autêntica, 2011].

a hoje, nada mudou, ou quase, se lemos os necrológios dos periódicos científicos de história. Mesmo as intervenções fora das normas parecem se repetir do caso Dreyfus ao processo Papon. Jean-Noël Jeanneney defendeu essa posição com argumentos de peso.

E, no entanto, tudo mudou se olharmos bem. Em 1898, os historiadores autenticam um documento presente que, por certo, tem a forma de um fac-similar; do dossiê, conhecem a peça singular de que devem tratar, mas, do momento, que forma o contexto desse documento, ainda não conhecem o sentido e as regras que eles próprios vão constituir. Em 1998, os historiadores sabem tudo da época e nada das peças nem do acusado de que falam. Em 1898, eles se pronunciam sobre fatos, em 1998, o presidente do tribunal, a corte, a defesa e a acusação nada esperam dos historiadores além da capacidade de delimitar um contexto que possa autorizar a interpretação das responsabilidades do acusado.

De ontem a hoje, poderíamos contudo pensar que o papel de comissionado pelo Estado se mantém. Aparentemente sim, só que o abalo dos fundamentos da historiografia como ciência nacional e do nacional por natureza derruba a legitimidade de engajamentos desse tipo. O início do relatório Mattéoli recorda isso de maneira pertinente:

> Os trabalhos deviam responder a diversas demandas oriundas da sociedade, da mídia ou de organizações, demandas que, por sua vez, evoluíram durante o trabalho da missão. Em primeiro lugar aquelas, ao mesmo tempo individuais e coletivas, das vítimas. Assim, o trabalho de pesquisa conduzido por historiadores e arquivistas de ofício, não foi um trabalho clássico. Não foram os historiadores que, como costumam fazer, elaboraram, na liberdade de seus laboratórios, as questões a que desejavam responder. Essas questões foram orientadas pelas diversas demandas, nacionais ou internacionais.[686]

Responder a questões vindas de outros lugares não é algo tão novo quanto o relatório parece afirmar, mas os terrenos de intervenção

---

[686] *Rapport général de la mission Mattéoli. Mission d'étude sur la spoliation des juifs de France* [Relatório geral da missão Mattéoli. Missão de estudos sobre a espoliação dos judeus da França], Paris, La Documentation française.

variaram consideravelmente, da *expertise* diplomática à devolução dos bens judeus, da publicação dos livros amarelos ao relatório sobre a imigração, a sociedade na maior parte dos casos suplantou o Estado como objeto de investigação. A evolução da encomenda refletiria a evolução da historiografia e da demanda social num mesmo movimento. Da *expertise* de ontem à de hoje, não apenas os comanditários variam mas o estatuto e os meios da tarefa mudam. No período de 1914 a 1918, os cientistas acreditam estar fazendo *expertises* como quem se aventura no terreno da erudição; eles se percebem inicialmente como pesquisadores que estão usando seu arsenal científico, até o momento em que a retenção de suas informações deixa clara a dimensão pragmática do conselho, até então obnubilada. A história é bem diferente quando os historiadores do fim do século XX e do início do XXI avançam em territórios tão minados quanto o dos bens dos judeus; "pois não se tratava de produzir uma narrativa histórica, como fazem os historiadores quando escrevem suas teses ou seus livros", tratava-se de inventariar, de especificar indivíduo por indivíduo, quando todo o trabalho normal do historiador procede do individual ao indivíduo coletivo; a operação se inverte: voltar a descer da apreensão maciça da perseguição e da espoliação até a reconstituição de cada itinerário individual. A carta da missão publicada no *Diário oficial* não diz outra coisa:

> Artigo 1 – O Sr. Mattéoli (Jean) está encarregado de uma missão de estudos sobre as condições em que os bens, imobiliários e mobiliários, pertencentes aos judeus que residiam na França foram confiscados ou, de maneira geral, adquiridos através de fraude, violência ou dolo. No quadro dessa missão, ele buscará a destinação que esses bens receberam desde o fim da guerra e determinará na medida do possível sua localização e sua situação jurídica atuais. Estabelecerá ainda um inventário dos bens tomados no território francês que ainda estão em poder das autoridades públicas.[687]

---

[687] *Journal officiel*, 26 mar. 1997, p. 4721, "Arrêté du 25 mars relatif à la mission d'étude sur la spoliation durant l'Occupation des biens appartenant aux juifs résidant en France" [Decreto de 25 de março relativo à missão de estudos sobre a espoliação durante a Ocupação dos bens pertencentes aos judeus que residiam na França].

Se os cientistas de 1917 faziam *expertises* acreditando aplicar os meios e os objetivos da ciência à solicitação patriótica do serviço ao Estado, os *experts* de 1998 sabem que estão colocando seu *know-how* a serviço de uma tarefa e de um papel de natureza distinta; esse novo papel já serve para legitimar as formas clássicas da atividade historiadora. Sem trair o segredo das deliberações universitárias, posso contar que já me deparei duas vezes com dossiês de candidatos ao posto de mestre de conferências em História Contemporânea que tentavam valorizar sua candidatura afirmando terem participado da comissão Mattéoli, especialmente sob a forma de uma colaboração em tempo parcial na pesquisa, no tratamento e na interpretação histórica dos arquivos aferentes à arianização econômica.

Por uma espécie de prestidigitação, os *experts* de 1917 se gabavam de seu novo papel reduzindo-o às regras científicas, até esbarrarem nos limites de sua função, ao passo que os *experts* comissionados de 1998 percebem perfeitamente a emergência de novas regras em função de um novo papel, que eles recuperam como figura legítima do historiador. Da distância entre ontem e hoje surgem os contornos da verdadeira novidade que está vindo à tona. Não a *expertise* em si mesma, mas a justificação desta como dimensão *sui generis* do historiador. No reino da história, existiriam, portanto, diversos papéis dignos de figurar na galeria dos historiadores.

Em sentido oposto, uma das raras figuras que tinha direito de cidadania ao lado do cientista era a do professor. Sem jamais coincidirem exatamente, os dois papéis se apresentam frequentemente como o anverso e o reverso da mesma medalha. Com Seignobos, e depois com Marc Bloch, percebemos a que ponto a homologia dos dois papéis os torna quase indissociáveis, embora já fossem visíveis as fraturas entre as necessidades de uma didática nos limbos da pedagogia e os imperativos da crítica. A colocação em evidência de uma crise específica do ensino de História fez com que esse fosso aumentasse. René Girault estabelecia isso claramente no colóquio de Montpellier em 1982[688]: "A história é uma disciplina feliz, pois é popular e viva.

---

[688] Colóquio reunido ao termo de uma campanha contra a "falência" do ensino da história, sob a égide do Ministério da Educação Nacional.

CONCLUSÃO

O ensino da história padece no entanto de numerosos males já que suscita em toda parte desconfianças, incômodos e incompreensões." Dessa oposição, ele extraía uma conclusão inclemente sobre as consequências do ensino da história:

> Vamos deixar isto claro: o ensino da história e da geografia às crianças não pode ser apenas uma iniciação à pesquisa, pois o objetivo maior dessas duas "disciplinas" se situa alhures, dada a expectativa dos pais, a idade das crianças e a sociedade que nos cerca.[689]

A seu modo, Jean-Clément Martin extrai as mesmas conclusões das controvérsias que atravessam o campo minado da historiografia. Para concluir a respeito das consequências da nova postura do historiador dilacerado, consciente da diversidade do que está em jogo na história, ele postula:

> Depreende-se de seus trabalhos o sentimento de que, se a função social da história como vetor da construção do espaço cívico é importante, a transfiguração do saber histórico, enquanto saber que lida com o vago e o flutuante, em ensinamento cívico é no mínimo incerta.[690]

Em Montpellier, duas vozes se fizeram ouvir em nome da história, e a de Jacques Le Goff,[691] apesar de todas as atenuações diplomáticas, parecia se inscrever nos antípodas do ponto de vista de René Girault.[692] Logo de entrada, os motivos da insatisfação pública quanto aos novos métodos históricos são imputados aos "novos métodos pedagógicos"

---

[689] René Girault foi, de 1993 a 1995, o animador do grupo de reflexão sobre os programas de ensino secundário.

[690] MARTIN, *Jean-Clément*. À propos du génocide vendéen: Du recours à la légitimité de l'historien [A propósito do genocídio vendeano: do recurso à legitimidade do historiador]. *Sociétés contemporaines*, 2000, n. 39, p. 23-38, citação p. 38.

[691] LE GOFF, Jacques. Conclusions. *Historiens et géographes*, fev./mar. 1984, n. 298, p. 601-610.

[692] Não li esses dois textos da mesma maneira que Patrick Garcia e Christian Delacroix em "L'inflexion patrimoniale: l'enseignement de l'histoire au risque de l'identité?" [A inflexão patrimonial: o ensino da história sob o risco da identidade?], *Espaces Temps, Les Cahiers*, " L'arrangement", 66-67, 1998, p. 111-136, p. 113: "Esses enunciados são retomados abertamente das primeiras frases do relatório Girault. Eles se traduzem assim pela rejeição a qualquer forma de transposição sistemática da 'nova história' aos programas escolares, com a aprovação das principais figuras da corrente historiográfica, notadamente Jacques Le Goff".

O PAPEL SOCIAL DO HISTORIADOR: DA CÁTEDRA AO TRIBUNAL

e não aos efeitos deletérios das novidades da pesquisa sobre a história ensinada. Essa vontade de não separar a pesquisa do ensino transparece por trás das alusões, por trás dos nomes de autores. Enquanto René Girault evitava de propósito mencionar os autores da história que está se fazendo, Jacques Le Goff invocava seus santos padroeiros, Lucien Febvre, Marc Bloch, Camille-Ernest Labrousse, Fernand Braudel, Witold Kula; mortos ou vivos, eles atestam, através de sua presença nessa alocução de conclusão de um colóquio nacional sobre a história e seu ensino, uma vontade de preservar a articulação entre a pesquisa e o ensino que fazia (entre outras coisas) do historiador um verdadeiro *Janus bifrons*. A partir de então, a tensão crescente entre os dois imperativos agiu sobre os programas e os procedimentos de recrutamento dos futuros professores do ensino secundário; as flutuações da terceira prova oral do CAPES de História e de Geografia, que exige dos candidatos uma reflexão sobre a história da disciplina, seus métodos, sua epistemologia e a história do seu ensino, demonstram essa autonomização crescente do papel do professor de História. Os membros do júri oscilaram regularmente entre uma tendência que privilegiava, por um lado, a história da disciplina ensinada e os objetivos do ensino e, por outro, a atenção à história da disciplina científica e a sua epistemologia. Essa divisão entre os dois polos fica muito clara nas opiniões autorizadas que tendem a dissociar a produção científica da disciplina escolar em nome do duplo imperativo da demanda social feita à escola e das diretrizes contemporâneas da didática.

O historiador se veria, portanto, cada vez menos como professor, e vestir um segundo chapéu – o da *expertise* – parece incomodar cada vez menos uma parte da restrita corporação dos historiadores do contemporâneo. Essa *expertise* é praticada sob diversas modalidades: *expertise* encomendada, conclusões discutíveis na medida em que o sentido das evoluções ainda não se delineou com firmeza.

A comparação com outros países traz seus frutos específicos. Enquanto na França a *expertise* se restringe ao muito contemporâneo, limitada pela Segunda Guerra Mundial no que diz respeito à solicitação pública ou ao século transcorrido quando se trata de consultorias privadas ou de engenharia histórica (para falar como Thuillier), na América do Norte, e mais amplamente no mundo anglo-saxão, os serviços do historiador remontam a um, dois ou mesmo três séculos. Enquanto na França apenas a história do tempo presente é chamada à barra das testemunhas, os historiadores da Idade Contemporânea em seu conjunto e até os da Idade Moderna são convidados a se expressar diante dos tribunais no Canadá e nos Estados Unidos. A tribo dos historiadores não detém a chave dessa extensão temporal da solicitação de história, e a judicialização maciça das relações sociais na América do Norte não basta para explicá-la. Ali, a natureza dos direitos me parece prescrever a abertura da história a uma população de historiadores mais ampla do que na França. Nos direitos que nenhuma data fundadora limita, como o momento revolucionário para muitos dos aspectos da vida judicial na França,[693] numa perspectiva jurídica que não recusa necessariamente a existência de corpos intermediários, no caso os povos primeiros, e num contexto de continuidade jurídica absoluta, os historiadores poderiam ser logicamente levados a fazer a *expertise* até do primeiro encontro entre europeus e autóctones. Mas não se trata apenas da abertura desse papel de *expert* a uma fração muito mais ampla da corporação. As modalidades norte-americanas da intervenção prática dos historiadores implicam um ato mercantil: a *expert witness* e a auditoria em história vendem uma formatação, uma interpretação do passado. Por certo, os atores dessa operação fazem tudo para negar seus efeitos, reduzir o significado dessa remuneração ao da que um professor recebe para dar aulas ou o autor pela venda de seus livros. A meus olhos, a história é bem diferente. Os objetos assim historicizados e colocados a distância se tornam objetos mercantis munidos de um valor probatório sancionado pela vitória na justiça, suas consequências em termos de vantagens materiais, pecuniárias ou simbólicas, uma retribuição no mercado em termos de imagem, por exemplo. A intervenção do historiador não se0 distingue mais da dos outros "profissionais" no sentido norte-americano da palavra: advogados, consultores, médicos que preparam a ação mais do que a executam. Essa reificação da arte do historiador em produto mercantil alinha, portanto, seu papel com o de numerosos atores sociais que

---

[693] Nada de corpos intermediários dotados de privilégios desde a *Declaração dos Direitos do Homem e do Cidadão*, afora algumas episódicas voltas atrás.

continuam nostalgicamente a batizar de arte o que não é mais hoje senão um serviço retribuído, como a medicina e a advocacia.

Longe da responsabilidade unicamente moral, obsessão de François Bédarida, a responsabilidade do historiador se torna tão concreta, tão sujeita a processos e reparações quanto uma *expertise* médica equivocada, uma avaliação arquitetônica incompleta ou uma falha técnica na defesa preparada por um advogado.

Na França, o estado do recurso aos historiadores e a imagem de si mesma que a profissão oferece não abrem essa via; esta é ainda menos pertinente na medida em que decorre, como vimos, da natureza do direito e do lugar das "comunidades" na sociedade canadense ou estadunidense. Inegavelmente, os papéis que o historiador pode assumir dependem das oportunidades que o jogo social abre para ele. Mas a evolução das sociedades europeias rumo ao sistema norte-americano talvez seja acompanhada pela sagração de um novo papel para o historiador, uma consagração em que o autor dessas linhas se recusa de antemão a se reconhecer. Depois do escritor de história, depois do professor cientista, depois do pesquisador virá talvez o tempo do técnico da história.

Este livro foi composto com tipografia Bembo e impresso
em papel Pólen soft 80g/m² na Paulinelli Serviços Gráficos.